东 南 法 学 第五辑

——学术前沿与专题研究

主　编　欧阳本祺
副主编　汪进元　熊樟林

东南大学出版社
·南京·

图书在版编目(CIP)数据

东南法学.第五辑,学术前沿与专题研究/欧阳本祺主编.—南京:东南大学出版社,2022.8

ISBN 978-7-5766-0191-6

Ⅰ.①东… Ⅱ.①欧阳… Ⅲ.①法学-文集 Ⅳ.① D90-53

中国版本图书馆 CIP 数据核字(2022)第 143070 号

东南法学(第五辑):学术前沿与专题研究

Dongnan Faxue (Di-wu Ji): Xueshu Qianyan Yu Zhuanti Yanjiu

主　　编	欧阳本祺
出版发行	东南大学出版社
地　　址	南京市四牌楼 2 号　邮编:210096
网　　址	http://www.seupress.com
经　　销	全国各地新华书店
印　　刷	兴化印刷有限责任公司
开　　本	787 mm×1092 mm　1/16
印　　张	17.75
字　　数	443 千字
版　　次	2022 年 8 月第 1 版
印　　次	2022 年 8 月第 1 次印刷
书　　号	ISBN 978-7-5766-0191-6
定　　价	72.00 元

本社图书若有印装质量问题,请直接与营销部联系。电话:025-83791830
责任编辑:刘庆楚　责任印制:周荣虎　封面设计:毕　真

目 录

· 数据法学 ·

1 超越算法知情权：算法解释权理论模式的反思与建构
　　 …………………………………………… / 张恩典

18 人脸识别信息处理中"合法、正当、必要"原则的
　　 区分审查
　　 ……………………………………… / 冯　恺　杨润宇

36 "数字鸿沟"背景下老年人数字化生活权的法理证成
　　 ………………………………………………… / 朱　军

· 理论前沿 ·

56 医务工作者救助义务的道德性
　　 ……………………………………… / 马新彦　刘宛婷

70 论国际示范法中的可预见性规则
　　 ………………………………………………… / 张金海

88 儒家"善恶报应"论的法理诠释
　　 ………………………………………………… / 乔　飞

102 宪法第十条第一款本义探寻——一种具有历史
　　 维度的宪法教义学尝试
　　 ………………………………………………… / 熊建明

132 迈向保障基本权利和确定性并存的权衡法则：阿列克西权重公式的解构与重建
...... / 范继增

161 论审判型合宪性解释
...... / 许瑞超

175 刑法客观解释的限定理论
...... / 魏 东 李 红

196 《民法典》中强制缔约义务条款解释论
...... / 肖朦恺

· 实证研究 ·

208 互殴情形下防卫权的范围：实务考察与标准再明确
...... / 邓 洁 徐光华

228 信赖保护原则的现实图景与实现路径——基于行政许可案件的实证考察
...... / 张鲁萍

· 青年法苑 ·

246 法官如何思考：波斯纳司法决策理论的经验与批判
...... / 张昱琦

265 监察委员会内设鉴定机构之可行性探究
...... / 陈宁祥

·数据法学·

超越算法知情权：算法解释权理论模式的反思与建构[*]

张恩典[**]

摘　要： 在大数据与算法模型的双重驱动之下，人类社会逐渐迈入算法社会。在算法社会中，随着算法治理术的兴起，算法黑箱效应问题日益凸显。为缓解算法黑箱效应，有学者以 GDPR 为蓝本建构了算法知情权理论。究其实质，算法知情权实则是一种弱化版本的算法解释权理论。从权利哲学视角观之，作为一种外部解释权模式，算法知情权理论建基于功利主义权利哲学。然而，以功利主义权利哲学为基础的算法知情权理论存在危及数字人权、损害公平价值，遮蔽了算法模型解释可能性等问题。有鉴于此，为了充分发挥算法解释权在维护个人自主和尊严，激活个人数据权利等方面的积极作用，在理念上，算法解释权制度建构应以道义论权利哲学为基本遵循，秉持个人数据基本权利优先于商业秘密保护的原则，在解释内容、解释时机和解释方法等具体构造方面，都更加凸显数据主体权利保护，以增强算法决策的透明性、公正性和可责性。

关键词： 算法治理术　解释权　知情权　功利主义　道义论

一、算法自动决策的解释难题：在"解释"与"知情"之间

在大数据和算法技术的强势联合与助推之下，人类正逐渐迈入算法社会。在算法社会

---

[*] 基金项目：本文系 2020 年度江西省高校人文社会科学重点研究基地招标课题"人脸识别技术的法律治理研究"（JD20104）、2019 年度司法部国家法治与法学理论研究项目"行政自动化算法决策的法律规制研究"（19SFB3015）的阶段性成果。

[**] 作者简介：张恩典，南昌大学立法研究中心研究员、南昌大学法学院副教授。

中，作为一种全新的社会治理，算法治理术（algorithmic governmentality）①在公私领域被广泛运用。无论是在市场营销、金融信贷、就业招聘等商业领域，还是在社会福利分配、预测警务和司法裁判等公共治理场景，人们都正在亲身经历着算法治理术给人类社会带来的深刻复杂的变化，感受着"隐秘"算法治理术所蕴含的强大力量，接受着来自算法权力的深度规训。②相比于算法治理术在人类社会的悄然兴起，并广泛渗透公共和私人领域，逐渐迈向算法统治时刻，人们对这一处于黑箱之中，影响乃至主宰人类命运的隐秘机器却知之甚少，甚至一无所知。在这一背景之下，人们对无孔不入的算法治理术潜藏的隐私、歧视等诸多风险也深感忧虑，并逐渐显露出算法社会的信任危机。③

以大数据和算法代码为技术架构的算法治理术所引发的信任危机很大程度上源于算法的"黑箱"效应和算法责任性的缺失。随着算法治理术的日渐兴起，"开发一些非常人性化的工具（一套权利、责任和法规）来管理甚至推动我们的技术创新就显得越来越重要"④。为了化解算法黑箱效应，提升算法决策的透明性和责任性，包括法律学者在内的诸领域学者进行了艰辛的技术、制度和理论探索。然而，在众多的制度和理论探索中，作为"个体赋权范式"理论重要分支之一的"算法解释权"制度甫一提出，便在理论和实务上引发诸多争议。⑤以欧盟《一般数据保护条例》（GDPR）的相关条文为蓝本，学术界对算法解释权展开了激烈争论，一些学者对算法解释权的实存性和正当性加以批判，将算法解释权意欲实现的"透明性"价值斥为"透明之谬误"，并在否认算法解释权实存性和可行性的基础之上提出了算法

---

① 关于算法治理术, See Antoinette Rouvroy. "The End（s）of Critique: Data Behaviourism Versus Due Process", in Mireille Hildebrandt, K. De Vries, eds. Privacy, Due Process and the Computational Turn: The Philosophy of Law Meets the Philosophy of Technology. Routledge, 2013, pp.143-167.

② 关于算法对个人的规训和操控的论述，参见[美]约翰·切尼-利波尔德：《数据失控：算法时代的个体危机》，张昌宏译，电子工业出版社2019年版，第89-139页；[瑞典]大卫·萨普特：《被算法操控的生活：重定义精准广告、大数据和AI》，易文波译，湖南科学技术出版社2020年版，第77-165页。

③ 张欣：《从算法危机到算法信任：算法治理的多元方案和本土化路径》，载《华东政法大学学报》2019年第6期。

④ [印]卡尔提克·霍桑纳格：《算法时代》，蔡瑜译，文汇出版社2020年版，第154页。

⑤ 目前国内外法学界围绕算法解释权制度是否存在及其正当性展开了激烈争论，国外相关研究成果, See Bryce Goodman, Seth Flaxman. European Union Regulation on Algorithmic Decision-making and a "Right to Explanation". AI Magazine, Vol.38（2017）, pp.50-57. Sandra Wachter et al. Why a Right to Explanation of Automated Decision-Making Does not Exist in the General Data Protection Regulation. International Data Privacy Law, Vol.7（2017）. Lilian Edwards, Michael Veale. Slave to the Algorithm? Why a Right to an Explanation is Probably not the Remedy You are Looking For. Duke Law & Technology Review, Vol.16（2017）, pp.18-84. Andrew D. Selbst, Julia Powles. Meaningful Information and the Right to Explanation. International Data Privacy Law, Vol.7（2017）. Sandra Wachter et al. Counterfactual Explanations without Opening the Black Box: Automated Decisions and the GDPR. Harvard Journal Law & Technology, Vol.31（2018）, p.888. 国内研究成果，参见张凌寒：《商业自动化决策的算法解释权研究》，载《法律科学（西北政法大学学报）》2018年第3期；张欣：《算法解释权与算法治理路径研究》，载《中外法学》2019年第6期；张恩典：《大数据时代的算法解释权：背景、逻辑与构造》，载《法学论坛》2019年第4期；解正山：《算法决策规制——以算法"解释权"为中心》，载《现代法学》2020年第1期；苏宇：《优化算法可解释性及透明度义务之诠释与展开》，载《法律科学（西北政法大学学报）》2022年第1期；丁晓东：《基于信任的自动化决策：算法解释权的原理反思与制度重构》，载《中国法学》2022年第1期。

知情权理论。① 还有学者主张将算法解释权定位为一种程序性权利,而非实体性权利。②

算法知情权理论旨在不揭开算法黑箱的前提之下,来保证算法决策的可责性,获得了理论界和实务界的高度青睐。置身于算法统治的"黑箱社会"背景之下,理论建构和制度设计的天平似乎正逐渐向"算法知情权"倾斜。然而,在我们将天平倾向算法知情权理论之前,仍然存在一些需要加以认真思索的悬而未决的问题:算法知情权理论与算法解释权之间究竟是什么关系?其蕴含着怎样的权利哲学理念?其究竟能够在多大程度上增强算法决策的透明性,强化对数据主体的算法决策理解和控制,以化解算法社会的信任危机,重建算法信任?面对上述问题,本文将以欧盟《一般数据保护条例》为蓝本,将目光聚焦于算法知情权理论,并穿行于制度文本与理论建构之间,考察检视算法知情权理论建构的思路和方案,洞悉反思其背后的权利哲学意蕴,揭示算法知情权理论的缺陷与不足,并在此基础上以道义论权利观为基础,探寻算法解释权的本土化建构方案。

二、作为"弱化"版本的算法解释权:算法知情权之规范考察

在展开对算法知情权的理论反思之前,有必要结合欧盟《一般数据保护条例》相关条文对算法知情权理论的建构路径加以梳理考察,以明确其究竟是算法解释权的替代,抑或是算法解释权的另一个弱化版本。

(一)算法知情权理论建构的规范阐释:以 GDPR 为中心

2016 年 4 月,欧盟出台《一般数据保护条例》,该法案甫一出台便引发了世界范围的激烈争论,其中,受关注最多的莫过于该法案所创立的数据主体权利体系。最初,学术界集中关注的莫过于"遗忘权",而在英国牛津大学学者布莱斯·古德曼(Bryce Goodman)和赛斯·弗兰斯曼(Seth Flaxman)发表了一篇关于"算法解释权"的论文之后,争论的焦点又进一步扩展至"算法解释权"这一数据权利。自算法解释权这一新型权利被提出之后,有关该权利在欧盟《一般数据保护条例》中的实存性和可行性便引发争论。而同为牛津大学学者的桑德拉·瓦赫特(Sandra Wachter)等人更在批判算法解释权的基础上,提出了算法知情权概念。③ 他认为,欧盟《一般数据保护条例》并没有创立算法解释权这一数据权利,而是创立了算法知情权。下面,笔者结合《一般数据保护条例》的相关条文,来分析算法知情权理论模式的解释技术和论证策略。

首先,否认《一般数据保护条例》中存在具有法律效力的算法解释权概念。在算法知情

---

① 参见沈伟伟:《算法透明原则的迷思——算法规制理论的批判》,载《环球法律评论》2019 年第 6 期。
② 丁晓东:《基于信任的自动化决策:算法解释权的原理反思与制度重构》,载《中国法学》2022 年第 1 期。
③ Sandra Wachter et al. Why a Right to Explanation of Automated Decision-Making Does not Exist in the General Data Protection Regulation. International Data Privacy Law,Vol.7(2017).

权模式的倡导者看来,在整个《一般数据保护条例》文本中,明确提出解释权这一概念的只有序言第 71 条。该条规定:"任何情况下,数据处理都应受到适当的保障,其中应包括向数据主体提供具体信息和获得人为干预的权利、表达其观点的权利、获得对评估后作出的决定的解释的权利以及对该决定提出质疑的权利。"该条明确规定数据主体有权获得对决定的解释的权利。然而,遗憾的是,他们认为,背景引言"只是为理解条文提供了指引,自身并不具有法律约束力",并不能产生直接的法律效力,故而根本不能成为数据主体享有算法解释权并向数据控制者请求解释的规范性基础。

其次,否认《一般数据保护条例》正文中存在广泛意义的"算法解释权"。桑德拉·瓦赫特等人认为,梳理《一般数据保护条例》正文的相关条文,通篇并未提及算法解释权,并据此否认广泛意义的算法解释权的存在。

最后,主张《一般数据保护条例》相关条文只能推导出算法知情权。桑德拉·瓦赫特等学者采取类型化分析,将算法自动决策的解释界分为"系统功能性解释"和"具体决定解释",并根据时间节点界分为事前解释和事后解释。在此基础之上,其否认了《一般数据保护条例》赋予数据主体享有获得针对具体决定的事后解释,而承认了针对算法"系统功能"的事前解释。他们认为,《一般数据保护条例》第 13 条、第 14 条确立了告知义务,但是这一告知义务并非事后解释权。其给出了以下两点理由:第一,这一告知义务针对的只是事前"系统功能",而非事后"特定决策"。他们认为,根据第 13 条第 2 款和第 14 条第 2 款,数据控制者负有的告知义务是有时间限制的,即只有"在获取个人数据"时,方才"应当向数据主体提供信息"。从逻辑上,告知义务只能在事先告知,即只能针对系统功能,而无法针对"特定决策"。第二,《一般数据保护条例》第 13 条第 2 款(f)项和第 14 条第 2 款(g)项仅适用于第 22 条第 1 款和第 4 款,而其中未述及防止自动决策的保障措施。据此,他们认为,将第13、14 条中自动化决策所涉及的逻辑、意义和设想的后果的通知与事后解释权之间联系起来是站不住脚的。在此基础上,桑德拉·瓦赫特等人进一步分析了第 15 条所确立的数据访问权条款。他们认为,与第 13 条第 2 款(f)项和第 14 条第 2 款(g)项相一致,第 15 条第 1 款(h)项也仅是确立针对"系统功能"的事前解释,数据控制者只需告知数据主体正在使用自动决策方法处理他的数据即可。

通过对欧盟《一般数据保护条例》相关条文的体系性解读,桑德拉·瓦赫特等学者认为,《一般数据保护条例》并未在规范层面规定"算法解释权",而只是规定了"算法知情权"而已,进而确立了所谓的算法知情权理论模式。

(二)算法知情权理论之本质意涵:作为弱化版本的算法解释权理论

从表面上看,关于算法解释权与算法知情权的概念之争似乎显得有些微不足道。其实不然,考察算法知情权理论的论证策略和规范阐释路径,我们可以洞悉算法知情权的本质意涵，从而揭示两者对算法自动决策规制进路的差异。

首先，算法知情权并非算法解释权的替代。考察桑德拉·瓦赫特等人有关算法解释权的观点和思路可以发现，他们并非如同那篇引起广泛影响的论文的标题所表达的那般，彻底否认算法解释权的存在，而更多是提出了一个"弱化版本"的算法解释权模式，即以"系统功能"为中心的事前解释模式。

其次，算法知情权采行的是一种外部解释。之所以将算法知情权定位为一种外部解释模式，原因在于其是一种在不打开算法黑箱的前提下所进行的一种解释。表面上看，算法知情权主张在处理个人数据时对自动决策"系统功能"进行事前解释，似乎是一种揭开算法黑箱的内部解释模式。实则不然，算法知情权理论所主张的针对系统功能的事前解释，仅仅只是针对概括性的系统功能，远未达到深入算法系统内部的程度。这种外部解释体现在算法知情权理论倡导者所主张的反事实解释方法和标准上。反事实解释又称反事实思维，是指对过去已经发生的事实进行否定而重新表征，以建构一种可能性假设的思维活动。在日常生活中，反事实解释非常普遍，其典型表现为："如果当时……，就会（不会）……"。反事实解释的优势在于不需要对算法决策进行全面的解释，而只需要对其中个别变量之间的关联进行解释。例如，某个人显示一个 x_i 的特征，反事实推理型解释将以这样的形式展示，即："因为你的特征是 x_i，所以生成的结果是 Y；如果已展现的特征是非 $x_i(-x_i)$，那么则会生成结果 Y'。"[①] 借助于反事实解释方法，算法黑箱内部的参数、权重以及决策背后的运行程序和逻辑都无须加以解释说明。桑德拉·瓦赫特等人明确地指出："对算法决策的解释，无论是《一般数据保护条例》所设想的还是一般的，并不一定取决于公众对算法系统如何工作的理解。尽管这种解释性是非常重要的，而且应该加以追求，但原则上，解释是不需要打开'黑匣子'就可以提供的。把解释看作帮助数据主体行动而不仅仅是理解的一种手段，人们可以根据他们支持的具体目的或行动来衡量解释范围和内容。"[②] 由此可见，究其本质，算法知情权理论所主张的是一种在不揭开算法黑箱前提下的外部解释模式。

基于以上分析，我们认为，桑德拉·瓦赫特等人所精心构造的算法知情权理论并非从根本上否认算法解释权的存在，而是另辟蹊径，试图在不揭开算法黑箱的前提之下，为我们提供"弱化版本"的外部算法解释权版本。而之所以作出这样的选择，其中既有算法模型复杂性的客观原因，也有算法模型开发者、应用者和受算法决策影响者等各方利益的考量。

---

① [德]约恩·赫姆斯特鲁维尔：《人工智能与不确定性条件下的行政决定》，载[德]托马斯·威施迈耶、[德]蒂莫·拉德马赫：《人工智能与法律的对话2》，韩旭至、李辉译译，上海人民出版社2020年版，第236页。

② Sandra Wachter et al. Counterfactual Explanations without Opening the Black Box: Automated Decisions and the GDPR. Harvard Journal Law & Technology, Vol.31(2018), p.843.

三、算法知情权理论之法理反思

对于桑德拉·瓦赫特等人否认欧盟《一般数据保护条例》确立算法解释权的观点和论证策略,安德鲁·塞尔布斯特(Andrew D. Selbst)和茱丽娅·鲍尔斯(Julia Powles)评论道:其观点是建立在"没有根据的假设和令人不安的分析框架"基础之上。我们认为,作为一种"弱化版本"的算法解释权理论,其究竟能够在多大程度上捍卫算法时代数据主体的权利,实现算法决策的可责性,是一个值得深入思索和澄清的问题。而对这一问题的澄清,除了规范文本阐释之外,还需要洞悉隐藏在该理论背后的权利哲学。我们认为,每一种权利主张背后均蕴含着某种权利哲学,对其权利哲学的揭示和阐发将有助于我们重新审视某一特定权利的功能价值和潜在问题。算法知情权亦不例外。在此,我们将借由对蕴含在算法知情权理论背后的权利哲学基础的深入挖掘,发现算法知情权理论的潜在缺陷。

(一)算法知情权理论的权利哲学基础:功利主义权利哲学

从权利哲学视角观之,算法知情权理论浸润着功利主义权利哲学理念,从学者的论证中,我们可以隐约窥见算法知情权理论背后的功利主义权利哲学传统和理论基质。

1. 算法知情权理论能够实现算法自动决策效用最大化

诚如学者所言:"功利主义伦理学可以被理解为一种效率伦理学,它对个别行为、行为方式、个人和社会的行动准则、组织机构、动机、德行概念和理想等所有的单一道德成分采用这样一种标准来进行评价,即它们在多大的程度上适合促进有意识能力的生物的主观幸福。对它们来说,道德的准则不是自我目的,而是对行为进行控制的、仅仅通过自己的功能而证明有存在理由的社会公约。在某种意义上,功利主义伦理学可以被看作对目的和手段理性的技术和经济模式的一种普遍化。"① 按照密尔的功利主义哲学观点,一项规则或政策的正当判断标准在于其能否实现"最大多数人的最大幸福",即能否实现效用最大化。② 应该说,功利主义哲学的目的论导向和对效率价值的追求,意味着其与技术之间存在着密切关系。功利主义伦理学和技术之间的联系不仅体现在两者之间分享着"目的—手段—理性"的基本结构,还体现在"对自然原则的否定和始终如一的反保守主义。缺乏对上帝所造之物和自然生长之物的敬畏,是功利主义和技术皆而有之的典型特点"③。

作为现代社会中日渐占据统治地位的一种重要治理术,算法治理术蕴含着开发者和运用者对治理绩效的不懈追求。"权利的功利论告诉我们,真正的权利要求在其适当存在的规

---

① [德]阿明·格伦瓦尔德:《技术伦理学手册》,吴宁译,社会科学文献出版社2017年版,第268页。
② [英]约翰·穆勒:《功利主义》,徐大建译,上海人民出版社2008年版,第7页。
③ [德]阿明·格伦瓦尔德:《技术伦理学手册》,吴宁译,社会科学文献出版社2017年版,第272页。

则体系中得到社会政策的认可,而这种社会政策能够最好地促进某种人们赞成的目标。"①换言之,功利主义权利观认为权利的正当性根植于目标。"功利主义伦理学从一开始就表现出同经济以及技术的紧密关系。技术行为是典型的以特定非技术目的为导向的手段行为。技术的优化也总是带有效用最大化的特征。"②而算法知情权理论则迎合了算法自动决策的效用最大化的目标追求。在算法知情权理论的倡导者看来,算法知情权作为一种弱解释权模式,只需要对算法模型的总体功能进行事前的解释,其既不像算法公开方式那样,要将所有的数据和算法模型都公之于众,也无需针对特定决策进行事后解释,亦不需要对深入算法模型内部,以及对算法模型与特定决策结果之间的因果关系展开论证。这使算法模型应用者所承担的解释义务大大降低。算法知情权理论模式之下,算法黑箱无需被揭开,能够在很大程度上保障算法决策功能。因为在算法知情权理论倡导者看来,一旦算法黑箱被完全打开,则会引发相应的策略性行为,从而会使得算法自动决策在实践中的预测能力大大减损,算法治理术在现代公私领域中的地位和作用将有被架空之虞。

2. 算法知情权理论能够实现利益平衡

功利主义权利哲学认为权利的本质是利益,强调具体利益而非抽象的价值理念的重要性。当需要在多元利益和价值进行取舍上,功利主义权利哲学主张进行利益权衡比较,而权衡的惯常方法是成本效益分析。算法知情权理论可谓充分展现了功利主义权利哲学的利益权衡的思想。在算法知情权理论倡导者看来,算法知情权能够在很大程度上实现算法应用者与数据主体之间的利益平衡。究其原因在于,他们认为,一方面,过高标准的算法解释要求将会招致算法开发者或其他数据主体的抵制,因为其很可能侵害算法开发者的商业秘密和知识产权等权益,甚至可能会侵犯其他数据主体的隐私。③相形之下,算法知情权理论在不揭开算法黑箱的前提之下对算法功能做简要解释,保护了算法开发者的商业秘密和知识产权,既维护了算法开发者的利益,保障了算法模型的功能,又使其有动力持续进行算法模型的开发和优化,有助于人工智能算法技术的创新发展。另一方面,算法知情权赋予数据主体要求获得针对系统功能的事前解释的权利,使其能够了解那些对其产生重要影响的算法模型的一般功能,有助于数据主体在了解算法模型功能的基础上行使质疑和拒绝自动化决策等一系列数据权利,维护自身合法权益。

3. 算法知情权理论符合机器学习算法决策的特征

受经验主义哲学思潮的深刻影响,功利主义权利哲学倡导法律权利应当建立在客观经

---

① [加]L. M. 萨姆纳:《权利的道德基础》,李茂森译,中国人民大学出版社2011年版,第182页。
② [德]阿明·格伦瓦尔德:《技术伦理学手册》,吴宁译,社会科学文献出版社2017年版,第268页。
③ Sandra Wachter et al. Counterfactual Explanations without Opening the Black Box: Automated Decisions and the GDPR. Harvard Journal Law & Technology, Vol. 31(2018), p.843.

验基础之上,而非建立在空洞抽象的先验理念基础之上。在算法知情权理论的倡导者看来,算法知情权理论符合机器学习算法自动决策的特征,具有现实可行性。一方面,目前的人工智能算法模型具有自学习的特征,这使得解释算法模型所做出的针对数据主体的特定决策变得非常困难,因为算法模型的开发者也难以准确地判断究竟是输入的哪一个或哪几个变量最终影响了算法自动输出的结果。另一方面,以海量数据为基础的算法自动决策,关注和揭示的是事物之间的相关性,而对事物之间的因果性则并不关注。① 由于基于大数据的算法奠基于相关关系,而非因果关系,对算法的解释往往难以符合人类因果关系思维的解释。② 在算法知情权理论的倡导者看来,在人工智能算法自动决策场景之下,算法开发者和数据控制者既难以事先预料算法模型输出的结果,也难以在事后对算法模型所自动生成的特定决策结果作出明确解释。因此,在这一场景下,要求算法应用者像人类决策那样对机器学习算法所自动作出的特定决策进行充分的、个别化的因果解释实在是强人所难,并不符合机器学习算法决策的场景特征,不具有现实可行性。

据此,算法知情权理论的倡导者认为,应当放弃针对特定决策的事后解释这一不切实际的幻想,退而求其次。一方面,主张针对算法系统功能的事前解释;另一方面,主张一种与算法决策的"相关性"相适应的"反事实解释",而不要求对算法决策结果与算法模型及输入数据变量之间的因果性进行解释。③

综上,算法知情权理论作为一种弱化版本的算法解释权理论,根植于功利主义哲学传统之中,该理论力求在算法模型开发者、应用者和数据主体三者的利益之间达致平衡,并试图实现算法自动决策效用的最大化。

(二)算法知情权理论之反思

诚然,算法知情权理论在促进人工智能算法技术创新、提升经济社会效益方面发挥着重要功能,但客观而言,植根于功利主义权利哲学的算法知情权理论也存在着严重缺陷。

1. 算法知情权理论难以为数据主体提供有意义的解释从而危及数字人权

在算法社会中,算法自动决策的黑箱效应使人们处于机器学习算法的摆布之下,却因难以洞悉其决策过程和理由而陷入茫然失措之中。算法开发者借助于隐秘的算法模型,得以对个人进行精准画像,据此对个人的偏好、行为、能力、信用等进行预测和评分,进而判断和决定其是否具有获得特定机会和待遇的资格。由于算法自动决策的不透明性特征,人们无

---

① [英]维克托·迈尔-舍恩伯格、[英]肯尼思·库克耶:《大数据时代:生活、工作与思维的大变革》,盛杨燕、周涛译,浙江人民出版社2013年版,第75页。
② 丁晓东:《基于信任的自动化决策:算法解释权的原理反思与制度重构》,载《中国法学》2022年第1期。
③ Sandra Wachter et al. Counterfactual Explanations without Opening the Black Box: Automated Decisions and the GDPR. Harvard Journal Law & Technology, Vol.31(2018), p.841.

从知晓那些对其产生重要影响的评分和预测究竟是如何作出的。这进一步加剧了算法时代的隐私和歧视风险等诸多问题。诚如德国学者克里斯多夫·库克里克所言:"几乎所有的数据公司都会搜集用户的个人信息资料,并且对其进行全方位的打分:商业信誉、购买意愿、在社交媒体上的影响、固执性、可被影响性。用户对此通常并不知晓。这会使人们产生巨大的不适,并且会激发人们对于普遍歧视的怀疑。人们会感觉被以某种方式观察,同时受到糟糕的对待。只有透明才能改变这种情况。"① 为了克服上述问题,要求那些掌握算法治理术,并主宰普通民众生活的算法开发者和应用者对其算法自动决策进行有意义的解释,便成为保障数据主体合法权益的重要方式。② 但是,客观而言,算法知情权理论针对算法模型的系统功能所事前解释,实不足以为数据主体提供有意义的解释。

一方面,对于数据主体而言,算法知情权理论仅仅将解释的范围限定于算法模型的一般性系统功能,这并不能够使其了解那些对其产生重大影响的算法自动决策究竟是如何生成的,数据主体也无从知晓如何通过行为、偏好等诸多数据变量的改变来改善自身的境遇。另一方面,对于数据主体而言,算法知情权理论将使得欧盟《一般数据保护条例》赋予的数据权利流于形式。为了捍卫和实现算法时代的个人尊严,欧盟《一般数据保护条例》规定了数据主体享有质疑和反对算法自动决策的权利,可以说,这些权利是智慧社会第四代"数字人权"的重要组成部分。③ 客观而言,对数据主体所享有的这些重要人权的维护和实现,除了致力于建设尊重人权价值的"道德基础设施"之外,另一途径则是要让数据主体能够以自身行动践行这些权利。但是,数据主体意欲真正行使和捍卫这些权利,则需要以获得关于算法自动决策的"有意义的解释"为前提。只有在获得了充分有意义的解释之后,数据主体才能进一步选择是否行使质疑或反对算法自动决策的权利。然而,算法知情权理论仅仅将解释范围局限于算法模型的一般性系统功能,这使得数据主体难以获得真正有意义的信息,从而使得数据主体难以真正捍卫和保障智能社会的一系列数字人权。

2. 算法知情权理论过度追求效率而损害公平价值

在解释方法上,算法知情权理论倡导者主张采用反事实解释方法。这种解释方法是与算法知情权理论主张的最小披露原则,即在不打开算法黑箱的前提之下进行解释的观点一脉相承。根据学者的分析,其具有三个方面的优势:第一,算法开发者无需对算法黑箱内部的逻辑对外进行解释,从而避免承担过多的技术成本;第二,反事实解释方法遵循最小化披

---

① [德]克里斯多夫·库克里克:《微粒社会:数字化时代的社会模式》,黄昆、夏柯译,中信出版社2018年版,第111页。
② See Andrew D. Selbst, Julia Powles. Meaningful Information and the Right to Explanation. International Data Privacy Law, Vol.7(2017).
③ 马长山:《智慧社会背景下的"第四代人权"及其保障》,载《中国法学》2019年第5期。关于算法自动化决策反对权的论述, See Isak Mendoza, Lee A. Bygrave. "The Right Not to be Subject to Automated Decisions Based on Profiling", in Tatiana-Eleni Synodinou et al eds. EU Internet Law: Regulation and Enforcement. Springer, 2017, pp.77-100.

露原则,减少了对算法开发者的商业秘密和个人隐私的侵犯;第三,反事实解释为数据主体挑战算法决策提供了可能。①

平心而论,在学者所列举的反事实解释方法的以上三大优势中,前两者是值得肯认的。而第三大优势则显得有些言过其实了。反事实解释方法更多的是旨在揭示个别数据变量与决策结果之间的相关性,而对于算法模型内部运行的机理、揭示海量数据变量与决策结果之间的因果关系则难有助益。就此而言,反事实解释方法似乎与强调"相关性"的算法自动决策场景相适应。"强硬的数据主义者认为无须任何理论,也无须借助为世界运行方式建立模型,单凭相关性就可以解决一切问题。"②但是,将算法解释仅仅局限于"相关性"是远远不够的。因为面对海量数据之间的错综复杂的相关性,数据主体容易迷失在"相关性"的海洋之中,借助于反事实解释方法难以穿越"相关性"的海洋,揭示诸多数据变量与特定算法决策结果之间的确切关联。因此,作为一种在不打开算法黑箱的前提下所展开的解释,反事实解释方法无疑有助于保障算法开发者和运用者的利益,但是,对于数据主体而言,反事实解释方法所能够提供的保护则极为有限。德国学者约恩·赫姆斯特鲁维尔在肯定反事实解释优点的同时,也直截了当地指出其在保障数据主体方面存在的缺陷:一方面,反事实解释难以让我们知道一个算法模型中为了获得一个不同结果所需要替换的最小规模的数据集合;另一方面,反事实解释并不会提供两种不同的决策作出模式的结构性差异。因此,反事实解释给数据主体提供的信息不仅是相当有限的,而且其更多是从有利于算法开发者和使用者的角度出发去作出解释,进而基于这一立场,要求数据主体对自身的行为作出改变和调整,有可能会误导从而诱使公民放弃本可以采取的诉讼途径。③

客观而言,在算法模型的可解释性与准确性之间存在着某种张力。算法知情权理论采行的反事实解释方法聚焦于个别数据变量与输出结果之间的"相关性",而将海量数据变量与决策结果之间复杂的因果关系放置一旁,实则表明在可解释性和准确性的天平之间,偏向了后者。"数据科学家适用预测分析技术时则不去探究这些内在联系。只要预测模型能精确预测就好,预测结果比解释更重要。"④这也意味着,以功利主义为哲学基础的算法知情权理论将效率价值置于公平价值之上。诚如安德鲁·塞尔布斯特(Andrew D. Selbst)和索隆·巴罗卡斯(Solon Barocas)在评价反事实解释方法时指出的那样:"这种方法的目的不是询问

---

① Sandra Wachter et al. Counterfactual Explanations Without Opening the Black Box: Automated Decisions and the GDPR. Harvard Journal Law & Technology, Vol.31(2018), p.888. 又参见杜小奇:《多元协作框架下算法的规制》,载《河北法学》2019年第12期。

② [美]史蒂夫·洛尔:《大数据主义》,胡小锐、朱胜超译,中信出版社2015年版,第161页。

③ [德]约恩·赫姆斯特鲁维尔:《人工智能与不确定性条件下的行政决定》,载[德]托马斯·威施迈耶、[德]蒂莫·拉德马赫:《人工智能与法律的对话2》,韩旭至、李辉等译,上海人民出版社2020年版,第236页。

④ [美]埃里克·西格尔:《大数据预测:告诉你谁会点击、购买、撒谎或死去》(第2版),周大昕译,中信出版社2017年版,第122页。

决策的基础是否合理,而是将决策视为给定的,并试图让受其影响的人避免或处理不好的结果。这种方法没有使用解释来探询决策的合理性,而是将对不良结果的责任从自动化决策的设计者转移到受其影响的人身上。"① 由此可见,反事实解释方法为算法应用者追求效率和算法的准确性提供了方便,而算法自动决策的后果则由受其影响的人们承担。对于数据主体以及受其影响的人们而言,这显然有失公平。

3. 算法知情权理论过度强调算法的复杂性而遮蔽了算法模型解释的可能性

算法知情权理论在很大程度上是建立在机器学习算法的复杂性之上的。通过诉诸机器学习的复杂性,算法知情权理论支持者在很大程度上否认了解释的可能性。而且,令人担忧的是,技术专家为机器学习算法模型复杂性和不可解释性的"背书",正在逐渐剥夺作为外行的数据主体对算法自动决策的提出质疑、要求解释和加以拒绝的资格。对于身处算法社会的个人所面临的尴尬境地,美国学者凯西·奥尼尔认为:"如果我们不夺回一定程度的控制权,这些未来的数学杀伤性武器将会成为隐藏在人类社会幕后的控制者。它们将以它们的方式对待我们。而我们却对此毫不知情。"② 我们认为,要求获得解释是人们获得那些对其产生重要影响的算法自动决策的控制权的重要方式。在人们无法获得那些与其利益攸关的算法决策的有效解释之前,其对算法决策的控制权和反对权只不过是空头支票而已,难以真正落到实处。

诚然,随着机器学习算法的不断发展,无论是解释算法模型的系统功能,还是为算法模型生成的特定决策结果提供合理解释,都变得日益困难。但是,我们认为,机器学习日益复杂化并不能成为算法应用者常拒绝对算法自动决策加以解释的当然理由,也不能以此作为否认算法解释权存在必要性和合理性的借口。否则,算法开发者均可以算法模型涉及高度复杂的技术为由,拒绝对算法自动决策给出任何合理解释,即使算法模型对人们的利益产生重大影响,而实际上,该算法模型可能远没有其所宣称的那样复杂和不可理解。③ 现实中,甚至不排除算法开发者有意将算法模型复杂化和模糊化,刻意制造算法黑箱,以此逃避解释义务,并借此牟利的可能性。④ 况且,目前实践中运用的算法模型并非复杂到完全不具有可解释性。关键在于,通过立法赋予数据主体算法解释权,并科以算法应用者一定的算法解释义务,迫使算法开发者和运用者寻找适当的解释方法揭示遮蔽在算法复杂性托辞背后的算法决策自动生成的机理和逻辑。

---

① Andrew D. Selbst, Solon Barocas. The Intuitive Appeal of Explainable Machines. Fordham Law Review, Vol. 87(2018), p.1122.
② [美]凯西·奥尼尔:《算法霸权:数字杀伤性武器的威胁》,马青玲译,中信出版社2018年版,第201页。
③ Reuben Binns. Algorithmic Accountability and Public Reason. Philosophy and Technology, Vol.4(2018), pp.543-556.
④ Cynthia Rudin. Stop Explaining Black Box Machine Learning Models for High Stakes Decisions and Use Interpretable Models Instead. Nature Machine Intelligence, Vol.1(2019), p.209.

虽然算法知情权理论宣称力求在机器学习算法的技术场景中，实现在算法决策准确性与可解释性之间、在数据应用者和数据主体的多元主体利益格局之间寻求平衡。然而，奠基于功利主义权利哲学的算法知情权理论所勾勒的理想愿景远未能实现。相反，正如上文所分析的那样，算法知情权理论这一弱化的外部解释权模式却陷入技术理性的泥淖，沦为算法应用者谋取自身利益的有力武器。相形之下，对于数据主体而言，算法知情权所能够提供的保护却往往流于形式。

四、超越知情权模式：道义论权利观下算法解释权之本土化建构

奠基于功利主义权利哲学传统的算法知情权理论在解释时机上主张事前解释，在解释内容上主张以一般性系统功能为中心，在解释方法上倡导对算法模型披露最小的反事实解释，并以此来阐释欧盟《一般数据保护条例》的解释权相关条文。然而，正如前文所揭示的那样，遵循功利主义权利哲学传统，将算法解释权弱化为"算法知情权"，对于捍卫算法社会中处于弱势地位的数据主体的基本人权，对于捍卫人的自治和尊严价值收效甚微。因此，我们认为，需要在对算法解释权制度进行理论奠基之后再对算法解释权制度加以本土化建构。

（一）算法解释权的理论奠基：道义论权利哲学

我们认为，与从功利主义权利哲学脉络来完成算法知情权理论建构和阐释不同，应当将算法解释权置于道义论权利哲学理论框架中加以阐释，以充分发挥算法解释权在算法社会中的规范价值。道义论权利观念具有以下基本论点：第一，主张权利优先于善；第二，主张尊严优先于利益；第三，主张权利本位。① 遵循道义论权利观，算法解释权理论在实现个人自主、维护个人尊严方面具有重要意义。

1. 以道义论为基础的算法解释权以维护人的尊严为终极价值

不同于基于功利主义权利观的算法知情权将利益置于优先地位，以道义论权利观为基础的算法解释权理论将维护人的尊严作为理论建构和制度架构的最终依归。"使人之成为人的尊严，为基本的法定秩序奠定了基础，我们的生活正是根据这些法定秩序的现行规定而变得或好或坏。"② 在算法社会中，个人自治和个人尊严正面临着来自算法自动决策的严重侵蚀，在算法自动决策广泛取代人类决策的过程中，人们正逐渐丧失那些对其产生重要影响的决策的理解和控制能力，个人的自治能力和主体性地位都在遭受严重侵蚀，面临前所未有的危机。③ 算法社会中人的主体地位的全面解构引发了许多学者的忧虑。德国学者库克里

---

① 张伟涛：《当代道义论权利理论评析》，载《人民论坛》2014年第11期（中）。
② ［德］瓦尔特·施瓦德勒：《论人的尊严——人格的本源与生命的文化》，贺念译，人民出版社2017年版，第3页。
③ 参见［瑞典］大卫·萨普特：《被算法操控的生活：重新定义精准广告、大数据和AI》，易文波译，湖南科学技术出版社2020年版，第77-165页。

克指出,由数字代码组合而成的算法模型具有了规则生产的能力,并促使人类社会向有算法模型的微粒社会演进。微粒社会是一个典型的评价型社会,在这一社会中,差异革命、智能革命和控制革命"三重革命"正在共时性地交织展开。而对于置身于其中的个人而言,则在算法模型的高度解析之下,逐渐沦为"微粒人"。借助于算法模型,"我们开始将人分类,进而区分人,控制人"①。美国学者卢克·多梅尔有着颇为精妙的论述:"算法往往把独立自主的个人看成人类的一个分类节点,这与个人的真正含义之间存在明显的差异,它有可能造成'公式'遭遇同样的'自我危机'。"② 由此可见,在算法社会中,人面临着前所未有的主体性危机,而人的尊严价值这一现代法律的伦理总纲在算法机器的操纵下逐渐消失殆尽。

一方面,在经济领域,在所谓的算法个性化推荐背后,潜藏着的是算法对个人选择和偏好的隐秘操纵,进而导致消费者自主选择能力的显著削弱。另一方面,在社会和政治领域,新闻、信息的个性化推荐造成了人的单体化和思维观念的极化,即所谓的过滤泡效应。③ 更为重要的是,伴随着算法决策在公共治理领域的广泛运用,其带来的一个严重后果是对公民正当程序权利的剥夺。在算法决策兴起的背景下,作为现代民主政治的公众参与和协商机制极有可能被悬置。④ 以行政监管领域而言,目前,行政监管领域中运用的算法决策模型主要包括反应型算法和预测型算法,两者带来了不同程度的正当程序系统性失灵。⑤ 其中,反应型算法通过对传统行政过程自动化,进而相应地压缩了行政决定的程序空间,使得传统行政决定中面向行政相对人的一系列程序和步骤运作被省略。与反应型算法通过压缩程序实现执法的高效化不同,预测型算法通过对既往执法数据的收集和潜在违法者行为轨迹的追踪,实现对潜在违法者的风险评级,进而根据算法模型对潜在违法者的风险评级来优化执法策略。因为预测型算法是运用于正式的行政行为作出之前,因此,相较于反应型算法而言,其对行政相对人造成的正当程序权利侵害程度要弱一些。但是,预测型算法依靠运算在算法黑箱内部得出的结果加剧了行政决策内部化,并使得公众参与和专家论证等正当程序装置被架空。而且,预测型算法在带来行政程序危机的同时,也引发了严重的算法歧视的问题。⑥

诚如学者在谈及算法权利对个体的负面影响时指出的那样:"若算法决策系统不公正地抹杀了个体获取关键机会的资源(例如工作、教育机会、住房、贷款和保险等),那么个体就会受到不利影响。更准确地说,这种不利影响应该是一种'过错',因为其可能会侵犯个

---

① [德]克里斯多夫·库克里克:《微粒社会:数字化时代的社会模式》,黄昆、夏柯译,中信出版社2018年版,第108页。
② [美]卢克·多梅尔:《算法时代:新经济的新引擎》,胡小锐、钟毅译,中信出版社2016年版,第30页。
③ [美]伊莱·帕里泽:《过滤泡:互联网对我们的隐秘操纵》,方师师、杨媛译,中国人民大学出版社2020年版。
④ 张恩典:《人工智能算法决策对行政法治的挑战及制度因应》,载《行政法学研究》2020年第4期。
⑤ 张凌寒:《算法自动化决策与行政正当程序制度的冲突与调和》,载《东方法学》2020年第6期。
⑥ 张恩典:《反算法歧视:理论反思与制度建构》,载《华中科技大学学报(社会科学版)》2020年第5期。

体受平等对待和尊重的基本权利。这种权利根植于对人的尊重这一根本原则,生而为人,若其因某一决策遭受直接不利影响,理应有权要求相关决策主体作出解释,且应享有反对该决策的权利。"①在算法决策场景中,经典正当程序理念和制度面临严重冲击,但是这并不意味着正当程序理念和制度就应该被摒弃,恰恰相反,我们应当建立起一套面向算法决策的技术性正当程序。②算法解释权制度作为一种算法决策场景中的说明理由程序装置是算法时代个人对抗算法机器,摆脱主体性危机的一张"王牌"。借由这张"王牌",当遭受到来自强大而隐秘的算法自动决策的不利影响时,数据主体有权要求算法模型的开发者和运用者对决策作出充分和合理的解释,这是算法时代"尊重个体主体性、自治性和人格尊严的基本要求"③。从这个意义上,以道义论权利哲学为基础的算法解释权对于在算法社会场景中实现个人自治、捍卫个人尊严价值无疑具有重要意义。

2. 以道义论为基础的算法解释权是激活数据主体权利的关键

人的自主性是人之所以为人的基本特征,人的自主性关乎人的尊严和自由。诚如学者所言:"'自主性'本质上是一个将自由和控制结合在一起的政治概念或道德概念。自主是指自治、独立,不为外部法则或力量所支配。在康德的形而上学中,自主性指的是自由意志的根本条件,即意志遵守它赋予自身的道德法则的能力。"在现代社会中,算法治理术作为一种自主性技术兴起,正在侵蚀着人的自主性。④个人正逐渐被边缘化。个人主义"即将崩溃,权威也将从个人转向由算法构成的网络。人类不会再认为自己是自主的个体,不再依据自己的期望度日,而是习惯把人类看作一种生化机制的集合体,由算法网络实时监测和指挥"⑤。那些不懂算法技术的普通民众甚至有可能沦为受各种算法模型和传感器监视、追踪的"无用阶级",其唯一的价值就在于通过各种行为产生等待被收集处理的数据"原料"。

为了改变这样一种力量悬殊的算法社会格局,一种重要的应对方案是借由个人赋权的方式来赋予数据主体一揽子权利,以强化数据主体的能力和地位。以欧盟为例,2018年生效的欧盟《一般数据保护条例》赋予了数据主体包括数据访问权、算法解释权、反自动决策权、删除权、数据可携权等一系列数据权利,而这些权利是技术性正当程序装置的重要组成部分。⑥虽然上述权利之间是并列关系,但是它们却构成了人工智能时代防止算法暴政的数据权利体系。在整个数据权利体系中,算法解释权占据着中枢地位,反自动决策权和被遗忘

---

① [英]凯伦·杨:《自动化决策,何忧之有》,载[英]凯伦·杨、[英]马丁·洛奇:《驯服算法:数字歧视与算法规制》,林少伟、唐林垚译,上海人民出版社2020年版,第38页。
② 刘东亮:《技术性正当程序:人工智能时代程序法和算法的双重变奏》,载《比较法研究》2020年第5期。
③ 张欣:《算法解释权与算法治理路径研究》,载《中外法学》2019年第6期。
④ [美]兰登·温纳:《自主性技术:作为政治思想主题的失控技术》,杨海燕译,北京大学出版社2014年版,第13页。
⑤ [以色列]尤瓦尔·赫拉利:《未来简史:从智人到智神》,林俊宏译,中信出版社2017年版,第296页。
⑥ Danielle Keats Citron. Technological Due Process, Washington University Law Review, Vol.85(2008), pp.1249-1313.

权的有效行使,很大程度上都依赖于数据主体能否从数据控制者那里获得充分合理的解释。在缺乏算法解释权的有效行使的情形下,数据主体所享有的反自动决策权和删除权的行使将因缺乏充分的信息,无从理解算法决策背后的逻辑而变得盲目,其合理性亦将减损。因此,应当建立健全算法解释权制度,破除算法解释权的行权障碍,进而为数据主体行使其他数据权利提供制度支撑,真正发挥数据权利和数据主体在防止算法暴政、促进算法透明性和可责性方面的积极作用。

(二)算法解释权制度的本土化建构方案

我国《中华人民共和国个人信息保护法》第四十四条规定:"个人对其个人信息的处理享有知情权、决定权,有权限制或者拒绝他人对其个人信息进行处理;法律、行政法规另有规定的除外。"该法中个人信息处理知情权的具体内涵仍有待立法机构的进一步阐释。但是,值得肯定的是,其为算法解释权制度在我国的确立提供了一种制度空间。在此基础上,国家网信办联合工信部、公安部、国家市场监督管理总局共同颁布了《互联网信息服务算法推荐管理规定》(以下简称《算法规定》),《算法规定》对算法推荐服务加以规范,并对用户权益作出专章规定。《算法规定》第十六条规定:"算法推荐服务提供者应当以显著方式告知用户其提供算法推荐服务的情况,并以适当方式公示算法推荐服务的基本原理、目的意图和主要运行机制等。"该条实则规定了一种事前的针对算法系统的算法解释权。这表明,在算法解释权制度构造上,更多采行的是一种弱化版本的算法解释权版本。

我们认为,为了充分发挥算法解释权在维护个人自主和尊严、激活个人数据权利等方面的积极作用,在理念上,我国算法解释权制度建构和实践运行应以道义论权利哲学为基本遵循,以为数据主体提供真正"有意义的信息"为目的,建立超越算法知情权的加强版算法解释权模式。与弱化版算法解释权模式相比,这一强解释权模式秉持个人尊严优先于经济效率、个人基本权利优先于商业秘密保护的原则,在解释内容、解释时机和解释方法等具体构造方面,都更加凸显对数据主体权利的保护,促成算法决策的透明性、公正性和可责性。

首先,在解释内容上,坚持系统功能解释与特定决策解释相结合。系统功能解释主要围绕算法模型的工作原理和一般功能等内容展开,包括算法系统的需求规范、预定义模型、训练参数、输入数据摘要、运行逻辑、模型测试、训练或者筛选的相关信息等方面。[①] 而特定决策解释主要围绕某个特定决策而展开,解释的内容主要包括特定自动化决策的基本原理、理由和个体情况,例如,特征的权重、机器定义的特定案例决策规则、参考或画像群体等信息。在具体的解释实践场景中,对于数据主体而言,针对算法系统一般性功能的解释往往更为抽

---

① Margot E. Kaminski. The Right to Explanation, Explained. Berkeley Technology Law Review, Vol.34 (2019), pp.214-215.

象、原则,而针对特定决策的解释则更为具体、明确。因此,从数据主体的角度而言,其往往更在意获得特定决策的解释,因为这似乎对于维护其个人利益和权利更为重要。但是,这并不意味着,系统功能的解释就不重要。实际上,对于很多的算法自动决策的理解需要建立在系统功能和特定决策两者的共同解释基础之上,才有可能获得关于特定算法自动决策"有意义的信息"。同时,需要指出的是,"有意义的信息"还意味着,无论是系统功能解释,还是特定决策解释,均应尽可能以数据主体易于理解的方式加以表达,以使其真正获得关于算法决策的有意义的信息。

其次,在解释时机上,坚持事前解释与事后解释相结合。在解释时机上,主要分为事前解释和事后解释。从逻辑上讲,因为事前解释只能发生在特定决策作出之前,所以事前解释只能针对算法模型的一般性功能展开,而事后解释则既可以针对算法模型的"系统功能",又能够针对特定的算法自动化决策。然而,由于事前针对系统一般性功能的解释往往过于模糊,常不足以让受算法模型自动生成的特定决策影响的数据主体获得充分而有效的理解,因此,即使算法模型的开发者和运用者对系统功能进行了事前解释,也不能免除其针对特定决策展开更具针对性的、更加具体的事后解释的义务。

最后,在解释标准上,坚持相关性解释与因果性解释相结合。鉴于公共和商业领域中算法自动决策主体所受公私法约束强度的差异,个人尊严和自治所受威胁和侵害的程度亦有所差别,因此,在解释标准上,需要根据算法自动化决策的公私领域来加以差异化区分。具体而言,在诸如广告营销、新闻推送等商业领域的算法自动化决策场景中,解释标准可以适当宽松,更多采行相关性标准,在解释方法上可以运用反事实解释方法;而在预测警务、福利分配等公共领域算法自动化决策中,解释标准应更为严格,单纯适应以"相关性"为核心的反事实解释并不足够,而需要对算法开发者或运用者科以更高的解释标准,适当引入因果性标准,要求其对算法决策的内在逻辑加以解释,以证明算法自动决策的正当性。①

五、结语

在由大数据和机器学习算法双轮驱动的智慧社会中,算法自动决策是一种以技术理性为支撑,以效率价值为逻辑导向的治理术。② 在人们享受算法治理术所带来的高效与边界扩张的同时,人的隐私、自主和尊严正在面临史无前例的威胁,而这些威胁很大程度上源于算法复杂性及其引发的黑箱效应。"生而为人,我们理应得到尊严与尊重,利用行为分析技术

---

① Margot E. Kaminski. Binary Governance:Lessons from the GDPR's Approach to Algorithmic Accountability. Southern California Law Review, Vol.92(2019),p.1529.

② 郑智航:《人工智能算法的伦理危机与法律规制》,载《法律科学(西北政法大学学报)》2021年第1期。

的算法决策系统会损害这一权利,同时还会消磨我们的自治和自决权。"① 鉴于此,必须透过法律来对算法技术的应用加以有效规制,以防止其滥用给人类所珍视并为现代法治所保障的自主、自由、隐私、平等诸多价值带来严重冲击。诚如学者所言:"在法律算法化预嵌和自动运行过程中,要确保法律规则和原则、法律价值和文化、法律功能和目标不受减损,需要确立的原则是'法律先于技术''法律融入技术''法律归化技术',而不是'法律与技术二元共治',更不是'法律的归法律,技术的归技术'。"② 算法治理术根植于技术理性的土壤,并遵循效率逻辑,其运用常以消解个体的差异性和自主性为代价,以道义论权利哲学为基础的算法解释权制度主张加强算法决策的解释力度,以增强算法透明性和可责性,对于扭转算法社会中个人的失权和失能状态,增强算法时代个人的"可行能力",维护和捍卫个人自主和个人尊严,具有重要的现实意义。③ 当然,我们也要清醒地认识到,从方法论角度而言,以道义论为基础的算法解释权制度仍然是一个个体主义的算法治理方案,其在强大的机器学习算法面前,仍面临着技术复杂性和不确定性的挑战。④ 但是这绝不意味着,以算法解释权为代表的个体赋权范式便是没有实际用途的稻草人,其是算法合作治理机制的重要组成部分。⑤ 归根到底,算法治理是一个复杂系统工程,一方面有待在秉持维护人的尊严地位和基本权利的基础之上,建立适应机器学习算法技术发展和具体运用场景的算法解释权理论和制度架构;另一方面,则需要在个体赋权范式之外,积极探索建构内部的算法问责制,进而建立起算法自动决策的合作治理模式。

---

① [英]凯伦·杨,[英]马丁·洛奇:《驯服算法:数字歧视与算法规制》,林少伟、唐林垚译,上海人民出版社2020年版,第29-30页。
② 齐延平:《数智化社会的法律调控》,载《中国法学》2022年第1期。
③ 关于信息社会的分配正义和"可行能力"的论述,参见[荷]尤瑞恩·范登·霍文、[澳]艾玛·茹思柏:《分配公正与信息的价值——(广义上的)罗尔斯方法论》,载[荷]尤瑞恩·范登·霍文、[澳]约翰·维克特:《信息技术与道德哲学》,赵迎欢、宋吉鑫、张勤译,科学出版社2014年版,第307-324页。
④ 关于用户赋权这一个体主义数据治理模式的反思性研究,请参见丁凤玲:《个人数据治理模式的选择:个人、国家还是集体》,载《华中科技大学学报(社会科学版)》2021年第1期。
⑤ Margot E. Kaminski. Binary Governance: Lessons from the GDPR's Approach to Algorithmic Accountability. Southern California Law Review, Vol.92(2019), pp.1532-1533.

人脸识别信息处理中"合法、正当、必要"原则的区分审查[*]

冯 恺 杨润宇[**]

摘 要： 在我国现有立法框架内，"合法、正当、必要"原则是人脸识别信息处理的重要审查依据。三原则内涵关系上存在混淆性，故区分其界限作出区分审查符合立法本旨。首先，进行"合法性"审查时，须确保被处理的人脸识别信息处于法律保护的范围之内，并基于"法定"和"合意"两种不同的合法性基础作出判定：一是在更宽泛的法律框架下考量人脸识别信息处理是否获得"法律授权"；二是针对人脸识别信息之敏感性，采行更高的同意标准。其次，围绕人脸识别信息处理的目的、手段及其平衡性作出"正当性"审查。最后，进一步划清"正当性"和"必要性"的界限，基于信息类型、处理的频率和数量等因素诠释"最小范围或必要"。

关键词： 人脸识别信息处理 合法性 正当性 必要性 区分审查

一、问题的提出

随着人脸识别技术在疫情期间的大量推广和应用，对相关法律风险的社会关注陡然增多。人脸识别信息系属生物识别信息的一个特定类型，而生物识别信息又系个人信息的一

---

[*] 基金项目：本文系作者主持的国家社科基金规划项目（19BFX151）的阶段性成果。

[**] 作者简介：冯恺，中国政法大学比较法学研究院教授、中美法学研究所所长、法学博士；杨润宇，中国人民大学外国语学院学生。

种,据此,我国法中个人信息处理的"合法、正当、必要"原则(下称"三原则")亦适用于人脸识别信息的处理。三原则早在2012年12月28日全国人民代表大会常务委员会通过的《全国人民代表大会常务委员会关于加强网络信息保护的决定》第二条中被确立为收集、使用个人信息的基本原则[①],2020年《信息安全技术个人信息安全规范》(简称《个人信息安全规范》)第4条作出类似规定,要求个人信息控制者开展个人信息处理活动时遵循三原则。更为重要的是,作为基本法的《中华人民共和国民法典》第一千零三十五条[②]与2021年最新出台的《中华人民共和国个人信息保护法》[③](简称《个人信息保护法》)均对三原则予以了确认。与此同时,在受到业界高度关注的首例人脸识别侵权案中,杭州市富阳区法院基于三原则分析认为:动物园基于年卡用户可在有效期内无限次入园畅游的实际情况,使用指纹识别、人脸识别等生物识别技术,以达到分辨年卡用户身份、提高年卡用户入园效率的目的,该行为本身符合法律规定的合法、正当、必要原则;然而,动物园在办卡合同中仅表明采用指纹识别入园,收集郭某及其妻子的人脸识别信息超出了必要性的原则要求,因此不具有正当性。[④]

从法解释的视角分析,法律实践中区分"合法、正当、必要"三原则对人脸识别信息的处理行为作出审查符合现行立法的期待。然而,三项原则在内涵上存在一定混淆性,个人信息侵权诉讼中应如何对三者一一分别作出审查,立法及理论上均未作充分说明。如学者所指,"合法、正当、必要"作为基本原则内涵太过丰富和抽象,不通过解释难以指导具体实践。[⑤]以杭州动物园年卡案为例,法院虽基于三原则对被告动物园处理原告人脸识别信息的行为是否构成侵权作出了分析,但并未严格区分三者,对每项原则一一作出审查;从表述上看,它甚至将"必要性"纳入"正当性"的范围之中。显然,法院在一定程度上模糊了"合法、正当和必要"的界限,客观上削弱了立法者并行设立三项原则的法律价值。

不可否认的是,人脸识别技术凭借其在不同领域的潜在创新力,仍将继续发展和变得更加普遍;政府和企业将继续将人脸识别技术纳入管理软件工具的各个方面,消费者也对获

---

① 根据该条规定:网络服务提供者和其他企业事业单位在业务活动中收集、使用公民个人电子信息,应当遵循合法、正当、必要的原则,明示收集、使用信息的目的、方式和范围,并经被收集者同意,不得违反法律、法规的规定和双方的约定收集、使用信息。

② 《中华人民共和国民法典》第一千零三十五条明确规定:处理个人信息的,应当遵循合法、正当、必要原则,不得过度处理。

③ 根据《个人信息保护法》第五条规定,处理个人信息应当遵循合法、正当、必要和诚信原则,不得通过误导、欺诈、胁迫等方式处理个人信息。

④ 法院给出的具体理由是:尽管年卡办理流程中要求拍照,但并未明确告知原告对其人脸识别信息的收集目的,原告同意拍照的行为,不应视为对动物园通过拍照方式收集其人脸识别信息的同意。参见《采集利用消费者个人信息需尊重个人选择权:"人脸识别第一案"落槌 杭州野生动物世界被判删除用户面部信息》,载《人民法院报》2020年12月2日第03版。

⑤ 参见梁泽宇:《个人信息保护中目的限制原则的解释与适用》,载《比较法研究》2018年第5期。

取这项技术的需求充满强烈意愿。①但正如莎伦·纳克尔（Sharon Naker）等学者所指出的那样,当前针对人脸识别的法律规制水平远未能跟进相关技术的发展,致使产业界缺乏明确的合规根据,并引发诸多隐私保护问题。②如何进一步提高法律规制的精细程度,在人脸识别信息保护及其处理利用之间求得有效平衡,遂成为当前理论及实践中亟待解决的问题。本文拟通过对人脸识别信息这一特定样本的比较分析,厘定"合法、正当、必要"三原则的关系界限及其审查要点,以避免因实践审查标准与立法要求不相符合而引发适用上的混乱。

二、人脸识别信息处理三原则的审查困境

（一）三原则的关系界定不明

从司法适用的视角,三原则审查具体表现为对"合法性、正当性和必要性"的检验,结果的准确性又取决于能否对三者的关系作出明确的界定。然而,理论上关于三原则关系的认识存在分歧,一定程度上加剧了其适用上的困境。

一方面,对"合法性"和"正当性"的内涵关系存在认知上的模糊性。关于这对范畴的讨论,传统上多见于政治学、社会学及理论法学等领域。从概念发展来看,理论界一度将二者视为一对相互包含的范畴。例如,具有影响力的马克斯·韦伯在广义上使用"合法性"的概念,认为它既包含价值哲学范围意义上的狭义"正当性",也包括法律教义学意义上的"合法律性",同时还包括了社会学意义上的"正当性",这一主张对后世产生了深刻的影响。③同时,在Legitimacy和Legality这对易混概念的翻译上,不同翻译者采纳了不同的表述,且不同学科的学者基于各自场景的需要作出不同解释,更使得"合法性"和"正当性"的关系扑朔迷离。从相关文献来看,即便是权威的学者对Legitimacy的翻译也有所不同,有的译为"正当性",有的译为"合法性",例如,《元照英美法辞典》（第1版）将其译为"合法化、正当性、准正",而《布莱克维尔政治学百科全书》中则将其译作内涵较窄的"合法性"。即便是在现实运用中,人们对"合法性"和"正当性"这对中文表述的认知也存在一定差异,前者因在字面上与"合法律性"更为相近而被使用的频率往往高过后者。

另一方面,在"正当性"与"必要性"的界限问题上存在一定混淆。设定"必要"原则的目的有时被认为是为了确保人脸识别信息处理的正当性,认为其构成广义上的"正当性"的一部分,从而与立法上将"正当"和"必要"相并列的立场发生冲突。例如杭州动物园年卡案中法院给出的理由之一即为,相关信息的收集"超出了必要性的原则要求,不具有正当

---

① Sharon Naker, Dov Greenbaum. Now You See Me: Now You Still Do: Facial Recognition Technology and the Growing Lack of Privacy. B.U. J. Sci. & TECH. L., Vol.23(2017), p.93.

② Sharon Naker, Dov Greenbaum. Now You See Me: Now You Still Do: Facial Recognition Technology and the Growing Lack of Privacy. B.U. J. Sci. & TECH. L., Vol.23(2017), p.121.

③ 转引自胡伟:《在经验与规范之间:合法性理论的二元取向及意义》,载《学术月刊》1999年第12期。

性"。从具体审查要点来看,二者在"目的相关性"和"措施妥当性"的理解上容易发生混淆。根据"目的相关性"的要求,人脸识别信息的处理应与其"目的"相关,若从"正当性"审查的视角理解即应具有"目的上的正当性";但在法律实践中,此种"相关性"要求又常被视为"必要性"审查的一个具体要求。根据"措施妥当性"的要求,个人信息处理的手段须合理、适当,从"正当性"审查的视角理解即应为"手段上的正当性";但若从"必要性"审查的视角,又会被认为是用以限制程度大小的方法,也即"采取影响最小的手段"。可见,对人脸识别信息处理的"正当性"和"必要性"审查要点存在一定分歧。

一个不争的事实是,尽管民事案件中常常涉及对某一行为是否"合法、正当、必要"的审查,理论上却鲜有对三者及其审查标准的研究探索。对三原则审查的模糊化处理,如果是在纯粹进行理论探讨时尚能被容忍,但在具体的制度适用背景下尤其是法院需要对某些行为作出具体审查的情况下却变得极具挑战性。法院在审判实践中不得不绕过这一问题,不加区分地采用概括式的审查方式。

(二)人脸识别信息处理的三原则应作区分审查

三原则的理论界限不明之现状,无益于明确其各自的法律审查范围。当前不同法律文件中对三原则的内容及标准并未作出统一的规定。例如,《个人信息安全规范》第4条规定的"合法、正当、必要"原则具体包括"权责一致、目的明确、选择同意、最小必要、公开透明、确保安全、主体参与"等方面,"公开透明"为三原则的要求之一;《个人信息保护法》却将"合法、正当、必要"的原则(第五条)与"公开透明"原则(第七条)并列起来。立法及理论对此并未作出进一步解释,从而为司法审查带来操作上的不便。从实践需求来看,区分人脸识别信息处理三原则的不同,逐项对其作出审查,不仅能够真实呈现我国当前立法的意图,也有利于司法审判和产业合规中对审查标准的准确把握。

为了划分三原则的界限,有必要对其内涵予以厘清。近年来,一些学者对"合法性"和"正当性"的关系作出了区分性界定。刘杨在深入证成"正当性"源流的基础上剖析了其与"合法性"的不同,其认为:"合法性"是指行为或状态的存在符合法律的规定;"正当性"也即"合理性",是指行为或状态的存在符合某种道德原则或价值标准。[①] 对合法性而言,重要的是其如何有效"应用"的问题,侧重于经验实证层面;而对于正当性来说,更重要的是其如何有效证明或辩护(justification)的问题,其兴奋点主要在理性反思的层面。[②] 刘毅在诠释 Legitimacy 和 Legality 这对英文范畴的基础上提出了自己的观点,认为:Legitimacy 所关涉的是社会中权力和权威的基础以及为实存的法律秩序所提供的正当性证明,它意味着对

---

① 刘杨:《正当性与合法性概念辨析》,载《法制与社会发展》2008年第3期。
② 刘杨:《正当性与合法性概念辨析》,载《法制与社会发展》2008年第3期。

一种政治法律制度的公认，或者说，它是政治法律制度存在的内在基础；Legality 概念正式粉墨登场则是在形式主义法学或法实证主义出现以后，在这种理论主导下，强调的是法律秩序的实际存在以及行为者对法律的服从和遵守。① 据此，宜将 Legality 解释为"合法性"，legitimacy 则解释为"正当性"，二者在狭义上属于相互独立的两个概念。因此有学者宣称，合法性审查与适当性审查之间泾渭分明，适当性审查都是在已经合法的前提下进行的。② 相关观点为区分"合法性"和"正当性"提供了重要的理论支持。而就"正当性"和"必要性"的适用关系而言，尽管在进行目的审查时往往需要作出"限度"上的权衡，其本质仍在于考察人脸识别信息处理的"目的"而非"处理行为"的合理性；将前者纳入"正当性"的审查范围，通过对"目的特定、相关、合比例"等具体要点的考量确保信息处理的合理性，而将"必要性"的审查限于信息处理的类型、处理的频率及数量等特定方面，"正当性"和"必要性"的审查界限则更为清晰。

本文认为，为了司法审查和产业合规的便利性，宜从狭义上界定和区分个人信息处理三原则的内涵，并分别对三者予以审查。以人脸识别信息的处理为出发点，"合法性"审查侧重于该处理行为是否存在法律根据；"正当性"审查侧重于处理行为的"合理性"，也即是否符合某种道德原则或价值标准；与"正当性"比较，"必要性"的审查则侧重于针对人脸识别信息处理行为本身的限度要求，也即信息的"最小范围或必要"。下文将结合比较法上的立法及司法审判经验，对人脸识别信息处理三原则的司法审查问题——进行分析。当然，鉴于立法、理论与司法实践中对相关问题认识的局限性，本文并非无所不包，而是拟重点对较具代表性的要点审查进行探究。

三、人脸识别信息处理"合法"原则的审查

（一）关于"合法性"的两种解释路径

对"合法性"的解释存在广义和狭义两种不同路径。基于三原则的区分立场，我国现行法采狭义上的"合法性"概念。在此种场景下，"合法性"强调的是"合法律性"，而"法律"特指人定法、实在的法律，并非虚无缥缈的"自然法准则"，其体现实际存在的法律秩序以及行为人对这一法律秩序的服从与遵守；在这一层面上，"合法性"并不具有价值判断属性，它仅仅具有事实判断层面的属性，即判断是否"合法"（legal）的标准在于行为人是否遵守了"人定法"，而并不考虑"人定法"本身的善恶属性。③ 据此，"正当性"从"合法性"中被剥离

---

① 刘毅：《"合法性"与"正当性"译词辨》，载《博览群书》2007年第3期。
② 王锴：《合宪性、合法性、适当性审查的区别与联系》，载《中国法学》2019年第1期。
③ 参见陈科霖：《合理性、合法性与正当性：地方政府改革创新的多重张力及其重构》，载《第九届珞珈国是论坛论文集》2015年版，第5页。

出来，对人脸识别信息处理的"合法性"作出审查时也不再进行价值性判断。

与我国法的立场不同，欧盟及其成员国立法上采行广义的"合法性"概念，其不仅要求人脸识别信息的处理存在法律上的依据，还包含了合理性（或说正当性）的考量。在此种宽泛解释路径下，"正当性"被纳入"合法性"之中，对二者不作严格区分。例如，德国联邦和州独立数据保护监管机构会议《关于生物分析的立场声明》中具体表述了"合法性"的审查范围，其认为：遵循《一般数据保护条例》（GDPR）第9条第1款，德国法原则上禁止处理用以明确识别自然人的生物特征数据；但如果属于GDPR第9条第2款列举的情形，则可以例外地进行数据处理，例外的情形包括：（1）数据主体明示同意，并在同意中明确提及相关数据及其处理的目的；（2）数据控制者或数据主体为行使劳动法、社会保障和社会保护法所规定的权利以及履行相关义务必须对生物特征数据进行处理的情形；（3）数据主体必须"清楚"地公开相关敏感数据；（4）数据处理对于权利的主张、行使或抗辩具有必要性；（5）基于重要公共利益对数据进行处理。①数据处理只有在至少满足其规定条件之一的情况下才是"合法"的，其分别是：同意；对于合同履行或先合同措施的采取具有必要性；对于维护数据控制者或第三方的正当利益具有必要性。②显然，诸如"清楚公开数据""基于重要公共利益"或"对于维护数据控制者或第三方的正当利益具有必要性"等内容体现的是"正当性"或说"合理性"要求，而非"合法性"的要求。

同时，欧盟法实践中也践行广义的"合法性"审查标准，法院对人脸识别信息处理的合法性审查并未限定于法律规定本身，而是往往基于不同利益的需求作出权衡。例如，德国联邦最高行政法院2019年3月27日第6C 2/18号判决在援引《德国数据保护法》（旧版）和GDPR的基础上认为：对于私主体的数据处理行为，可以第6条第1款（f）项作为合法性依据，要求数据处理者客观上可证明且值得保护的合法利益大于数据主体的相关权益，同时采取的措施对于维护其合法利益具有必要性；本案中设置摄像头的行为对于维护原告的合法利益并非必要，从而属于非法行为。③汉堡行政法院2019年10月23日17 K 203/19号判决指出：《联邦数据保护法》第47、48条为审查数据处理是否"合法"提供了判断标准，要求汉堡数据保护机构对数据处理目的是否明确、清楚、合法，处理是否符合比例原则和具有必要性等问题进行审查，被告并没有予以审查；据此，法院撤销汉堡数据保护机构要求警局删除通过人脸识别技术收集的数据的行政命令。④

---

① Konferenz der unabhängigen Datenschutzaufsichtsbehörden des Bundes und der Länder, Positionspapier zur biometrischen Analyse, Version 1.0, 3. April 2019.

② Konferenz der unabhängigen Datenschutzaufsichtsbehörden des Bundes und der Länder, Positionspapier zur biometrischen Analyse, Version 1.0, 3. April 2019.

③ BVerwG, Urteil vom 27.3.2019- 6 C 2/18.

④ VG Hamburg, Urteil vom 23.10.2019 - 17 K 203/19.

欧盟法针对个人信息处理采广义的"合法性"概念，与其自身传统理论对这一用语的立场不无关联，其法律体系内部能保持逻辑自洽性。与之不同，我国立法中确立了"合法、正当、必要"三原则，此种逻辑框架下需要将"合法性"与"正当性"相区分，以在不同层面上发挥其各自的功能。然而，无论是对"合法性"作出广义还是狭义的解释，均包含着同一要旨：因被判断或被相信符合某种规则而被承认或被接受。① 根据"合法性"效力来源的不同，人脸识别信息处理的合法性基础分为"法定"和"同意"两种，前者侧重于是否存在"法律授权"的审查，后者则侧重于审查是否存在"合意"（其核心在于获取权利人的同意）。同时，确保被处理的人脸识别信息处于法律保护范围之内，也构成了进行"合法性"审查的一个基本前提。下文主要针对该三个审查要点作出分析。

（二）被处理的人脸识别信息是否处于法律保护范围

在启动人脸识别信息处理的"合法性"审查之时，首先需要考虑的一个前提性问题是：被处理的人脸识别信息是否处于法律保护的范围之内，以及满足何种形式要件的人脸识别信息才能受到保护？基于立法上所普遍认同的个人信息"可识别性"标准，一项人脸识别信息是否被用于识别特定个体的身份，是判定其应否处于法律保护范围的一个基本指标。例如，美国 Rivera v. Google Inc. 案审理法院明确指出，无论私人实体在将生物特征标识符处理为信息片段时做了什么，只要该信息可用于"识别"该个体，由此产生的信息仍受法案保护。② 故而，不应将对个体图像的处理一概认定为对特殊个人数据的处理，除非该图像指向特定的个体。

同时，人脸识别信息作为一种从照片中获取的、来源于人脸特征扫描的数据，还须符合特定的技术认定标准。目前人脸识别技术以基于模板和几何特征的方法最为常见，司法审查中确认人脸识别信息时需要考虑相关技术特征。其一，应将"人脸识别信息"与"人脸模板"相区分。"人脸模板"是服务运营商将照片主体的人脸特征扫描和自动上传至云服务而创建的一种"生物特征标识符"，此种"生物特征标识符"是一组测量；"人脸识别信息"则是将这些测量转换为不同的、可被使用的形式。③ 其二，司法适用中采行何种标准认定"人脸几何扫描"，也决定着其能否构成一项受法律保护的人脸识别信息。在2018年的一起涉及脸书（Facebook）的诉讼案件中，法院在分析脸书是否收集和存储了"人脸几何扫描"时认为：脸书提起的抗辩实际上将《伊利诺伊州生物识别信息隐私法》（BIPA）中"人脸几何扫描"的"扫描"限定为"对人脸特征的精确测量"，比如"测量一个人的眼、鼻、耳之间的距离"，但

---

① 参见高丙中：《社会团体的合法性问题》，载《中国社会科学》2000年第2期。
② See Rivera v. Google Inc., 238 F. Supp.3d 1088 (N.D. Ill. 2017).
③ See Rivera v. Google Inc., 238 F. Supp.3d 1088 (N.D. Ill. 2017).

"扫描"一词并不具有脸书所试图强加的定义。① 按照惯常理解,"扫描"意为"通过观察和核验去检查"或是"系统地为获得尤其是用于显示和存储的数据的活动";"几何"的日常含义仅是"形状",指的是"组成部分和要素的相关排列"。这些定义都不要求对空间数量(如距离、深度或角度)进行实际或快速的测量,因此将人脸几何扫描限制在实际测量距离、深度和角度的技术上与立法机关监管任何特定形式的新兴生物识别数据收集技术的明确意图不相符合。② 其三,并非只有"对本人进行的"人脸扫描才有资格成为生物特征标识符③,也并非只能通过"面对面的"过程取得,法律上应避免作出过于狭义的理解,以便为法律适应和应对技术发展留下一定空间。④

此外,关联技术不断开发拓宽着人脸识别信息的获取途径,一定程度上凸显出在司法审查中宽泛解释"人脸识别信息"的现实保护意义。除了从静态照片获取人脸数据的传统方式,视频之类的动态方式(也即"实时"利用)也日益成为重要的信息获取途径。以作为便携记录仪(body-worn camera)最大销售商之一的 Axon 于 2018 年 5 月获得的一项软件专利为例,该软件能从人体摄像头的镜头中实时找到人脸或其他物体,一旦一张人脸被用户的随身摄像头捕捉到,通过手持设备就能将特定个体的名字提供给捕捉系统的用户。大公司竞相将便携记录仪与人脸识别技术相结合,希望最终利用人工智能来识别实时捕获的人脸。⑤ 基于此种技术,任何配备该项技术的警官,其身边的人都可被扫描、识别并在面部识别数据库中编目,即便他们没有任何犯罪嫌疑甚至没有和警官有过任何沟通。⑥ 对隐私的担忧由此而生。正如美国 Steven Vance & Tim Janecyk 案中法官引述 Rivera 案的判词指出:"谁会知道虹膜扫描、视网膜扫描、指纹、声纹以及人脸和手部扫描未来如何进行?重要的是不加限制地收集生物识别信息的行为对隐私的潜在侵犯。"⑦ 可见,科技常常超越立法,客观上要求加强隐私法以满足个人信息保护的需求。⑧ 针对人脸识别信息进行合法性审查时应对这一理念作出回应。

---

① In re Facebook Biometric Info. Privacy Litig., No. 3:15-CV-03747-JD, 2018 WL 2197546 (N.D. Cal. May 14, 2018).
② In re Facebook Biometric Info. Privacy Litig., No. 3:15-CV-03747-JD, 2018 WL 2197546 (N.D. Cal. May 14, 2018).
③ See Rivera v. Google Inc., 238 F. Supp.3d 1088 (N.D. Ill. 2017).
④ See Monroy v. Shutterfly, Inc., No. 16 C 10984, 2017 WL 4099846 (N.D. Ill. Sept. 15, 2017).
⑤ See Ava Kofman. Real-time Face Recognition Threatens to Turn Cops' Body Cameras into Surveillance Machines, https://theintercept.com/2017/03/22/real-time-face-recognition-threatens-to-turn-cops-body-cameras-into-surveillance-machines,最后访问日期:2021 年 10 月 21 日。
⑥ See Tom Simonite. Few Rules Govern Police Use of Facial-Recognition Technology, https://www.wired.com/story/few-rules-govern-police-use-of-facial-recognition-technology,最后访问日期:2021 年 10 月 25 日。
⑦ See Steven Vance & Tim Janecyk, v. International Business Machines Corporation, No.20 C 577, 2020 WL 5530134 (N.D. Ill. Sept. 15, 2020).
⑧ See Katelyn Ringrose. Law Enforcement's Pairing of Facial Recognition Technology with Body-Worn Cameras Escalates Privacy Concerns, 105 VA. L. REV. Online 57, 59 (2019).

(三)对人脸识别信息的处理是否存在"法律授权"

针对人脸识别信息处理进行合法性审查时,应当如何理解"法律授权"?作为合法效力来源的"法律",须限定于相关立法文件的直接性规定,还是在更为宽泛的"法律框架"下对其作出解释?若采前者立场,进行合法性审查时核实有无关于人脸识别信息处理的直接法律规定即可。但若采后者立场,除了核实有无法律规定,还需要进一步审查是否存在其他间接的法律规定或相关政策;如有,应如何把握该法律框架的范围?对这一系列问题,我国理论、实践中均未达成共识。

作为目前并不多见的一个比较法实践范例,2019年英国高等法院关于南威尔士警方人脸识别的判决中采用了宽泛的解释方法。① 法院在审查警方采用人脸识别技术是否满足公约第8条第2款要求时,针对"依照法律规定"提出了明确的判定标准:(1)该行为必须"有国内法依据",并符合法律原则;(2)法律框架必须已发布、可理解,相关规定具体内容可查询;(3)该法律解释空间小,即足够清晰明确地规定了有关机关的裁量范围和执法方式;(4)若解决争议的措施是自由裁量性质的,则不要求对裁量权作过于严格的限制,以避免对基本权利的不合理干预,但要求有保护措施,以避免过宽裁量对权利造成任意的、不成比例的干预;(5)具体规则不一定是成文法,只要在法律框架内且规定了有效的实施方法即可;(6)合理可预测性不要求所有问题的答案都由法律所规定。② 不仅如此,该法院进而指出,除了普通法之外,规制人脸识别的法律框架由三个层级构成:(1)初始立法;(2)在初始立法下发布的二级立法文件,即实践准则;(3)南威尔士警方自己的政策。每个层级的文件都可以提供执法标准。③ 具体而言,该案中的初始立法为《数据保护法》,二级立法文件为《监控摄像机实践准则》,该准则由内政部根据《2012年保护自由法》颁布,第三级文件则为南威尔士警方自己出台的政策,相关政策可以为人脸识别执法提供额外信息,告知如何、何时、何种情况下使用人脸识别技术。基于相关的标准,法院判定该案中被告警方使用人脸识别技术存在足够的法律框架,因此满足"合法性"的要求。

显然,英国高等法院针对人脸识别信息处理是否获取"法律授权"进行审查时,在更为宽泛的法律框架下进行了解释。一定意义上,作为原欧盟成员国之一的英国在数据保护政策上遵循欧盟法的一般立场,欧盟在"合法性"概念上的开放性影响了其司法立场。同时,英国作为判例法国家,其针对法律的认定标准中自然也包括了判例法中的若干具体规则。

---

① 该案中,被告南威尔士警方自2017年起开始试点使用自动人脸识别技术对监控中的公众人脸进行实时处理;原告爱德华·布里奇斯(Edward Bridges)在其中两个试点发现自己遭到监视,而警方并没有在监控旁设置明显的标识,他质疑南威尔士警方使用人脸识别技术的合法性,就此提起诉讼。See EWHC 2341,CO/4085/2018,04.09.2019.
② EWHC 2341,CO/4085/2018,04.09.2019.
③ EWHC 2341,CO/4085/2018,04.09.2019.

由此视角，英国所采取的宽泛解释方法似乎并不完全符合我国法设定的狭义的"合法性"的审查要求。然而，在当前人脸识别技术被广泛应用而对其法律规制却严重缺乏的背景下，若将"法律依据"局限于直接的法律规定，必然会因缺乏规制的法律前提而难以遏制对人脸识别信息的不当处理；反之，若在更为宽泛的"法律框架"下予以解释，则可更为弹性地结合相关立法政策判断人脸识别的处理是否具有合法性。

在我国现有立法框架下，人脸识别信息系属生物识别信息的一种，较一般的个人信息更为敏感，保护的标准和要求也较之更高。为了实现其特定保护目的，宜在更宽泛的法律框架下对人脸识别信息处理是否获得"法律授权"作出审查：一是对初始立法的审查，也即对关于人脸识别以及相关个人信息保护的直接法律规定作出审查；二是对二级文件也即实践准则的审查，包括安全规范、指南、标准等形式；三是信息处理者针对人脸识别问题制定的内部政策。同时，在因缺乏相关规定或政策而影响到合法性审查的情况下，应该允许法官基于裁量权、结合个案情形作出判定。据此，宜对我国法中相关人脸识别信息处理"合法"原则中的"法"作出宽泛解释，使其不仅包括全国人大及其常委会制定的法律以及各级行政法规、地方性法规、部门规章，还包括相关人脸识别的各类政策文件。

（四）对人脸识别信息的处理是否已获得"同意"

将"同意"视为人脸识别信息处理的一个重要合法性基础，这在各国法中已达成普遍共识。例如，GDPR 将面部图像视为一种具有"敏感性"的生物识别符（第 4 条），对其处理遵循"原则禁止，特殊例外"的原则，并恪守以同意为核心的"选择进入"机制（第 9 条）。与虹膜扫描和指纹等其他生物识别技术不同，人脸识别技术被设计成在远距离进行操作，而不依赖于被识别者的知情或同意。基于这一事实，要求人脸识别信息的处理取得数据主体同意具有更为重要的意义。正如 Patel v. Facebook Inc. 案所指出的那样，此种程序性保护在数字世界中尤为重要；技术允许大规模收集和存储唯一生物特征标识符，如果被泄露或滥用，这些标识符无法更改，而且当网站如所指称的那般无视程序的话，维护生物识别隐私的权利便不复存在。[①] 与"法律授权"有所不同，"同意"基于信息主体和处理者的合意而达成，将其作为个人信息处理的合法性基础，尊重私法自治的同时也益于推动数据的社会应用。

人脸识别信息被归为"个人敏感信息"，对其处理须获得信息主体的同意，且针对该种同意的要求较一般信息处理的情形通常更高。其一，要求须为"明示同意"。根据我国 2020 年《个人信息安全规范》的规定，收集个人敏感信息前应征得个人信息主体的明示同意，确保同意是其在完全知情的基础上自主给出的、具体的、清晰明确的意愿表示（第 5.4.b 条）。德国联邦和州独立数据保护监管机构会议《关于生物分析的立场声明》亦强调：数据主体

---

① See Patel v. Facebook Inc., 290 F. Supp.3d 948 (N.D. Cal. 2018).

的同意必须明确指向对生物特征数据的处理,在同意中必须明确提及相关数据;必须向数据主体提示数据的敏感性,以使得数据主体能够决定是否同意这一数据处理;不允许对数据处理进行默示同意,且必须提及数据处理的具体目的。① 其二,要求须为"单独同意"。我国《个人信息保护法》第二十九条明确规定:处理敏感个人信息应当取得个人的单独同意;法律、行政法规规定处理敏感个人信息应当取得书面同意的,从其规定。不过,应如何界定立法所指的"单独同意"?对此理论上仍语焉不详。从字面来看,此种同意与"一揽子同意"相对应,要求就每项处理行为均需单独给出明示同意,也即个人信息主体通过书面、口头等方式主动作出纸质或电子形式的声明,或者自主作出肯定性动作,为对其个人信息进行的特定处理行为作出明确授权。其三,在特定情况下需要满足更高的同意要求。例如在雇佣关系中,信息主体和信息控制者形成依赖关系,处理生物特征信息时对于同意的要求往往更高。故而,对作为人脸识别信息处理之合法性基础的"同意"进行司法审查时,须恪守较一般个人信息更高的标准。

然而,尽管同意作为一项基本法律制度在私法中适用已久,但不同的人脸识别个案中如何判断某项处理行为是否已获取"同意"并非易事。根据通常的要求,同意必须是知情、有意识且自愿作出的,但对这些要点进行合法性审查时仍需要结合不同的场景作出判定。以德国人脸识别和汉堡数据保护及信息自由专员公署关于脸书公司的法律鉴定意见为例,其认为:处理者在征得用户同意前必须使用户清楚了解相关情况,不得通过外力强迫用户同意;用户使用条款或隐私政策中的声明并不足以使人脸识别合法化,而脸书在没有通知用户的情况下擅自激活人脸识别功能,且仅使用通信渠道通知用户,用户需要自己主动通过各种渠道(博客、社区页面、政策页面等)了解该功能,这种情况下的用户同意显然无效。② 由于脸书没有足够清楚、明确地解释与人脸识别有关的信息,例如哪些数据会被处理、在何种范围内被处理、数据会被存储多长时间等;无论是在注册环节、用户条款还是隐私设置方面,其关于人脸识别功能的说明都不够明确,此种情况下用户根本没法作出知情后的决定,其作出的"同意"不能视为有效。

除此以外,同意通常以书面形式作出,但在互联网环境下其表达形式又呈现出一定特殊性,即"点击或浏览"便能构成"同意",从而加大了对"同意"的审查难度。在比较法实践中,法院对人脸识别信息的处理者是否获取在线"同意"提出了不同的认定路径。一种路径以2015年脸书生物信息隐私诉讼案为范例。该案中,被告脸书修订并更新使用条款,通过邮

---

① Konferenz der unabhängigen Datenschutzaufsichtsbehörden des Bundes und der Länder, Positionspapier zur biometrischen Analyse, Version 1.0, 3. April 2019.

② Rechtliche Bewertung der Gesichtserkennung und Zuständigkeit des Hamburgsichen Beauftragten für Datenschutz Und Informationsfreiheit, Ver 0.1, 17.01.2012.

件将此告知每一位用户,并通过界面相关功能通知了用户。两位原告佩岑(Pezen)和帕特尔(Patel)面对的是典型的"点击表示同意"协议,他们必须单独点击一个框体,以确认他们已阅读并同意使用条款;但另一位原告利卡塔(Licata)在注册时只被要求点击一个"注册"框,点击即意味着同时同意了用户协议。法院认为,脸书公司已满足证据优势要求,此种"与用户的持续使用相结合的个体化告知"对通知与同意而言已足够,故两种点击方式均构成"同意"。① 一种路径以 Miracle-Pond v. Shutterfly, Inc. 案为范例。该案中,法院基于两种不同的协议形式对原告是否构成同意开展分析:一方面,当网站用户单击按钮或选中一个框以确认其同意一个发布在网站上的"有机会滚动浏览的"条款后,将构成一个"点击"即表示同意的协议,通常这个协议会得到法院的执行;另一方面,"浏览"即表示同意的协议是用户仅通过浏览或使用网站而受网站条款约束的协议,用户不需要签署电子文档或明确单击"接受"或"我同意"按钮,法院只有在用户对条款有实际或结构性的了解时才会执行该协议。② 两种协议的重要区别在于:是否需要用户有"肯定性的同意"和"肯定性的行为"。此种情况下,对"同意"的审查要点在于:处理者在应用程序中是否包含清晰显著的陈述,一个理想的用户通过单击链接或按下按钮同意服务条款和隐私政策时是否意识到自己对其作了"同意"的表示。然而,尽管对同意的认定要点上存在一定差异性,其本质仍在于令信息主体"知情、有意识且自愿",包括保证其能在注册时或后续阶段有机会明确授权同意该功能,且始终能够以简单的方式撤回其同意。③

四、人脸识别信息处理"正当"原则的审查

"正当性"审查又称"合理性"审查,旨在判定规范对象是否合乎理性。学者多认为,个人信息处理之正当性审查主要是对其目的、手段及平衡性的审查。例如,龙卫球等认为,正当性审查意指处理个人信息的目的和手段正当,尤其是个人信息处理者应当依据特定的使用目的并将该目的告知信息主体;④ 根据刘权的观点,"正当性"审查包括目的的正当性,手段的妥当性、必要性和手段与目的的均衡性等方面。⑤ 我国《个人信息保护法》即围绕目的、手段及其关系提出了对"正当"原则的审查要求,其第六条第一款规定,处理个人信息应当具有明确、合理的目的,并应当与处理目的直接相关,采取对个人权益影响最小的方式。为欧盟成员国提供指引的《欧盟人工智能白皮书》指出:应根据欧盟或本国法律处理数据,且

---

① In re Facebook Biometric Info. Privacy Litig., No. 3:15-CV-03747-JD, 2018 WL 2197546 (N.D. Cal. May 14, 2018).
② Miracle-Pond v. Shutterfly, Inc., No. 19 CV 04722, 2020 WL 2513099 (N.D. Ill. May 15, 2020).
③ See Article 29 Data Protection Working Party, Opinion 02/2012 on Facial Recognition in Online and Mobile Services, WP 192, 22. Mar. 2012.
④ 参见龙卫球:《中华人民共和国个人信息保护法释义》,中国法制出版社2021年版,第22页。
⑤ 参见刘权:《目的正当性与比例原则的重构》,载《中国法学》2014年第4期。

遵守相称性要求、尊重数据保护权的实质并采取适当的保障措施；只有在用途合理、目的相称且保障充分的情况下，才可将人工智能用于远程生物识别。①尽管相关观点各有其侧重，对人脸识别处理的目的、手段及其平衡性的考量构成了"正当性"审查的重要方面。从各国司法实践来看，人脸识别信息处理之"正当性"的审查要点又可细化为几个方面：人脸识别技术使用是否合理、对信息的处理是否符合信息主体的合理预期、是否合乎均衡性原则的要求、处理手段和保障措施是否合理等。

（一）人脸识别技术的使用是否合理

要确保人脸识别信息处理的正当性，须首先满足一个前提：人脸识别技术使用准确、合理。在一些国家的法律实践中，这一审查通常通过"合理性测试"的方法得以实现。美国2019年《商业人脸识别隐私法案》（Commercial Facial Recognition Privacy Act）要求对人脸识别技术的准确性进行独立第三方测试；同时，使用人脸识别技术的实体应当提供一个应用程序编程接口，使至少一名合法从事独立测试的第三方能够对人脸识别技术的准确性和偏见进行合理测试。②相关司法判例进一步丰富了"合理性测试"的具体适用。例如，Pruitt v. Par-A-Dice Hotel Casino 案判决认为，尽管美国第七巡回法庭在 Swanson 案中建议考虑"合理注意"由何构成、原告可以提供多少细节以及应如何要求诉状指明诉讼的类型，但本案中应考虑对"被告业务的性质"进行合理测试；对收集和存储人脸几何扫描的加油站或零售店而言，原告可能需要提供除"被告使用监控摄像头"之外更多的事实，以使诉求"合理"，但就本案中经营赌场的情形而言，被告拥有大量资金，通常能够采取广泛的安全措施，因此其投资生物识别设备完全合理。③可见，关于"合理性测试"尚无一个统一标准，一定程度上仍依赖于个案的评估。

需要注意的是，鉴于人脸识别技术的应用前景及风险有待评估，立法者对其使用的态度仍是保守而谨慎的。欧盟基本权利局2019年11月发布的《人脸识别技术：执法中的基本权利考虑》报告即坦率地指出：欧洲尚未准备好应用相关技术；人脸识别技术太新，目前缺乏使用经验及针对其影响的详细研究，欧洲须更严格监管其在国家边境及公共场所的应用，避免技术可能带来的风险。④这也在客观上使得对人脸识别技术使用进行合理性审查时存在一定程度上的严格化偏向。

---

① See European Commission. White Paper on Artificial Intelligence - A European Approach to Excellence and Trust, COM (2020) 65, 19. Feb. 2020.

② Commercial Facial Recognition Privacy Act of 2019, S. 847.

③ Pruitt v. Par-A-Dice Hotel Casino, No. 1: 20-CV-1084-JES-JEH, 2020 WL 5118035 (C.D. Ill. Aug. 31, 2020).

④ See Facial Recognition Technology: Fundamental Rights Considerations in the Context of Law Enforcement, https://www.secrss.com/articles/16253，最后访问日期：2021年7月5日。

（二）是否符合信息主体的"合理期待"

"合理期待"是信息主体基于与信息收集者的关系而产生的一种可预见性的期待。根据"正当性"的要求，人脸识别信息的处理应当能够为信息主体所预见，并且不得超出其合理期待的范围。① 据此，使用人脸识别技术的数据控制者在制定隐私政策时应考虑公众对隐私的合理期待，并予以适当提醒。② 作为审查人脸识别信息处理的一个实践标准，"合理预期"规则在欧盟及其成员国的司法判例中广为接受。例如，欧洲人权法院在第 1874/13 号和第 8567/13 号判决中声称：数据收集者必须告知数据主体对其个人数据是否存在收集和处理行为、处理的目的和方式；应当认定本案申请人对隐私保护具有合理期待。③ 根据英国信息专员公署的要求，信息收集者对信息的后续使用方法应该满足与收集目的"相称"（compatible）条件或者应当符合信息主体的合理期待。④

然而，对"合理期待"规则的适用远未达成共识，司法审查中仍需要结合个案作出权衡。例如，商家应用户申请制作会员卡时收集姓名、邮件、地址等基本个人信息的行为通常被认为符合用户的合理期待，若是要求提供与之无关的个人信息（如用户其他家庭成员的个人信息）则违反了用户对隐私的合理期待。当人脸识别这一新技术被用于不确定人群而引发对"合理期待"规则的规避时，个案审查时需要对此作出修正。例如，英国高等法院针对南威尔士警方使用人脸识别技术是否违反《欧洲人权公约》第 8 条作出审查时认为：第 8 条第 1 款的权利内容很广泛，判例已经确立了防止滥用这一条款的三重保障，其中一重为保障原告的"合理隐私期待"；南威尔士警方使用人脸识别技术提取了个人身上具有唯一性的标识符，使得个人在很多场合都能被精确识别；而生物数据是重要的个人信息，本质上具有"隐私性"，即使这种生物数据是从公开场合获得的，也不能改变这一事实。⑤

（三）是否满足"均衡性"原则要求

基于人脸识别技术本身的应用价值无法被忽视，均衡性原则在各国立法实践中获得普遍认可。这一原则主要通过"合比例性"审查规则得以实现，也即要求手段所造成的损害与足够重要的目的所产生的效果成比例。⑥ 法国数据保护机构 CNIL 关于人脸识别的报告指出，

---

① See D. Elgesem. The Structure of Rights in Directive 95/46/EC on the Protection of Individuals with Regard to the Processing of Personal Data and the Free Movement of Such Data. Ethics and Information Technology, Vol.1, No.4(1999), p.293.

② Article 29 Data Protection Working Party, Opinion 02/2012 on Facial Recognition in Online and Mobile Services, WP 192, 22. Mar. 2012.

③ See European Court of Human Rights. Lopez Ribalda & Ors v. Spain(Applications nos. 1874/13 and 8567/13), 9. Jan. 2018.

④ UK Information Commissioner's Office. Big Data, Artificial Intelligence, Machine Learning and Data Protection, 2017, p.37.

⑤ EWHC 2341, CO/4085/2018, 04.09.2019.

⑥ 参见刘权：《目的正当性与比例原则的重构》，载《中国法学》2014 年第 4 期。

人脸识别技术的误差以及无法忽视的内在偏见,决定了需要将成本预算和社会角度纳入考虑;就人脸识别而言,并非一切都被允许或将被允许,应认识到其某些用途的合法性和合比例性,以及某些用途是被禁止的。① 换言之,人脸识别技术的使用须有充足的理由,与既定目的的实现成比例,并经过适当的检验。美国虽未明确确立比例原则,但各州立法多规定通过利益和成本的大小比较来判定人脸识别技术使用的正当性。例如,依据加州伯克利市关于监视技术使用的法令,市议会只有在确定实施监视技术对社区的利益大于成本后,才应批准其使用申请;② 俄亥俄州黄泉镇关于监视技术使用的法令亦要求,镇议会确定监视技术的收益应超过其成本,提案应适当维护公民自由、隐私权等公民权利,以及用途和部署不得基于歧视性及观点偏好等因素对任何社区或群体产生不良影响。③

关于"合比例性"的司法判例,较具代表性的为英国高等法院对于南威尔士警方人脸识别技术使用案的判决,其在分析警方干预行为是否合理时认为:警方对人脸识别信息的使用满足合比例标准,因为其处理行为绝对必要、为行使法律或法律原则所赋予某人的职能所必需且对维护重大公共利益具有必要性。④ 同时,法院并未止步于此,而是针对"合比例"标准提出了更具操作性的四步测试法:(1)干预措施的目的是否重要到足以证明对基本权利的限制是合理的;(2)干预措施是否与目的有合理联系;(3)是否能采取对权利限制更少而又不会阻碍目的的实现的干预措施;(4)考虑上述情况及后果的严重性,是否可以达成个体权利和公共利益的平衡。⑤ 瑞典数据保护机构亦以不满足"合比例性"为由对某高中使用人脸识别的行为作出罚款裁决,认为遵循 GDPR 的精神,只有在无法以令人满意的其他方式实现处理目的的情形下方可使用个人数据;被告学校原本可采用侵入性较小的方式考察课堂出勤情况,选择使用人脸识别软件与目的不成比例。⑥ 德国联邦最高劳工法院第 2 AZR 133/18 号判决亦指出:根据比例原则,工作场所的合法视频监控可以存储更长时间;在警方基于侦查目的使用人脸识别技术时,其行为较之更容易受到认可。⑦ 可见,"合比例性"审查成为人脸识别技术使用正当与否的一个要点;然而,就此审查不存在绝对统一的尺度,需要法官结合个案作出判断。

---

① Reconnaissance Faciale:Pour un Débat à la Hauteur des Enjeux,https://www.secrss.com/articles/15509,最后访问日期:2021年9月1日。
② See The Berkeley Municipal Code, Acquisition and Use of Surveillance Technology, 2.99.060.
③ See Village of Yellow Springs, Ohio Ordinance 2018-47.
④ EWHC 2341, CO/4085/2018, 04. 09. 2019.
⑤ EWHC 2341, CO/4085/2018, 04. 09. 2019.
⑥ 参见CAICT互联网法律研究中心:瑞典根据GDPR对某高中使用面部识别软件进行罚款的依据分析,https://www.secrss.com/articles/13376,最后访问日期:2021年10月5日。
⑦ BAG, 2 AZR 133/18, 23.08.2018.

（四）处理手段、保障措施是否合理

人脸识别信息处理的"正当性"审查要点中还包括处理手段或保障措施是否合理、适当。根据我国《个人信息保护法》第九条的规定，人脸识别信息的处理者应采取必要措施保障所处理的个人信息的安全。德国联邦议会在有关人脸识别的一个立法动议中明确指出：由于个人数据处理会对数据主体的权利和自由造成风险，数据控制者有义务基于 GDPR 第32 条要求采取适当的技术和组织措施，以确保提供适当的保护以防范风险。①欧洲数据保护委员会（EDPB）2019 年 7 月颁布的《关于通过视频设备处理个人数据的 3/2019 指引》则详尽列举了提供尽量降低风险的措施要求，其中包括：对原始数据进行分离存储和传输；对生物识别数据尤其是分离出的片段数据进行加密并制定加密和秘钥管理政策；整合关于反欺诈的组织性和技术性措施；为数据分配整合代码（例如标识符和哈希表）；禁止外部访问生物识别数据；及时删除原始数据，如果必须保存则采取添加干扰的保护方法等。②

司法实践中亦注重对是否采取"适当"措施作出审查。英国上诉法院认定南威尔士警方使用人脸识别技术违反人权和数据保护法时，其中一个理由即认为被告采取的手段和步骤不够合理。根据法院的观点，人脸识别涉及个人敏感数据，南威尔士警方没有提供明确的文件来说明谁会被列入监视名单，哪里可以部署人脸识别设备，自由裁量权过大；警方也没能正确评估人脸识别技术给数据主体的权利自由带来的风险，没有采取"合理的步骤"询问人脸识别使用是否涉及歧视。③可见，对人脸识别信息处理手段、保障措施的正当性或说合理性作出审查，已成为当前立法及司法实践的共识。

五、人脸识别信息处理"必要"原则的审查

如何判断人脸识别信息的处理为"必要"？不同国家的立法实践对此存在不同的理解和认识。欧盟 GDPR 第 5 条第 1 款（c）将"必要"原则解释为"数据最小化"，要求充分、相关以及以该个人数据处理目的的必要性为限度进行处理。④GDPR 第 29 条数据保护工作组《关于在线移动服务中人脸识别的 02/2012 号意见》对数据最小化利用原则作了进一步阐释，认为数据控制者必须确保数字图像和模板仅被用于其被提供时的特定目的，相关模板不得在不同人脸识别系统之间进行传输，应采取适当措施以确保数据传输、存储的安全性以及确保

---

① Deutscher Bundestag Freiheit und Rechtsstaatlichkeit Erhalten – Kein Einsatz biometrischer Gesichtserkennung in öffentlichen Räumen, Drucksache 19/16885, 29. Jan.2020.

② See European Data Protection Board. Guidelines 3/2019 on Processing of Personal Data Through Video Devices, https://www.secrss.com/articles/13337, 最后访问日期：2021 年 10 月 3 日。

③ EWCA Civ 1058, C1/2019/2670, 11.08.2020.

④ See Regulation 2016/679 of the European Parliament and of the Council of 27 April 2016 on the Protection of Natural Persons with Regard to the Processing of Personal Data and on the Free Movement of Such Data, and Repealing Directive 95/46/EC (General Data Protection Regulation)(Text with EEA relevance) OJ L 119, 4.5.2016.

数据主体的访问权。① 显然，鉴于欧盟法采行宽泛的"合法性"解释方法，其从处理目的、范围、手段等方面描述"最小化利用"的审查要点，这便在一定程度上模糊了"必要性"与"合法性"的界限，使得二者发生适用上的混淆。因此，欧盟立法者试图进一步澄清"必要性"与相关范畴的不同。欧洲数据保护监管局（EDPS）在其发布的个人数据保护比例原则的指南中对"必要性"和"比例性"的关系予以了区分，认为应将必要性作为比例性的先决条件，比例性测试一般涉及：评估一项措施（例如监测）应附带什么保障措施，以便将所设想的措施对有关个人的基本权利和自由所造成的危险减少到"可接受/相称"的水平；在评估一项拟议措施的比例性时，需要考虑的另一个因素是现有措施的"有效性"；如果已经存在类似或具有相同目的的措施，则应将其作为比例性评估的一部分进行有效性的系统评估。② 如此，对作为欧盟法中合法（正当）原则之实现手段的"比例性"的审查偏重于"目的和效果"，而对"必要性"的审查则偏重于"手段"。

与欧盟的立场不同，我国法针对"必要性"的内涵采狭义的解释方法。《个人信息保护法》在总结之前立法经验的基础上，将信息处理的收集范围限于"实现处理目的的最小范围"③。2020年《个人信息安全规范》第5.2条对个人信息收集的"最小必要"要求作了更为具体的解释，包括：（1）收集的个人信息的类型应与实现产品或服务的业务功能有直接关联，直接关联是指没有上述个人信息的参与，产品或服务的功能无法实现；（2）自动采集个人信息的频率应是实现产品或服务的业务功能所必需的最低频率；（3）间接获取个人信息的数量应是实现产品或服务的业务功能所必需的最少数量。然而，在"正当性"和"必要性"的审查问题上存在理论上的混淆，例如，有学者将"必要性原则"与"最小范围原则"相并列，认为《个人信息保护法》第六条确立的目的性原则、必要性原则与最小范围原则，实际上是行政法研究中常见的比例原则于个人信息保护方面的扩大化运用。④ 此种解释方法，客观上为原本就界限不甚清晰的信息处理三原则带来审查上的误区。

本文认为，在信息处理区分论的框架下，为了进一步划清"正当性"和"必要性"的审查界限，针对人脸识别信息处理的审查要点须被限定于特定方面。必要原则作为人脸识别信息处理的基本原则之一，其具体要求表现为"最小范围或必要"，意味着只处理满足个人信息主体授权同意的目的所需的最少个人信息类型和数量，目的达成后应及时删除个人信

---

① See Article 29 Data Protection Working Party, Opinion 02/2012 on Facial Recognition in Online and Mobile Services, WP 192, 22. Mar.2012.
② See European Data Protection Supervisor, https://www.secrss.com/articles/16954,最后访问时间：2021年10月5日。
③ 《个人信息保护法》第六条第二款规定：收集个人信息，应当限于实现处理目的的最小范围，不得过度收集个人信息。
④ 参见龙卫球：《中华人民共和国个人信息保护法释义》，中国法制出版社2021年版，第24-25页。

息。① 一是仅处理业务所需的信息类型。此类信息若不完整就会阻碍某种类型的服务的正常运转，信息的用途与相关产品和服务存在紧密联系，以及信息处理对实现服务目的是必要且必需的，不可以没有任何限制地设定自己的营业目的而作出过量收集信息的行为，所以就需要严格限制营业目的的范围。② 二是须保持处理频率和数量上的最小限度。如无强制性要求尽量不使用个人信息，将处理信息的数量限定在必要范围之内。③ 例如，经同意披露某人的阅读习惯时，不应包括其观看电视的习惯信息。

六、结 论

人脸识别技术的大量推广和应用极大程度上提升了数据处理的效率，但因现有法律规制水平远未能跟进相关技术的发展，产业界缺乏明确的合规根据，从而引发诸多隐私保护问题。如何进一步提高法律规制的精细程度，在人脸识别信息保护及其利用之间博得有效平衡，遂成为当前理论及实践中亟待解决的问题。在我国现有立法框架内，"合法、正当、必要"原则被视为人脸识别信息处理的重要审查根据，但其内涵上存在混淆性，关系界限上不尽清晰。因此有必要进一步厘定"合法、正当、必要"三原则之间的审查界限，避免因实践审查标准与立法要求不相符合而引发适用上的混乱。

一是合法性审查。首先应确保被处理的人脸识别信息处于法律保护的范围之内，使之满足法律上的"可识别性"及相关技术认定标准。同时依据合法性基础的不同作出审查：一方面，在更宽泛的法律框架下对人脸识别信息处理是否获得"法律授权"作出判断，并允许法官基于裁量权和结合个案作出判定；另一方面，人脸识别信息被归为"个人敏感信息"，对其处理须获得信息主体的同意，且该种同意的要求较一般情形更高，须为明示、单独的同意，并以"知情、有意识且自愿"为核心认定网络环境下的特殊同意类型。

二是正当性审查。对人脸识别处理的目的、手段及其平衡性的考量构成了"正当性"审查的重要方面。正当性的审查要点又可细化为人脸识别技术使用是否合理、对信息的处理是否符合信息主体的合理预期、是否合乎均衡性原则的要求、手段和措施是否合理等方面。

三是必要性审查。进一步划清"正当性"和"必要性"的审查界限，采狭义的"必要性"解释方法，基于信息类型、处理的频率和数量等因素诠释"最小范围或必要"。

---

① 参见2020年《个人信息安全规范》第4条"个人信息安全基本原则"d项规定。
② 参见张新宝：《个人信息收集：告知同意原则适用的限制》，载《比较法研究》2019年第6期。
③ 参见王利明：《论个人信息权在人格权法中的地位》，载《苏州大学学报（哲学社会科学版）》2012年第6期。

"数字鸿沟"背景下老年人数字化生活权的法理证成[*]

朱 军[**]

摘 要：当前我国已经进入智能时代，数字科技与人民生活深度融合，但融合的背后也面临着智能化发展不充分、智能科技运用不平衡、"数字鸿沟"加剧等亟须解决的问题。"数字鸿沟"的加剧限缩老年人基本生活选择，降低老年人享有生活服务的质量，危及老年人社会参与积极性。为了克服"数字鸿沟"的弊端，从新型权利视角出发证成老年人数字化生活权实为必要。从价值基础上看，老年人数字化生活权的证成需坚守人性尊严、智能正义和数字人权保护的理念；从权利属性看，老年人数字化生活权具有鲜明的公法权利、积极权利色彩，同时融合了生存权和发展权的要义。与此同时，老年人数字化生活权的证成标准选择同样重要。新型权利证成标准存在"一元说""二元说"和"三元说"，其中"三元说"中以合法性、合理性、现实性为内容的"三元实质标准说"在证成老年人数字化权利方面具有独特优势。运用该标准证成老年人数字化生活权为新型权利乃成为可能。

关键词：老年人 数字化生活 智能时代 数字鸿沟

当前我国已经进入智能时代，数字科技与人民生活、民生保障深度融合。诸多行政服务也离不开数字技术的支撑，诸如健康码的使用、人口普查登记、医院线上挂号、去纸币化趋势

---

[*] 基金项目：中国博士后科学基金第70批面上资助项目"普惠性、基础性、兜底性民生建设中社会权适度保障研究"（2021M701058）。

[**] 作者简介：朱军，河南大学法学院校聘副教授、博士后研究人员，研究方向：人权法学、数字法学。

等。对此,习近平总书记指出,"要运用大数据促进保障和改善民生",并强调要坚持以人民为中心的发展思想,推进"互联网+教育""互联网+医疗""互联网+文化"等,让百姓少跑腿、数据多跑路,不断提升公共服务均等化、普惠化、便捷化水平。然而,在数字技术给民生保障带来机遇的同时,数字化生活也面临着智能化发展不充分、智能科技运用不平衡、老年人数字生活保障不足、"数字鸿沟"加剧等亟须解决的问题。面对老年人被智能科技边缘化、无法充分享有数字生活服务的情状,国家应当通过法律手段建立老年人数字生活权益保障机制,从而实现"算法公正、智能正义、制度公平"[1]。可见,从理论层面证成老年人数字化生活权无疑是智能化时代国家建构新型老年人基本生活权益保障规范和制度的必要前提。

一、"数字鸿沟"背景下老年人生活权益面临的挑战

随着智能化、数字化的不断推进,社会生活的方方面面都将迎来数字化的"改造"。有学者认为,随着信息社会的到来,信息技术将广泛应用于人们日常生活的方方面面,人们的生活方式和生活理念将发生深刻变化,主要体现为生活工具数字化、生活方式数字化、生活内容数字化。[2]较之于上述观点,法国学者曼努埃尔·迪亚斯定论式地指出:"数字化不是即将来临,它已经作用于我们生活的方方面面,事实就在我们的眼前。"[3]这种生活数字化的变革在推进社会进步层面的意义不容忽视,而我们每个人的生活都面临着数字化的冲击和洗礼,可以说"无论我们是否意识到,我们都已经是数字化的主体"[4]。然而数字化生活对数字技术的掌握程度有所要求,导致人们面对技术时发生分化,而数字弱势群体的出现不可避免,老年人是其典型代表。老年人面对数字化生活方式时的捉襟见肘,反向体现了"数字鸿沟"在当今社会的客观存在,并呈现扩张趋势。正视"数字鸿沟",并采取多元举措消弭数字原住民与数字弱势群体之间的距离将是数字时代无法回避的课题。

（一）"数字鸿沟"的提出及其现实表现

"数字鸿沟"是信息技术深刻影响社会群体结构的鲜明体现,其主要表现形态为信息技术在使用者、未使用者或未充分使用者之间的社会群体分层,有学者直言"数字鸿沟"实质上就是一种不平衡,是信息通信技术使用中的不平衡。[5]从主体层面考量,"数字鸿沟"发生的范围很广,在不同国家、不同企业、不同行业之间都会发生,其中影响最为深刻的莫过于社

---

[1] 张文显:《构建智能社会的法律秩序》,载《东方法学》2020年第5期,第4-19页。
[2] 参见张新红:《走近信息社会:理论与方法》,载《电子政务》2010年第8期,第24-30页。
[3] [法]曼努埃尔·迪亚斯:《数字化生活:假如未来已经先你而行》,中国人民大学出版社2020年版,第4页。
[4] [法]曼努埃尔·迪亚斯:《数字化生活:假如未来已经先你而行》,中国人民大学出版社2020年版,第5页。
[5] 早在21世纪初,胡鞍钢教授就直接指出,信息技术层面的不平衡"不仅体现在不同地理区域、不同人类发展水平的国家之间,不同经济发展水平的国家之间,同时也体现在一个国家内部不同地区、不同人群之间"。参见胡鞍钢、周绍杰:《新的全球贫富差距:日益扩大的"数字鸿沟"》,载《中国社会科学》2002年第3期,第34-48页。

会不同群体之间存在的不同程度的"数字鸿沟",而数字代际鸿沟是其显例。

数字代际鸿沟主要是"数字鸿沟"在代际之间的表现,以"数字原住民"与"数字难民"的二分为显例。"数字难民"概念具有特定内涵,"理论上特指数字生活中的老年人群体"[①];而所谓"数字原住民",又可称为"数字土著",是指出生即伴随电脑、视频、因特网等数字化环境的人。[②] 可见,数字代际鸿沟主要强调的是老年人与一出生便接触网络、信息技术的青年人在数字接入和掌握层面存在的距离。数字代际鸿沟除了年龄段上的形式差距之外,还存在内容上的实质不同。

一般而言,所谓数字鸿沟主要有三种表现形式,即"接入沟""使用沟""知识沟"[③]。第一,所谓"接入沟"是指老年人群体与子代之间就数字技术接入上存在的差异。就我国当前而言,这种接入沟仍是普遍存在的。首先表现为网民的年轻化特征,也即老年人群体接触网络的比例要远远低于中青年人。[④] 这种接入沟直接导致老年人使用数字技术的困难,是基础性的数字鸿沟类型,也是解决数字鸿沟的关键难题所在。第二,"使用沟"一般是指老年人群体与子代之间在数字技术使用上的差异,主要表现在网络技能的掌握、网络运用方式和网络参与度等不同方面。直观而言,当前老年人的互联网使用主要表现为浏览新闻、简单娱乐等基本方式,相对于年轻人的网络购物、在线教育、网络游戏等多元的互联网应用而言,老年人的网络使用方式过于单一。第三,"知识沟"建立在前两道鸿沟的基础之上,可以说老年人群体在接入和使用互联网上的不平等导致其获取相应知识上的不平等,这种不平等直接影响老年人的思维模式、生活习惯和社会参与程度。可见,知识沟是一种时间上的累积,是数字代际鸿沟更高层面的表现。

(二)"数字鸿沟"对老年人生活权益的消极影响

数字技术的发展让老年人在接入、使用网络技术方面与数字原住民之间本已存在且难以消弭的鸿沟逐步加深,而鸿沟的不断累积进一步加剧老年人在数字生活知识层面的掌握难度,形成新的知识沟。无论何种形式的数字鸿沟都不可避免地给老年人的基本生活带来挑战,尤其在诸多行政服务和社会服务大踏步走向数字化的当下。

首先,"数字鸿沟"限缩了老年人基本生活的选择。当前众多社会生活服务类型都在网络技术、数字技术的影响下深度走向数字化,数字化生活彻底改变了我们的生活方式和生存

---

① 宋保振:《"数字弱势群体"权利及其法治化保障》,载《法律科学(西北政法大学学报)》2020年第6期,第53-64页。
② 参见 Marc Prensky. Digital Natices Digital Immigrants. Journal of Distance Education, Vol.9, No.5(2009), p.49.
③ 参见韦路、张明新:《第三道数字鸿沟:互联网上的知识沟》,载《新闻与传播研究》2006年第4期,第43-53页。
④ 相关统计数据表明,2016年互联网在60岁以上老年群体中的普及率为12.1%,远低于当时的互联网普及率50.3%。参见郑素侠、吴德琛:《代际传播数字沟的形成背景、社会影响及其调适》,载《中州学刊》2018年第9期,第161-165页。

方式。① 社会生活的不同领域,诸如出行、教育、医疗健康、生活消费、文化娱乐等都在进行着数字化转型,甚至部分领域逐步摒弃了传统的服务方式。数字技术的发展固然带来社会的进步,然而数字鸿沟背后表现出来的智能化发展不充分、智能科技运用不平衡等问题直接危及以老年人为代表的数字弱势群体的基本生活,特别突出地表现在基本生活方式的选择上。一系列扫码上车、网上预约、电子问诊等方式正在重构基本生活服务,在这个过程中老年人正在失去对基本生活服务的选择权。生活方式选择权的被限缩导致老年人的正常生活需要无法得到满足,并进而危及老年人其他权利的实现和生活获得感的享有,同时加剧老龄化社会本身所存在的"代际歧视"问题。

其次,"数字鸿沟"降低了老年人生活服务的享有质量。老年人的基本生活服务选择权因为"数字鸿沟"的加剧受到限制,这种选择权的限制和社会服务技术化程度的提高导致老年人生活服务质量存在降低的风险。最为突出的就是智能失衡带来的技术歧视导致为部分群体提供的生活服务质量降低,形成新的社会不公。正如前文所言,当前已进入深度网络化、数字化、智能化时代,人们在从科技进步中获得幸福感的同时,以老年人、贫困者为代表的弱势群体却被智能化边缘化甚至淘汰,基本生活服务质量相较过去显然是下降的。例如无法像青年人一样正常使用网络技术,甚至因为不能较好运用网络而无法乘坐公共交通、购物、预约医院就诊等。这些情形都是老年人享有的基本生活服务质量下降的表现,而有些情况已经造成老年人基本生活权益受到侵犯。

最后,"数字鸿沟"危及老年人社会参与积极性。老年人既有物质上的需求,又有精神上的需求,甚至可以说"相对于物质上的供养,精神需求是更为独特而且重要的"②。然而,数字化支撑的交流方式引起人类沟通模式发生巨大变化,智能终端的兴起更是突破了传统界限,以自我为中心的数字化人际环境得到极大延伸。③ 现代社会的数字化导致现代社交模式与传统模式存在显著不同,年长者与青年团体的交流障碍更为突出。可见,数字技术的发展、数字鸿沟的加剧导致老年人与社会的疏离程度加深,老年人社会参与的积极性进一步受到影响。有学者指出,"互联网时代子代凭借对新媒体技术的掌握,基本上垄断了互联网及信息的'话语权'"④。而这种信息获取与利用上的巨大差距,对两代人的价值观念、生活态度、社会参与等均产生影响,从而导致老年人与子代交流不畅,积极融入社会的能力和欲望被抑制。

---

① 这种改变体现在数字化支撑下的全球经济运行、数字化支撑下的全球资源、数字化改变的文化多元、数字化环境下的人际关系等方面。参见吴南中:《数字化生活的教育意蕴》,载《现代教育技术》2015年第7期,第19-25页。
② 陈雄、刘雪婷:《老年人精神需求立法保障研究》,载《湖南行政学院学报》2019年第4期,第112-120页。
③ 参见吴南中:《数字化生活的教育意蕴》,载《现代教育技术》2015年第7期,第19-25页。
④ 郑素侠、吴德琛:《代际传播数字沟的形成背景、社会影响及其调适》,载《中州学刊》2018年第9期,第161-165页。

综上，当今社会，数字鸿沟尤其是代际间的数字鸿沟已然存在，科学审视数字鸿沟对老年人生活的影响，并从法律层面积极采取措施克服数字代际鸿沟给老年人基本生活服务、社会参与等带来的困难，乃成为数字化时代老年人权利保障的重要议题。对于老年人而言，数字化生活权已经成为保障其正常生活的关键所在，而证成并保障老年人数字化生活权则是消弭数字鸿沟、保障老年人新型权益的前提性问题。

二、老年人数字化生活权证成的法理基础

新时代阻碍老年人权益实现的"数字鸿沟"需要通过数字权利的保障加以弥合。当前社会生活的数字化深刻影响着老年人的传统生活服务面向，并对老年人的基本生活服务权益造成侵害。保障老年人享有数字化生活的权利已成为当下必需，但直接关系老年人数字化生活权利建构的价值基础及其相应的权利属性则需要进一步探讨。

（一）老年人数字化生活权的价值基础

老年人数字化生活权的证立不仅是为满足当前社会老年人生活保障的实际需要，而且也是从理论层面为老年人数字化生活权利提供法理依据。老年人作为社会特殊群体存在，其数字化生活权的保障是宪法传统人性尊严价值的基本要求，同时智能正义、算法公正和数字人权保护也为证成老年人数字化生活权提供多元价值供给渠道。

1. 人性尊严

人性尊严是传统宪法的核心价值和基本原则之一，甚至被尊为世界公认的现代法律的最高价值准则。[①] 随着科学技术的发展，尤其是基因技术和克隆人技术的进步，人性尊严的含义、主体范围和保障内容也受到前所未有的技术挑战。[②] 科技进步在一定程度上挑战着传统人性尊严价值的实现，但同时也提醒人们去思考人性尊严的核心内涵与规范建构如何回应来自技术进步的要求。人性尊严的本质内涵主要涵盖人的个体独特性、人的自治与自决以及社会共同体对个人的认可等。就老年人而言，对尊严的需求更为强烈。有学者指出我国老年群体的尊严需求主要包括自尊与受到他人尊重的需求、价值和参与的需求、生命尊严以及人性尊严等。[③] 无论是普遍意义的人性尊严内涵还是老年人的尊严需求，自身价值的实现和社会与他人的认可是人性尊严最基础的内容。回归到数字时代，在老年人的基本生活

---

① 参见王进文：《"人的尊严"义疏：理论溯源、规范实践与本土化建构》，载《中国法律评论》2017年第2期，第100-121页。也有学者认为，人的尊严不仅是宪法层面的原则和价值，甚至可以说是被全世界公认的现代法律的最高准则。参见胡玉鸿：《个人的独特性与人的尊严之证成》，载《法学评论》2021年第2期，第39-54页。

② 参见沈秀芹：《基因科技对人性尊严的挑战及宪法应对》，载《山东大学学报（哲学社会科学版）》2012年第6期，第16-21页；张宇飞：《人性尊严的宪法解释方法及其问题——以克隆人宪法争议为例》，载《法学论坛》2009年第4期，第98-103页。

③ 参见刘志敏：《我国老年人的尊严需求及其实现途径》，载《老龄科学研究》2016年第2期，第41-47页。

和服务需求无法得到满足、社会参与积极性逐步受挫的背景下,老年人人性尊严的实现也将大打折扣。可见,回应并保障老年人在数字时代的尊严需求乃成为老年人数字化生活权证成与实现的核心价值。

2. 智能正义

公正和正义是法治社会的基本价值,一切法律制度的设计都以正义的实现为基础目标。数字社会的到来虽然对传统的正义理论提出新要求,但是智能正义、算法公正本身仍旧是对传统正义理念的坚守。张文显教授指出:"智能社会的法律秩序理应是最公正的秩序,公正在实践中体现为普惠、共享和制度正义。"[①] 在数字鸿沟、算法歧视、算法黑箱、社会监控等问题不断加剧的当下,自由、公平、权利等价值诉求也伴随着社会的变革而发生变化,换言之,"需要按照数字时代的发展规律和治理要求来确立数字正义,建立新型的数字社会治理秩序"[②]。可见,数字正义理论在坚持传统正义内涵的同时,在适用背景、实现路径以及基本属性等方面都存在特殊之处。[③]

在数字社会,由于数据资源的占有和分配不公,数字鸿沟引起的信息差异、算法歧视带来的不公正隐患以及"社会排斥"现象的广泛存在都在危及数字公正、智能正义的实现。这种数字经济发展的不均衡、智能技术应用的不规范以及相关制度和政策建构的缺失无疑又加重了公民数字权利公平保障的难度。可以说,"以人工智能为代表的科技发展如不加以正确引导和有效规制,在创造财富和价值的同时,极有可能加剧贫富不均和社会分化"[④]。就老年人而言,面对社会整体的数字化渗透,其基本生活服务权益也难以幸免,该现象又反噬着传统社会的公平正义。然而,"智能时代带来新的社会公正问题的同时,或许也能给社会公正问题的解决带来些许机遇和思路"[⑤],尤其是对于传统社会公正实现的难题,也可能科学借助数字技术和智能算法加以克服。因此,要想完全消除数字鸿沟,保障数字弱势群体的权益,必须从根本上消除产生这种不公平现象的社会经济结构基础,包括促进经济社会更加平等,消除贫穷,实现教育公平,提升弱势群体参与社会事务、文化生活和制度建设的能力等,充分保障以老年人、贫困者为代表的数字弱势群体的权利。[⑥]

---

① 张文显:《构建智能社会的法律秩序》,载《东方法学》2020年第5期,第4-19页。
② 马长山:《智能互联网时代的法律变革》,载《法学研究》2018年第4期,第20-38页。
③ 有学者认为数字正义理论与传统正义理论有三个方面的不同:首先,数字正义理论是互联网社会下的正义理论。在互联网社会之下,法律与社会规则需要重新定义,正义观需要重新塑造。其次,数字正义理论是一种"自下而上"的正义理论。在线纠纷解决机制分流案件、提高纠纷解决效率的同时大大降低了解决成本,而且从根本上转变了以法院为中心的正义实现路径。最后,数字正义是一种动态的、"实践着"的正义理论。数字正义理论并不是真的给出了确定的、唯一的、正确的答案。参见赵蕾、曹建峰:《"数字正义"扑面而来》,载《检察日报》2020年1月22日第3版。
④ 张文显:《构建智能社会的法律秩序》,载《东方法学》2020年第5期,第4-19页。
⑤ 伏志强:《智能时代社会公正问题探析》,载《长白学刊》2020年第5期,第60-67页。
⑥ 参见李红文:《数字鸿沟与社会正义》,载《云梦学刊》2018年第5期,第112-117页。

3. 数字人权保护

随着数字时代的到来,数字科技融入人们生活和社会生产,"数字人权"的概念也被提出。有学者认为数字人权已成为"第四代人权",其典型特征在于"以双重空间的生产生活关系为社会基础、以人的数字信息面向和相关权益为表达形式,以智慧社会中人的全面发展为核心诉求,突破了前三代人权所受到的物理时空和生物属性的限制,实现自由平等权利、经济社会文化权利、生存发展权利的转型升级"[①]。张文显教授也指出当前社会已进入"无数字,不人权"[②]的时代,数字人权的保护意义深远。保护数字人权还需要政府履行相应尊重、保障和实现的义务,这种义务主要有消极和积极两个层面:消极层面主要是要求对公民(用户)数字化生活中隐私权、数据权、表达权、人格尊严权等权利和自由加以尊重与保护;积极层面则是对互联网基础设施及其他数字化设备的提供。就积极层面而言,通过对数字鸿沟的填补,政府"应确保社会成员平等、充分地享有接入互联网世界、过上数字化生活的条件和机会,进而真正实现其上网权或数字化生活权"[③]。可见,数字人权的保护不仅因应时代发展的需要,而且自身也具有特殊的法治内涵。[④] 老年人数字化生活权是对数字人权理念的具体化,也是证成数字人权独立性的生动实践。

(二)数字化生活权的权利属性

证成数字化生活权具有鲜活的时代意义,同时也是充分保障以老年人为代表的数字弱势群体权利的必由之路。数字化生活权保障实践中遇到的诸多挑战要求国家采取必要措施加以特殊保护,如制定、修改或解释相关主体权利保障的法律规范,并建构数字化生活权实现的具体制度等。然而,作为新型权利的数字化生活权保障程度的确定、保障措施的选择都受制于其权利属性,换言之,数字化生活权法律属性的判断决定了国家、社会或个人采取何种保障措施,并进而影响权利实现路径的最终选择。

1. 公法权利抑或私法权利

一般而言,根据权利的属性可以分为公法权利与私法权利,也即公权利和私权利。该种分类的标准非常多元,其中最常见的是以其调整的生活关系加以甄别,即公权利就是公共生活关系上的权利,以公法为依据;私权利就是私生活关系上的权利,以私法为依据。[⑤] 除此之

---

① 马长山:《智慧社会背景下的"第四代人权"及其保障》,载《中国法学》2019年第5期,第5-24页。
② 张文显:《"数字人权"这个概念有着坚实的法理基础、现实需要和重大意义——"无数字 不人权"》,载《北京日报》2019年9月2日第15版。
③ 张文显:《新时代的人权法理》,载《人权》2019年第3期,第12-27页。
④ 对于"数字人权"概念,学界存在争议。有学者从人权的代际划分原理、道德属性和基本权利理论等方面论证,认为"数字人权"不构成第四代人权。参见刘志强:《论"数字人权"不构成第四代人权》,载《法学研究》2021年第1期,第20-34页。本文认为,"数字人权"是否称得上"第四代人权"可以讨论,但是数字人权本身在权利类型和权利内涵上的特殊性并不能简单地予以否认。
⑤ 参见史尚宽:《民法总论》,中国政法大学出版社2000年版,第24-25页。

外,也有学者认为可以从形式和实质的角度加以界分:从形式角度看,公权利就是公法上规定的对抗国家和政府的权利,私权利则是私法上规定的赋予私人的对抗其他私人的权利;从实质角度分析,公权利是为保护国家利益和公共利益而设定的权利,私权利是为保护私人利益而非国家利益或公共利益而设定的权利。①本文认为公私权利的判断标准并不是单一的,而应综合权利主体、权利依据、权利内容、义务主体等多元标准加以判断。②(1)从权利主体上考量,主要是看个人在权利关系中的定位,私法权利上的个人是平等关系,双方地位是平等的;而公法权利上的主体一般是不对等的。(2)从权利依据上看,根据规定权利的法律规范本身的属性来确定权利的性质,即私法规定的权利一般是私权利,反之亦然。(3)从权利实质内容的角度进行分析,则是从相关权利所涉及的调整内容和法律关系的性质进行定位。(4)从义务主体的角度看,公权利的义务主体一般是指国家机关或法律法规授权的组织,私权利的义务主体是公民或者其他组织。

按照上述标准,我们不难发现数字化生活权具有典型的"公私复合型"权利色彩。首先,老年人数字化生活权的权利主体是老年人,要求国家和社会予以特殊保障。国家除了需要履行立法保障义务和权利救济义务外,也同社会组织一道具有保护老年人数字化生活权益不受侵犯的具体义务。其次,从权利依据上看,虽然老年人数字化生活权暂时没有直接的相关法律加以规定,但是《中华人民共和国老年人权益保障法》(简称《老年人权益保障法》)等部门法可以析出内容依据。《老年人权益保障法》属于社会法范畴,既具有鲜明的公法属性,同时也对私主体提出具体要求。再次,从权利内容上看,老年人数字化生活权除了主张国家消除侵害并提供相应的资金保障和技术支持外,同样要求企业等私主体履行相应的不歧视义务、提供便利的义务等。最后,从义务主体看,老年人数字化生活权的义务对象是国家和社会。虽然国家义务在权利保障中起到基础性作用,但社会义务乃至家庭义务仍然不可忽视。由此可见,老年人数字化生活权具有"公私复合型"色彩,不仅需要国家积极履行义务,也要求私主体为权利实现提供保障。

2. 积极权利抑或消极权利

积极权利与消极权利是较为传统且经典的权利分类方式。一般将自由权看作消极权利,把社会权看作积极权利。该分类模式最早起源于英国学者伯林对于自由的划分,即根据自由表现出的样态不同而分为积极自由和消极自由。③除了伯林关于两种自由的理论观点之

---

① 参见王涌:《私权的概念》,载夏勇:《公法》(第一卷),法律出版社1999年版,第401页。
② 参见刘志刚:《立法缺位状态下的基本权利》,复旦大学出版社2012年版,第24页。
③ 以赛亚·伯林(Isaiah Berlin)在《自由的两种概念》一文中,对"消极自由"和"积极自由"这两个自由概念进行了区分。他将"消极自由"定义为个人行动不受他人干涉的区域;"积极自由"则意味着个人的生活和选择是由自己而不是由任何异己的因素所决定。参见[英]以赛亚·伯林:《自由论》,胡传胜译,译林出版社2011年版,第167页。

外,耶利内克提倡的四重地位理论同样对权利分类和个人与国家关系的确立产生影响。①就积极权利和消极权利的区分内容而言,积极权利就是声称拥有某物的权利,而消极权利就是不要求做某事的权利和不加以特别负担的权利。简言之,消极权利所对应的义务人具有不干预的义务,而积极权利对应的义务人负有帮助、提供、给付的义务。随着权利理论的发展,消极/积极权利二分法逐步被打破,这种产生在特定历史时期的权利观点被替代,其中典型的观点莫过于美国学者霍尔姆斯和桑斯坦提出的"一切权利都是积极权利"②的观点。

虽然消极/积极权利二分法在理论上存在诸多难以周延之处,但是其对权利理论,尤其是权利指向的义务内涵进行了最为直白的解读。根据权利二分法,就老年人数字化生活权而言,其积极权利色彩尤为明显,但并不否定其消极的一面。具体而言,数字化生活权的最主要内涵是要求国家和社会积极保障老年人在数字化时代的生活权益,通过提供制度支持、技术帮助、资金保障等措施为老年人享受数字社会的生活服务提供便利,提高老年人社会参与度。③相对于积极的一面,数字化生活权的消极色彩则主要是要求国家与社会尊重老年人对社会生活服务的自主选择权,不仅具有是否选择数字化服务的权利,也具有选择何种数字生活服务的权利。然而,这种选择同样是建立在老年人掌握数字技术、社会提供传统和新型的多元服务形式的基础上。换言之,老年人数字化生活权的积极权利内容是其消极权利内涵的前提和基础,其积极权利色彩居于主导地位。

3. 生存权抑或发展权

在我国人权理论体系中,生存权和发展权属于首要人权和核心人权,是其他人权实现的前提和基础。生存权和发展权两者在诸多层面存在区别,正因为两者在基本内涵层面的不同,其权利保障方式也存在差异。虽然生存权的权利保障范围存在争议,但在其核心内涵上观点基本一致,即特指适当生活水准权,主要是指"人们获得足够的食物、衣着、住房以维持相当的生活水准的权利"④。除了核心内涵之外,有学者同样认为生存权还具有其他面向,如"温饱权基础上最低限度合于人性尊严的权利,包括社会保障权、适当生活水准权和健康

---

① 耶利内克的地位理论是针对国家与个人的关系而提出的,他把个人之于国家的地位分为被动地位、消极地位、积极地位、主动地位四个方面,此四方面又分别对应国家履行义务、排除国家干预、对国家的请求权、为国家实施行为四个层面的内涵。与此同时宪法确立了个人对国家的义务以及自由权、受益权、参政权等,其内涵分别是"个人服从国家而为给付""个人独立于国家并御防国家干预""国家负有对个人给付的责任和义务"和"个人参与国家意志的形成和国家权力的运作"。参见[德]格奥格·耶利内克:《主观公法权利体系》,曾韬、赵天书译,中国政法大学出版社2012年版,第79页;于文豪:《基本权利》,江苏人民出版社2016年版,第36-37页。

② [美]史蒂芬·霍尔姆斯、[美]凯斯·R.桑斯坦:《权利的成本——为什么自由依赖于税》,毕竞悦译,北京大学出版社2011年版,第5页。

③ 这一点从2020年《国务院办公厅印发关于切实解决老年人运用智能技术困难实施方案的通知》的内容中就可以观察到。该通知要求相关部门应从突发事件应对、交通出行、就医、消费、文体活动、政务服务、智能产品和服务应用等九个方面为老年人克服智能技术困难提供相应措施。

④ 上官丕亮:《究竟什么是生存权》,载《江苏警官学院学报》2006年第6期,第68-72页。

权"①；或"具体包括生命体的维护、有尊严的生活和安全的生活"②等。可见，生存权并不只是满足基本生活，而是需要强调有尊严的生活，这种有尊严的生活并非仅满足温饱而已。相对于生存权权利内涵和权利主体的明确性，发展权的内容更偏向强调个人人权与集体人权的复合属性。2016年《发展权：中国的理念、实践与贡献》白皮书中对发展权的内涵进行了界定，发展权具体包括经济发展权、政治发展权、文化发展权、社会发展权、绿色发展权和共同发展权等。在发展权的诸多要义中，更为强调可持续发展，同时强调发展权的代际公平。

从上述生存权和发展权的理念中可以看出，生存权特别强调实现个体有尊严的生活，而发展权强调发展的可持续和代际公平。这两个层面的内涵都与老年人数字化生活权有共通之处。正如前文所言，老年人数字化生活权的保障是对人性尊严的践行，是保障老年人有尊严地享受数字科技带来的便利和多元生活方式，与此同时也要克服数字代际鸿沟，促进老年人积极融入社会。由此可见，老年人数字化生活权融合了生存权和发展权的核心要义，是兼具两者属性的新型权利类型。

综上可知，老年人数字化生活权的权利属性并非单一的，而是具有多重权利意涵，其复杂性可见一斑。权利属性的复杂性不仅决定了其保障方式的多元化，也为证成其作为新型权利类型增加了难度，而选择合理的证成标准则至为关键。

三、当前新型（兴）权利证成标准的观点耙梳

近年来，新型权利的研究蓬勃发展，关于新型权利的讨论在深度和广度上都取得较大进展。但是对于新型权利证成标准的思考和研究仍在继续，而老年人数字化生活权证成标准的选择成为决定其是否为"真正的权利"的关键所在。新型权利的法律证成是权利之所以被称为权利的前提和基础，而围绕着新型权利的证成标准学界提出了诸多观点。根据权利证成标准的内容构成不同可以分为单一说、二元说和三元说，这些学说对于新型权利的证成都具有镜鉴意义。

（一）单一标准说

所谓的单一标准说也可称为一元说，主要是指新型权利只需要采用单一的核心标准加以证成即可，根据标准内容的不同又可细分为实质一元说与形式一元说两种。

1. 实质一元说

该说的核心观点是从权利的实质标准出发界定权利内涵，且这种实质标准是单一的，具体包括权利内在伦理说、法益说和公德性权利发现说等。

---

① 龚向和：《生存权概念的批判与重建》，载《学习与探索》2011年第1期，第102-106页。
② 汪进元：《论生存权的保护领域和实现途径》，载《法学评论》2015年第5期，第13-21页。

第一,权利内在伦理说。该说认为某些诉求、主张或利益要成为法律权利所存在的共同的基本要求,如果不符合这些要求则很难成为真正的法律权利。① 权利内在伦理说最核心的是对权利正当性的思考,其具体内容可以包括五个层面:权利必须为人服务、权利应对主体具有善的价值、权利应对社会公共利益有益或无害、权利需要在无害基础上形成社会共识、权利的内容要具有现实的普遍可行性等。可见,权利内在伦理的证成标准内容十分丰富,可以说涵盖了权利主体、权利正当诉求、权利可行性、权利社会性等多个方面的问题。

第二,法益说。该说首先将新兴权利中的"权利"定义为利益,这种利益应该是法律文本中没有规定的形态,而新兴权利中的这种"权利"实质上就是尚未上升为权利的法益。② 如何证成这种新兴法益?新兴法益如何从观念具体化为现实或者制度?此时就应该考察新兴法益保护的必要性、正当性和技术上的可行性。具体而言,新兴法益的生成应该遵循以下价值:"①基于普遍需求而非纯个体需求,且具有法律保护的必要性。②应符合道德和习惯的要求,具有积极意义上的正当性。③不能和法律的禁止性规定相冲突,具有消极意义上的正当性。④应以义务配置的必要性与可行性为推导前提,应具备法技术层面的可行性。"③ 值得注意的是,从法益视角证成新兴权利是一种理论证成,并不能直接应用于司法实践,甚至可以说新兴法益的生成排斥通过司法裁判来创设立法中未规定的权利。

第三,公德性权利发现说。该学说主要借鉴威尔曼的权利理论,认为作为权利基础的公德权利可以作为新型权利的证成标准。④ 而所谓的公德,在威尔曼看来是有别于道德的,是具有社会性⑤的被广泛实践的道德法典。将公德学说引入新型权利的证成过程,更为重视新型权利的本土实践,解决了"有些新型权利的研究忽略了行为模式上的一致性要求"⑥的问题。从公德学说出发,我们不难看出新型权利的证成逻辑是反对创造和简单移植的,认为权利是从本土社会生活中发现而来的。基于此,公德性权利发现说并不只强调权利的简单证成,而是鼓励研究者致力于将具有公德性的新型权利被法律承认和确认,从而具有法律上的强制力。

---

① 参见王方玉:《权利的内在伦理解析——基于新兴权利引发权利泛化现象的反思》,载《法商研究》2018年第4期,第82-92页。
② 参见孙山:《从新兴权利到新兴法益——新兴权利研究的理论原点变换》,载《学习与探索》2019年第6期,第80-88页。
③ 孙山:《从新兴权利到新兴法益——新兴权利研究的理论原点变换》,载《学习与探索》2019年第6期,第80-88页。
④ 威尔曼认为权利的基础有三个,即法律条文、某一组织机构的规则和道德实践惯例为公德权利。参见[美]卡尔·威尔曼:《真正的权利》,刘振宇等译,商务印书馆2015年版,第52页。
⑤ 对于公德的社会性,威尔曼认为主要包括以下方面:首先,只有其预设的品行标准在社会中获得普遍实践的时候,公德才是存在的。其次,当某人遵从或违背这一被广泛接受的品行标准之时,社会的绝大多数其他成员在绝大多数情况下会对其进行肯定性或否定性的回应。最后,行动和反应的实践惯例经由社会考量而具有正当性。参见[美]卡尔·威尔曼:《真正的权利》,刘振宇等译,商务印书馆2015年版,第64页。
⑥ 陈彦晶:《发现还是创造:新型权利的表达逻辑》,载《苏州大学学报(哲学社会科学版)》2017年第5期,第74-80页。

2. 形式一元说

形式一元说主要强调司法证成在新型权利认定中的作用,其代表性观点有两种:一是强调法律推理在新型权利认定中的作用;二是以法官解释权为视角实现新型权利的司法证成。通过法律推理来认定新型权利主要是引入了"法律形式性悖论"①的观点。该观点认为新型权利自身体现着利益与规范之间的内在张力,而这种内在张力就蕴含在法律形式性悖论之中。所谓"法律形式性悖论",是指根据形式要件所得出的裁判结论会违背法律的形式要件,它是从最一般的外部视角观察法律推理的结果。②从法律形式性悖论的内容我们不难看出,此观点认为新型权利的证立需要通过司法者运用规范进行裁判,从而推动法律形式性悖论不断运行,甚至可以说"新兴权利正是在法律形式性悖论的持续运作中获得证立或证否的"③。

法官解释权视角下的新型权利证成则更为强调司法的作用,即在规则未明的案件中,法官可以通过解释扩大规则的适用范围,将既有规则拓展到新兴技术领域和新型权利的认定之中。然而这种法官扩大解释权限是超越法律规定的,必须从逻辑上或者解释方法上提供相应的正当性依据。实践中法官往往采用"通过逻辑推理获得解释在形式上的合理性;同时,通过目的权衡获得解释在实质上的合理性"④的方法来实现新型权利的证成,从而使新型权利获得认可。

(二)二元标准说

二元标准说一般是指在新型权利证成过程中采用两种或者对立或者并列的标准展开。二元标准说在新型权利证成的研究和认定中被普遍采用,其中最具代表性的就是内在/外在二元说和形式/实质二元说。⑤

1. 内在/外在二元说

内在/外在二元说的实质是从两个不同视角来审视新型权利的认定标准,谢晖教授在坚持新型权利和新兴权利相互区分的观点下,认为新型权利概念的理解需从内外两个视角出发加以论证⑥:内在视角主要是一种教义学的立场,从法律内部加以肯定,通过法律来找

---

① 陈肇新:《基于法律形式性悖论的新兴权利证立机制》,载《苏州大学学报(哲学社会科学版)》2020年第6期,第49-56页。
② 参见季卫东:《法律议论的社会科学研究新范式》,载《中国法学》2015年第6期,第25-41页。
③ 陈肇新:《基于法律形式性悖论的新兴权利证立机制》,载《苏州大学学报(哲学社会科学版)》2020年第6期,第49-56页。
④ 陈阳:《互联网新兴权利的司法证成——以法官解释权为视角》,载《学习与探索》2018年第9期,第77-84页。
⑤ 二元说除了以上两种观点以外,还有学者指出新型权利研究必须具备体系化思维与本土化思维。所谓的权利体系化是法律体系化的必然要求,其意味着权利在自身构造上的体系化以及权利体系的类型化、条理化与层次化。而新型权利的本土化维度则主要考量我国法制建设的经济基础是社会主义公有制。参见陈国栋:《新型权利研究的体系化与本土化思维——以公法权利体系为论域》,载《江汉论坛》2019年第10期,第129-136页。
⑥ 参见谢晖:《论新型权利的基础理念》,载《法学论坛》2019年第3期,第5-19页。

到权利主张的明确依据。具体而言，主要包括立法的吸纳和司法的裁判两种路径。外在视角主要探讨新型权利的社会学基础，即新型权利是既定的业已成熟、定型的社会事实，与此同时新型权利应具有社会"可接受性"，并能够被普遍化和再社会化。

除此之外，还有学者引入内在理由和外在理由的观点来分析新型权利的认定。主要是阿隆·哈雷尔（Alon Harel）的观点，他认为一项要求或者请求之所以可以被视为权利，其中核心的要点在于证成这一要求所提供的理由。[①]换言之，在某一权利的证成上要想将该要求界定为一项权利取决于该要求所具有的基础理由。在此基础上，阿隆·哈雷尔将理由分为内在理由和外在理由两种：内在理由是一种内在于权利的理由，也即由于这种理由存在特定的要求，所以该要求能够被认定为权利；而外在理由实质上影响一项要求应受保护的力量或重要性，但并非必要的理由。内在理由与外在理由并不是并列的，在权利认定上内在理由具有决定性地位，即只有内在理由才能证成具体权利。[②]换言之，决策者赋予内在理由独立于情境的统一的力度，而不是情境化地检验它们的力度。这种内在理由的作用主要体现在新型权利认定的方法论层面，其解决的核心问题主要是理清权利认定中有价值的要求、权利和价值之间的复杂关系。[③]

2. 形式/实质二元说

该说的代表姚建宗教授认为"新兴权利之'新'既可以从以时间和空间为核心的形式标准来判定，又可以从以权利的主体、客体、内容和情景为核心的实质标准来判定"[④]。形式标准主要包括时间和空间两个层次：从时间上看，就是在既定的法律制度中，凡是在过去法律文本中没有明确规定的法律权利而在新的法律文本中明确规定或者隐含地包含着的法律权利，就是"新兴权利"；从空间上看，在一定法律地域范围之外早就存在而在这一法律地域空间之中过去尚未存在，但在后来的法律中通过相应的具体条文明确地规定或者隐含地规定的法律权利，也是"新兴"权利。实质标准就是在权利的实质内容上，既存的法律权利类别

[①] Alon Harel. What Demands are Rights? An Investigation into the Relations between Rights and Reasons. Oxford Journal of Legal Studies, Vol. 17, No. 1(1999), p.102.

[②] 参见刘小平：《新兴权利的证成及其基础——以"安宁死亡权"为个例的分析》，载《学习与探索》2015年第4期，第66-72页。关于内在理由的作用，朱振教授也认为：内在理由是证成要求为权利的理由；即使要求不能获得内在理由的证成，作为一项重要的要求依然可以通过外在理由的辩护从而获得法律上的保护，甚至获得比权利保护更为严格的保护，只是言论不能作为一项权利而被予以保护。参见朱振：《认真对待理由——关于新兴权利之分类、证成与功能的分析》，载《求是学刊》2020年第2期，第105-119页。

[③] 朱振教授认为哈雷尔的方法论区分实际上就是针对新兴权利的，可将该方法论运用到关于新兴权利的论证上。第一，所谓的新兴权利只是一些有价值的要求，它们需要通过实质性和形式性的确认才能成为法定权利。第二，对新兴权利的辩护可以分为两个方面，要么是辩护一项全新的权利，要么是辩护一项要求是一个更为基础的权利的实例，这是绝大多数所谓新兴权利的辩护途径。第三，一项要求是否能够成为实在法上的权利主要并不取决于立法与司法的形式性确认，而是取决于我们对权利与价值之关联的认识和理解。参见朱振：《认真对待理由——关于新兴权利之分类、证成与功能的分析》，载《求是学刊》2020年第2期，第105-119页。

[④] 参见姚建宗：《新兴权利论纲》，载《法制与社会发展》2010年第2期，第3-15页。

都无法加以涵盖和纳入其中的那些内容,这些内容有些是完全崭新的,有些内容尽管本身并没有什么变化但是这些内容的适用范围或者适用条件却发生了变化,从而在变化了的适用范围或者适用条件下,这些内容构成一类"新兴"的权利的内容。[①]

(三)三元标准说

三元标准说是指在证成新型权利过程中选择三重标准进行判断。相对于单一标准说和二元标准说,三元标准说更具体系化,在证成新型权利的过程中具有周延优势。从已有研究来看,三元标准说又可分为权利认定三要件说、权利入法路径三元说、司法证成三阶要件说等。

1. 权利认定三要件说

该说从不同视角出发认为新型权利的证成标准和法律认定应包括三个层面的内容,又可分为形式认定三要件说和实质认定三要件说。

形式认定三要件说认为新型权利的证成可以理解为新型权利的法定化,此时只需证成新型权利具有法律属性即可。[②]法律属性本身受制于法律文本的特点,即法律原则和法律规范具有一定程度的概括性,导致法律文本在应对现实问题时存在扞格,也正是因为有了这种张力的存在新型权利的证成才有了可能。然而,法律规范与社会现实的张力并不是无限度的,法律本身的模糊性可能造成权利认定的滥用,此时需要从形式上予以限制,其条件可以概括为真实性、准确性、重要性三个层面。[③]真实性是要求权利自身是真实的,在现实生活中能找到权利真实存在的依据;准确性是指权利认定应在主体、内容、对象等不同层面是明确的,新型权利在认定中也应基本符合这种准确性;重要性则主要是指新型权利本身对个人或者社会具有重要意义,符合社会现实需求。

实质认定三要件说认为认定新型权利应有严格的标准来区分权利主张和权利本身。在此基础上,认为新型权利的认定需要坚持合理性、合法性与现实性三重标准。具体而言,"一项新兴(新型)权利要得到证成,首先要符合权利的概念标准,即被保护的合理性。其次,这项新兴(新型)权利应当为既有的法律体系所容纳。最后,还要证明它有被实现的可能性,也就是基于社会成本或/和政治现实等方面的政策性考量它在当下是有可能实现的"[④]。

2. 权利入法路径三元说

该观点适用的前提可以说是将新型权利入法和权利证成视为同一问题的两个不同侧

---

① 参见姚建宗:《新兴权利论纲》,载《法制与社会发展》2010年第2期,第3-15页。
② 参见刁芳远:《新型权利主张及其法定化的条件——以我国社会转型为背景》,载《北京行政学院学报》2015年第3期,第43-51页。
③ 参见刁芳远:《新型权利主张及其法定化的条件——以我国社会转型为背景》,载《北京行政学院学报》2015年第3期,第43-51页。
④ 雷磊:《新兴(新型)权利的证成标准》,载《法学论坛》2019年第3期,第20-29页。

面。事实上,如果新型权利能被立法吸纳或者被司法认定,其基本上实现了证成任务,入法过程本身也需要对新型权利进行证成。一般而言,新型权利入法有直接入法和间接入法的区分。直接入法是法律直接予以规定,其方式较为简单。[①] 间接入法则较为复杂,大致有三种路径:一是通过法律义务的反射间接入法;二是通过国家职权的映射间接入法;三是通过一般条款的涵摄间接入法。

3. 司法证成三阶要件说

该说的主张很明确,即通过司法机关的具体实践来实现新型权利的证成,而证成的标准主要是三阶要件,即实质论据、形式依据与技术方法。[②] 这三个要件是一种递进式关系,实质论据解决的是新型权利社会现实渊源的内在正当性问题;形式依据则进一步增强论证效果,赋予司法机关更充分的证成权限;技术方法则是法官在证成新型权利时所选择的具体方法,通过科学的论证技术和合理的论证方法来提高裁判结果的可接受性,实现新型权利司法证成的有效性。

四、老年人数字化生活权证成标准的确立与展开

老年人数字化生活权的保障既具有现实必要性,即数字代际鸿沟带来的老年人生活服务权益实现受阻,同时也具有价值层面的理论根基,即人性尊严和数字正义的必然要求。然而,数字化生活权权利属性的复杂性则决定了权利证成的难度。本文认为,作为一种新型权利或权益类型,能否作为法律保障的实质新型权利还需要接受权利理论和司法实践的考察,而证成标准的确立与适用最为关键。

(一)老年人数字化生活权证成标准的确立

上文从三个层面对新型权利证成标准的不同观点进行了梳理,无论是一元说、二元说还是三元说都具有自身的优势,但同时也存在一定缺陷。对老年人数字化生活权而言,选择何种形式的证成标准成为重中之重。

1. 新型权利证成一元标准说评介

一元标准说包括实质的一元说和形式的一元说两类。从实质一元说的内容中可以发现其具备以下特点:首先,实质一元说是一元主线下的多层次建构,而并非简单归结为一种单一证成方式;其次,实质一元说更为强调新型权利与道德实践的关系,往往从新型权利的内在本质出发证成权利认定的必要性;最后,由于实质一元说强调权利的本质,其对于形式要素的关注度不够,对于司法裁判认定在新型权利证成中的作用观点不一致。

---

① 参见王庆廷:《新兴权利间接入法方式的类型化分析》,载《法商研究》2020年第5期,第117-129页。
② 参见王方玉:《新兴权利司法证成的三阶要件:实质论据、形式依据与技术方法》,载《法制与社会发展》2021年第1期,第113-129页。

在和实质一元说的对比中可以发现,形式的一元说特别注重司法机关在新兴权利证成和认定中的作用,甚至可以说这种观点实质上就是在为司法机关审理新兴权利案件提供方法论支撑。这种通过司法实现新兴权利证成的方式固然有诸如权威性高、专业技术性强等优势,但难免会陷入司法裁量权过大的质疑,甚至可能会带来司法超越立法的争议。除此之外,仅仅通过形式逻辑和演绎推理的方式来认定新兴权利显然是不够的,对于实质权利内涵的忽视或者说回避都无法使其从根本上形成真正的新兴权利证成标准。

可见,无论是实质一元说还是形式一元说,存在的根本问题就是过于单一,没有形成体系化或者递进式的证成标准。单一强调某一种证成方法很难全面认定新型权利。另外,一元说的许多内容都被下文中的二元说和三元说涵盖。当然,不可否认的是一元说在拓宽证成标准研究思路、完善标准体系构建方面有着重要的意义。

2. 新型权利证成二元标准说评介

二元标准说主要有两种分类:一类是内在/外在二元说;一类是形式/实质二元说。内在/外在二元说表现在视角上的二元和理由上的二元,两者自身就存在显著差别:首先从形式上看,视角上的内在外在观点可以说是并列的,两者在认定新型权利时都具有相应的作用,甚至可以说具有同等作用。但是内在/外在理由说则不同,其更多是强调内在理由说在证成新型权利时的作用,而外在理由在认定新型权利时是不发挥作用的。从实质内容上看,教义学和社会学对应的内在外在观点在证成新型权利时强调的是证成方式和社会现实需要,并不对价值层面做过多考虑。而内在/外在理由说在证成新型权利时首要考虑的就是其与价值之间的关系,也即要求权利要符合价值需要。可以说,内在/外在理由说强调的是内在理由说,内在理由是认定新型权利的关键。

形式实质二元说的划分主要从制度和规范层面加以考量,尤其是实质标准,仍然强调以既存法律权利的内容作为判断依据,这不禁令人思考其是否是真正的实质标准。甚至有学者明言:"关于'新'兴权利的形式和实质标准(严格来说是内容标准)的论述其实都是形式的。"[①] 做出此种判断的最主要的理由就是这种实质标准并没有涉及新型权利的价值层面、道德意义上的内涵。由上可知,内在/外在理由说实质上是单一的内在理由说,基本是围绕着价值展开的;内在/外在视角说虽然既强调教义学又强调社会基础,但其教义学强调的是技术方法,社会基础强调的是具体实践,对于价值层面的考量内容较少;形式/实质二元说则过于强调形式,基本无价值层面的认定。可见,无论何种二元标准说都带有先天缺陷,从而无法对新型权利进行全面证成。

---

① 朱振:《认真对待理由——关于新兴权利之分类、证成与功能的分析》,载《求是学刊》2020年第2期,第105-119页。

3. 新型权利证成三元标准说评介

三元标准说主要包括形式认定三要件说、实质认定三要件说、权利入法路径三元说、司法证成三阶要件说等。从以上形式认定三要件说和实质认定三要件说的内容中可以发现，形式认定三要件说强调的是通过对权利的考察来约束新型权利认定的程序，从而防止"权力泛化"，然而从具体内容来看，所谓的真实性、重要性与实质认定三要件说中的合理性和现实性有相通之处。因此，无论两种观点的称呼为何，其内容基本是相通的，并且还进一步回应了二元说中的内在/外在标准和形式/实质标准。可以说，形式或者实质认定三元说的内容对于认定新型权利更为周延、全面。

权利入法路径三元说旨在通过具体的立法和司法实践来对新型权利加以认定和证成。无论是间接入法还是渐进式入法都是一种程序上的选择，或者都是从技术层面来对新型权利予以肯认。而立法或司法机关在认定和证成新型权利时如何判断该权利是否适合入法这一观点则尚未被探讨，此乃权利入法路径说存在的致命问题。当然，也可以说权利入法路径说的主张者本身并没有寄希望于该说能够独立证成新型权利。

司法证成三阶要件说既包含实质论据，又有形式要求，同时还为司法机关提供相应的技术和方法，内容不可谓不全面。但是其存在的核心问题在于过分强调司法机关在新型权利证成中的作用。正如前文提到的，强调司法在新型权利证成中的作用很有必要，然成文法国家的法官在司法裁量权应用上是具有较大局限的，在缺失相应立法规定时司法运用的空间很小。虽然三个要件的合理配合应用"能够使在司法实践中证成的新兴权利既符合时代发展的需要，又不脱离既有的法律秩序"①，但其终究无法克服新型权利司法证成自身的局限性。

从以上关于新型权利证成标准的讨论中可以发现，一元说、二元说都具有先天缺陷，从而无法单独作为新型权利的认定标准，其内容也大多被三元说吸收。三元说中的权利入法路径说和司法证成三阶要件说都是从某一种具体的证成思路出发展开的，虽然有技术上的可行性，对于新型权利的证成具有特殊意义，但往往失之过细，范围较窄从而不便作为整全性标准加以考量。因此，本文认为在证成新型权利中，以合理性、合法性、现实性为核心的三元标准说更为适宜作为老年人数字化生活权的证成标准。具体理由如下：

首先，三元标准说的体系性程度较高。新型权利认定标准的建构不是随意的，而是应该综合多重因素加以考量。合理性、合法性、现实性的标准克服了传统的单向度评价和认定方法，基本回答了新型权利的道德价值、法律规范和社会现实等不同层面的要求，可谓是既

---

① 王方玉：《新兴权利司法证成的三阶要件：实质论据、形式依据与技术方法》，载《法制与社会发展》2021年第1期，第113-129页。

有形式层面的法律容纳途径、权利推定方法的分析,也有实质层面的利益正当性和个人选择的考量。该学说基本上回答了新型权利在伦理标准、法律标准、社会标准中的"应否""是否""能否"三个层面的问题。[①]

其次,三元标准说的可适用性程度较高。第一,内容构造上的可适用性。三元标准说从内容上看解决了新型权利在形式、实质和社会现实等多层面的争议,这种复合证成标准建构大致涵盖了新型权利认定的基本问题。第二,逻辑推衍上的可适用性。该说的三层次标准并不是随意排列的而是具有递进式的逻辑推衍思维。从价值判断到合法判断再到现实性判断,可以说呈现出一种阶层式的思维模式。在证成新型权利过程中,这种阶层式的考察方法不仅能够应对权利认定中的特殊问题,也能够按照层层递进方式减少认定成本。

最后,三元标准说更适于老年人数字化生活权的认定。三元标准说特别注重个人选择和个人价值的优先性[②],将个人的独立性和个人自治纳入新型权利认定是其他标准所没有涉及的。就老年人数字化生活权而言,其特别注重老年人个人尊严和个人选择的保护,而该说与之不谋而合。另外,三元标准说把法律的可容纳性同样放在较高的位置。老年人数字化生活权的保护已有相关政策,而老年人权益保护又特别强调法律的作用,因此将法律容纳作为老年人数字化生活权的认定标准具有必要性。从上述两例即可看出数字化生活权的价值依据和权利属性都与三元标准说存在内在关联,而三元标准说如何具体适用于老年人数字化生活权的证成过程将是下文探讨的重点。

(二)三元标准说在老年人数字化生活权证成中的适用

由合理性、合法性与现实性构成的新型权利证成标准说因其内容构成、逻辑演绎等方面所具有的特殊优势,且该证成体系所包含的道德标准、法律标准和现实标准也基本涵盖了新型权利证成标准诸多学说的主张,体系性和周延性优势明显,因此,将之用以证成老年人数字化生活权具有相当强的说服力。

1. 合理性标准下的老年人数字化生活权

合理性标准主要对新型权利进行价值判断,其中主要包括保护利益的正当性和个人选择的重要性两个层面。保护利益的正当性是要求对新型权利进行道德层面的价值审视,此利益既可以体现人类的普遍正当利益,也可重点关注特殊群体的正当利益。就老年人数字化生活权而言,其伦理基础既包括人类普遍的对善和尊严的追求[③],同时也是对老年人这一特殊群体利益的照顾。从保护个人选择的重要性方面看,老年人数字化生活权的保障就是

---

① 参见雷磊:《新兴(新型)权利的证成标准》,载《法学论坛》2019年第3期,第20-29页。
② 参见雷磊:《新兴(新型)权利的证成标准》,载《法学论坛》2019年第3期,第20-29页。
③ 参见宋保振:《"数字弱势群体"权利及其法治化保障》,载《法律科学(西北政法大学学报)》2020年第6期,第53-64页。

以承认老年人个体独立性为前提的。数字化时代，由于"数字鸿沟"的存在老年人个人生活和服务的选择空间实质上被压缩，个人自治的权利范围被限制，导致个人选择的重要性大打折扣。可以说，老年人数字化生活权的保障实质就是"为老年人提供多元选择和替代方案"①。智能时代保护老年人数字化生活权就是对老年人个人独立性的再恢复，从而实现数字生活的代际公平。因此，老年人数字化生活权的保障不仅符合合理性标准的要求，而且还巩固合理性标准在证成新型权利中的作用。

2. 合法性标准证成老年人数字化生活权

合法性标准要求新型权利应"被法律体系中的特定规则所规定"②，无论是在立法中还是司法中，新型权利进入法律规定的路径主要是权利推定，即从基础权利规范中衍生、从空白权利条款中创生或者从基础权利规范中建构。就老年人数字化生活权而言，其价值基础层面的依据不外乎从宪法中寻找，其中最重要的是两个条款：一是《中华人民共和国宪法》（简称《宪法》）第三十三条第三款："国家尊重和保障人权。"另一个则是《宪法》第四十五条第一款关于老年人获得物质帮助的权利。③作为特殊群体的老年人，其拥有宪法上的权利，而数字化生活权则应属于其特殊权利的一部分。除了宪法层面的规范之外，《老年人权益保障法》是老年人权利保障的基础法律，该法第三条第二款④规定老年人具有共享社会发展成果的权利。在证成老年人数字化生活权时，共享社会发展成果的权利可谓是一种基础性权利。老年人应当有权利享受数字技术发展带来的生活便利，而数字技术和智能服务等显然都应包含在社会发展成果之中。可见，无论从价值基础层面推导还是从基础权利规范中衍生都可以为数字化生活权的证成提供合法性依据。

3. 以现实性标准考察老年人数字化生活权

现实性标准的内涵有二：一是新型权利实现的社会成本考虑；二是新型权利实现的政治现实考量。政治现实的考量主要针对的是具有政治色彩的权利，老年人数字化生活权的政治色彩不明显，在此不做具体分析。就权利实现的社会成本而言，主要考虑的是国家的财政状况和资源分配能力。老年人数字化生活权主要请求国家"建立均衡的权利义务分配机制、改善智慧时代的公共服务、突出法律赋能的重要作用"⑤等。对于制度的建构和规范制定而言，其对国家财政和资源的要求并不高，基本上是一种智识和制度层面的需要。最重要

---

① 盛玉雷：《"微信使用说明书"为何暖心》，载《人民日报》2020年10月13日第5版。
② 这种规定路径有二：一种是被立法机构所认可并明文规定于法律规则之中；另一种是被司法机构在适用法律规则时解读出来。参见雷磊：《新兴（新型）权利的证成标准》，载《法学论坛》2019年第3期，第20-29页。
③ 《宪法》第四十五条第一款："中华人民共和国公民在年老、疾病或者丧失劳动能力的情况下，有从国家和社会获得物质帮助的权利。国家发展为公民享受这些权利所需要的社会保险、社会救济和医疗卫生事业。"
④ 《老年人权益保障法》第三条第二款："老年人有从国家和社会获得物质帮助的权利，有享受社会服务和社会优待的权利，有参与社会发展和共享发展成果的权利。"
⑤ 高一飞：《智慧社会中的"数字弱势群体"权利保障》，载《江海学刊》2019年第5期，第163-169页。

的是智慧时代的公共服务,其主要包括两点内容:一是网络基础设施建设,即"国家有义务和责任建设好互联网基础设施,做好所涉的硬件和软件工程建设工作,以及提供基于这些软硬件而延伸和发展起来的各项'互联网+'公共服务"[①];二是国家在扩展数字服务、提高数字化水平时应保证老年人对传统服务的需求,让服务符合老年人的需要。可见,这两种公共服务分别是增量服务和存量服务。存量服务只是一种保留性,不会过度增加国家财政负担;增量服务层面则国家一直在做,其并不是单纯数字化生活权保障的要求,也是社会发展的必然需要。从实践上看,2020年国务院办公厅印发了《国务院办公厅关于切实解决老年人运用智能技术困难实施方案的通知》;2021年江苏省出台了《江苏省切实解决老年人运用智能技术困难重点任务清单》等。这些政策文件的出台也从一个侧面反映了数字化生活权保障的社会成本应在国家和地方政府可承受的范围之内。

综上,老年人数字化生活权在经过合理性、合法性、现实性的考量之后,符合新型权利的认定标准。从社会发展的宏观视角考量,保障老年人数字化生活权也是老龄化时代促进经济社会持续发展的必然选择。作为新型权利的老年人数字化生活权同时需要国家从法律规范制定、行政执法、司法制度等层面予以更高程度的保障。

---

① 郭春镇:《数字人权时代人脸识别技术应用的治理》,载《现代法学》2020年第4期,第19-36页。

· 理论前沿 ·

医务工作者救助义务的道德性*

马新彦　刘宛婷**

摘　要：社会公众对于医务工作者救助义务的性质为法定性义务抑或道德性义务，存在认识上的差异，医务工作者是否属于法定救助义务主体中的"个人"是亟须明晰的问题。基于医务工作者与医疗机构的关系，医务工作者履职期间实施的医疗救治行为属于医疗机构的行为，其医疗救助义务性质为法定义务抑或道德义务，没有独立认定的意义；医务工作者非履职期间实施的紧急救助属于见义勇为的自愿救助行为，负有的救助义务为道德性义务，得适用《民法典》第一百八十四条的豁免权保护规则。

关键词：法定救助义务　道德义务　医务工作者　责任豁免

一、问题的提出

《中华人民共和国民法典》（简称《民法典》）第一千零五条规定："自然人的生命权、身体权、健康权受到侵害或者处于其他危难情形的，负有法定救助义务的组织或者个人应当及时施救。"救死扶伤的人道主义始终是医学的终极目的。[①] 生命权等物质性人格权处于危难之际，医疗救治是最主要的施救手段。医疗救治由医疗机构救治活动的开展和医务工作者

---

*　**基金项目**：国家社科基金专项课题重大项目"社会主义核心价值观在民法典中的价值定位与规范配置"（18VHJ003）。

**　**作者简介**：马新彦，吉林大学法学院教授；刘宛婷，辽宁大学法学院讲师。

①　参见黄丁全：《医疗 法律与生命伦理》，法律出版社2004年版，第5页。

实施的医疗救治行为组成。医疗机构作为法定救助义务的主体已获得学者广泛共识[1]，并得到法律的肯定。[2]而医务工作者是否为法定救助义务的主体，其医疗救助义务究竟是法定性义务，还是道德性义务，尚需进一步辨析。

医务工作者的救助行为包括履职期间的医疗救治行为与非履职期间的救助行为，医务工作者救助义务的法定性抑或道德性的认定应当从此两个角度分别予以观察和判断。《民法典》第一千二百一十八条[3]规定了医疗损害赔偿责任的责任主体为医疗机构。在诊疗活动中医务人员过错造成者损害，由医疗机构承担责任的理论基础主要有替代责任说和组织过错责任说两种观点。替代责任说以医疗机构与医务人员的雇佣关系为基础，认为在现代医疗服务体制高度组织化的背景下，医疗机构对其医务人员的工作活动具有高度控制力，医疗机构工作人员的选聘和任用由医疗机构完成，工作过程受到医疗机构的监督和管理。[4]基于劳动合同关系，医务人员过错对患者造成的侵权损害，由医疗机构承担替代责任。[5]组织过错责任说以医疗机构的组织义务为基础，认为现代医疗更多表现为医疗体系的系统性活动，是一种"组织医疗"。[6]在具有专业化分工、等级制、对规则的遵循和非人格化特性的官僚制[7]医疗体系中，医务人员接受雇佣医生的身份[8]，成为医疗组织体的一个部分，医务人员所实施的诊疗行为成为医疗组织行为中的一环，从组织风险的角度出发，医疗损害的发生源于

---

[1] 《民法典》释义中对医疗机构作为法定救助义务主体具有一致认识。杨立新教授在《中华人民共和国民法典条文要义》中解读法定救助义务的组织和个人为"医疗机构、院前救助机构以及负有法定救助义务的单位和个人等"。(参见杨立新:《中华人民共和国民法典条文要义》,中国法制出版社2020年版,第705页。)全国人大法工委民法室在《中华人民共和国民法典解读 人格权编·侵权责任编》中将医师、医疗机构等归入根据条文明确规定负有法定救助义务的类型中。(参见黄薇:《中华人民共和国民法典解读》,中国法制出版社2020年版,第68页。)《中华人民共和国民法典:实用版》中指出"人民警察、武装警察、医师、消防队具有法定的救助义务"。(参见《中华人民共和国民法典:实用版》,中国法制出版社2020年版,第540页。)中国社会科学院法学研究所编写的《民法典评注》中指出医疗机构及其工作人员属于负有法定救助义务的主体。(陈甦、谢鸿飞:《民法典评注:人格权编》,中国法制出版社2020年版,第111页。)张红教授在论文中提出"特定的机构或人员(如警察、医师等)对人身安全遭受侵害或者处于危难中的自然人,负有法定的救助义务"。(参见张红:《民法典之生命权、身体权与健康权立法论》,载《上海政法学院学报(法治论丛)》2020年第2期。)

[2] 《民法典》第一千二百二十条规定:"因抢救生命垂危的患者等紧急情况,不能取得患者或者其近亲属意见的,经医疗机构负责人或者授权的负责人批准,可以立即实施相应的医疗措施。"《中华人民共和国基本医疗卫生与健康促进法》第二十七条第三款规定:"急救中心(站)不得以未付费为由拒绝或者拖延为急危重症患者提供急救服务。"《医疗机构管理条例》第三十一条规定:"医疗机构对危重病人应当立即抢救。对限于设备或者技术条件不能诊治的病人,应当及时转诊。"《中华人民共和国传染病防治法》第六十九条第(三)项规定:发现传染病疫情时,医疗机构应当按照规定对传染病病人、疑似传染病病人提供医疗救护、现场救援、接诊、转诊,接受转诊。

[3] 《民法典》第一千二百一十八条规定:"患者在诊疗活动中受到损害,医疗机构或者其医务人员有过错的,由医疗机构承担赔偿责任。"

[4] 窦海阳:《〈民法典〉中医务人员过错规范的限缩解释》,载《北方法学》2020年第5期。

[5] 参见尹飞:《为他人行为侵权责任之归责基础》,载《法学研究》2009年第5期;汪华亮:《基于合同关系的替代责任:一个法律经济学视角》,载《法商研究》2015年第1期。

[6] 邹海林、朱广新:《民法典评注:侵权责任编》,中国法制出版社2020年版,第518-519页。

[7] 参见[德]马克思·韦伯:《经济与社会》(下卷),林荣远译,商务印书馆1997年版,第278-324页。

[8] 参见杨彪:《医疗专业性如何可能——医师责任与医院责任的比较分析》,载《清华法学》2012年第4期。

医疗机构未能完全建构完善的组织体系①，医疗机构基于自己的组织过错承担医疗损害赔偿责任。分析两种学说，不难发现，尽管两种学说对由医疗机构承担医疗损害赔偿责任的解释路径不同，但对于医务工作者履职期间所为的医疗行为性质的认识却是相同的。医务工作者与医疗机构对外具有整体性，医务工作者履职期间所为的医疗救助行为因被医疗机构行为吸收，本质上属于医疗机构的行为。与之相关的讨论亦大多未将医疗机构与履职期间的医务人员进行区分。鉴于医务工作者履职期间医疗救助行为的非独立性，就此意义而言，医务工作者履职期间实施医疗紧急救助是医疗机构履行法定医疗紧急救助义务的具体表现形式，其医疗救助义务，性质为法定性义务抑或道德性义务，没有独立认定的意义。

医务工作者作为非职务状态下的自然人是否属于负有法定救助义务主体中的"个人"，是《民法典》编纂中未展开深入讨论，需要我们予以解释论意义研究的重要问题。医务工作者所负有的救助义务究竟是法定性义务还是道德性义务，在社会观念与认知上存在较大差异。问卷调查显示，有约百分之四十的受访者认为，医务人员对遇到的突发疾病群众进行救治不属于见义勇为行为；约百分之六十的受访者认为属于见义勇为行为。②长期以来，治病救人被作为医生的天职为社会广泛认同。"仁心仁术"不仅是医学理想，更成了传统观念中行医的道义资本。但这并不当然意味着，无论何时何地，治病救人都是医务工作者必须履行的强制性义务；以强制性义务的方式要求医务工作者实施救助未必能够从根本上解决"见危不救"的社会问题。道德义务的认定可能会更好地弘扬中华民族的传统美德和社会主义核心价值观，更有效地保护处于危难中的物质性人格权。本文认为，医务工作者非履职期间独立实施的救助行为属于"见义勇为"的自愿救助行为，非履职期间医务工作者不属于法定救助义务主体中的"个人"，其所负有的救助义务为道德性义务。

二、医务工作者救助义务道德性的观念溯源

儒家与医学的亲近关系是一种近世文化现象。在儒家思想的影响下，"仁心仁术"被认为是医家的伦理生活，是医业的观念轴心。"医者仁心"不仅成为公众对医疗职业群体的期待，亦成为社会对医疗职业群体的印象。公众在认知上将对医务工作者美好品德的期待当成其必须具备的基本品质。对医务工作者实施救助行为性质认识的差异性，便源于对道德性义务与法定性义务的混同。

---

① 参见郑晓剑：《组织过错理论与受害人保护》，载《法制与社会发展》2013年第6期。
② 张淳艺：《认定见义勇为亟待出台"国标"》，载《北京青年报》2019年9月12日第2版，http://epaper.ynet.com/html/2019-09/12/content_337025.htm?div=-1，最后访问日期：2021年6月13日。

（一）医务工作者救助行为是对"仁善"的道德追求

"根本固者，华实必茂；源流深者，光澜必章。"① 中国传统医学伦理根植于中国传统文化，深受其浸润。"仁"在传统儒家思想里，被认为是诸德之核心。② 在儒家思想的发展影响下，"仁"在中国传统医学伦理中作为概念基础被逐渐确立下来③，以至到13～14世纪，"仁心""仁术"已经成为指代医学的习语。④ "医者仁心"的形象深入人心，但探究"仁"的意蕴，"医者仁心"是医者自身乃至社会对医者的美好道德愿望。

首先，传统文化中的"仁爱"思想认为，于他人危难之际施以援手是人性的体现，是所有人都应履行的道德义务，而非针对医者的特殊要求。孟子提出"仁者爱人"的思想，将善端归为四心，其中"恻隐之心"为"仁之端也"。⑤ 孟子言："所以谓人皆有不忍人之心者：今人乍见孺子将入于井，皆有怵惕恻隐之心——非所以内交于孺子之父母也，非所以要誉于乡党朋友也，非恶其声而然也。由是观之，无恻隐之心，非人也……"⑥ 恻隐之心是先天性的救助动机，其通过道德教化和社会舆论的强化，内化到人们的心灵结构，对"见危不救"行为形成一种内在的惩罚机制和监控机制——负罪感和内疚感的心理代价。⑦ 利他主义救助是儒家"仁爱"思想对所有人提出的道德要求。

其次，传统文化中"仁"的思想对"术业"提出了审慎的要求，但未强调"医"与"仁"之间存在特殊的内在联系。西晋杨泉在《物理论》中将"仁"与传统医学伦理联系起来，其言："夫医者，非仁爱之士不可托也，非聪明理达不可任也，非廉洁淳良不可信也。是以古之用医，必选名姓之后，其德能仁恕博爱，其智能宣畅曲解，能知天地神祇之次，能明性命吉凶之数，处虚实之分，定逆顺之节，原疾疹之轻重，而量药剂之多少，贯微达幽，不失细微，如是乃谓良医。"其强调医者既应当具有精进的技艺，又应当具有高尚的德行修养。但是，这仍然没有脱离孟子"术不可不慎"——以严谨认真的态度对待职业，精进技艺——的范围。⑧

最后，救治他人是医者对高尚品德的追求与寄托。中华传统优秀文化中"仁爱"的思想精华和道德精髓，植根医疗职业文化精神中，为医者树立正确的职业伦理，自觉承担社会

---

① ［明］张居正：《翰林院读书说》。
② 景怀斌：《孔子"仁"的终极观及其功用的心理机制》，载《中国社会科学》2012年第4期。
③ 参见范瑞平：《当代儒家生命伦理学》，北京大学出版社2011年版，第20页；陈明华：《论儒家思想对中国传统医学伦理的影响》，载《探索与争鸣》2008年第6期。
④ 潘大为：《儒家医学伦理的建立："医者仁心"与道德病人》，载《中国哲学史》2017年第2期。
⑤ 孟子提出"仁者爱人"的思想，并将善端归为四心："恻隐之心，仁之端也；羞恶之心，义之端也；辞让之心，礼之端也；是非之心，智之端也。人之有是四端也，犹其有四体也。"《孟子·公孙丑上》。
⑥ 《孟子·公孙丑上》。
⑦ 桑本谦：《利他主义救助的法律干预》，载《中国社会科学》2012年第10期。
⑧ 参见潘大为：《儒家医学伦理的建立："医者仁心"与道德病人》，载《中国哲学史》2017年第2期。

责任奠定了良好的文化基础。①儒家关注个人品德的培养，而不主张建立严苛的法律进行规制，认为仁爱救人是医生个人美德的体现。②一如其他职业者对术业精进的追求、在职业生活中践行与人为善的信念，古代医家将医事理解为仁心落实的一个方式：如明代徐春甫在《古今医统大全》中引陆宣公之言"医以活人为心，故曰医乃仁术"。清代吴达在《医学术是》中谈"夫医乃仁术，君子寄之以行其不忍之心。"在古代医家的观念里，仁心是医事活动的内在依据，医事活动又是仁心、人性的外在表现。③"医者仁心"是"术不可不慎"的要求，更是一种道德训诫，是医者以医为业实现"仁"的自我道德追求，外化为自身品德修养的承载。"救死扶伤"是医者"术业"的内容，救治他人是医者具有的"技艺"能力。医务工作者救治行为的实施，既是开展工作的职务行为，亦包含着其对"仁善"的理解，对更高道德价值的追求。"法律断无强人为善的力量，只能消极地禁人为恶"④，唯以引导教化，收潜移默化之功，才可使人心良善。

（二）医务工作者救助行为是"愿望的道德"的践行

富勒在《法律的道德性》中将道德划分为"愿望的道德"与"义务的道德"，并指出造成道德与法律含混的原因即是未能对上述"两种道德"作出区分。愿望的道德是"善的生活的道德、卓越的道德以及充分实现人之力量的道德"⑤，涉及"我们最好地利用我们的短暂生命的努力"⑥。义务的道德则是最低要求的标准，规定了社会生活所必需的条件。⑦在医疗机构外，作为自然人个体的医务工作者实施的医疗救治行为，是以其自身能力追求卓越的表现，属于"愿望的道德"。"法律不可能强迫一个人做到他的才智所能允许的最好程度"⑧，该类行为不应当归入法定义务的范畴之内。

"愿望的道德"的延伸会阻碍法律功能的发挥。对医务工作者救助行为的性质的认识在两种道德之间摇摆不定的状态，是混淆法律与道德、难寻道德的价值尺度，使"'美德'这个词完全变成义务的道德的同义词"⑨的表现。"义务的道德向上伸展出它的恰当领域，强制

---

① 儒家"天地之性，人为贵"（《孝经》）的生命观，"己所不欲，勿施于人"（《论语·卫灵公第十五》）的推己及人思想，"君子以仁存心，以礼存心。仁者爱人，有礼者敬人"（《孟子·离娄下》）的克己复礼思想，"泛爱众"（《论语·学而》）的博爱济世思想，对医者树立正确的职业伦理，自觉承担社会责任起到了积极作用。如宋代林逋在《省心录·论医》中言："无恒德者，不可以作医，人命死生之系。"唐代孙思邈在《大医精诚》中指出："凡大医治病，必当安神定志，无欲无求，先发大慈恻隐之心，誓愿普救含灵之苦。"明代李时珍在《本草纲目》中道："夫医之为道，君子用之以卫生，而推之以济世，故称仁术。"《黄帝内经》有言："上以治民，下以治身，使百姓无病，上下亲和，德泽下流，子孙无忧。"
② 参见张大庆、程之范：《医乃仁术：中国医学职业伦理的基本原则》，载《医学与哲学》1999年第6期。
③ 参见潘新丽：《传统医德思想探析》，载《南昌大学学报（人文社会科学版）》2011年第4期。
④ 瞿同祖：《中国法律与中国社会》，商务印书馆2010年版，第328页。
⑤ ［美］富勒：《法律的道德性》，郑戈译，商务印书馆2005年版，第7页。
⑥ ［美］富勒：《法律的道德性》，郑戈译，商务印书馆2005年版，第21页。
⑦ ［美］富勒：《法律的道德性》，郑戈译，商务印书馆2005年版，第8页。
⑧ ［美］富勒：《法律的道德性》，郑戈译，商务印书馆2005年版，第11页。
⑨ ［美］富勒：《法律的道德性》，郑戈译，商务印书馆2005年版，第18页。

性义务的铁腕就可能抑制试验、灵感和自发性。"① 倘若将人们对美好生活的至善追求作为法律的目标，道德与法律的界限将愈发模糊、混沌。在义务的道德中，惩罚优先于奖励。过于严苛的义务会窒息追求卓越的强烈欲望。"如果法律中被承认的道德戒律被确立地与日常行为的动机和模式相距太远，那么，它们不是令人窒息就是空想的东西。"② 将医务工作者的所有救助行为都认定为履行救助义务，意味着救助行为于医务工作者是遵从社会生活最低限度的条件的行为，如若未能履行将面临谴责或惩戒。这不仅难以实现，更泯灭了医疗职业群体追求职业上的更高道德理想的可能性。

道德法则是基于自由的积极概念上的绝对的无条件的实践法则，有别于技术性的命令，能够合乎理性地建立在先验原则之上并被理解为必然的。③ "以利他主义为特征的医学道德权威只能通过延续传统、重复实践及不断宣教等先验手段获得"④，以法律上设定严苛义务的外部手段，不仅难以达到所求效果，反可能造成阻碍。

三、医务工作者救助义务道德性的现实意义

塞涅卡曾言："我们并不是每当想要的东西得不到就怒不可遏，只有我们认为有权得到时才这样。"当医务工作者所有基于自身专业能力可为的行为皆被规定为强制性的义务，等同于完全否认了医疗职业群体的能动性，在责任与义务的驱使下，救助成了医务工作者毫无温度的别无选择；而社会公众将以更为严冷的目光审视医疗行为，将医务工作者的付出视为理所应当。法律不仅未能扶起道义，唤醒人们心底的善良，反将让我们看到一个更加冷酷的欣喜全无的社会。

（一）有利于尊重和保护医务工作者的人格权益

医疗救助行为具有风险性。心肺复苏是广为人知的针对骤停的心脏和呼吸采取的急救措施。⑤ 医务工作者在非工作时间、地点遇到处于紧急危难情形需要救助者时会犹豫是否实施心肺复苏救助行为，一个重要的原因和担忧即是在缺乏必要诊疗基础和卫生防护措施的前提下，倘若面对的被救治者患有传染性疾病，实施心肺复苏救助可能使救助者自身的健康

---

① ［美］富勒：《法律的道德性》，郑戈译，商务印书馆2005年版，第34页。
② ［美］R. M. 昂格尔：《现代社会中的法律》，吴玉章、周汉华译，译林出版社2001年版，第207页。
③ 参见［德］康德：《法的形而上学原理——权利的科学》，沈叔平译，商务印书馆1991年版，第19-28页。
④ 杨彪：《医疗专业性如何可能——医师责任与医院责任的比较分析》，载《清华法学》2012年第4期。
⑤ 《中国红十字会总会 教育部关于进一步加强和改进新时代学校红十字工作的通知》（中红字〔2020〕24号）要求，"把学生健康知识、急救知识，特别是心肺复苏纳入教育内容"。

安全陷入危险境地。①确认医务工作者个人作为独立个体负有法定救助义务,意味着无论何时何地、面对何种风险,医务工作者都负担着全社会所有他人健康的责任。为了陌生人的利益,而强迫另一个人承担自己生命健康安全受到损害的风险显然是不合理的。②这似乎意味着将任意他人的生命健康权益置于医务工作者生命健康权益之上,而这种利益衡量与选择的依据似乎仅仅基于医务工作者具备了医疗专业技能。诚然,医务工作者在工作过程中也可能面临自身生命、健康受到损害的风险。但此类风险已经成为其工作公益性特性的一部分③,成为从事该类职业,并获取劳动报酬的前提和内容。④要求非履职状态下的医务工作者为了维护他人的生命健康而将自身健康安全置于危险情形明显缺乏合理性。《民法典》第一千零五条之规定旨在更好地保护物质性人格权——生命权、身体权和健康权等基础性人格权,以设定法定救助义务的方式"强迫"医务工作者无论何时何地都对他人生命健康负有责任显然与法定救助义务的初衷有所背离。

"我们不应当让一个对我们的未来充满信心并给予我们帮助之人的处境因此变得更糟。"③将医务工作者的救助义务认定为法定性义务,很有可能让医务工作者陷入两难境地。一方面,在法定性义务的要求下,医务工作者不得不在遇见突发的危难情形时实施紧急救助行为;另一方面,在缺乏必要的诊疗设备、缺乏对被救治者基本情况的了解,以及医务工作者执业领域的有限性等客观缺陷情况下,诊疗失误的发生概率将无可避免地提升。④在此情况下,感恩这一温暖又有力量的情感将更难得到培育,医务工作者实施救助行为很可能成为众矢之的。被救治者很可能不仅不对救治者心存感激,反而对危难救治中的微小失误耿耿于怀,与医者对簿公堂。刀不见血,却能诛心,这将严重损害医患关系,挫伤医务工作者的信心。

---

① See Cary P. Gross, Anna B. Reisman, Mark D. Schwartz. The Physician as Ambivalent Samaritan: Will Internists Resuscitate Victims of Out-of-Hospital Emergencies? Journal of General Internal Medicine, Vol. 13(1998), pp.491-494. 该文介绍了对美国内科医生进行紧急院外口对口人工呼吸的意愿和感染风险相关性的调查结果。危难情形的发生地点对医生救助意愿具有较大的影响。报告分析,愿意提供救助率最低的情况是地铁和人行道场景,因为在这些场景中,受害者似乎更有可能患有传染病。针对发生在飞机和餐馆的危难情形,医生更愿意施以援手,分析认为,这可能是因为人们认为社会经济地位较高的人对潜在复苏者造成的传染病风险较小。
② Kevin Williams. Medical Samaritans: Is There a Duty to Treat? Oxford Journal of Legal Studies, Vol.21(2001), p.399.
③ 根据美国普通法上的消防员规则(Fireman's Rule),消防员、警察等专业救助者无权就其在履行公务过程中受到的伤害请求民事赔偿。
④ Amy J. Fanzlaw. A Sign of the Times: How the Firefighter's Rule and the No-Duty-to-Rescue Rule Impact Convenience Stores' Liability for Failure to Aid a Public Safety Officer. Stetson Law Review, Vol.23(1994), p.843.
③ [德]塞缪尔·普芬道夫:《人和公民的自然法义务》,鞠成伟译,商务印书馆2010年版,第115页。
④ 在缺少必要的急救设备,对被救治者过往病史和身体条件了解不清楚的情况下,进行心肺复苏等抢救行为可能对患者造成复损伤。例如,在实施心肺复苏的起搏按压时可能对被救治者的肋骨造成损伤;因脑出血、脑梗等病症而昏迷的被救治者,心肺复苏的抢救行为可能会造成被救治者的体力消耗而加重病情。非医疗机构实施的救助行为的效果将会极大地受限于医疗救助设备的缺乏,这正是美国《好撒玛利亚人法》(Good Samaritan Law)给予医务工作者免责保护的一个重要考量原因。(See Velazquez v. Jiminez, 336 N. J. Super. 10(2000); Velazquez v. Jiminez, 172 N. J. 240(2002).)

（二）有利于救助行为的有效实施

《民法典》第一百八十四条对自愿实施救助者的豁免权保护，将适用范围限定于"一般所称的见义勇为和乐于助人的行为"①，将专业救助者排除在外。②将医务工作者救助义务认定为法定救助义务，意味着医务工作者无法援引适用"好人条款"的责任豁免保护，还意味着在实践层面上对救助行为提出了更高的诊疗注意义务的要求。这种要求不仅对于医务工作者是不合理、不公平的，而且亦不具有现实性，并将直接影响救助行为的有效实施。

呼吸与危重症医学科医生为路遇车祸昏迷男童实施人工呼吸和心肺复苏抢救，及时把握抢救黄金三分钟，挽救男童生命的新闻，令人赞叹于医者的仁心仁术，感动于医者的"义不容辞"。③非医务工作者在面对生命健康处于危急状态的需救助者时，受限于自身技术能力水平，可能心有余而力不足，无法提供及时有效的救助；相较于非医务工作者，医务工作者拥有更丰富的医学知识，更有可能了解和掌握医疗急救技术。让医务工作者在面对急需救治者时伸出援手，从结果主义角度来看更能够实现危难情况下对物质性人格权利的保护。但是，强制科予义务的方式将会使结果与期望背道而驰。医生在高铁上主动站出来为处于突发疾病的乘客施以援手，却在救助后被索要医师证并填写情况说明；④为突然昏迷倒地的老人实施心肺复苏致老人肋骨骨折，老人因抢救及时平安脱险，却在脱险后将救助者告上法庭的新闻令人心寒。⑤在一项针对医务工作者院外救治突发疾病者意愿的网络调查中显示，众多不愿意主动参与救治的医师都反复提到对"抢救失败或出现失误将容易引火烧身，使自己陷入医疗纠纷的不利境地"的担忧。⑥

将救助义务认定为法定性，意味着医务人员实施自愿救助行为将面临着比实施职业行为、履行法定救助义务更为严苛的要求和更为孤立的处境。在医疗逐渐制度化和去个人化（impersonalization）的背景下⑦，医务工作者在医疗机构的职业行为被医疗机构吸收，诊疗失

---

① 《中华人民共和国民法典：实用版》，中国法制出版社2020年版，第154页。
② 在由黄忠撰写的第一百八十四条理解与适用中提到，紧急救助行为人享有豁免权需要具备的要件之一为自愿施救者，即享有豁免权的施救者必须是那些对他人不承担一般救助义务，但对身处危难境地的他人主动实施救助行为的人。承担特殊救助义务的人不享有豁免权。（参见王利明：《中国民法典释评：总则编》，中国人民大学出版社2020年版，第470页。）《中华人民共和国民法典：实用版》与《中华人民共和国民法典总则编解读》亦作相同说明。（参见《中华人民共和国民法典：实用版》，中国法制出版社2020年版，第154页；黄薇：《中华人民共和国民法典总则编解读》，中国法制出版社2020年版，第604页。）
③ 《苏州医生路遇重伤男童拼命救回：义不容辞》，载微信公众号"医健新观察"，2020年10月26日，https://www.cn-healthcare.com/article/20201026/content-544752.html，最后访问日期：2021年6月13日。
④ 肖潇、刘亮：《女医生高铁上救人却被索要医师证》，载央视网2019年3月20日，http://news.cctv.com/2019/03/20/ARTIAyHnj9nIO7vWlBIXD4Gq190320.shtml，最后访问日期：2021年6月13日。
⑤ 王凌雪：《男子施救压断老太12根肋骨被起诉 一审判决：救人者不担责》，载央视网2020年1月13日，http://news.cctv.com/2020/01/13/ARTIdMS0eVobfOELifmEEOp8200113.shtml，最后访问日期：2021年6月13日。
⑥ 霍婷、王岳：《"高铁急救"事件的法律解析》，载《医学与社会》2020年第8期。
⑦ See Henry R. Stiepel. Good Samaritans and Hospital Emergencies. Southern California Law Review, Vol.54(1981), p.420.

误的责任由医疗机构先行承担后再对医务工作者个人根据医疗机构内部规定进行处理。①医务工作者个人实施的救助行为并非基于劳动合同关系而为的职务行为,倘若要求其在此情况下负担法定救助义务,则医务工作者无法援引《民法典》第一百八十四条的豁免权条款。实施自愿救助行为的医务人员所面对的被救助者病症很有可能并非该医务工作者的执业领域;非急诊科或危重症医学科的医务人员对急救措施及诊疗规范了解程度有限,加之缺乏对被救助者的全面检查,对被救助者的临床病史、个人身体状况了解不足,救助设备和救助时间的客观限制都将使得实施志愿救助的医务人员的施救行为存在诊疗和行为规范上的瑕疵。②在上述客观诊疗条件受到限制的不利条件下,见义勇为、施以援手的医务工作者将首当其冲成为被起诉追责的对象。③也正出于对此的考虑,2021年新修订的《中华人民共和国医师法》(简称《医师法》)中于第二十七条④新增规定,鼓励医师参与公共场所的急救活动,医师因自愿实施急救造成受助人损害的不承担民事责任。但是,不承担民事责任是否意味着医师并无法定的救助义务;还是医师遇有处在危难情形者仍在法律意义上"应当"实施救治,只是对于救治的损害后果不承担责任,但如若未实施救治仍需要承担民事责任抑或是公法上的责任,如依据《医师法》第五十五条⑤之规定面临警告、暂停执业等处罚。对于上述诘问,唯有从自愿施救的道德性本质属性的角度理解与阐释方得解答。

在现实情况中,即便将医务工作者的救助义务认定为强制性的法定性义务,也因难以在具体案件中确认义务主体,对路遇紧急情况而未施救的医务工作人员的追责难以实现,而无法真正落实。换言之,在遇到突发的急需救助的情形时,医务工作者无所作为迅速离开的做法可能不会受到责任的追究,反而伸出援手提供救治极有可能为自己"惹来"诉讼。在此背景下,医务工作者将更加倾向于不实施救助行为。这不仅未使得公众的人格权获得更好的保护,反将挫伤医务工作者实施自愿救助行为的热情,让本愿伸出的援手桎梏于恐惧的枷锁之中,社会公共利益也将因此受到损害。

(三)有利于弘扬社会主义核心价值观

《民法典》在第一编总则第一条开宗明义地指出弘扬社会主义核心价值观是《民法典》

---

① 《民法典》第一千二百二十一条规定:"医务人员在诊疗活动中未尽到与当时的医疗水平相应的诊疗义务,造成患者损害的,医疗机构应当承担赔偿责任。"

② See Kevin Williams. Doctors as Good Samaritans: Some Empirical Evidence Concerning Emergency Medical Treatment in Britain. Journal of Law and Society, Vol.30(2003), p.274.

③ Colby v. Schwartz, 78 Cal.App.3d 885(1978).

④ 《医师法》第二十七条第三款规定:"国家鼓励医师积极参与公共交通工具等公共场所急救服务;医师因自愿实施急救造成受助人损害的,不承担民事责任。"

⑤ 《医师法》第五十五条第(二)项和第(五)项规定:"违反本法规定,医师在执业活动中有下列行为之一的,由县级以上人民政府卫生健康主管部门责令改正,给予警告;情节严重的,责令暂停六个月以上一年以下执业活动直至吊销医师执业证书:(二)对需要紧急救治的患者,拒绝急救处置,或者由于不负责任延误诊治;(五)违反法律、法规、规章或者执业规范,造成医疗事故或者其他严重后果。"

的立法目的之一，党中央发布的《社会主义核心价值观融入法治建设立法修法规划》着力将社会主义核心价值观融入法律法规的立改废释全过程。由此，社会主义核心价值观不仅是《民法典》立法的价值基础，还是《民法典》解释与适用的指导性准则。习近平总书记指出："核心价值观，其实就是一种德，既是个人的德，也是一种大德，就是国家的德、社会的德。国无德不兴，人无德不立"①。社会主义核心价值观在国家层面倡导的"文明""和谐"是德治天下期望达到的理想状态，是全民族的共同理想和价值目标，是"以和为贵"的中国传统价值理念的传承与创新。"文明""和谐"所追求达到的和平、融洽、协调、有序的状态，以人与人之间关系的和谐、人与自身关系的和谐为基础。②友善的价值理念是社会主义核心价值观在个人层面提出的倡导，包含着对至善德性的持守，将传统伦理价值中"仁爱"的道德信念具体化为社会成员现实生活和人际交往中的道德要求。③在医患关系紧张、人际关系冷漠、价值取向扭曲、社会责任缺失等问题频现的当代，实现"以良法促进发展，保障善治"④需要重视道德对社会环境的改善作用。习近平总书记强调："必须加强全社会的思想道德建设，激发人们形成善良的道德意愿、道德情感，培育正确的道德判断和道德责任，提高道德实践能力尤其是自觉践行能力，引导人们向往和追求讲道德、尊道德、守道德的生活，形成向上的力量、向善的力量。"⑤

"民法本质上就是强调道德伦理、公序良俗的法律，反映一个社会的核心价值取向。"⑥法安天下，德润人心，张弛有度，刚柔并济。确认医务工作者救助义务的道德性，以良好的制度环境引导和鼓励医务工作者提升职业道德，追求职业理想，履行神圣职责，改善医患关系，正是以《民法典》来弘扬"文明""和谐""友善"等社会主义核心价值观。同时，不科予医务工作者过重的法律义务，尊重和保障医务工作者的人格权益，增强被救助者对医务工作者救助行为的感恩意识，又是对社会主义核心价值观"自由""平等""公正"价值的有力诠释，使社会主义核心价值观落地生根，在《民法典》的条文中得到弘扬。

法的生命力在于法的实施与法的遵守，唯有合乎理性、具有深厚道德基础的法律才能够为更多人所自觉遵行。⑦易言之，"再多再好的法律，必须转化为人们内心自觉才能真正为

---

① 习近平：《青年要自觉践行社会主义核心价值观——在北京大学师生座谈会上的讲话》，载新华社2014年5月4日，http://www.gov.cn/xinwen/2014-05/05/content_2671258.htm，最后访问日期：2021年6月13日。
② 吴向东：《社会主义核心价值观的若干重大问题》，载《北京师范大学学报（社会科学版）》2015年第1期。
③ 黄蓉生：《社会主义核心价值观的文化视域思考》，载《中国高校社会科学》2015年第1期。
④ 张德江：《以良法促进发展 保证善治》，载新华网2017年3月8日，http://www.xinhuanet.com/politics/2017lh/2017-03/08/c_1120591496.htm，最后访问日期：2022年3月16日。
⑤ 习近平：《汇聚起全面深化改革的强大正能量》，载《中国青年报》2013年11月29日第1版，http://zqb.cyol.com/html/2013-11/29/nw.D110000zgqnb_20131129_1-01.htm，最后访问日期：2022年3月16日。
⑥ 石宏、郭峰、王轶、石佳友：《〈民法总则〉立法纵览与适用前瞻》，载《中国法律评论》2017年第3期。
⑦ 参见张文显：《习近平法治思想的基本精神和核心要义》，载《东方法学》2021年第1期。

人们所遵循"①。以社会主义核心价值观为价值指引,"以道德锤炼法律,以美德催生善治"②,《民法典》才能够真正为人们所接受、所信仰、所遵守。肯定医务工作者救助义务的道德性,以积极引导而非科予强制义务的方式鼓励医务工作者实施救助行为,更能够体现道德理念和人文关怀。医务工作者在他人生命、健康的危难关头不再因为惧怕担责而远离危难、逃避义务;被救助者对于医务工作者的医疗救助不再求全责备,不再以追究责任的方式将自己的困境转嫁给实施救助的医务工作者。对以社会主义核心价值观为价值准则的法律的自觉遵守,就是以自己的行为自觉践行社会主义核心价值观。

四、医务工作者救助义务道德性的规范解读

《民法典》从为自愿救助免除"后顾之忧"和规定特定主体承担法定救助义务两方面对亟待解决的"见危不救"的社会问题作出回应。③自愿救助行为与法定救助义务界分于义务来源的不同:是否以法定义务的存在为前提;据此产生不同的法律效果:是否能够适用免责条款。④因此,对于医务工作者救助义务的性质认定,是否具有明确的法律依据是问题的基础与关键。

(一)医务工作者救助义务道德性的特别法解读

《民法典》第一千零五条并未为特定的组织和个人设定特别的紧急施救义务,而是整合、重申、链接特别法中规定的相关主体的法定救助义务,强化对物质性人格权的保护。⑤法定救助义务的主体范围确认,以现行法规范内容为依据。《医师法》第三条⑥、第二十七条⑦和《护士条例》第十七条⑧规定了医务人员的紧急救治义务,但上述规定并未为医务工作者设定履职行为以外的救助义务。

根据医事法律规范的性质,《医师法》《护士条例》等医事法律规范是针对医疗专业的管制规范,性质上属于公法,其管制的内容仅限于资格、内容、竞争秩序等专业管制,不涉及人民彼此之间的权利义务关系,未给医务工作者个人设定在特定情形下"强制缔约"救助他人

---

① 习近平:《加快建设社会主义法治国家》,载《理论学习》2015年第2期。
② 张文显:《社会主义核心价值观与法治建设》,载《中国人大》2019年第19期。
③ 黄薇:《中华人民共和国民法典人格权编解读》,中国法制出版社2020年版,第69-70页。
④ 参见王利明、程啸:《中华人民共和国民法典释评·人格权编》,中国人民大学出版社2020年版,第189-190页。
⑤ 参见张红:《民法典之生命权、身体权与健康权立法论》,载《上海政法学院学报》2020年第2期。
⑥ 《医师法》第三条第一款规定:"医师应当坚持人民至上、生命至上,发扬人道主义精神,弘扬敬佑生命、救死扶伤、甘于奉献、大爱无疆的崇高职业精神,恪守职业道德,遵守执业规范,提高执业水平,履行防病治病、保护人民健康的神圣职责。"
⑦ 《医师法》第二十七条第一款规定:"对需要紧急救治的患者,医师应当采取紧急措施进行诊治,不得拒绝急救处置。"
⑧ 《护士条例》第十七条第一款规定:"护士在执业活动中,发现患者病情危急,应当立即通知医师;在紧急情况下为抢救垂危患者生命,应当先行实施必要的紧急救护。"

的义务。① 医疗行为以取得一定资格为前提②，医务工作者因执业资格的取得而对国家负有公法上的义务，本质上是一种"慈善的强制"③，被救治者所受的"紧急救助"的利益仅是反射利益。

《医师法》《护士条例》等医事法律规范规制的内容为医疗执业行为，医务工作者在医疗机构外实施的救助行为与医疗执业行为是截然不同的概念。《医师法》与《护士条例》面向的是获得专业资格的医疗职业群体在注册的执业范围内进行的医学诊疗和护理行为。④ 以医师身份所为的医疗行为是在"注册的执业地点"，按照"执业类别、执业范围"开展的业务行为。⑤ 医务工作者与所执业的医疗机构依法成立劳动合同关系，根据各医院标准岗位工作职责及合同约定的工作内容履行合同义务。医务工作者所为的执业行为是具有以某一行为作为职业"反复继续"实施的意思的职务行为⑥，行为后果由单位承担。⑦《医师法》与《护士条例》规定的救助义务面向的是医护人员在医疗机构内的履职行为，而医护人员在医疗机构内的履职行为被视为医疗机构的行为，因而，其基于《医师法》与《护士条例》所为的救助行为应当理解为医疗机构履行法定救助义务的行为。为加强对医师群体的保护，2021年新修订的《医师法》在第二十七条增加了"国家鼓励医师积极参与公共交通工具等公共场所急救服务"的内容，这与《中华人民共和国基本医疗卫生与健康促进法》第二十七条第二款之规定相一致。⑧ 此外，《医师法》第二十七条第三款强调"医师因自愿实施急救造成受助人损害的，不承担民事责任"，与《民法典》第一百八十四条规定相协调。上述规定均印证，医务工作者在非履职状态下提供急救服务为倡导性行为，行为性质是自愿实施的见义勇为行为，而非履行法定性义务的行为。北京市第二中级人民法院在何芬与北京铁路局丰台车辆段无因管理纠纷案件判决中指出，作为原告的医务工作者对于被救治者"并无法定或约定的义

---

① 参见黄丁全：《医事法新论》，法律出版社2012年版，第99-101页。
② 《护士条例》第七条第一款规定："护士执业，应当经执业注册取得护士执业证书。"《医师法》第十三条第四款规定："未注册取得医师执业证书，不得从事医师执业活动。"
③ 金泽文雄：《医师的应诊义务与刑事责任》，许启义译，载《法务通讯》第1225期，转引自黄丁全：《医事法新论》，法律出版社2012年，第100页。
④ 《医师法》第二十二条第（一）项规定："医师在执业活动中享有下列权利：（一）在注册的执业范围内，按照有关规范进行医学诊查、疾病调查、医学处置、出具相应的医学证明文件，选择合理的医疗、预防、保健方案。"《护士条例》第二条规定："本条例所称护士，是指经执业注册取得护士执业证书，依照本条例规定从事护理活动，履行保护生命、减轻痛苦、增进健康职责的卫生技术人员。"
⑤ 《医师法》第十四条第一款规定："医师经注册后，可以在医疗卫生机构中按照注册的执业地点、执业类别、执业范围执业，从事相应的医疗卫生服务。"
⑥ 参见于佳佳：《非法行医语境下医疗行为的目的解释》，载《兰州学刊》2017年第8期；黄丁全在《医事法新论》中将"须有持续性及固定性"作为医疗业务的特性之一。（参见黄丁全：《医事法新论》，法律出版社2013年版，第37页。）
⑦ 参见田土城、宋皓：《从法律关系视角论患者权利体系化》，载《河北法学》2017年第12期。
⑧ 《中华人民共和国基本医疗卫生与健康促进法》第二十七条第二款规定："卫生健康主管部门、红十字会等有关部门、组织应当积极开展急救培训，普及急救知识，鼓励医疗卫生人员、经过急救培训的人员积极参与公共场所急救服务。"

务"①。

（二）医务工作者救助义务道德性的民法典解读

《民法典》第一千零五条法定救助义务条款是民事法律的新增规范，但该条规定并非无迹可寻。2002年《中华人民共和国民法（草案）》人格权编第十二条规定明确规定了紧急实施救治义务的主体为"医疗机构"②。《中国民法典学者建议稿》第三百一十一条③医疗救治义务条款将主体范围明确规定为"医疗机构"④。《民法典人格权编（草案）》（征求意见稿）第十五条将法定救助义务的主体规定为"机构和人员"⑤。从语义上理解，该条的"人员"是指"机构内"的人员，并且，基于征求意见稿与学者建议稿的承继关系，该条法定救助义务的主体即指医院及其工作人员。⑥《民法典》编纂过程中有意将法定救助义务的范围进行扩张。《民法典人格权编（草案）》（二审稿）征求意见稿中将所规定的"机构和人员"修改为"组织或者个人"，《民法典》亦最终采纳了"组织或者个人"的表述。将原表述中的"和"修改为"或者"，以并列的关系将个人纳入可能承担法定救助义务的范围之内。这表明立法者有意扩大法定救助义务的主体范围，不限于医院及其工作人员。但是，从该条规则的由来与确立来看，"或者个人"的表述并非意在将医务工作者群体从医疗机构中独立出来作为义务承担的主体，医务人员在此背景下的救助行为是医疗机构承担法定救助义务的实践方式。《民法典》第一千零五条法定救助义务旨在更好地保护自然人生命权等重要的基础性的物质性人格权，要求医疗机构承担法定的救助义务，是国家主体医疗卫生事业的公益福利性的重要体现，是社会人权保障的重要内容。⑦从法定救助义务规则的文义解释与医疗卫生事业的特性来看，法定救助义务的主体实际上指向医疗机构。

《民法典》第一百八十四条针对"见义勇为"规定的好人免责条款与第一千零五条的法定救助义务条款，在法律上将救助行为界分为道德性义务的自愿救助行为的实施与法定性义务的紧急救助义务的履行。这种界分，意在避免陷入道德性义务和法定性义务混淆的困境之中。"法律要靠道德来滋养，道德要靠法律来促进。"⑧一如"尽管报恩是一件非常值得

---

① 北京市第二中级人民法院(2016)京02民终5576号裁定书。
② 《中华人民共和国民法（草案）》人格权编第十二条规定："自然人因灾害、事故等原因致使生命健康处于危险状态，急需抢救而不能立即支付医疗费用，有关医疗机构应当救助。"
③ 《中国民法典学者建议稿》第三百一十一条规定："当权利人因发生事故或疾病有生命危险时，发现人有义务实施救助，或将其送往医疗机构；无论支付报酬与否，国家、集体或私人医疗机构必须使用现有的医疗手段尽力救治，不得拒绝救治。"
④ 王利明：《中国民法典学者建议稿及立法理由：人格权编·婚姻家庭编·继承编》，法律出版社2005年版，第64页。
⑤ 《民法典人格权编（草案）》（征求意见稿）第十五条规定："自然人的生命权、身体权、健康权受到侵害或者处于其他危难情形的，负有法定救助义务的机构和人员应当立即救助。"
⑥ 陈甦、谢鸿飞：《民法典评注：人格权编》，中国法制出版社2020年版，第111页。
⑦ 参见胡晓翔：《论国家主体医疗卫生事业的根本属性》，载《中国卫生事业管理》1996年第6期。
⑧ 石宏、郭峰、王轶、石佳友：《〈民法总则〉立法纵览与适用前瞻》，载《中国法律评论》2017年第3期。

尊敬的事,但如果这么做是强制性的,它就不会如此受尊敬了"[①]。将医务工作者在医疗机构外的救助义务解释为法定救助义务,不仅缺乏现行法基础,造成法律体系的混乱,更忽视医务工作者的能动性和主观意愿,步入泛道德化的危机,严重侵害医疗职业群体的权利。这非但不能解救社会的"冷漠",反将使医疗行业缺乏情义和理想,使医患关系更加恶劣。

五、结语

法律的目的在于循序渐进地引导人们过有德性的生活。[②]正如阿奎那所指出的,倘若法律过于严苛而难以实践并履行,那么对法律的消极、怨恨甚至反叛的情绪将会产生。[③]针对利他性道德行为,促进性规范既可为法律激励机制提供基础,又避免了强制性规范会产生的司法适用困难的问题,可发挥更佳的效果。医疗职业群体的成长离不开和谐的医患关系和社会良好友善环境的培育和滋养,社会观念的修正、社会良好氛围的构筑需要法律制度以正确积极的方式来引导。最好的保护医疗救治的公益性和医疗救助的利他主义精神的方法,不仅不是科予其更高要求的法定义务,相反地,应充分肯定其行为的积极性,给予医务工作者特殊的保护,使其免受"忘恩负义者"的索赔和责难。[④]过度依赖甚至迷信法律制度的社会功能,离开社会伦理价值的支撑,将复杂的社会问题归为简单化的法制处理,是难以获得期待的法律效果与社会效果的。[⑤]强迫性的义务无法激起人心底的温良,一个装睡的人永远无法被叫醒。我们的制度应该思考的是如何让他不必害怕醒来,愿意主动醒来。

---

① [德]塞缪尔·普芬道夫:《人和公民的自然法义务》,鞠成伟译,商务印书馆2010年版,第116页。
② See Robert P. George. Making Men Moral: Civil Liberties and Public Morality. Clarendon Press, 1993, p.32.
③ See Robert P. George. Making Men Moral: Civil Liberties and Public Morality. Clarendon Press, 1993, p.32.
④ See Kevin Williams. Doctors as Good Samaritans: Some Empirical Evidence concerning Emergency Medical Treatment in Britain. Journal of Law and Society, Vol.30(2003), p.278.
⑤ 参见丁英华:《"泛法制主义"的困境与救赎》,载《法律科学(西北政法大学学报)》2011年第4期。

论国际示范法中的可预见性规则*

张金海**

摘　要：《联合国国际货物销售合同公约》等国际示范法均规定了可预见性规则，其相关规定表述较为简单，差异主要在于有无排除可预见性规则适用的规定以及关于损失发生的盖然性程度规定不同。相关立法资料及学术文献从不同角度对可预见性规则进行了正当化论证，但说服力有限。可预见性规则包含六方面要素，对于预见对象、盖然性程度有一定的争议。一些《联合国国际货物销售合同公约》研究者结合相关实务对可预见性规则的类型化适用进行了探讨，形成了若干共识，其观点有借鉴意义。但更为可取的做法是以法律实务为依托，以类型化处理为导向，探讨不同的评价因素对于损失风险分配的影响，进而提出更为合理的方案。

关键词：国际示范法　可预见性规则　正当性依据　要素　类型化

一、本文的缘起

可预见性规则是最为重要的违约损害赔偿限制规则，对于保护违约方的利益具有不容忽视的意义。受法国法及英美法的影响[①]，1964年《国际货物买卖统一法公约》（ULIS）第

---

* **基金项目**：国家社科基金项目"民法典背景下违约损害赔偿制度的发展与完善研究"（16BFX154）。
** **作者简介**：张金海，四川大学法学院教授。
[①] 关于法国法与英美法上的可预见性规则，可见张金海：《可预见性规则的价值取向与制度安排——以法国与英美合同法的比较为中心》，载《经贸法律评论》2019年第6期。

82条[①]规定了该规则。该规定嗣后被《联合国国际货物销售合同公约》（以下简称《公约》）采纳。评论者在承认《公约》第74条第2款规定的可预见性规则源自内国法并与之有相似性的同时，也强调不能认为它们是相同的，否则即与《公约》第7条第2款规定的解释方法所要求的国际视角相冲突，并且易于削弱《公约》的根本目的，即创建统一的国际买卖法规则。[②]在不同程度上受《公约》的影响，《国际商事合同通则》《欧洲合同法原则》《欧洲示范民法典草案：欧洲私法的原则、定义和示范规则》《欧洲共同买卖法（草案）》（以下分别简称《通则》《原则》《草案》《买卖法草案》）等示范法或法律草案也都规定了可预见性规则。[③]此举使得可预见性规则更具国际影响力，其作为违约损害赔偿首要限制规则的地位也愈益巩固。这五个国际示范法[④]规定的可预见性规则基本构造大致相同，差异在于关于损失发生的可能性程度表述不同以及有无关于排除可预见性规则适用的规定。[⑤]

受《公约》的影响，《中华人民共和国涉外经济合同法》（1985）（以下简称《涉外经济合同法》）引入了可预见性规则。[⑥]此后，《中华人民共和国技术合同法》（1987）（以下简称《技术合同法》）[⑦]、《中华人民共和国合同法》（1999）（以下简称《合同法》）[⑧]也就可预见性规则作了规定。《中华人民共和国民法典》（以下简称《民法典》）第五百八十四条对《合同法》第一百一十三条第一款作了少量文字调整，规定："当事人一方不履行合同义务或者履行合同义务不符合约定，造成对方损失的，损失赔偿额应当相当于因违约所造成的损失，包括合同

[①] 《国际货物买卖统一法公约》（ULIS）第82条为："Where the contract is not avoided, damages for a breach of contract by one party shall consist of a sum equal to the loss, including loss of profit, suffered by the other party. Such damages should not exceed the loss which the party in breach ought to have foreseen at the time of the conclusion of the contract, in the lights of the facts and matters which then were known or ought to have been known to him, as a possible consequence of the breach of the contract."

[②] Honnold. Uniform Law for International Sales under the 1980 United Nations Convention. 4th ed. Kluwer Law International, 2009, p.408.

[③] 《通则》第7.4.4条的官方评论称，把可赔损害限定于可以预见的损害，这一原则和《公约》第74条的解决方法是一致的。《原则》《草案》的官方评论虽无此种说明，但在注释里都突出了《公约》的规定。此外，有评论者认为《买卖法草案》的可预见性规定以《原则》《草案》以及《公约》的规定为蓝本。见Schmidt-Kessel hrsg. Der Entwurf für ein Gemeinsames Europäisches Kaufrecht: Kommentar. Sellier European Law Publishers, 2014, S. 772.

[④] 《公约》对于批准国具有法律效力，属于国际统一法的范畴，《通则》《原则》《草案》均为示范法，并且《原则》《草案》为区域性而非国际性的，《买卖法草案》是区域性法律草案。因此，本文的研究对象确切而言应为"国际/区域统一法/示范法/法律草案中的可预见性规则"，为便行文，统一称（国际）示范法。

[⑤] 本文作者赞同法国法式的可预见性规则排除规定，亦即在故意或重大过失违约的情况下，债务人对于不可预见的损害也负赔偿责任。囿于篇幅，本文对此种排除规定不予论述。

[⑥] 《涉外经济合同法》第十九条规定："当事人一方违反合同的赔偿责任，应当相当于另一方因此所受到的损失，但是不得超过违反合同一方订立合同时应当预见到的因违反合同可能造成的损失。"

[⑦] 《技术合同法》第十七条第二款规定："当事人一方违反合同的赔偿责任，应当相当于另一方因此所受到的损失，但是不得超过违反合同一方订立合同时应当预见到的损失。"

[⑧] 《合同法》第一百一十三条第一款规定："当事人一方不履行合同义务或者履行合同义务不符合约定，给对方造成损失的，损失赔偿额应当相当于因违约所造成的损失，包括合同履行后可以获得的利益，但不得超过违反合同一方订立合同时预见到或者应当预见到的因违反合同可能造成的损失。"

履行后可以获得的利益；但是，不得超过违约一方订立合同时预见到或者应当预见到的因违约可能造成的损失。"如同诸示范法的情形，我国的可预见性规则也较为简要（我国法与诸示范法的可预见性规则的基本构造比较参见表1），适用时弹性较大。迄今我国学者对于可预见性规则的研究主要以该规则诸要素的明确为重点，致力于讨论预见主体、预见时间、预见对象等问题，并且也有一定的分歧①，对于规则的正当性依据以及类型化适用探讨不多。只有少数学者批评该规则有不确定的缺陷②，或者对该规则是否正当提出了疑问。③与规则本身有缺陷以及相关研究尚待进一步深化有关，我国司法机关对于可预见性规则的适用也有一定的不足，比如在认定可预见性是否成立方面说理不充分，有时混淆可预见性与损害的确定性。有鉴于此，本文拟对诸示范法尤其是《公约》的相关规定、实务状况及学术见解进行研究，探讨可预见性规则有无充分的正当性依据、如何适用等问题，以为我国发展可预见性规则提供参考。

表1 国际示范法与我国法可预见性规则基本构造比较④

法律名称	预见主体	预见时间	判断标准	预见凭据	预见对象	损失发生的盖然性程度	排除规定
公约	The party in breach	at the time of the conclusion of the contract	foresaw or ought to have foreseen	the facts and matters...	the loss	as a possible consequence of the breach of contract	无
通则	The non-performing party	at the time of the conclusion of the contract	foresaw or could reasonably have foreseen	无	harm	as being likely to result from its non-performance	无
原则	The non-performing party	at the time of conclusion of the contract	foresaw or could reasonably have foreseen	无	loss	as a likely result of its non-performance	... intentional or grossly negligent
草案	the debtor	at the time when the obligation was incurred	foresaw or could reasonably be expected to have foreseen	无	loss	as a likely result of the non-performance	... intentional, reckless or grossly negligent

---

① 王利明：《合同法研究（第2卷）》（第3版），中国人民大学出版社2015年版，第666页以下。
② 范在峰、张斌：《英美法违约损害赔偿可预见性规则运用研究》，载《法律适用》2003年第3期，第21页；吴行政：《合同法上可得利益赔偿规则的反思与重构》，载《法商研究》2012年第2期，第70页。
③ 孙良国：《可预见规则的现代难题》，载《西南大学学报（社会科学版）》2012年第6期，第35页。
④ 表1中诸立法例的具体条文为：《公约》第74条、《通则》第7.4.4条、《原则》第9:503条、《草案》第Ⅲ-3:703条、《买卖法草案》第161条、《民法典》第五百八十四条。

续表

法律名称	预见主体	预见时间	判断标准	预见凭据	预见对象	损失发生的盖然性程度	排除规定
买卖法草案	the debtor	at the time when the contract was concluded	foresaw or could be expected to have foreseen	无	loss	as a result of the non-performance	无
我国法	违约一方	订立合同时	预见到或者应当预见到	无	损失	因违约可能造成的	无

二、可预见性规则的正当性依据

诸示范法的立法资料及学术文献对于可预见性规则的正当性依据有多种解说,较有影响力的有以下三种。①

（一）风险分配说

风险分配说是最常见的正当性解说。《通则》第7.4.4条与《草案》第Ⅲ-3:703条的官方评论均采此立场。②前者称,这种限制与合同本身的性质有关:不是受损害方被剥夺的所有利益都属于合同范围之内,不履行方不需对其在订立合同时不能预见的损害并且不可能对其风险进行投保的损害承担赔偿责任。③后者阐述道,本条仅适用于通过合同或其他法律行为自愿引发的债务。在此类情形中,债务人在引发债务时有机会就可预见的损失限制责任,而没有机会就不可预见的损失限制责任。这一考虑不适用于因法律规定而产生的债务。④风险分配说也是诸示范法(尤其是《公约》)学术文献中的通说。比如,有学者认为,将责任限于缔约时能够预见的损害使得双方当事人能够计算合同风险,亦即评估如果不信守合同将付出多少代价,所涉及的是人们在缔约时准备接受的责任风险的数额,以及预期从合同中取得的收益能否正当化该风险的决定。⑤在未就不寻常的风险作特别约定的情况下,卖

---

① 其他解说有:严格责任缓和说(Huber, Mullis. The CISG: A New Textbook for Students and Practitioners. European Law Publishers, 2007, p.271.)、预见决定行为性质说,鼓励商业活动、促进经济效率说(Saidov. The Law of Damages in the International Sale of Goods. Hart Publishing, 2008, pp.101-103.)、损害赔偿为履行的等价物说,保障交换正义说,避免债权人滥用权利说(Faust. Die Vorhersehbarkeit des Schadens gemäß Art. 74 Satz 2 UN-Kaufrecht. J. C. B. Mohr, 1996, S. 201ff.)等。

② 《公约》秘书委员会评论未对何以规定可预见性规则加以说明,只是提到"大多数法律体系都有排除对于不可预见的损失的赔偿的规则"。(Honnold ed. Documentary History of the Uniform Law for International Sales. Kluwer Law and Taxation Publishers, 1989, p.449.)《原则》第9:503条的官方评论未阐释可预见性规则的正当性依据,只是在注释1里提到,应根据英国法和《公约》中的严格合同责任理解可预见性规则。(Lando, Peale eds. Principles of European Contract Law: Parts Ⅰ and Ⅱ. Kluwer Law International, 2000, p.542.)《买卖法草案》无官方评论及注释。

③ 张玉卿:《国际统一私法协会国际商事合同通则2010(英汉对照)》,中国商务出版社2012年版,第591页。

④ [德]巴尔、[英]克莱夫:《欧洲私法的原则、定义与示范规则:欧洲示范民法典草案(全译本)》第1卷、第2卷、第3卷》,付俊伟等译,法律出版社2014年版,第805页。

⑤ Schlechtriem, Schroeter. Internationales UN-Kaufrecht, 5. Aufl. Mohr Siebeck, 2013, S. 301.

方要受到保护,以免承担责任范围在缔约时对他来说不可预见从而无法计算,因此在他的缔约决定中不能加以考虑的责任。①

（二）强制信息披露说

20世纪70年代以来,一些经济分析学派的学者开始从强制信息披露的角度论证可预见性规则的正当性。②德国学者福斯特(Faust)在撰写以《公约》中的可预见性规则为题的博士学位论文时借鉴了这些学者的观点。在《公约》学术文献中,福斯特的相关论述具有代表性。其认为,可预见性规则的意义在于,促使买方将其关于发生给付障碍情况下会危及他的损害的信息告知卖方,进而双方能够在作相应价格调整后共同将风险施加给最低成本避免人(cheapest cost avoider)。如果卖方对其不能预见的损害不负责,买方就没有激励隐瞒可能会发生的损害的信息,期待因卖方未将该损害计入价格而获得好处。③具体而言,在卖方与买方都知道潜在损害的情况下,卖方对于给付障碍的可能性知道得更多,基于此优越的知情因素,卖方能够就损害风险启动更好的磋商,他可以就承担或不承担损害风险提出两种不同的价格。④在双方都不知道潜在损害的情况下,如果卖方承担损害风险,因无法进行计算,其将尝试和买方达成减免责协议或者放弃缔约,而和买方达成减免责协议难度较大,因为买方也无法计算风险,难以判断如何让步为妥。相反,如果由买方承担损害风险,其将放弃缔约或者尝试和卖方协商由卖方承担较重的责任,这是一种恰当的责任分配。⑤值得注意的是,《中华人民共和国民法典合同编释义》也采强制信息披露说。其认为,对于缔约时无法预见到的损失,债务人无法采取足够的预防措施,通过可预见性规则限制赔偿数额,有助于双方沟通信息,并以此为基础评估风险,采取预防措施,避免损失的发生。⑥

（三）规范概念说

有些学者认为,可预见性规则涉及的不仅是经验性的概率确定(比如,可以借助对相关商事组织作问卷调查),而且是一个规范概念。这意味着,事实上债务人已经预见或能够预见的可能发生的损害不必然具有《公约》第74条第2款意义上的可预见性和可赔性。此外,还有规范性要素,亦即对根据系争合同所进行的理性的风险分配的检验。起决定作用的是,是否当事人在作理性思考后会将合同的保护目的扩展至该具体的损害项目,或者说一方能

---

① Schlechtriem,Schroeter. Internationales UN-Kaufrecht,5. Aufl. Mohr Siebeck,2013,S. 302.
② Geest ed. Contract Law and Economics. Edward Elgar Publishing,2011,p.226.
③ Faust. Die Vorhersehbarkeit des Schadens gemäß Art. 74 Satz 2 UN-Kaufrecht. J. C. B. Mohr,1996,S. 225. 福斯特的论文以《公约》的可预见性规则为研究对象,因此称双方当事人为买方、卖方。如将强制信息披露说用于解释其他合同,将双方当事人分别称债权人、债务人即可。
④ Faust. Die Vorhersehbarkeit des Schadens gemäß Art. 74 Satz 2 UN-Kaufrecht. J. C. B. Mohr,1996,S. 225.
⑤ Faust. Die Vorhersehbarkeit des Schadens gemäß Art. 74 Satz 2 UN-Kaufrecht. J. C. B. Mohr,1996,S. 226.
⑥ 黄薇:《中华人民共和国民法典合同编释义》,法律出版社2020年版,第284页。

否认为对方接受了系争风险。① 相关示例如：对于卖方来说，在当前的竞争条件下交付瑕疵货物给批发商会导致他的很大比例的客户将业务转移走，从而造成相当大的进一步损失是可以预见的。该风险虽然可以预见，但不自动处于赔偿范围内，因为它难以清楚地判断和计算。买方应认识到，卖方通常未考虑这种特殊风险而计算了价格。②

（四）评价

以上三种正当性解说各有其不足。可预见性规则的要旨是以债务人是否或应当预见损害为标准进行风险分配，任何一种正当性解说都致力于从某个角度为此种风险分配立论。因此，以分配风险为名的解说实际上是以某种价值观念为依托进行论证。前述风险分配说的三种观点大致可以从两个角度理解：其一，意思论的理解，亦即债务人（默示地）愿意接受预见到的损害风险。③ 其二，无论债务人是否愿意接受预见到的损害风险，将该风险分配给他承担是合理的，因为他有更高的风险承受能力，比如：他可以投保（《通则》）；能就可预见的损害作限制（《草案》）；能将损害风险纳入合同计算［施莱希特里姆（Schlechtriem）］。但这两种理解均不成立。或许可以说债务人不愿意接受不可预见的风险，但无法断言债务人愿意接受可以预见的风险，实际情况可能是：债务人认为某种损害发生的风险纯属债权人的事务；债务人认为损害发生的概率过小，从而在缔约时未与对方就其展开磋商；债务人无法与对方就不承担风险达成协议。至于风险承担能力，一则即使债务人通过外部机制（投保）或内部机制（限责或调整合同价格）能够承担风险，将风险预定给债务人承担也没有充分的理由，另外关于债务人能够更好地承担风险也无实证根据可言。

强制信息披露说不是从意思论的角度立论，并且将可预见性规则当作增进效率的工具。但其论证是不充分的，由于以下原因，债权人披露信息会导致双方经由协商达至以较低的成本防范损害风险目的未必能实现：双方可能无法准确地判断自己承担风险的成本；即使能够判断，在合同磋商的过程中基于博弈的考虑未必告知对方；债务人在缔约时为免丧失交易机会没有和对方协商有利于自己的安排。④ 尤其是，债权人虽然作了披露而债务人未与其就各自的防范成本进行磋商，并且损害风险也未以其他方式计入合同价格，可预见性规则意味着披露即转移了损害风险，此种安排缺乏说服力。

采规范概念说者实际上已经看到了可预见性规则的不足，从而试图在保留它的前提下作一定程度的弱化，以达到即使债务人在缔约时已经或能够预见某损失将发生也不负赔偿

---

① MüKoBGB/Peter Huber(2012)，CISG Art 74，Rn. 32.
② Schlechtriem ed. Commentary on CISG. 2nd ed.，Clarendon Press，1998，p.568.
③ 从意思论的视角论证可预见性规则的正当性的做法由来已久。波蒂埃曾指出，只能认为债务人仅愿意就缔约时能够加以考虑的损害和利益承担责任。Pothier. A Treatise on the Law of Obligations or Contracts. trans. by Evans，printed by A. Strahan，Vol.1(1806)，p.91.
④ Geest ed. Contract Law and Economics. Edward Elgar Publishing，2011，p.232.

责任的效果。不过,规范概念说未提出可行的方案,只是试图以规范(或合同)目的说等见解加以补救。① 规范目的说的要旨是,针对某一行为后果的赔偿要求是否成立,取决于该行为后果是否包含在被违反的法律条文的保护范围之内。② 在违约责任语境下,问题即系争损失是否处于当事人缔约时所意欲的保护范围内,而此问题的解决进而需要借助不确定性较大的合同解释。此外,当事人缔约时可能仅关注彼此的履行的交换,至于某种特别损失,当事人可能并未认识到,尤其是债务人对之并不关注。因此,在可预见性规则的框架内作弱化处理无助于建构合理的违约损害赔偿限制规则,并且迄今有限度的尝试也乏善可陈。③

三、可预见性规则的构成要素

可预见性规则表述的是对一种主体——客体关系的外部评价。由此,该规则必然会有六个构成要素:主体方面包括预见主体、预见时间、预见凭据;客体方面包括预见对象以及该对象发生的盖然性;外部评价方面则有主客观标准问题。诸示范法明确规定预见主体为债务人④而非债权人或双方,预见时间为缔约时,评论者对此也无异议。⑤ 此外的四项要素,由于立法例有别或者系不确定法律概念等原因,有考察的必要。

(一)判断标准

在预见的判断标准为债务人自身还是通常的理性人方面,诸示范法未予明定。不过,《通则》的官方评论指出,确定何为可预见的基准是订立合同的时间和不履行方自身的情况(包括他的雇员或代理人),所用的标准是一个正常勤勉的人能够合理预见到的、按照事情正常进展过程以及合同的特定情况(比如合同当事人提供的信息或他们之前的交易行为)不履

---

① 有些持规范概念说的学者[如彼得·休伯(Peter Huber)]从合同目的说的角度论证,有些则从避免债务人就遥远的、非寻常的风险承担责任[MüKoHGB/Mankowski(2013),CISG Art 74, Rn. 24.]或正当商业交往的通常进程[Staudinger/Magnus(2013), Art 74 CISG, Rn. 36.]的角度论证,此类观点也没有提出明晰的标准,其论述具有日常生活语言叙事的特征。

② [德]福克斯:《侵权行为法》,齐晓琨译,法律出版社2006年版,第99页。

③ 采规范概念说的学者在对可预见性规则的适用作类型化分析时没有展示出该说的价值。比如,彼得·休伯仅在论述违反说明或以非通常的方式使用物、商誉损失两个案型中提到了根据规范因素确定风险分配,斯托尔(Stoll)仅举了涉及商誉损失的例子,曼科夫斯基(Mankowski)仅在瑕疵结果损害案型部分提及考虑规范因素,马格努斯(Magnus)在类型化适用部分则根本未提及规范因素。

④ 预见主体因素与判断标准因素的差异在于,前者是指以债务人、债权人或者双方为预见者,后者是指以当事人自身抑或通常的理性的人的知情能力和预见能力为判断可预见性成立与否的标准。

⑤ 少数学者对预见的时间作了更为精细的分析。比如,曼科夫斯基认为,预见时间应为各方当事人受其表示拘束的时间。MüKoHGB/Mankowski(2013),CISG Art 74, Rn. 21. 其意思为债权人、债务人各自的意思表示到达后才知道或告知的事实是不可预见的。

行将会导致的后果。① 评论者也以条文中的"本应预见"为依托,主张采主客观双重标准。②比如,高坦达(Gotanda)认为,"应能预见"体现的是客观标准,而客观标准问的是,是否处于相同处境中的理性的人能够预见因为其不履行而发生的损失。③ 另有论者指出,客观标准在实践中很可能更为重要,因为对于受损害方来说证明违约方实际预见了该类损失不容易。④

值得注意的是,有些论者对主客观标准的含义有误解。比如,休伯(Huber)认为,客观标准的含义是,处于债务人的具体情境中的理性的人预见到可能发生的后果具有可赔性。债务人因此原则上对在通常的贸易往来中发生的损害后果负责,比如物的通常对待、利用及使用的后果。相反,对于不寻常的风险(比如物的不寻常的使用或异常高的损害)一般欠缺可预见性,只是在债务人实际知道这种具体的损害发生的可能性的情况下,可赔性才成立。⑤ 其见解是自通常、非通常进程的角度理解主客观标准。实际上,主客观标准是指以债务人自身的抑或通常的(也可以作进一步的情境化处理)理性的人的知情能力与预见能力为能否预见的标准。个案中债务人超出通常水准的实际知情并非主观标准的体现,如果以客观标准判断可预见性是否成立,也应假设客观的理性的人有相同的知情程度。因此,理性的人所能预见的并非通常进程中的损失。除缓解举证困难外,客观标准的意义主要在于避免债权人因债务人知情及预见能力低于通常水准遭受不利影响。当然,如果债务人的能力超出了通常水准,其负责的范围也随之扩大,但此项事实难以举证。⑥

(二)预见凭据

债务人预见损失结果的发生以其知道一定的事实为前提,亦即预见须有凭据。在此方面,仅《公约》明确规定了"根据他知道或应当知道的事实和情况(facts and matters)",但对于其他示范法来说,预见凭据要素应当是不言自明的要求。关于预见凭据,解释论上多从推定知情与实际知情两个角度加以阐述:

第一,推定知情。在债务人的实际知情状况难以举证或其知情能力低于通常水准时,推定知情便于操作且有利于债权人保护。推定知情大致涵盖以下方面:每个人都能辨认的风险,比如替代购买或出售时物的实际价格波动的可能性,尤其是市场价格波动的可能性,违

---

① 张玉卿:《国际统一私法协会国际商事合同通则2010(英汉对照)》,中国商务出版社2012年版,第593页。
② 《公约》的措词是"本应预见",《通则》《原则》的措词是"本能合理地预见",《草案》的措词是"能够合理地被期待预见",《买卖法草案》的措词是"能够被期待预见"。实际上,此类措词不必然能被解释为客观判断标准,而只是就债务人未实际预见的情形提出了预见义务要求,此项要求也可以采主观标准,亦即以债务人自己的知情能力和预见能力为标准。
③ Kröll et al eds. UN Convention on Contracts for the International Sale of Goods. Verlag C. H. Beck, 2011, p.1003.
④ Huber, Mullis. The CISG: A New Textbook for Students and Practitioners. European Law Publishers, 2007, p.273.
⑤ MüKoBGB/Peter Huber(2012), CISG Art 74, Rn. 31.
⑥ Treitel. Remedies for Breach of Contract: A Comparative Account. Oxford University Press, 1988, p.158.

约方在缔约时也应作为违约时的风险加以考虑①;作为一般规则应当认为,物的通常使用方式(比如转售、生产设施、作为原材料用于生产)的典型后果通常是可以预见的,而产生于非通常使用的损失或非通常程度的损失达不到可预见性要求;②卖方应知道倘其违约,买方的受领人将追究买方的责任,尤其是在有先例的情况下。③

第二,实际知情。有论者认为,在实际知情中具有意义的事项有:①非违约方的营业或身份。比如,卖方出售大批货物,并且知道买方是敏感市场中的批发商,他很可能被认为能够预见买方将丧失顾客、利润,名誉与商誉也会遭受损失。相反,如果卖方在缔约时没有理由意识到买方是代理人,买方的佣金损失就极不可能被判定为可预见的损失。②货物的性质。在一个案件中,卖方知道买方是服装零售商并且货物具有季节性,其被认为能够预见到迟延交付意味着一旦过了季,货物将只能以低价销售,从而利润会丧失。④③货物的特殊目的。在 Hadley 案之类的案件中,如果债权人向债务人告知了使用目的,则因使用丧失而遭受的损失具有可预见性。⑤

由上述可见,推定知情涉及的是交易的外在环境,比如市场价格的波动,或者虽与交易有密切联系但不因具体债权人而异的事项,比如物的通常使用方式的典型后果。实际知情则涉及了债权人对于交易标的的非通常使用或特定身份等特别事项。如果由于债权人作了提示等原因,债务人被判定知道此类特别事项,某种损失的可预见性也进而成立。推定知情与实际知情与可预见性规则的类型化适用有一定的对应关系。

(三)预见对象

诸示范法均笼统地规定预见对象为损失或损害,在具体适用中必然有预见的触及点究竟为何的问题。为回答这个问题,首先可以确认四个节点:可以金钱评估的不利、损失的类型、损失的程度、损失的精确数额。违约将给债权人造成可以金钱评估的不利总是可以预见的。虽然商人通常是为了履行而不是违反才订立合同,他们应被认为总是能够预见违约可能发生,损失可能由此产生。违约和由此产生损失的可能性是商事活动不可缺少的部分。⑥因此,预见对象不应是笼统意义上的损失,否则可预见性规则无法发挥作用。此外,可预见性规则也不应要求预见具体损害的所有细节,尤其是精确的损害数额,不然可预见性几乎无成立的可能。⑦排除这两个方向的极端后,余下的是损失的类型与程度。

---

① Honsell hrsg. Kommentar zum UN-Kaufrecht,2. Aufl. Springer Verlag,2010,S. 1009.
② Huber,Mullis. The CISG:A New Textbook for Students and Practitioners. European Law Publishers,2007,pp.273-274.
③ MüKoHGB/Mankowski(2013),CISG Art 74,Rn. 25.
④ Saidov. The Law of Damages in the International Sale of Goods. Hart Publishing,2008,pp.108-110.
⑤ Enderlein,Maskow. International Sales Law. Oceana Publications,1992,p.300.
⑥ Saidov. The Law of Damages in the International Sale of Goods. Hart Publishing,2008,p.114.
⑦ MüKoHGB/Mankowski(2013),CISG Art 74,Rn. 23.

第一,损失的类型。损失的类型应为预见对象无可争议,问题是损失的类型究系何指。遗憾的是学理上对此重要问题甚少探讨。值得注意的是,赛义多夫(Saidov)认为,唯一的指引是《公约》第 74 条提及的所失利润及其对应物所受损失,这个二分法是确定何为类型的必要的起点,进而可划分为徒然支出的费用、因违约而支出的额外费用、履行利益损害、汇率损失、名誉与商誉损失、利润损失、机会丧失等类型。① 其所做的分类与下述类型化适用中的二级或三级分类大体相同。②

第二,损失的程度。关于损失的程度是否为预见对象争议较大。赞同者认为,损失的程度是作为商业规划和商事活动的基础的经济考虑。商人在考虑损失时不仅考虑它们的性质,也考虑其可能承担的责任的大致限度,从而如果预见对象只是损失的类型,商人的终极考虑会被无视,并且总是会有这种危险,即可预见性规则导致施加超出所承担的风险的界限的责任。③ 反对者则认为,可预见性规则不应被适用于所涉及的不是远隔性问题而是计算问题的场合,后者是指争议的问题不是受损害方有无资格就特定的损失项目要求赔偿,而是他无疑对之有资格要求赔偿的项目应如何估价。④ 就权威意见而言,《公约》秘书委员会评论提道,如果缔约时一方认为对方违约将给他造成特别沉重的损失或者不寻常性质的损失,他可以将此告诉对方,结果是如果实际遭受了这种损失可以要求赔偿。⑤ 此项见解将损失的程度纳入了预见对象。此外,《通则》的官方评论称,可预见性与损害的性质或类型有关,但和损害的程度无关,除非该程度足以改变损害的类型。⑥ 该项见解的实质是承认在例外情况下损失的程度为预见对象。就风险分配而言,将非通常因素引发的较大的损失程度排除在赔偿范围外是成立的,从而《通则》的见解有其道理,问题在于何种损失的程度为预见对象难以确定。有见解认为,为了在程度上不同,丧失的利润应远大于本应被预见的,并以《通则》第 7.4.4 条例 2(所运送物品的价值为此前运送的物品的 50 倍)为例。⑦ 但此项见解也没有提出明晰的量化标准。

(四)盖然性程度

诸示范法关于所预见的损失发生的盖然性程度(degree of probability)有不同的规制措施:《买卖法草案》未使用表示盖然性程度的词语,直接称"作为不履行的结果";《公约》的

---

① Saidov. The Law of Damages in the International Sale of Goods. Hart Publishing,2008,p.115.
② 比如,下文将提及的根据市场价格规则或替代交易规则计算的损失为不履行损失之下的二级分类,转售利润损失属于利润损失,而利润损失又是后果性损失的一种,从而转售利润损失为三级分类。
③ Saidov. The Law of Damages in the International Sale of Goods. Hart Publishing,2008,p.117.
④ Treitel. Remedies for Breach of Contract: A Comparative Account. Oxford University Press,1988,p.161.
⑤ Honnold ed. Documentary History of the Uniform Law for International Sales. Kluwer Law and Taxation Publishers,1989,p.449.
⑥ 张玉卿:《国际统一私法协会国际商事合同通则 2010(英汉对照)》,中国商务出版社 2012 年版,第 591 页。
⑦ Vogenauer ed. Commentary on PICC. 2nd ed,Oxford University Press,2015,p.995.

表述为"可能(possible)";其他三种示范法采用了"很可能(likely)"一词。有观点认为,《买卖法草案》未使用"很可能"一词似乎表明债务人应以比"很可能"更高的盖然性预见损失。这一变化似乎表示了更为严格地限制债务人责任的意愿。不过即使没有明确提及"很可能",也难以设想《买卖法草案》会要求债务人对损失有肯定的确定性,以对未来事件的精确程度的盖然性或者甚至确定性为中心是不可能的。① 另有论者认为,不必太看重"很可能"一词的省略,这是因为起草者偏爱更有效率、更为简洁的风格。②

不容否认的是,《公约》采用的"可能"一词和《通则》等采用的"很可能"一词有语义差异,后者意味着更高程度的盖然性③,从而在责任范围方面,采"很可能"一词的规定比《公约》更具限制性,但是由于对个案事实和情事极为敏感,盖然性是无法精确的领域。④ 反对者则认为,虽然《通则》的设计者完全知道他们对于《公约》所采取的方法的偏离,但不必然可以得出结论说,他们赞同不同的原则而不是不同的语义风格。在缺乏足够数量的已决案件对于"很可能"和"可能"之别的有原则的讨论的情况下,不能凭借根据《公约》《原则》审理的一些案件中所做的比较判断差异的大小。⑤

(五)小结

在可预见性规则的六个要素中,对于预见主体、预见时间没有争议。在接受该规则的背景下这种情况也容易理解,从债务人的风险承担考虑的角度加以诠释即可。在可预见性的判断上采主客观双重标准降低了规则的适用难度,提升了债权人保护力度。在预见凭据方面,以推定知情、实际知情为预见的依托,方便了可预见性规则的适用,实际上也对与价格波动、通常使用方式等相关的损失作了风险分配。权威见解认为预见对象兼及损失的类型与损失的程度,从而过大的损失可以被排除在赔偿之外,但仅从可预见性的视角加以探讨,难以为具有实际意义的损失程度提出具有可操作性的标准。在可预见性规则的框架下,损失发生的盖然性程度具有重要意义,诸示范法有是否以词语加以标识以及采"可能"或"很可能"的措词之别,但诸举措有无实际差异,倘有实质差异的话差异有多大,以及如何在个案中认定某种盖然性标准是否成立,均无明确的答案可言。这是可预见性规则必然会有的难以解决的问题。

---

① Schulze ed. Common European Sales Law: Commentary. C. H. Beck, 2012, p.647.
② Penadés, Velencoso eds. European Perspectives on the Common European Sales Law. Springer Verlag, 2015, p.255.
③ 兰伯格(Ramberg)举了用于说明"很可能"和"可能"的语义差异的例子。一个人可以说第三次世界大战有希望"不大可能发生"(not likely to result),但尽管如此"或许是可能的"(might be possible)。见 Saidov. The Law of Damages in the International Sale of Goods. Hart Publishing, 2008, p.121, note 119.
④ Vogenauer ed. Commentary on PICC. 2nd ed. Oxford University Press, 2015, pp.995-996.
⑤ DiMatteo et al eds. International Sales Law: Contract, Principles & Practice. C. H. Beck, 2016, p.546.

四、可预见性规则的类型化适用

对可预见性规则的适用例作类型化整理有助于准确地适用并发展该规则。我国目前仅有少数学者对可预见性规则的类型化适用有简单的论述,并且有的见解未必妥当。比如,有论者以买卖合同为例,认为通常应以非违约方进行替代性买卖时市场价格下跌或上涨的部分加上交易费用为赔偿额,在买方是为转卖而购买的情况下,应以卖方知道其目的为赔偿转卖利润的前提。[①] 诸示范法的官方评论均未就可预见性规则的适用作类型化论述[②],一些《公约》评注书则结合案例进行了较为细致、全面的类型化阐述。[③] 相关论述有较大的参考价值。

(一)不履行损失

不履行损失(non-performance loss)指受诺人的主要的(primary)或直接的(direct)损失[④],具体包括以下情形:第一,如果卖方未提供履行,买方根据替代交易规则或市场价格规则计算的损失为不履行损失。如果卖方提供了瑕疵履行,则瑕疵货物的客观价值和货物如不存在瑕疵所应具有的价值的差额为不履行损失。如果瑕疵可以补救,则补救费用亦为不履行损失。[⑤] 第二,如果买方违约,卖方根据替代交易规则或市场价格规则计算的损失,以及根据价格减成本公式计算的损失为不履行损失。

不履行损失被认为通常是可以预见的。对此,斯托尔(Stoll)的解释是:这种损失(比如瑕疵货物的价值减少)的数额主要取决于一般因素如市场状况等,允诺人应认识到这些因素。相反,这种损失不受受诺人的个人情事和安排的影响。缔约后,一般因素可能发生变化,但这些变化是允诺人在缔约时所承担的合同风险的一部分,从而违约的卖方不能主张缔约

---

① 顾权、刘亚玲:《违约损害赔偿中合理预见规则判断标准之探析》,载《人民司法》2007年第21期,第79页。
② 《公约》秘书委员会评论在可预见性规则部分未举任何例子。联合国国际贸易法委员会编写的案例资料在可预见性规则部分分别列出了七个可预见性成立的案件与九个可预见性不成立的案件,但未作类型化整理。(见 United Nations, UNICITRAL Digest of Case Law on CISG, 2016 edition, p.337.)《通则》第 7.4.4 仅有两个示例,分别涉及经营损失(由英国 Victoria Laundry 案改编)与侵害完整利益。《原则》第 9:503 条与《草案》第 III -3:703 条有三个相同的示例,分别涉及转售利润损失、侵害完整利益(由英国的 Parsons Ltd. 案改编)、责任损失。
③ 施文策尔(Schwenzer)指出,为有助于把可预见性规则适用于具体案件,尤其是德语作者发展出了几个类型的案例。(Schlechtriem, Schwenzer eds. Commentary on CISG. 4th ed. Oxford University Press, 2016, p.1079.)就本文作者目力所及,德语作者的确倾向于对可预见性规则作类型化整理。本文在对类型作一级分类时,以施莱希特里姆主编的《公约》评注书中的三分法为依托,但将徒然支出的费用单列出来。在施莱希特里姆主编的《公约》评注书旧版、新版中,附带损失中有卖方徒然提供货物的费用的例子(Schlechtriem ed. Commentary on CISG. 2nd ed. Clarendon Press, 1998, p.560; Schlechtriem, Schwenzer eds. Commentary on CISG. 4th ed. Oxford University Press, 2016, p.1067.)另外,落空的费用在新版中也被列入后果性损失。旧版、新版(第74条的评论,作者分别为斯托尔、施文策尔)的类型化适用部分有些差异,故本文均有引用。其他学者划分的类型较多,显得较为零散。比如,洪泽尔(Honsell)主编的《公约》评注[第74条的评论,作者为雪恩勒(Schönle)和科勒(Koller)]分为八个类型,《慕尼黑民法典〈公约〉评注》(作者为彼得·休伯)分为十一个类型。
④ Schlechtriem, Schwenzer eds. Commentary on CISG. 4th ed. Oxford University Press, 2016, p.1064.
⑤ Schlechtriem, Schwenzer eds. Commentary on CISG. 4th ed. Oxford University Press, 2016, pp.1064-1065.

后货物的市场价格发生了不同寻常的上涨。只是在价格上涨了异常的数额从而没有人能够合理地考虑到它时,适用《公约》第 74 条限制应赔偿的损失数额才可能是正当的。[①] 举例而言,在瑕疵履行的情况下,允诺人必须考虑到这一事实,在可能的范围内(比如通过修理瑕疵货物),受诺人会采取适当的步骤造成与允诺人正确履行情况下一致的状态。[②] 此外,修理费应与价格以及物的价值成比例,不成比例的费用是不可预见的,从而不能加以赔偿。在德国联邦最高法院审理的一个案件中,价值 6.3 万马克的物的修理费为 7.8 万马克不再是合理的,从而不能加以赔偿。[③]

(二)徒然支出的费用

徒然支出的费用大体分为两类:一种是为了履行或接受对方的履行而支出的费用,比如运输费、关税费、存贮费等;[④] 另一种是为了将合同标的投入进一步的使用而支出的费用。比如,买方为了在自己的工厂使用期待会收到的机器专门建造了建筑物或置办了配套设备。

论者认为,徒然支出的费用具有可预见性、可赔性。[⑤] 赔偿的条件是:不是基于对合同履行的信赖就不会支出费用;费用因对方违约而失去意义;从处于同样境地的理性的人的视角看,为了执行合同费用是适当的、适宜的。[⑥] 另外,为将标的投入进一步使用支出的费用是否应全部赔偿,要看债权人能否对其投入再作某种使用。如果建筑物或配套设备能另作使用,或者货物只是迟延到达,费用就不是无用的。如果在卖方违约后,买方正当地完全放弃了所置办的东西,或者买方改用其他供应者的产品,进而这种费用没有用处,则徒然支出的费用可以赔偿。[⑦]

(三)附带损失

附带损失(incidental loss)指受诺人不是为了实现期待利益,而是为了避免进一步的不利而支出的费用。[⑧] 其大致可以分为以下类别:第一,处理合同标的的费用。比如,在买方没有正当理由地拒绝受领货物、拒绝按合同的规定在交付时付款、提供的船位过脏从而不适于装载货物等情况下,卖方保管、贮存货物的费用;在卖方迟延交付或交付瑕疵货物并且买方解除合同情况下增添的储存及运输费用、因卖方交付替换的货物而增添的费用、因挑选出

---

① Schlechtriem ed. Commentary on CISG. 2nd ed. Clarendon Press, 1998, p.569.
② Schlechtriem ed. Commentary on CISG. 2nd ed. Clarendon Press, 1998, p.569.
③ Staudinger/Magnus(2013), Art 74 CISG, Rn. 41.
④ MüKoHGB/Mankowski(2013), CISG Art 74, Rn. 36.
⑤ MüKoBGB/Peter Huber(2012), CISG Art 74, Rn. 47. 多数德国学者从信赖利益的角度理解徒然支出的费用,也有学者认为徒然支出的费用是丧失的利润的一部分,除非相反的情况被证明。关于后一种观点,可见 Schlechtriem, Schroeter. Internationales UN-Kaufrecht, 5. Aufl. Mohr Siebeck, 2013, S. 307. 关于违约损害赔偿中的费用赔偿问题,可见张金海:《论违约救济中徒然支出的费用的补偿》,载《政治与法律》2012 年第 5 期。
⑥ MüKoBGB/Peter Huber(2012), CISG Art 74, Rn. 47.
⑦ MüKoHGB/Mankowski(2013), CISG Art 74, Rn. 37.
⑧ Schlechtriem, Schwenzer eds. Commentary on CISG. 4th ed. Oxford University Press, 2016, p.1067.

瑕疵货物而增添的费用;① 因主管机关的损害排除要求而产生的施加给债权人的费用也可归为此类费用,比如,买方按要求销毁卖方交付的掺水葡萄酒的费用。② 第二,减损费用。比如,受领了不符合要求的货物的买方给客户写信,以使其消除疑虑并阻止其将业务转走的费用。③ 第三,维权费用。发生违约后,债权人会以诉讼上或诉讼外的方式维护自己的权益,由此会引发费用。有观点认为,附带损失的可赔偿性取决于,受诺人采取的措施是否是对违约的合理反应或者对于履行合同来说是适当的,允诺人应考虑到这些措施。④

需要指出的是,对于代理收款机构(Inkassobüro)费用以及为诉讼而支出的律师费这两类维权费用的可预见性及可赔性有不同认识。关于前者,有法院认为,使用代理收款机构是非常见的、提高成本的做法,从而是不可预见的。反对意见则认为,只要这种费用有助于适当地维护权利就可以作为可预见的损害加以赔偿。由于语言、地理位置、知悉地方人情等原因,外国的代理收款机构比债权人有更好的实现权利和维护权利的能力,因此使用代理收款机构原则上既非不适当,也非不可预见。⑤ 在《公约》的语境下,为诉讼而支出的律师费为诉讼法问题,应由法院根据内国法作出裁判,就胜诉方能否要求赔偿未被裁判覆盖的律师费则有不同认识。赞同者认为,只要对适当、合理地维护权利有必要,余下的费用负担可以作为《公约》第74条框架内的损害项目加以主张。⑥ 反对者则认为,诉讼费用的分担纯属程序问题,不属于第74条的适用范围,应完全交由法院地法处理。⑦

(四)后果性损失

后果性损失(consequential loss)包括不履行本身所造成的损失之外的损失。⑧ 可预见性规则在后果性损失的背景下最有意义,因为这些损失通常受受诺人的特定情事、其所做的安排以及经济环境的影响。⑨ 斯托尔认为,通常只是在允诺人知道相关情事或至少处于他的境地的理智的人会考虑到此类损失时,才可加以赔偿。⑩ 其见解有失偏颇,因为就某些具体的后果性损失项目的可预见性和可赔性并无争议。

1. 转售利润损失

通说认为,就丧失的转售利润来说,卖方原则上应考虑到将交付的货物会被转售——

---

① Schlechtriem, Schwenzer eds. Commentary on CISG. 4th ed. Oxford University Press, 2016, pp.1067-1068.
② Staudinger/Magnus(2013), Art 74 CISG, Rn. 54.
③ Schlechtriem ed. Commentary on CISG. 2nd ed. Clarendon Press, 1998, p.561.
④ Schlechtriem ed. Commentary on CISG. 2nd ed. Clarendon Press, 1998, p.570.
⑤ Staudinger/Magnus(2013), Art 74 CISG, Rn. 51.
⑥ Staudinger/Magnus(2013), Art 74 CISG, Rn. 52.
⑦ MüKoBGB/Peter Huber(2012), CISG Art 74, Rn. 43.
⑧ Schlechtriem, Schwenzer eds. Commentary on CISG. 4th ed. Oxford University Press, 2016, p.1070.
⑨ Schlechtriem, Schwenzer eds. Commentary on CISG. 4th ed. Oxford University Press, 2016, p.1080.
⑩ Schlechtriem ed. Commentary on CISG. 2nd ed. Clarendon Press, 1998, p.570.

这在交付可交易的货物的各种情况下都成立——从而卖方原则上要对买方丧失的转售利润负责。不过可以预见的只是一般的、通常的毛利。① 如果涉及的是不寻常高的转售利润，只是在有特别依据的情况下（比如，缔约时向卖方作了相应的提示），该损失才是可以预见的、可赔的。② 少数论者对于转售利润的可预见性持较为严格的立场。比如，维卡斯（Vékás）认为，只是在卖方于缔约时知道买方的转售意图的情况下，转售利润损失才是可赔的。如果买方是商人并且货物是可买卖的，即使没有相关附加提示，债务人也要考虑到转售。③

2. 生产损失

生产损失主要是指买方将卖方交付的货物投入生产可获得的利润的损失。此外，这种损失也包括因迟延或不能转让成品而产生的损失，以及不能充分利用机器致使生产成本提高而引发的损失。④ 多数说认为，在迟延交付或交付有瑕疵的货物的情况下，如果卖方知道或者能够考虑到买方是为了生产目的取得货物，则生产损失对于卖方来说是可以预见的。⑤ 反对意见则认为，只是在缔约时提示了营业丧失风险或者至少该风险可以明确辨认的情况下，卖方才应负责，否则应认为以商人身份进行计算的企业对于不交付或瑕疵交付应采取预防措施。⑥ 此外有论者认为，在具体案件中可能成问题的是卖方能否理性地考虑到损失的数额。非寻常的生产损失——比如，交付用于制造复杂设备的小零件——一般来说是客观地不可预见的。仅在买方于缔约前提请卖方注意这种风险时，卖方才须负责。⑦

3. 商誉损失

对于商誉损失⑧是否具有可赔性争议较大。有学者认为，如同其他损害项目，商誉损失的可预见性应根据个案情况加以判断。原则上这种损害是可赔的，但在具体案件中损害可能远远超出通常情形，从而债务人在缔约时客观地不能考虑到该风险。不过，可以根据个案情形认定（客观的）可预见性成立，特别是在敏感的市场比如食品交易市场上。⑨ 反对意见认为，因商誉受损而引发的经济损失是否可以根据可预见性规则获得赔偿的问题，以单纯经验的方式理解可预见性规则的话，答案似乎是肯定的，的确完全可以设想，这种损失会作为

---

① Honsell hrsg. Kommentar zum UN-Kaufrecht, 2. Aufl. Springer Verlag, 2010, S. 1015.
② MüKoBGB/Peter Huber（2012）, CISG Art 74, Rn. 36.
③ Vékás. The Foreseeability Doctrine in Contractual Damage Cases, 43 Acta Juridica Hungarica（2002）, Nos. 1-2, 145, 165.
④ Honsell hrsg. Kommentar zum UN-Kaufrecht, 2. Aufl. Springer Verlag, 2010, S. 1014.
⑤ Honsell hrsg. Kommentar zum UN-Kaufrecht, 2. Aufl. Springer Verlag, 2010, S. 1014.
⑥ Schlechtriem, Schroeter. Internationales UN-Kaufrecht, 5. Aufl. Mohr Siebeck, 2013, S. 304.
⑦ Honsell hrsg. Kommentar zum UN-Kaufrecht, 2. Aufl. Springer Verlag, 2010, S. 1014.
⑧ 《公约》评注者们所说的商誉损失不是指非财产利益损失，而是指在商誉受损的情况下进而发生的因丧失顾客而遭受的损失，而顾客通常指原来已有的客户。关于此类损失项目措词有所差异，有的《公约》评注书称"商誉（good-will）损失"，《慕尼黑民法典〈公约〉评注》以及彼得·休伯与穆利斯（Mullis）合著的《公约》书籍称"顾客与商誉损失"，《慕尼黑商法典〈公约〉》评注采"名誉损害"（Reputationsschäden）的措词。
⑨ Honsell hrsg. Kommentar zum UN-Kaufrecht, 2. Aufl. Springer Verlag, 2010, S. 1015.

卖方违约的结果发生,但考虑规范标准尤其是风险分配标准的话,更为限制性的观点或许是适当的①,亦即原则上应否定可赔性,因为卖方通常对于这样无法计算的风险显然不愿意接受,相反只是在特别的例外情况下才能考虑可赔性,比如卖方在合同磋商时被明确提示了风险,卖方有机会把他关于价格或合同责任构造的观点体现在合同中,或者客观而言卖方事实上承担了该风险。②

4. 责任损失

债务人违约引发的债权人向他人承担的责任为责任损失。如果卖方交付的货物有瑕疵或有其他违约行为,进而买方因向自己的受领人承担责任而产生的损害原则上是可以预见的、可赔的。买方对其受领人不是承担赔偿责任,而是因减价、解除或后续履行而承担的返还部分买价的责任也是如此。③买方因向第三人负人身损害赔偿义务引发的责任原则上也是可赔的,买方为在法庭上防御第三人的请求权而支出的费用也属于可赔的责任损害。④相反,因买方为了有利于其受领人而作出的保证或附加义务而产生的损害是不可预见的,除非买方在缔约时向卖方指出了此点。不过,在独立或非独立担保在相关市场上并非不常见的情况下,这是成问题的。⑤如果买方的责任取决于特殊情事,比如当事人约定了超出相关行业的常规的违约金,只是在知道或应当知道非通常的损失的情况下卖方才负责。⑥

5. 完整利益损失

《公约》不处理瑕疵货物给买方造成人身损害的情形,相关探讨针对的是财产损害。斯托尔认为,可预见性规则对于瑕疵货物给财产造成的间接损失问题是不合适的,原因是交付具有危险瑕疵的货物可能造成损失在缔约时总是可以预见的,不能允许卖方辩称缔约时他没有也不能预见到买方会被瑕疵货物危及。因此,在瑕疵货物造成间接财产损失案件中,可预见性规则的作用只是确定实际发生的损失是否处于卖方通过交付瑕疵货物造成的典型风险范围内。⑦如果买方违反使用说明或者一般地说以不适于该类货物的方式使用货物,损失即不属于典型风险。⑧

6. 汇率损失

汇率损失是指支付所用币种在到期时间与实际支付时间之间发生了市场价值损失(货

---

① Huber,Mullis. The CISG:A New Textbook for Students and Practitioners. European Law Publishers,2007,p.280.
② MüKoBGB/Peter Huber(2012),CISG Art 74,Rn. 39.
③ MüKoBGB/Peter Huber(2012),CISG Art 74,Rn. 37.
④ Honsell hrsg. Kommentar zum UN-Kaufrecht,2. Aufl. Springer Verlag,2010,S. 1014.
⑤ MüKoHGB/Mankowski(2013),CISG Art 74,Rn. 31.
⑥ Schlechtriem ed. Commentary on CISG. 2nd ed,Clarendon Press,1998,p.570.
⑦ Schlechtriem ed. Commentary on CISG. 2nd ed,Clarendon Press,1998,p.571.
⑧ Huber,Mullis. The CISG:A New Textbook for Students and Practitioners. European Law Publishers,2007,p.277.

币对外价值贬损)。① 关于汇率损失的可赔性争议较大：一种观点认为，因货币贬值发生的损害通常是可预见的、可赔的；一种观点原则上否定可赔性②；一种观点认为，应根据系争货币的通货膨胀趋势区分情形而论③；通说则认为，应区分债权人受领的为本国货币(债权人住所地的货币)抑或外国货币而论。如为本国货币，该货币相对于其他货币的汇率损失通常不可赔，因为没有特别的依据或提示，债务人不能认为债权人会把受领的货币兑换为其他(币值稳定的)货币。④如为外国货币，债务人通常可以预见，在按时支付的情况下，债权人会立即兑换货币以免遭受汇率损失。⑤不过在具体案件中结论可能不同。如果约定的支付货币是双方所属行业的通用货币(比如石油交易中的美元)，通常不能认为债权人会兑换所收到的货币。⑥

（四）小结

《公约》研究者们以案例为依托，对可预见性规则的类型化适用作了系统的整理。在不履行损失、徒然支出的费用的可预见性及可赔性方面形成了共识。在附带损失方面，主要是就代理收款机构费用、为诉讼而支出的律师费有争议。可预见性规则最能发挥限制作用的领域是后果性损失。在此领域，关于转售利润损失、责任损失、完整利益损失大体上意见一致，就生产损失、商誉损失、汇率损失则有不同认识。在作类型化探讨时，论者会结合预见凭据、损失程度、结果发生的盖然性等因素加以论述。对于某些损失项目，论者对其是否具有可赔性观点有别，在缺乏论证的情况下会简单地、不加论证地以其是否具有可预见性为凭据。以损失的类型为依托所作的类型化整理有助于可预见性规则的适用，增加适用的确定性，降低适用的难度。不过，更为合理的举措是转换视角，以其他风险分配观念为凭据进行损失风险分配阐释。比如：完整利益损失的本质为侵权问题，论证其可赔性根本不需要借助可预见性规则；违约必然会导致债权人支出的合理费用无法被填补，债务人应负赔偿之责；转售利润是具有交易能力的物本可带来的利益，这种利益是债权人支付对价所换取的，从能否预见的角度进行分析可以说偏离了关键点。对可预见性规则的适用例进行系统的整理和论证，有助于形成能够取代可预见性规则的更为合理的方案。

五、总结

受法国法、英美法的影响，《公约》等国际示范法均规定了可预见性规则，条文表述较为

---

① MüKoBGB/Peter Huber(2012)，CISG Art 74，Rn. 49.
② Staudinger/Magnus(2013)，Art 74 CISG，Rn. 48.
③ MüKoHGB/Mankowski(2013)，CISG Art 74，Rn. 39.
④ Staudinger/Magnus(2013)，Art 74 CISG，Rn. 49.
⑤ MüKoBGB/Peter Huber(2012)，CISG Art 74，Rn. 51.
⑥ MüKoBGB/Peter Huber(2012)，CISG Art 74，Rn. 51.

简单,差异主要在于有无排除适用可预见性规则的规定以及关于损失发生的盖然性程度的规定。《通则》《草案》的官方评论以及学术文献中的较有影响的正当化解说,如风险分配说、强制披露信息意义上的效率说、规范概念说等,均有片面或空泛的不足,未能提供令人信服的阐释。可预见性规则的要旨在于,对债务人与损失这一主客观关系进行评价,从而其可以拆解为六项要素,即判断标准,预见的主体、时间、凭据、对象以及结果发生的盖然性程度。其中,判断标准,预见的主体、时间均不难处理。对于预见凭据,《公约》研究文献多从实际知情与推定知情两个角度加以探讨,如此便于可预见性规则的适用,实际上也将与价格波动、通常使用方式等相关的损失作了风险分配。对于预见对象是损失的类型还是损失的程度有一定的争议,并且无论采取何种见解都会面临进一步的难题。如果认为预见对象是损失的类型,那么关于如何划分类型尚无共识。如果认为预见对象是损失的程度,但具体的标准却付诸阙如。另外,损失发生的盖然性程度应为多少,如何认定是否达到了该程度,也是难以索解的问题。预见对象为何、结果发生的盖然性程度为何难以解决,也决定了可预见性规则的适用内在地具有不确定性。值得肯定的是,一些《公约》研究者以实务为依托对可预见性规则的类型化适用进行了较为全面的整理,有共识也有分歧,相关见解可资借鉴。比如,不履行损失、徒然支出的费用可以预见,从而具有可赔性。为了处理违约事宜而支出的费用通常也具有可预见性。后果性损失是否具有可预见性,则须区分具体类型而论。对于我国法来说,《公约》等国际示范法中的可预见性规则的启示意义是,由于该规则不具有充分的正当性,并且其适用必然具有不确定性,理想的做法是以理由充分、具有可操作性的损失风险分配规则取代之。在发展出此种规则之前,可行的做法是对推定知情的具体情形进行整理,另外,以损失类型为依托,对可预见性规则的适用例进行类型化的构建。如此,能够增加适用可预见性规则的确定性和合理性。另外,应当像《原则》《草案》那样,采取法国法式的立场,在债务人故意或重大过失违约的情况下排除可预见性规则的适用。①

---

① 《原则》第9:503条《草案》第Ⅲ-3:703条规定,在故意或重大过失违约的情况下,债务人对于不可预见的损失也应负赔偿责任。这种规定是合理的,债务人能够轻易地避免故意或重大过失违约,从而排除规则能够引导债务人适当履行,使债权人的利益得到实现。囿于篇幅,本文未对《原则》《草案》中的排除规则展开分析,笔者在《可预见性规则的价值取向与制度安排——以法国与英美合同法的比较为中心》(载《经贸法律评论》2019年第6期)一文中对排除规则有较为详细的论述,可参看之。

儒家"善恶报应"论的法理诠释

乔 飞[*]

摘 要：儒家的"善恶报应"论，在中华文化中源远流长，其内容有"报及自身"说、"子孙报应"说、"善恶待积"说、"天假善恶"说等理论命题。儒家"善恶报应"论的法理实质，是一种"超验审判"理论：审判的主体是至高的超验实存"天"，审判的依据是最高主宰的"天法"，审判的对象涵盖人间的一切人和事。儒家"善恶报应"论，还具有重要的法秩序构建功能。人心的普遍认同，是"天法秩序"得以建立的心理动因；对"善恶报应"的积极遵守，使得"天法秩序"得以自觉形成；对"善恶报应"的消极违背，导致"天法秩序"强制实现。善行福报，是通过"分配"实现的正义；恶行恶报，是通过"矫正"实现正义。就此而言，儒家的"善恶报应"论，实为一种法理性的"正义论"，其所构建的法律秩序，是一种"自然法"秩序。

关键词：儒家 报应 审判 正义论

中华文化源远流长，作为诵读先哲诗书经文的我们，不能忘却或故意忽略先人向我们传递的重要信息。有些信息是如此重要，以至于如果忽略，就难以真正理解先哲们修齐治平之真意，作为后人的我们也将失去立身之本，难以正确行事为人。儒家的"善恶报应"理论，就是这些信息的重要组成部分。学界对"善恶报应"的研究，已经比较深入[①]，但对传统儒家报应理论尚缺乏系统总结与类型划分，并且相关研究主要限于历史学、文化学、社会学领域。

---

[*] 作者简介：乔飞，河南大学法学院教授，法学博士。
[①] 参见陈筱芳：《中国传统报应观的源头：春秋善恶报应观》，载《求索》2004年第4期；吴娟：《论〈冤魂志〉与儒释之关系》，载《承德民族师专学报》2008年第1期；胡炳章：《善恶报应与社会正义：土家族伦理思想系列研究之一》，载《吉首大学学报（社会科学版）》，2010年第4期；张忠：《论中国善恶报应观的形成及其当代启示意义》，载《中州学刊》2014年第9期；曲宁宁、陈晨捷：《论先秦善恶报应理论及其衍变》，载《周易研究》2016年第5期。

法学界也有学者对这一问题进行了可贵的研究①,但都将"善恶报应"与儒释道三家放在一起讨论,没能就中国传统文化核心的儒家作专门探讨。而且大部分法学学者,关注的是鬼神报应与国家司法之间的关联②,尚未就儒家"善恶报应"本身作法理诠释。鉴于儒家"善恶报应"理论在传统中国治国理政中的特殊意义,本文不揣浅陋,尝试总结儒家报应理论的几种类型,并从法学视角阐释其法理本质及其法秩序功能。

一、儒家"善恶报应"论的理论命题

儒家从始至终都主张报应观点,早在春秋时期,就有了善恶报应思想的明确表述。"天祚明德"③;明德之人,上天会赐予福佑。"神福仁而祸淫"④;上天降福给仁人,对于不仁的人,则会降予灾祸。后来荀子也发现,"为善者天报之以福,为不善者天报之以祸"⑤。据考证,"报应"这一概念最早出现于《汉书·刑法志》⑥,其内容是"伊吕之将,子孙有国,与商周并……孙吴商白之徒,皆身诛戮于前,而功灭亡于后。报应之势,各以类至,其道然矣"。可见报应思想与传统中国法制及社会秩序关系之密切。"有阴德者必有阳报"⑦;儒家先贤之所以对"善恶报应"笃信无疑,是因为他们发现这是人之为人的定律,而且这种定律在历史长河中也不断得到验证。本文在前人研究的基础上,将儒家的"善恶报应"总结为"报及自身"说、"子孙报应"说、"善恶待积"说、"天假善恶"说等几个理论命题。

(一)"报及自身"说

该理论认为,人的善行会给自身带来福佑,恶行将给自身带来祸灾。"惟上帝不常,作善

---

① 霍存福教授从"边缘刑法学"的视角,阐释了中国人法律观念中的"报应说";参见霍存福:《复仇·报复刑·报应说:中国人法律观念的文化解说》,吉林人民出版社2000年版。其他以论文形式探讨这一论题的成果有:张守东:《鬼神与脸面之间:中国传统法制的思想基础概观》,载《清华法学》(第一卷)2002年第1期;魏长领:《因果报应与道德信仰:兼评宗教作为道德的保证》,载《郑州大学学报(哲学社会科学版)》2004年第2期;夏清瑕:《另一种秩序:法律文化中的因果报应信仰》,载《宁夏大学学报(人文社会科学版)》2006年第5期;易军:《另一种"法的正义":民间报应正义的法理分析》,载《广西大学学报(哲学社会科学版)》2011年第2期;郭忠:《阴律:一种存在于观念中的法——对中国民间因果报应信仰的法理分析》,载《青海社会科学》2013年第1期;尤陈俊:《"讼师恶报"话语模式的力量及其复合功能》,载《学术月刊》2019年第3期。
② 这方面的成果主要有,李文军:《论鬼神观念对中国传统司法的积极意义》,载《河北法学》2009年第7期;李文军:《荒诞不经与法律真实:论鬼神观念与古代司法中的事实认定》,载《北方法学》2010年第5期;李俊丰:《论宋代官员的鬼神信仰对其司法实践的影响:以杀人祭鬼案件为中心》,载《法制与社会发展》2013年第4期;朱声敏:《鬼神笼罩下的"明镜高悬":鬼神报应与明代司法吏治》,载《云南社会科学》2014年第4期;吕丽、郭庭宇:《报应观对中国古代司法理念的影响》,载《吉林广播电视大学学报》2018年第8期;肖洪泳:《报与死刑:中国古代死刑报应思想的基本样貌》,载谢晖、蒋传光、陈金钊:《民间法》(第18卷),厦门大学出版社2017年版,第123-133页。
③ 《左传·宣公三年》。
④ 《左传·成公五年》。
⑤ 《荀子·宥坐》。
⑥ 参见侯欣一:《中国传统报应观念与法律秩序》,载《中国社会科学报》2018年8月9日。
⑦ 《淮南子·人间训》。

降之百祥,作不善降之百殃"①;善恶福祸之所以具有因果关联,是因为"上帝"使然。春秋时,卫公子州吁杀死卫桓公自立为君;为稳定自己的地位,州吁对外"求宠于诸侯",对内"以和其民",联合其他诸侯发动对郑国的战争。当时鲁国大夫众仲认为州吁"阻兵无众,安忍无亲",如此"不务令德",不可能免于刑祸。果然,其后出使陈国时,"卫人使右宰丑莅杀州吁于濮"②。"魏颗结草"是善行善报之例。魏国武子病,命其子魏颗善待其妾;但病危时,又令将该妾殉葬。武子死,魏颗遵父前嘱嫁父宠妾。后与秦军作战,魏颗见一个老人结草绊倒秦将,因而生擒秦将。当夜,魏颗梦见那老人说:我是你所嫁的妇人之父,"尔用先人之治命,余是以报"③。也就是说,魏颗因为善待那位宠妾,在战场上得到了上天的帮助而建立军功。

(二)"子孙报应"说

这种理论认为,先人的善恶会对子孙后代的命运产生影响。"圣人有明德者,若不当世,其后必有达人";孔子被时人视为"达人",鲁国大夫孟僖子认为孔子是受其先祖福荫所致。④汉代人丙吉"为人深厚,不伐善",待人"有旧恩,而终不言",正当汉宣帝要加封他时,丙吉却大病不起,太子太傅夏侯胜对汉宣帝说:"此未死也;臣闻有阴德者,必飨其乐以及子孙。今吉未获报而疾甚,非其死疾也",后来丙吉果然痊愈。⑤宋代名臣范仲淹,认为自己之所以成为政治家,是因为"自祖宗以来,积德百余年而始发于吾"⑥。而做恶事,也会影响子孙命运。晋国大臣狐突,曾经拒绝君命,没有召回跟随公子重耳的儿子,晋怀公即位后将狐突杀死。大夫卜偃不满:"己则不明,而杀人以逞,不亦难乎?民不见德,而唯戮是闻,其何后之有?"⑦他认为晋怀公滥杀无辜,将遭到"无后"的报应。"无后",对当时的人来说,是上天给予的非常严厉的惩罚。孔子信天命,认为殉葬是一种罪恶的制度,即使不用真人,用人俑陪葬也是作恶,诅咒"始作俑者,其无后乎!"⑧宋代苏轼云:"善恶之报至于子孙,而其定也久矣。吾以所见所闻考之,而其可必也审矣。"⑨上天对人的善恶报应,有的要一直到子孙后代才显明出来。苏轼根据所见所闻,认为上天的意愿一定会展现,这是确定无疑的。

(三)"善恶待积"说

"善不积不足以成名,恶不积不足以灭身。"⑩这一理论认为,善行恶行在一段时间内并

---

① 《尚书·伊训》。
② 参见《左传·隐公四年》。
③ 参见《左传·宣公十五年》。
④ 参见《左传·昭公七年》。
⑤ 参见《汉书·丙吉传》。
⑥ [宋]范仲淹:《诫诸子及弟侄》。
⑦ 《左传·僖公二十三年》。
⑧ 参见《孟子·梁惠王上》。
⑨ [宋]苏轼:《三槐堂铭并序》(《东坡全集》卷九七)。
⑩ 《易经·系辞下传》。

未导致报应的发生,并不是报应规律消失,而是善恶的状态未到报应的时候而已;积善行恶一旦达到某种程度,报应必定来临。北魏人阳雍,以出卖苦力为生,但自幼孝敬父母,远近闻名。父母去世后,因"长慕追思,不胜心目",就卖了田宅,迁往北边缺水的陡坡下居住。阳雍每天晨就起来拏水,送给过往行人,还常给行人补鞋,不收费用,"如是累年不懈"。后来天神感动,赐给菜种,阳雍因此大富,娶名家女为妻,"生十男,皆令德俊异"。阳雍自己曾"位至卿相",后代"累世贵盛"。① 唐朝人裴延年,"家虽贫,而俱好施惠,行之不辍",曾帮助卖药为业的老父,"虽数年"而延年"无怠色"。安史之乱期间,延年得到老人帮助,"尽室生还",其后"兄弟皆至美官,子姓仆婢亦寿考"。② 反面的案例同样具有证明力。春秋时,鲁国阳虎行为嚣张,但并未遭报,卫国大夫公叔文子对卫君解释道:"天将多阳虎之罪以毙之,君姑待之"③;也就是耳熟能详的那句话:"不是不报,时候未到"。后来阳虎在和鲁国三桓的斗争中遭遇失败的厄运,被迫逃往他国。东汉末年的董卓,弑太后,废少帝;为了迁都,强迫洛阳数百万百姓迁徙长安,以致"步骑驱蹙,更相蹈藉,饥饿寇掠,积尸盈路"。董卓不仅烧毁宫庙官府居家,还让吕布"发诸帝陵,及公卿已下冢墓,收其珍宝"。其为官专横跋扈,残忍好杀,终于众叛亲离,被司徒设计诛杀,"尽灭其族"。④

(四)"天假善恶"说

现实生活中,有人善良却不顺利,遭遇灾难;有人作恶不但未遭报应,相反诸事顺遂甚至飞黄腾达。古人认为不能仅看表面现象;善人的不幸是上天祝福的途径,恶人的顺利却是上天加速其遭殃的手段,这就是"天假善恶"说。"究天人之际"的司马迁发现,"文王拘而演《周易》,仲尼厄而作《春秋》;屈原放逐,乃赋《离骚》;左丘失明,厥有《国语》"⑤;上天允许厄运降临善人,是为了他们最终取得常人所不能有的成就。孟子也发现,伟人成就伟业之前都有经历患难的规律:"舜发于畎亩之中,傅说举于版筑之间,胶鬲举于鱼盐之中,管夷吾举于士,孙叔敖举于海,百里奚举于市。故天将降大任于斯人也,必先苦其心志,劳其筋骨,饿其体肤,空乏其身,行拂乱其所为,所以动心忍性,曾益其所不能。"⑥ 患难对善人而言,不啻为上天变相的祝福。相反,恶人虽一路顺利,但最终会败亡。"桀克有缗,以丧其国;纣克东夷,而陨其身",因为"天之假助不善,非祚之也,厚其凶恶而降之罚也"⑦。战国时代卫人吴起,曾经求学于曾子,"其母死,起终不归",曾子就断绝了和他的师生关系。为了当上鲁

---

① 参见李申:《儒教报应论》,国家图书馆出版社2009年版,第192页。
② 参见李申:《儒教报应论》,国家图书馆出版社2009年版,第211-212页。
③ 《左传·定公六年》。
④ 参见《后汉书·董卓传》。
⑤ [汉]司马迁《报任安书》。
⑥ 《孟子·告子下》。
⑦ 《左传·昭公十一年》。

国将军、打消鲁国人疑虑,吴起竟杀死身为齐女的妻子,"将而攻齐,大破之"。其"杀妻求将"的恶行不但没有遭受报应,反而因此建功立业。后来吴起去鲁适魏,屡战有功。在楚国,深得楚悼王信任,被任命为楚令尹,地位显赫。但楚悼王死后,吴起很快就遭受杀身之祸。① 清代儒者丁耀亢认为,吴起的功业正是其败亡的原因,"学术而无本,功名之所以杀身也"②。恶人的"好运",实为上天刑罚报应的手段。

二、儒家"善恶报应"论的法理实质

在法理学视域中,儒家的"善恶报应"为一种"法"规范。"善恶报应",既惩恶又扬善,对人的行为具有指引作用。在社会交往中,根据主体行为善恶,对其祸福结局具有预测作用。在此基础上,通过行为善恶与结果福祸之间的因果关联,对人的行为也具有评价作用。通过将善恶福祸等社会现象凝结为具有逻辑关联的行为模式和法律后果,使之内化于人的心中,并随着儒家文化的传扬得到广泛传播,"善恶报应"对人的行为也具有教育作用。可见,"善恶报应"具有法的全部规范功能,是一种"法"。③ 这一"法"的运行,实为司法"审判"。审判是司法机关根据法律对案件进行审理并判决的活动,审判的主体为拥有裁判权的法官,审判的对象为涉案当事人,审判的依据或标准是国家或某一共同体的法律。儒家的善恶报应,具备司法的诸要素,其审判为"超验审判"④。儒家的"善恶报应"理论,实为一种"超验审判"理论。

(一)审判的主体,是至高的超验实存"天"

"天"是中国古人心中的宇宙、最高主宰。关于天的本体,中国古人认为有"自然之天""人格神主宰之天""道理之天""天国之天"等⑤,这些观点并不互相矛盾,而是从不同侧面对"天"所形成的认识,可以将这些观点统一概括为"最高位格神"之"天"。作为中国古人信奉的最高神,"天"在殷商甲骨文卜辞和周朝金文中又被称为"帝""上帝"。在古籍

---

① 参见《史记·孙子吴起列传》。
② [清]丁耀亢:《天史》校释,宫庆山、孟庆泰校释,齐鲁书社2009年版,第196页。
③ 郭忠教授认为:中国民间的因果报应规律,是"阴律","从宽泛意义上讲,阴律可以被视为法社会学意义上的法"。参见郭忠:《阴律:一种存在于观念中的法——对中国民间因果报应信仰的法理分析》,载《青海社会科学》2013年第1期。
④ 康德在其道德哲学中提出了"经验""先验""超验"等概念。其中,"经验"指向其道德哲学之应用性维度,"先验"指向其道德哲学之普遍性维度,"超验"则指向其道德哲学之神性维度。同样,法律也有"经验""先验""超验"三个维度。其中,"经验"指向法律得以产生的社会现实因素;"先验"指向法律赖以形成的自然权利,这些权利根植于人的先天理性能力;"超验"则指向法律赖以产生的宗教、神性背景。参见王增福:《先验、经验与超验:康德道德哲学的三重维度》,载《学术论坛》2010年第1期,第1-5页;林国基:《法律的经验、超验、先验之维》,载《社会科学研究》1999年第4期,第52-58页。儒家的报应理论涉及彼岸神灵主宰之"天",其审判为"超验审判"。
⑤ 方潇教授系统梳理了王桐龄、曹聚仁、冯友兰、庞朴、张岱年、任继愈等现代学者对中国古人之"天"的不同认知。参见方潇:《天学与法律:天学视域下中国古代法律"则天"之本源路径及其意义探究》,北京大学出版社2014年版,第35-36页。

经典中也有"上帝""帝""天帝""皇天上帝"等称呼,如"皇天上帝,改厥元子,兹大国殷之命"①。《五经通义》云:"天神之大者曰昊天上帝,亦曰天皇大帝,亦曰太一。"隋唐时期,依据《周礼》,国家礼典中至上神的名字被正式确定为"昊天上帝"。宋代人也有类似观点:"元气广大,则称昊天;据远视之苍然,则称苍天;人之所尊,莫过于帝,托之于天,故称上帝。"②因此,"太一""皇天上帝""昊天上帝"都是至高上帝"天"之别名。历史长河中,曾经有人质疑这位"天"是否真的存在。司马迁在《史记》中记录了商代"武乙射天"的史实:"帝武乙无道,为偶人,谓之天神。与之博,令人为行。天神不胜,乃僇辱之。为革囊,盛血,仰而射之,命曰射天。武乙猎于河渭之间,暴雷,武乙震死。"③武乙骄横无道,羞辱上天,结果被迅雷劈死。《史记》也记载了另一个战国时代自负的宋康王"射天"之事:"君偃十一年,自立为王。东败齐,取五城;南败楚,取地三百里;西败魏军,乃与齐、魏为敌国。盛血以韦囊,县而射之,命曰射天。淫于酒、妇人。群臣谏者辄射之。"④当时的诸侯都称宋为"桀宋";后来,齐湣王与魏、楚伐宋,宋国百姓拒绝守城、纷纷逃散,这位"射天笞地、斩社稷而焚灭之"的宋康王被杀死,宋国灭亡。⑤清儒丁耀亢通过熟读历史,观察人事,深深认识到,"因见夫天道人事之表里,强弱盛衰之报复,与夫乱贼臣子,幽恶大憝之所危亡,雄威巨焰,金玉楼台之所消歇,盖莫不有天焉"⑥。在儒家士人心中,超验的至高主宰"天",是确实存在的。

(二)审判的依据是至高主宰的"天法"

至高主宰"天"对人类有统治权,通过赐福或降灾,对人进行审判。"天"有其法,审判的依据就是"天法"。儒家报应论中的"天法"就是"赏善罚恶",具有"行为模式"与"法律后果"要素,在法理学中,属于"法律规范"范畴。明代曾经任工部尚书、都察院左佥都御史及吏科都给事中等职务的钟羽正,认为"天法"是帝王必须遵守的法律,并将看不见的"天法"与人间看得见的"王法"进行了对比:"然而王法昭,天法密;王法速,天法缓;王法止于一身一世,而天法至于历年历世。王法有律有等,掌之秋官悬之象魏,原情定辟。至有可议者,则罪疑从轻,宁失不经有宽而不尽之刑。天法则无言无讥,权势不阿,幽隐不蔽,至巧至详,于其疑昧者益复发其秽迹,扬其阴谋,无漏而不尽之情。王法有可议而天诛无议。"⑦其认为"天法"具有缜密、周详、公正与恒久等特征,非世间王法所能比。其"行为模式"为"行善"或"作恶",对应的法律后果是"奖赏""福佑"或"刑罚""恶报"。

---

① 《尚书·召诰》。
② 《宋史·礼志》。
③ 《史记·殷本纪》。
④ 《史记·宋微子世家》。
⑤ [清]丁耀亢:《天史》校释,宫庆山、孟庆泰校释,齐鲁书社2009年版,第258页。
⑥ [清]丁耀亢:《天史》校释,宫庆山、孟庆泰校释,齐鲁书社2009年版,自序。
⑦ [清]丁耀亢:《天史》校释,宫庆山、孟庆泰校释,齐鲁书社2009年版,序言。

传统儒家尽管没有"善"与"恶"的确切定义，但通过经典仍然可以知道其核心意涵。"君子以竭恶扬善，顺天休命"①，《周易》就充满了劝善惩恶的思想，"作易者，其有忧患乎？是故履，德之基也。谦，德之柄也。复，德之本也。恒，德之固也。损，德之修也。益，德之裕也。困，德之辨也。井，德之地也。巽，德之制也"②。整部经书，就是要人去恶扬善。③《周易》将人善恶的起因归结为"德"的有无；有"德"之人的行为结果为善，无"德"之人的行为结果为恶。"德"在《周易》中，体现在"谦虚""勤劳""和善""节制"等方面。④孔子也极力主张人要为善，"事君，能致其身；与朋友交，言而有信"⑤，孟子主张诚信谦虚，"善与人同，舍己从人，乐取于人以为善"⑥。明代著名儒士袁了凡总结历史中善恶福祸之规律，著家书《了凡四训》，强调"行善则积福，作恶则招祸"的客观规律，鼓励子孙后代向善立身，慎行立德，远避祸殃。袁了凡总结善行的种类："随缘济众，其类至繁，约言其纲，大约有十。第一，与人为善；第二，爱敬存心；第三，成人之美；第四，劝人为善；第五，救人危急；第六，兴建大利；第七，舍财作福；第八，护持正法；第九，敬重尊长；第十，爱惜物命"⑦，认为明辨是非善恶，并以此为准则在生活中改过迁善，乃是改造命运的方法与原理。

为政同样有善恶之分。在子张向孔子问政时，孔子所阐述的"五美""四恶"，就是儒家善恶观在政治领域的重要体现。⑧所谓"五美"，就是"君子惠而不费，劳而不怨，欲而不贪，泰而不骄，威而不猛"⑨。就着百姓能得利益之处使他们得利，就叫"惠而不费"；让百姓具备劳动条件再去劳动，就是"劳而不怨"；君子得到仁德，不再贪求其他，就是"欲而不贪"；无论人的势力大小，君子都不怠慢他们，就是"泰而不骄"；君子衣冠整齐、目不斜视，庄重威严使

---

① 《周易·大有·象》。
② 《周易·系辞下传》。
③ 参见［韩］林在圭：《以〈周易〉来看儒家的善恶思想》，载卢国龙：《儒道研究》（第四辑），社会科学文献出版社2017年版，第235-250页。
④ "善恶"与"吉凶"在《周易》中是紧密相连的。"吉"的成因众多，但都是"德"行所致；《谦·九三》："劳谦君子，有终，吉"，意为勤劳而谦让的贵族，有好结果。《兑·初九》："和兑，吉。"象曰："和兑之吉，行未疑也"，和合喜悦待人，行为不邪，人所不疑，就收获吉祥。《节·九五》："甘节，吉，往有尚，"甘心守节度，吉，做下去有赏。"吉"的积极后果，都是"善"的前因所致。"凶"的成因，皆非有"德"之行。《复·上六》："迷复，凶，有灾眚"，迷失在返回的路上，凶险，有灾祸。象曰："迷复之凶，反君道也。"意思是，迷失之凶，是由于违反了做君主的规则。《鼎·九四》："鼎折足，覆公餗，其形渥，凶。"意思是鼎腿折断，王公的美味佳肴洒了一地，于是在屋内受刑，凶险。鼎代表国家，"九四"是身负国家重要责任的人，由于其德薄而位尊，智小而谋大，致使国家蒙受巨大损失，所以有凶险。参见周振甫：《周易译注》，中华书局2009年版，第61、207、213、88、181页。
⑤ 《论语·学而》。
⑥ 《孟子·公孙丑上》。
⑦ ［明］袁了凡：《了凡四训》，尚荣、徐敏、赵锐评注，中华书局2013年版，第162页。
⑧ 在中国先秦哲学史中，"善恶"问题也是"美恶"问题，好的道德品性被称为"美"，与之相对的便是"恶"。参见许建良：《儒家道德的善恶对峙性》，载《江淮论坛》2008年第3期。
⑨ 《论语·尧曰》。

人望而生畏,就是"威而不猛"①,这些都是"善"行。所谓"四恶",就是"不教而杀谓之虐,不戒视成谓之暴,慢令致期谓之贼;犹之与人也,出纳之吝,谓之有司"②。意思是说,不经教育便加杀戮就是"虐",不加申诫就要结果就是"暴",缓于前而急于后,误其民而加以刑罚是谓"贼",给人财物心存吝啬而不够均平,是谓"有司"③。这些要么违反程序正义,要么违反公平正义,都是"为政之恶"。孟子也发现善恶与福祸的因果关联,"福祸无不自求之者,《诗》云:'永言配命。自求多福。'《太甲》曰:'天作孽,犹可违;自作孽,不可活。'此之谓也"④,因此极力规劝统治者行"仁政"。

尽管"天法"无形,但人本于行"善"崇"德",就是遵守了"天法"。"惟天监下民,典厥义。降年有永,有不永。非天夭民,民中绝命。民有不若德,不听罪。天既孚命,正厥德,乃曰:'其如台'?"⑤上天鉴察世人,褒奖他们遵循义理行事;上天赐给人的寿命有长有短,夭折者并不是上天使其夭折,而是其不按义理做事而殒命。有些人品德不好,有不从天意的罪过,上天命令他们改正,他们拒绝,因此受到上天刑罚。"惟天降灾祥,在德"⑥;人的行为是否有"德",是天降灾难或福气的依据。"皇矣上帝,临下有赫;监观四方,求民之莫"⑦;伟大的上帝,临视人间,明察秋毫;上帝监察天下四方,保佑人民安定生活。人间的秩序由上天来维系,其途径,就是对人进行赏善罚恶,施行"超验审判"。"天道福善祸淫"⑧;对"善"行降下"福",对"淫"行降下"祸",是上天进行审判的依据之"法"。

(三)审判的对象、范围,是人间的一切人和事

不仅普通人的言行善恶,需要接受"天"的审判管辖;掌权者如何使用权力,也属上天的管辖之列。而且,诸种"善恶报应",在权力拥有者身上表现得格外明显。拥有权力者,在立法、司法、行政时比常人更需要谨慎自己的行为。

汉梁统曾上疏皇帝,反对当时法律的"轻刑之作",请求恢复旧法,增加死刑。虽然其奏疏未获皇帝批准,但人们认为"统之苛虐,神人共愤。其子松、竦皆死非命,而(梁)冀卒灭族"⑨,这是上天对其倡立苛法的报应。史料记载,"唐赵公长孙无忌奏别敕长流,以为永例。

---

① 参见杨伯峻:《论语译注》,中华书局2008年版,第210页。
② 《论语·尧曰》。
③ 参见杨伯峻:《论语译注》,中华书局2008年版,第210页;[宋]朱熹:《四书章句集注》,中华书局1983年版,第194-195页。
④ 《孟子·公孙丑上》。
⑤ 《尚书·高宗肜日》。
⑥ 《尚书·咸有一德》。
⑦ 《诗经·大雅·皇矣》。
⑧ 《尚书·汤诰》。
⑨ [清]杨景仁:《式敬编》卷一《平法附苛法事实》,转引自霍存福:《复仇·报复刑·报应说:中国人法律观念的文化解说》,吉林人民出版社2000年版,第221页。

后赵公犯事,敕长流岭南,至死不复回,此亦为法之弊"①。长孙无忌倡立恶法,却自食其果,也是上天对滥用立法权者的惩罚。司法官的善恶报应也非常明显:汉代于定国之父于公,曾任县狱掾、郡决曹,尝云:"我治狱多阴德,未尝有所冤,子孙必有兴者。"果然,其子于定国后来成为丞相,孙子于永也官至御史大夫,为一代名臣。②而对于制造冤狱的司法酷吏,历史证明其下场都很惨。明代政治家丘濬曾经总结:"张汤今年杀颜异,明年即自杀,天道好还,彰彰如此。"丘濬引用陈大猷的观点加以佐证:"自古酷吏,如郅都、宁成、严延年、王温舒、周兴、来俊臣之流,未有不反中其身,及其子孙者。上帝不蠲而绝厥世,古今一律也。"③元代江西儒学副提举、翰林学士吴澂认为,人命关天,司法官"陷人命以至于死,天岂容之哉?"如果上天对司法官虐杀人命的行为不加严惩,酷吏们将无所敬畏,"施之庶民者皆酷虐之政",那样天下就不会有仁政善政了。④丘濬赞同吴澂的观点,认为法官"顾不以公而以私,不以理而以欲,以人之性命而成吾之私家"的司法行为与杀人越货没有区别,"是逆天命也,天岂容哉?"况且,刑罚本应是"天讨有罪",如今司法官利用"天讨"将无罪者杀害,"是重得罪于天矣"⑤,因此罪恶更大,上天必定重罚。国家的行政、治理,同样也在上天的审判管辖之列;汉儒董仲舒提出的"天人感应"与"灾异谴告"说,是上天对地上政权拥有审判权的理论化表达,后世的儒家士大夫对此也深信不疑。"大抵天之于人君,其眷顾之既厚,则责望之必严",作为权力枢纽的君主,其一切行为都在上天的管辖之下。"鉴观在上,莫显乎微。一或不至,则非天意。故天意所与,则三光全,寒暑平,风雨时,五谷熟,草木茂。天意所否,则为灾异,为凶年,为水旱,为缪蠡,为疾疫,如响应声,如影随形"⑥。上天通过自然界的祥灾顺逆,对君主施政正确与否作出判决。对于桀纣那样的苛政、暴政,上天将虢夺其统治权,所谓"汤武革命,顺乎天而应乎人"⑦,实质就是上天对恶政审判而施加的刑罚。

三、儒家"善恶报应"论的法秩序功能

秩序是人类生活的基本前提,法律创立秩序主要通过"控制性规范"和"构成性规范"来实现。⑧"法律秩序乃是通过法律规范对社会关系的规范性调整而实现的社会关系的序列化状态和社会主体行为的规则化状态。"⑨法律秩序的生成有其自身的行为机制,就是人

---

① [唐]张鷟:《朝野金载》(卷六);[宋]李昉、扈蒙、李穆等《太平广记》卷一二一《报应二〇》(冤报)。
② 参见《汉书·于定国传》。
③ [明]丘濬《大学衍义补》卷一一三。
④ 参见[明]丘濬《大学衍义补》卷一一三。
⑤ 参见[明]丘濬《大学衍义补》卷一一一、一一三。
⑥ [宋]虞俦:《灾异疏》,引自[明]杨士奇等《历代名臣奏议》卷三八〇。
⑦ 《周易·革·彖传》。
⑧ 胡平仁:《法律社会学》,湖南人民出版社2006年版,第229页。
⑨ 公丕祥:《法理学》,复旦大学出版社2002年版,第479页。

们的"法律接受",也就是"社会公众对法律规范予以接纳、认同、内化、服从或漠视、违背、规避和抗拒等行为反应"①。"法律接受的动因"有"对法律合理性的看法""对利益成本的衡量""避免惩罚"等因素,"法律接受的方式"有"合法""违法""避法""抗法"等。②在"善恶报应"天法秩序得以形成的过程中,"善行善报"是该秩序得以创立的"构成性规范";"恶行恶报"是该秩序得以维系的"控制性规范"。

(一)人内心的普遍认同,是"善恶报应"这一"天法"被接受的动因

"天生烝民,有物有则;民之秉彝,好是懿德。"③上天创生人类,赋予其良好法则,人心顺着常性,都是追求美德。对"善恶"的认知与分辨,是人性本能具有的功能。孟子认为:"恻隐之心,人皆有之;羞恶之心,人皆有之;恭敬之心,人皆有之;是非之心,人皆有之。恻隐之心,仁也;羞恶之心,义也;恭敬之心,礼也;是非之心,智也。仁义礼智,非由外铄我也,我固有之也,弗思耳矣。"人的行为如果合乎仁义礼智,就是行善了,故曰"乃若其情,则可以为善矣,乃所谓善也"④。人只要回归自己的内心,就能知道自己的天性,进而发现上天刻在心版上的"天法","尽其心者,知其性也;知其性,则知天矣"⑤。漫长历史中频繁发生的行为与生死福祸之关联,使得儒家"报应理论"在官绅士庶各个社会群体中被广泛接受。汉宣帝五凤元年,严延年任河东太守,其"阴鸷酷烈,冬月论属县囚,流血数里",河南人称其为"屠伯"。严母从东海来,见延年这般论囚,惊骇不已,"便止都亭,不肯入府",责备严延年"幸得备郡守,专治千里,不闻仁义教化,生全愚民,顾乘刑罚立威,岂为民意父母意哉? 天道神明,人不可独杀。我不意当老见壮子刑戮也"。严母虽然是个普通百姓,但内心清楚知道天道报应的规律,担心延年滥杀人命会遭到上天报应。果不其然,"后岁余,延年以诽谤弃市"⑥。历代统治者也认识到报应论具有很强的可接受性,其可以"使人知畏,人有所畏,则不敢妄为"⑦。敬畏之心是良好秩序的重要心理基础,因此他们通过国家权力,加大"善恶报应"的宣传,目的在于"善者以劝,恶者以惩;举严刑峻罚之不能禁者,而为善去恶之念油然而生"⑧。明成祖朱棣就说过:"盖谓天之默相保佑之于冥冥之中,俾得以享其利益,有莫知其然而然者,此天之阴骘也。"世间福祸浮沉,是"天"报应的结果,"人之阴骘,固无预于天;而天之所以报者,其应如响"。鉴于此,朱棣亲自编撰《为善阴骘》一书,采辑165个颇能体现善恶报应的"典型案例",逐一加以评论,"并系以诗"。此书颁赐给各级官员,成为官员如何行事

---

① 胡平仁:《法律接受初探》,载《行政与法》2001年第2期。
② 胡平仁:《法律社会学》,湖南人民出版社2006年版,第250-254页。
③ 《诗经·大雅·烝民》。
④ 《孟子·告子上》。
⑤ 《孟子·尽心上》。
⑥ 参见《汉书·严延年传》。
⑦ [明]余继登:《典故纪闻》卷三,中华书局1981年版,第47页。
⑧ [清]高维岳:《光绪大宁县志》卷八,《重修城隍庙碑记》,清光绪十一年刻本。

为人以及颁布政令、社会治理与案件审理的"最高指示",目的是让官员"勉于为善,乐于施德"①。如此,"善恶报应"对人的约束功能得到加强,无形中形成一种根植于人心信念的控制机制,进而对立法、行政、司法等法的运行产生影响。

（二）对"善恶报应"这一天法积极的遵守,使"天法秩序"自觉形成

任何一种法律规范,逻辑结构均可由"行为模式"和"法律后果"两部分组成,"善恶报应"这一天法规范也不例外,其调整社会关系功能的实现,要求人的行为符合"善"这一行为模式要求。"福报""余庆"等积极后果②,要求人的行为必须为"善";也只有"善"的行为,才能产生积极的"天法后果"。这是通过正面"合法"的"法律接受"方式,形成法律秩序的一种途径。

处州龙泉人张八公,家境富裕,乐善好施,乡人都称赞其德。每年禾谷,率铜钱六十文一把。遇到荒年歉收,乡价涨为八十,其子也随众涨价,张八公却把钱退还买主。此后,他的儿子再也不敢涨价。"至曾玄孙,皆登第。"黄溪人冯公,"为人本分,亦好施",后来其子"登进士科"。这二人,"用心本分,好施不吝",不仅"乡人感德,并知名于当时",而且其子孙,"亦袭余庆","皆盛衍荣贵,列名科第"。朱棣以诗作评:"贫穷感惠自难忘,善行应知格上苍；不独身安多享富,子孙科第并联芳。"③不但百姓行善会得福报,官员为官,遵守"天法"为善,也会得到积极的后果,唐代唐临的境遇即为例证。唐临在做万泉县丞时,县里有十几个囚犯,因为未交税赋而被关押。适逢暮春雨季,正是耕种的日子,唐临请求县令释放囚犯:"囚人亦有妻儿,无稼穑何以活人,请出之。"县令害怕囚犯逃跑,不肯。唐临说:"明公若有所疑,吾自当其罪。"县令有事请假回家后,唐临把囚犯全部召集起来让他们回家耕种,并且和他们约定:春种结束,都要回到监狱。"囚等感恩,至时毕集县狱",唐临从此出名。升任侍御史一职后,"奉使岭外,按交州刺史李道彦等申叩冤系三千余人",累转黄门侍郎,加银青光禄大夫。其间唐临"俭薄寡欲,不治第宅,服用简素,宽于待物",对待家僮仆役的过失,"竟不扬言其过",宽仁待人。高宗即位后,任检校吏部侍郎,又迁任大理卿。高宗曾经询问在狱系囚之数,唐临对诏称旨,高宗非常满意。刑狱事务,既重要又复杂,为此高宗叮嘱唐临:"为国之要,在于刑法,法急则人残,法宽则失罪,务令折中,称朕意焉。"高宗亲录死囚,"前卿所断者号叫称冤,临所之者独无言",高宗感到很是奇怪,众囚回答:"罪实自犯,唐卿所断,既非冤滥,所以绝意耳。"高宗叹息良久:"为狱者不当如此耶!"永徽元年,唐临为御史大夫。

---

① 参见《四库总目提要·为善阴骘》。

② 在儒家报应的话语体系中,"福报"既有功名、富贵、长寿、子嗣发达等"俗"的一面,也有寻求大道、潜心为学等"雅"的一面；如孔子在世"累累若丧家之狗",但因其思想成就,孔子仍被视为上天祝福之人。不过总体而言,福报"俗"的一面在儒家思想中占主导地位,这也是儒家思想局限性的一个体现。

③ ［明］朱棣《为善阴骘》卷七。

第二年,"寻迁刑部尚书,加金紫光禄大夫,复历兵部、度支、吏部三尚书"。① 其孙绍,为给事中,兼太常少卿。明成祖朱棣盛赞唐临:"按狱无冤死得生,廷中推谠更称平;阴功积厚天应报,身至尚书子少卿。"② 唐临宽厚为人,敬业工作,其行为合乎"善"的行为模式,得到了"福报"的天法后果。

"善待他人""善行善报"在法理学中属于"构成性规范",这种规范所调整的行为,在逻辑上依赖于该规范自身,无此规范,则无该行为。③ 上天创生人类,是要人与人之间有和谐美好的关系,这种美好关系就是"天法秩序",需要借由"善待他人"这类行为规范得到构建。人因遵行这类规范使天法秩序得以实现、天意得到满足,上天作为公义的法官,就会给予人以正面的奖赏。康德在论述德性与幸福关系时,也认为宗教使得德性与幸福有了因果关系,"神"不仅是个评判者、判断者,而且是个"分配者"。人能够按照他的"德性",从"神"分配到他应享有的"幸福";同时也能从他享有的"幸福"中,推想出他的"德性"来。④ 上天按照人行善的程度,分配给人相应的"幸福",是为"分配正义"之举,体现了"天"正义、公正的属性。如此分配,是在人间实现"正义"的天法秩序。对人而言,这是一种"守法"的"法律接受方式";"天法"之秩序,通过正面、肯定的方式得到了实现。

(三)对天法"善恶报应"的消极违背,产生否定性的后果,使"天法秩序"强制实现

任何违法行为,都不能使法所预期的社会关系转化为现实,相反只能是对这种关系构成破坏。消极的行为模式,只能产生否定性的法律后果。同时,也必须通过否定性的法律后果,才能抑制、阻止人的消极的违法行为。在"法律秩序"理论中,此为"法律的强制运行",是通过"违法"这一负面的"法律接受方式",形成法律秩序的一种途径。在儒家的报应理论中,天网恢恢疏而不漏,善恶最终都有报应,人作出恶行,迟早会有"恶报""余殃"等负面后果。明末清初儒生通过阅读二十一史,总结出十类招致"天法"恶报的行为:"大逆""淫""残""阴谋""负心""贪""奢""骄""党""左道"等。如宋之问有才无行:宋之问,汾州人,伟仪观,雄于才辩。诗律与沈佺期齐名,时人号为"沈宋"。唐武则天时,累转尚方监丞。时张易之兄弟昵比宠甚,之问倾心诡附,至为奉溺器。及败,之问贬泷州参军,后逃归洛阳,匿友人张仲之家。会武三思复用事,仲之与王同皎谋杀三思,以安王室。之问得其实,阴使人上变,以乞赎罪。由是杀仲之。擢之问鸿胪主簿,天下丑其行。景龙中,迁考功员外郎,谄事太平公主,故见用。及安乐公主权盛,复往谐结。太平深疾之。中宗将用为中书舍人,

---

① 参见《旧唐书·唐临传》。
② [明]朱棣《为善阴骘》卷三。
③ 参见[英]A.J.M.米尔恩:《人的权利与人的多样性:人权哲学》,中国大百科全书出版社1995年版,第17页。
④ 参见夏清瑕:《另一种秩序:法律文化中的因果报应信仰》,载《宁夏大学学报(人文社会科学版)》2006年第5期。

未果,睿宗立,以其狡险盈恶,流之钦州,遂赐死。①

宋之问的案例,昭示世人:为了自己的飞黄腾达而"负心"出卖恩待自己的朋友,导致朋友遭受杀身之祸的行为,乃是大恶之举,最终必定要遭受上天的审判。宋之问仪表堂堂,才华出众,但为人"狡险",其被"赐死"的后果,乃是上天借皇权对其"盈恶"行为的审判所致。这类案例在历史中为数不少,"韩信卖友""孟尝君背齐""李密负翟让""姚苌负秦"等,都反复证明"恶行"与"祸患"之间的逻辑关联,也昭示着那位无所不在、无所不知的"天",是按照"天法"对人施行审判的。

对特定个人的伤害是恶行,通过立法、行政、司法等公权力手段伤害众人,则更是恶行。司法官若枉法裁判,可能没有国家法律的制裁,但难逃上天惩罚。"刑罚之事,其动天地也。若夫一刑误而天为之怒,一事白而天为之解怒。一方蒙其休,一方且然。何有于治狱之一家乎?苟有误焉,其受天戮也,将无孑遗矣。"②商鞅在秦国变法,"连相坐之法,造参夷(夷三族)之诛,增加肉刑、大辟,有凿颠、抽胁、镬亨(烹)之刑"③。其主导思想是"刑九赏一""重刑轻罪",刑罚要大大超过赏赐,较轻的罪行也要用严刑峻法进行惩治,因此遭受酷刑的百姓触目皆是。历史记载:"卫鞅内刻刀锯之刑,外深铁钺之诛,步过六尺者有罚,弃灰于道者被刑;一日临渭而论囚七百余人,渭水尽赤,号哭之声动于天地。"④秦国因为变法而开始强大,商鞅被封为"商君"。秦孝公去世,太子即位,有人告发商君谋反,秦惠王派人抓捕,商君逃至关下,欲舍客舍。客舍主人不知道面前这位就是商君,说:"商君之法,舍人无验者坐之",拒绝商君入舍,商君仰天长叹:"嗟乎,为法之弊一至此哉!"商鞅尝到了自己所立苛法的苦果。最终,秦发兵攻商君,杀之于黾池,"秦惠王车裂商君以徇,曰:'莫如商鞅反者!'遂灭商君之家"。⑤权倾朝野、显赫一时的商鞅,满门抄斩,身败名裂。商鞅的事业轰轰烈烈,但其所立之法多为"恶法",天心为仁,罚不当罪、滥施酷刑的法律严重违背天法之"仁",可谓"制度性作恶",其为祸之烈远甚于普通人的行为之恶。清代儒生认为商鞅是"作法自毙"⑥,其悲惨下场也是上天对其"以法作恶"审判的结果。

"不可作恶""恶行恶报"在法理学中属于"控制性规范",这种规范所调整的行为,在逻辑上先于该规范并独立于该规范之外⑦,这种规范是通过界限使人的行为受到约束和控制。上天要维系美好、和谐的"天法秩序",需要通过"不得作恶""恶行恶报"这类控制性规范来

---

① [清]丁耀亢:《天史》校释,宫庆山、孟庆泰校释,齐鲁书社2009年版,第208页。
② [清]袁守定:《图民录》,收录于《官箴书集成》第五册,黄山书社1997年版,第195页。
③ 《汉书·刑法志》。
④ [清]姚苎田:《史记菁华录》。
⑤ 参见《史记·商君列传》。
⑥ [清]丁耀亢:《天史》校释,宫庆山、孟庆泰校释,齐鲁书社2009年版,第100页。
⑦ 参见[英]A.J.M.米尔恩:《人的权利与人的多样性:人权哲学》,中国大百科全书出版社1995年版,第16页。

实现。人的恶行,使天法秩序受到破坏,上天作为公义的法官,必须给予人以负面的制裁或报应。"报应即是一种恢复公平的正义方式。"① 当天法被违反以至于正义的社会秩序不能得到有效建立时,强制性"天罚"就会降临,人间的不义就能得到有效遏制。对作恶者而言,这是一种"违法"的"法律接受方式";"天法"之秩序,通过负面、否定的方式得到实现。

四、结语

法与善、正义是分不开的。如古罗马法学家乌尔比安认为,"法学是正义和非正义的科学",塞尔苏斯明确主张,"法是实现善良和公正的艺术"。② 何为正义?乌尔比安的定义是:"正义乃是使每个人获得其应得的东西的永恒不变的意志。"③ 法律是秩序和正义的综合体,法律设立、运行及法律秩序形成的过程,也是正义实现的过程。"法律旨在创设一种正义的社会秩序。"④ 在中国传统社会中,正义的社会秩序的实现主要依赖两个途径:一为通过国家法律实现,一为通过"天法"善恶报应实现。"天法"就是法理学中的"自然法",其位阶远高于国家制定法。国家法实现的是制定法秩序,"天法"实现的是自然法秩序。"善恶报应"作为一种法,其创设并维护的就是国家制定法之上的自然法秩序,特别体现着对正义秩序的追求。儒家的"善恶报应"论,在中国传统社会并不是可有可无的,它不仅体现着自然法秩序的实现,又关涉国家法秩序的实现是否具有更高的法理基础。当国家的立法、行政、司法合乎"天法"原则时,官员、国家等主体就会得到上天"福报"嘉奖;当国家的立法、行政、司法背离"天法"时,相关主体就会遭受上天"恶报"刑罚。这使得国家法秩序不得不接受"正义"的自然法秩序的检验和矫正。尤其是在立法、执法、司法水准和技术都很落后的传统社会,超验的"天法"运行格外不可或缺。当人们在制定法世界无法看到正义实现时,其本能地会期盼"天法运行",通过"超验审判"使正义降临人间。因为"报应本身就是正义;善有善报,恶有恶报,这本身就是公平,就是公正。也正是因为有了这种'报应',人类的社会正义才得以真正的实现"⑤。可以说,"善行福报",就是通过"分配"实现的正义;"恶行恶报",就是通过"矫正"实现的正义。儒家的"善恶报应"论,实为一种法理性的"正义论",其不仅是传统中国人行为所据的基本法理,也是一种眼不能见却事实存在的社会控制模式。

---

① 易军:《另一种"法的正义":民间报应正义的法理分析》,载《广西大学学报(哲学社会科学版)》2011年第2期。
② [德]魏德士:《法理学》,丁晓春、吴越译,法律出版社2005年版,第154页。
③ [美]E.博登海默:《法理学:法律哲学与法律方法》,邓正来译,中国政法大学出版社2004年版,第277页。
④ [美]E.博登海默:《法理学:法律哲学与法律方法》,邓正来译,中国政法大学出版社2004年版,第330页。
⑤ 胡炳章:《善恶报应与社会正义:土家族伦理思想系列研究之一》,载《吉首大学学报(社会科学版)》2010年第4期。

宪法第十条第一款本义探寻
——一种具有历史维度的宪法教义学尝试

熊建明*

摘　要：理解宪法第十条第一款最为适宜的语境，当为新中国历史上五个宪法文本，兼采历史维度的宪法教义学范式，并将城市以新中国成立为界，分为老城市和新城市，方能析出其规范本义。对老城而言，新中国城市土地，尤其是供市民居住房屋所占土地，是一直实际存在着私人所有权的，即使"文革"时激进的一律国有化政策盛行之时，也是如此。因此，本款真义，必须以承认、尊重、保护市民房屋所占土地所有权为前提，并且这一前提具有溯及效力，可推翻、纠正以回复"文革"时代被激进的国有化土地私有产权。于新城（含老城扩展所成新城区）而论，在成为城市之前，是位居集体所有的土地，并分两类：一是围绕村落的农业生产及辅助用地；二是供村民生活居住而聚拢的村落用地，即宅基地集中连片地段。第一种区域若变成城市，被征收的土地所有权主体为村集体组织和农户；农户既是村集体成员，又是土地承包经营权主体。第二种区域若变成城市，宅基地早已失去经济功能，只供农户无偿常住，在原初意义上，具有所有权属性，被征收的土地的权利主体应当且只能为农户。因此，本款真义，必须以集体所有土地区位、功能等为基础，承认并尊重其原初意义上的所有权属性，且同样具有溯及性。综合新旧城市，理解城市的土地归国家所有，必须以国家所有之前最为初始并持续存在于土地上，包括所有权在内的各种权利配置为前提，并做出妥当合理合法的制度上的过渡安排，以确保未来进入城市的土地，一律为国家所有。

关键词：城市的土地归国家所有　五个宪法文本　历史维度宪法教义学　尊重土地权利初始配置

---

*　作者简介：熊建明，副教授，南昌大学法学院，华东政法大学博士。

引言

如果问宪法中哪一个条款最为重要[①],或许没有也无法给出明确答案,毕竟难以获得共识;但没有人会否认,第十条是宪法中最为重要的条款之一,也不难理解其相关的学术研究成果量大质异。就研究对象而论,本文没有什么新意。

但如果立足于如下设问,适用什么方法能够较为精确地得出第十条规范本义,且本义又当是什么,与既有成果相较,有哪些明朗、直接、较少引起争议之处,那么本文就可能不仅有资格列入既有成果之林,而且较为新颖独特,不仅是在本义探寻方面,更体现在勾画临摹的对象和方法上。而要达到这一学术目标,首先必当重视第十条第一款的探寻。

为什么研究第十条,要首重第一款?原因在于宪法第十条各款表达逻辑。

第一款、第二款依据土地所在区位及功能,将土地分为两类,一为城市的土地归国家所有,一为农村土地归集体所有;第三款规定,基于公共利益的需要,可以依法对土地予以征收或征用并给予补偿[②];第三款位于第一、二款之后,表明是对此两款的进一步延伸或补充,或勾连其中关系;征收是改变土地权属的重要途径。如果坚持字面理解,第一款城市的土地已归国家所有了,自然不必再征收,至多是国有收回;显然,此征收是针对第二款而言。确定土地所有的归属,固然不错,但土地更高的,或者更为准确地讲,甚至其唯一价值就在于使用及收益。如何从所有到使用,需要过渡表述,这就是第四款位序所在。强调使用时,从反面禁止土地使用的非法途径或方式,直言规定需要使用土地的主体,其唯一合法有效的方式只能服从"土地的使用权可以依照法律的规定转让"。但就第一款而言,有可能存在着土地使用在先,所有在后,并且未依法办理转让这样的情形;就第二款而论,则存在着即使有使用权在先也不归入第四款所指依法转让的事实。

在使用期间应当注意什么问题,或者说应当遵守的原则,就是第五款所示"一切使用土地的组织和个人必须合理地利用土地"。这既是对土地所有权主体的规范(国家、集体自用土地),也是对土地使用权主体的拘束,并开启了中国土地按用途管控的治理架构。

毕竟在每一条条文之内,如果需要设置两个以上款文,那么第一款无论是在结构上,还是在规范上,无疑具有总揽全条的意义和功能,余下各款都会以这样或那样的方式,与第一款所示本义发生极为紧密、不可缺失的相对或关联。

也许有人会质疑,就面积与分布而论,农村和城市郊区的土地更多更广,故第二款当排

[①] 本文"宪法""现行宪法"均指1982年公布的文本,以及1988—2018年历次宪法修正案,有的地方因需要标明年份,故"1982年宪法"与"宪法""现行宪法"同义,如果需要就修正案中的内容进行说明,会单独说明×××年修正案第×条。

[②] 第十条第三款经2004年宪法修正案第二十条修正。

在第一款位置上。此言差矣。国家所有的土地，较之农村集体所有的土地才是真正地更多更广，因为宪法第九条明示"荒地"作为自然资源归国家所有。何谓荒地？直言之，就是尚未开发使用过的土地，除去城市（含郊区）、农村、农场的土地，以及连接城乡交通设施所用等人力施及过的土地，其余的国土都是荒地；荒地其实就是生地，与熟地相对。就熟地而论，集体所有的土地较之国家所有的土地固然为多，但土地开发程度及利用效率，进而就一国国民生产总值主体部分的来源地而论，城市的价值远重于农村。因而不仅就区位、功能，而且就对国家和民族的重要性而论，将城市的土地置于农村之前，优先给予制度上的规范安排并无大碍。故首重第十条第一款并无问题。本文正是基于这一尝试。

不仅如此，还可以通过梳理、解析第十条第一款，追溯现宪法之前四个宪法文本中有关城市土地规定及其变迁，为更好更准确地理解本款提供广阔、宏大的历史视野。《中国人民政治协商会议共同纲领》（简称"共同纲领"）中并未明文规定城市土地，1954年宪法和1975年宪法提到了城乡土地，1978年宪法虽提及了土地但略去了"城乡"修饰，只有现行宪法不仅提及土地，而且还依土地所在区位，分别以两个款文单独规定。为什么会如此，回答这个问题，本身就是一个解读第一款的极好视角。

要独创出不同于既有成果的研究，就不宜采取驳论方式，立论几乎为不二法门。本文分两个部分，首先是不过问既有研究成果得失、介绍与评论，完全立足于自身设定方式展开，如果在论证过程中，有些结论和方法与既有成果相同或相近，会做相应注释说明；其次是在证立自身见解之后，再将其与既有研究对照和比较，以示区分。第一部分可视为本体证立论，第二部分则可当成本体关联论，在此基础上引申，并得出结论，因而结语也含在其中。

一、城市土地国有化进程不否认土地私有和准私有产权立论

在证立本节标题所示命题之前，首先需要表明本文写作依据及论证方式。

（一）写作依据及论证方式

本文写作对象明确是宪法第十条第一款，故现宪法是必需的文本依据。不仅如此，还会将自共同纲领至现宪法之前的四个宪法文本也作为必需的文本依据；即共同纲领、1954年宪法、1975年宪法、1978年宪法，并且以1954年宪法为重点展开；也就是说，1954年宪法和现宪法是规范教义学范式展开的主要对象，因而自然具有一种历史语境和追溯视野。为什么如此确定？

第一，毛泽东主席认为，共同纲领在过去几年的历史实践中被证明是完全正确的，就是说，它的基本结构、基本内容没有问题，存在的只是如下几个方面的问题：一是一部分条款规定的目标已经实现，不需要继续存在；二是部分条款根据形势需要补充；三是部分条款需

要加以简化或省略。① 因此,才会有1954年宪法序言中如下内容表述:这个宪法以1949年的共同纲领为基础,又是共同纲领的发展。这个宪法巩固了我国人民革命的成果和中华人民共和国成立以来政治上、经济上的新胜利,并且反映了国家在过渡时期的根本要求和广大人民建设社会主义社会的共同愿望。而1954年宪法是新中国第一部宪法。1975年、1978年,以及1982年宪法,相较于第一部宪法,都是经由其修改发展而成的,尤其是1982年宪法,不仅是对1978年宪法的修正,更是对第一部宪法的恢复、继承与发扬。② 这就表明,五部宪法文本都有的内容,就具有历史的一贯性与连续性,即使表述方式及表达内容上稍有不同,也是如此。前四部文本都有的内容,到第五部文本中,虽未明示提及,但以另外方式予以表示,依然具有历史一致性;或者说,在最低限度意义上,至少完全不能从中解读出否认或拒绝本义,更不能说现行宪法予以摒弃了,而能够通过宪法规范教义学范式,证立文本与结构所示规范意旨。

第二,1954年宪法浸透了毛泽东主席的深厚期待与极大心血。他亲任宪法起草委员会主席,并且在以他为核心的宪法起草小组中,他也发挥了极大作用,"他无论是才学,还是威望、地位,在中国制宪史上,无有出其右者";尽管将1954年宪法命名为毛泽东宪法,被其本人拒绝,但宪法领袖化无疑是事实;1954年宪法是在党的领导下,也主要是由党和党的领导者制定的。③ 也正是如此,才由人及宪,在1980年修改宪法期间,宪法修改委员会全体成员无比重视1954年宪法文本,甚至说以其为蓝本也不为过。④

第三,从共同纲领至现行宪法的当代进程中,作为宪法文本应该涉及的对象几乎没有什么更动,但不否认表述方式与规定的内容有所变异,因而具有历史承接性。并且也正是基于这种对象,即事项或议题上的承接,以及表述方式及表达内容的相对变异,以此五个文本所示结构、体例、内容为写作依据,以一种具有历史维度的宪法规范教义学方式予以梳理、比照,进而论证,才具备可行性和可靠性。因而以文本及相互间历史传承为依据,展开教义学发掘才有可能。故本文论证方式以具有历史视域的宪法规范教义学为主。

与此同时,鉴于本文主题为城市的土地所有权权属问题,还需要确定以下基本前提。

第一,从共同纲领至现行宪法,都有关于土地的条款;各个宪法文本对土地分类标准虽各有不同,但鉴于土地既具有生产资料的资产性如增值与生产,又具生活资料的效用性如供生活起居与办公,这两种属性,对国家和非国家主体皆然。就其对非国家机关、社会组织和个人而论,分为两类应该大体符合每个文本的规范属性,即基于功能标准,可分为供产业而

---

① 王人博:《1840年以来的中国》,九州出版社2020年版,第528页。
② 许崇德:《中华人民共和国宪法史》(下册),福建人民出版社2005年版,第470页。
③ 王人博:《1840年以来的中国》,九州出版社2020年版,第522、523页。
④ 许崇德:《中华人民共和国宪法史》(下册),福建人民出版社2005年版,第十七章以下,几乎每章都能看到。

用的土地和供生活居住而用的土地。①之所以作这样的分类,是与新中国对待不同主体产业资本项下土地,和不同主体所拥有的供生活、居住用房屋所占土地的方针、政策完全不同有极大关联,并且在处置时限上亦有先有后。等到现行宪法面世和实施的时候,真正有所有权权属争议的土地,在城市,就是市民家庭生活居住的房屋所占土地和小部分个体手工劳动者依国家法律、政策一直许可的经营作坊,即经营场所所占土地;在农村,虽不存在所有权权属争议,但一旦所有权发生转化时,其收益主体及其分配可能会引发纠纷。明晰这一点,对于理解第十条第一款是极端重要的。

第二,中华人民共和国成立以来,城市依其形成时间亦可分为两类:老城市,如北京、上海等;新城市,如攀枝花、深圳等②;这两类城市中土地,其国家所有的起点、来源与进程是完全不同的,因而在讨论城市的土地属于国家所有这一元规范时,当有所区别。

第三,无论是老城市,还是新城市,所有城市都处于逐渐式或急速式扩张进程中。老城市在新中国七十多年历史里,既有渐进式延展,亦有急进式扩充;新城市扩展进程更为激烈、迅猛。这些表现不一的扩展进程,无论是现行宪法面世时,还是时至今日,从未停止过,虽然也有些城市在逐渐萎缩,如甘肃玉门市等资源型城市,但就城市所占土地而言,即使荒弃亦并未缩减。就土地而论,既有作为老旧城市主干区域或建设新城最早起始的地域,亦有新城开发而成的区间。

因此,理解第十条中城市,还是郊区,或是农村,都当以一种动态视角,即其扩展进程而观之。

这一动态视角,在理解以农村集体所有土地为起始的城市建设进程时,具有极为重要的意义。毕竟城市新建或扩建中,如果需要向农村延伸,一般是先占用农业生产及配套用地,如耕地等,然后才是农村生活及其公共用地,如村落;当然也存在成建制的村庄土地被整体征收成为国家所有的情形。但是可以作这样的简化和归类,即老城市中无论是基于渐进式延展,还是急速扩张所成城市新兴区域,虽权属有所不同,但其形成和生长机理,与中华人民共和国成立后新建和新造城市完全相同,故在讨论新城市时所得结论,适用于老城新生成的地域。

首先讨论老城市,即相较于中华人民共和国成立,它们作为城市,是先在的;这一类型,是五个宪法文本共同的第一标准城市模型。

---

① 本文不涉及供国家机关、医院、学校等事业单位使用的土地。

② 其实,深圳市也是现宪法出台之前开建的;囿于资料与视野,尚未找到城市生成于1982年12月之后的个例,但可以广东的一些在改革开放前为农村集镇,改革开放后变成颇具规模的城市,如顺德等为例。当然作这样细致的区分并非必要,即使是在1982年之前有其雏形,但正式庞大的城市躯体的生长与形成仍然是在现宪法实施之后,也是不影响本文主题及其论证的。

(二)城市的土地属于国家所有的第一种类型:老城市

首先,必须明白,连接老城市与中华人民共和国的宪法桥梁,有且只能是共同纲领。共同纲领对土地的规定,分布于两个部分,表现形式为间接或直接。

第一部分是在总纲中但就城市土地而言,主要是间接规定。第三条规定:"中华人民共和国必须取消帝国主义国家在中国的一切特权,没收官僚资本归人民的国家所有,有步骤地将封建半封建的土地所有制改变为农民的土地所有制,保护国家的公共财产和合作社的财产,保护工人、农民、小资产阶级和民族资产阶级的经济利益及其私有财产,发展新民主主义的人民经济,稳步地变农业国为工业国。"

"取消帝国主义国家在中国的一切特权"中,一定含有在中国投资开展商业经营的权利,其中产业资本一定会与其所占土地相关,取消特权就必定包含没收产业及其资本,其中固定资本就与土地及其上经营设施有关;"取消特权"就是斩断资本主体与包括固定资本在内的产业所有权关系,而这些产业资本绝大部分都设在老城市内,归新生的中华人民共和国国家所有。

同理,"没收官僚资本"中的"资本",一定也涵盖固定资本,土地及其上附属设施是其中最为重要的体现,且大都位居城市内。因而城市中原属于官僚资本的土地,通过没收就归新生国家所有。因中华人民共和国为新生,故国家的公共财产所指,主要就是由取消帝国主义国家在华一切特权和没收官僚资本归人民的国家所有而形成的,也是初始公共财产;表现在土地上,它们就是国家所有的最初始土地,并且在城市,国家所有的财产与公共财产并无区别。

工人在当时是有特定地域属性的,即工作、生活、居住在城市里的产业雇员、商业职员,就是工人主体。他们居住的房屋及其所占土地,如果不是租赁他人房屋,当然归工人及其家庭所有,为其私有财产;进一步还可将工人扩展至凡工作、生活、居住在城市,有自己享有所有权的房屋的市民阶层,其房屋及其所占土地,为其私有财产;对于其中城市手工业者,还有供其手工技能施展的手工作坊,即经营场所,谓其产业,其中土地及其上经营设施,为其私人所有的经济利益。

小资产阶级和民族资产阶级,尽管是一对政治概念,但有资产就意味着有产业,否则很难成为资产阶级,且这些产业主要位居城市;他们不仅有表现为产业资本归其所有的城市土地,还有同样也在城市里供其生活、居住和社交的房屋及所占土地,甚至有些资产阶级业主还会有已建造好的、专门用于出租供他人在城里工作生活起居而自己收取租金的商住铺面和房屋及所占土地,这些房屋及其所占土地的所有权无疑归属于这些资产阶级。产业资本中的土地及其上附着建筑设施,和被其出租收取租金的房屋及其所占土地等,是其经济利益;供其本人及其家庭生活起居之用的房屋及其所占(含周围)土地,是其私有财产。

"发展新民主主义的人民经济,稳步地变农业国为工业国"这一宣告是要表达:即使是老城市,一旦回到人民的手中,也会有序深化和有效扩张,而不会固守其旧貌。深化就意味着需要对老城市原有城市格局,尤其是依城市功能分区的规划,予以根本性变动,提升城市内生质量和发展水平;扩张就需要向城市郊区伸展,变郊区为市区,与郊区农户或农民合作,让其所有的土地发生所有权转换或置换。因为只有工业化程度较高的国家才能被称为工业国,而工业化的首要标志,就是扩大城市规模,拓宽城市发展路径,所以城市化率是衡量其工业化程度和规模的一个重要指标。

这表明,国家对国民经济的持续与发展享有主导权,包括工、商、文、教、卫等规划与布局,有权为了实际工业化目标,对城市所有地域重新调整和规划,有权将城市郊区内化为城市非农业功能新区;城市边界处于一个不断延展的进程中。土地及其上附着设施权属会不断变化,其中主要是由郊区农村农户或农业合作组织所有、城市私人(含手工业业者)所有,转化为国家所有,这种转化无疑需要一个法律上或政策上的根据和程序,以及转化目的明示。当时国家、社会、个人等主体就土地权属所面临的问题,与现今宪法施行时代的问题,本质上并无殊异。因此,也可以认为第一款之所以没有将"国家所有"转性为"国家所有权",其根本原因在于国家所有也是处于一种动态调整过程中,但不否认其中已经转化为国家所有的土地,国家对其享有所有权。

不仅如此,随后四个宪法文本明示的征收条款,还在此表述中蕴藏:1954年、1975年、1978年三部宪法均是用"征购""征用"或"收归国有"来表达现宪法中的"征收"或"征用"。故新中国首次在宪法中规定"征收",始于1954年宪法。

第二部分是在经济政策的表达中。就城市土地而论,主要表现为直接和间接同时或先后规定,分别散布于共同纲领第二十六~三十三条、第三十五条、第三十七~三十九条等12个条文中:允许国营经济、合作社经济、城市手工业者个体经济、私人资本主义经济、国家资本主义经济等多种经济成分同时存在,坚持公私兼顾、劳资两利,强调国营经济在国民经济中的主导和领导地位;土地改革要为发展生产力和国家工业化作必要的准备;制定恢复和发展全国公私经济的总计划;鼓励私人资本向国家资本主义方向发展;发展重工业,增加轻工业;保护工商贸易,发展城镇中合作事业;依法营业的私人金融事业,应受国家指导和监督等。总括起来,涉及的是与产业资本有关的城市不动产。这一部分在今后的国家经济建设大潮中,是最先被国有化的。

共同纲领中,对城市土地权益的规定,采两种标准分述:一是土地权益归属主体,表现在总纲中;二是所有制及经济运行机制,表述在经济政策里。

在承继共同纲领主要内容与结构的基础上,1954年宪法闪亮登场。就城市土地而论,1954年宪法规定得虽较为分散,但总体上讲,是按照两种模式予以表达的:生活资料,与土地有关的,就是供自身生活居住之用的房屋及其所占土地;生产资料,就是产业上不动产整体(含供出租的商品房及所占土地)。相较于共同纲领,标准虽更加明晰,界分也较为清楚,但仍然沿袭所有权归属主体和所有制下经济运行机制这两大框架,且均置于总纲中。

1954年宪法第五条规定生产资料所有制:国家所有制即全民所有制、合作社所有制即劳动群众集体所有制、个体劳动者所有制和资本家所有制。其中国家所有制是主导力量,居领导地位,国家保证其优先发展;国家要对个体手工业劳动实行社会主义改造,保护手工业者和其他非农业个体劳动者生产资料所有权;国家保护资本家生产资料所有权和其他资本所有权,对资本主义工商业实行利用、限制和改造政策,逐步以全民所有制代替资本家所有制。第五至十条是就城乡土地资源和资本属性予以规范。它们在1954年宪法出台前后,几乎都已经被国有化了,因为通过工商业社会主义改造中和平赎买方式,几乎都已经被转化为国家所有了。①

第十一、十二条规定公民个人及其家庭私有财产,其中第十一条特别提到作为生活资料的房屋所有权,显然这里的房屋包含其所占土地。毕竟,房屋必须盖于地上,因而房地一体理所当然。另外,为建造私有经营场所和房屋,必先取得场所和房屋所占土地的全部权利,且为取得并保有这样的所有权,权利主体是付出了相应对价的,这是自明之理。

获得所建场所和房屋必需的土地权利,符合当时的法律、政策、法规,并受其承认和保护,即使新旧中国更替,废除了旧中国一切法律,但依共同纲领,所废者,乃是"国民党反动政府一切压迫人民的法律、法令和司法制度"(第十七条);哪怕在国民党反动政府执政期间,依当时法律、法令取得的土地所有权,在新中国成立后,依然当受新中国法律、法令和司法制度保障,因为就土地所有权及其上房屋和经营场所而论,这样的旧法律、旧法令和旧司法制度,并非压迫人民,而是承认和保护人民权利;事实上,新中国成立后,不仅宪法和法律、法令如此规定,在实践中也如此实施和执行。② 这是首部宪法对共同纲领的承继。

共同纲领与1954年宪法对土地有一个共同分类与架构,就是将私人享有所有权的土地,按照产业资本与生活资源分为供工商业和农业生产用土地、供生活居住用土地,但首部宪法在共同纲领基础上有极大超越。除了极少手工业者获得国家法律、政策允许和保护的手工作坊,即经营场所及所占土地——宪法将其作为资产对待——之外,城市公民个人及家庭几乎不再拥有作为生产资料的土地及附着设施,而只有作为生活资料的房屋及其所占土地。产业资本中城市土地,经由社会主义革命和社会主义建设,逐渐全部变成国家所有了。

---

① 毛泽东:《关于国家资本主义经济》《改造资本主义工商业的必经之路》,分别载《毛泽东文集》(第六卷),人民出版社1999年版,第282页、第291-293页。毛泽东:《社会主义革命的目的是解放生产力》,载《毛泽东文集》(第七卷),人民出版社1999年版,第1-3页。
② 程雪阳:《中国地权制度的反思与变革》,上海三联书店2018年版,第64-76页。

这一分类与架构在1975年宪法中仍有微量体现,但较为隐晦。在第五条第二款中规定:国家允许非农业的个体劳动者在城镇街道组织、农村人民公社的生产队统一安排下,从事在法律许可范围内的、不剥削他人的个体劳动,这是生产资料视角下的表述;第九条第二款则是针对作为生活资源的土地规定,"国家保护公民的劳动收入、储蓄、房屋和各种生活资料的所有权"。如果需要对此两种土地国有化,则按照第六条第三款"国家可以依照法律规定的条件,对城乡土地和其他生产资料实行征购、征用或者收归国有"完成。

对这一分类与架构的隐晦表述,被1978年宪法承继:城市市区土地与公民及其家庭有关部分,有且只有其生活居住房屋下所占土地,以及少量城市手工作坊经营场所所占土地。

至1982年宪法时,上述分类与架构及内容尽管都规定在总纲里,但整个体例则完全新建,并且在表达上所用词汇也予彻底更新。如没有房屋,只有土地;没有生活资料,只有生产资料;没有所有权,只有所有或所有制;没有财产列举,只有合法的私有财产之概括;没有城市手工业者,只有个体经济与私营经济,并且土地分类标准多元多态。

为弄清1982年宪法第十条,尤其是第一款本义,首先需要在宪法表达结构上,明晰第十条土地分类标准与类型。

因现行宪法总纲第六至十八条表达都与经济有关。① 第六条规定了所有制,所有制认定的基础是生产资料,土地无疑是其中最为重要的成分。故依本条,就土地而论,有全民所有制项下土地、劳动群众集体所有制项下土地、其他多种所有制项下土地等。根据第十一条、第十八条,其他所有制实指个体经济、私营经济和外资经济,它们在中国境内存在,无疑必须奠基或依附于土地之上,至于与其所依附的土地间权属关系如何,有待进一步明确。这一明确可通过第十条第四款"任何组织或者个人不得侵占、买卖或者以其他形式非法转让土地。土地的使用权可以依照法律的规定转让"② 确认。个体经济、私营经济和外资经济因不能成为土地所有权主体,但又必须有土地,只能通过转让,从所有权主体依法获得土地使用权。

但这里有两个问题必须细究:一是有些个体经济(它们实质上是之前宪法文本中所指的城乡从事非农业的手工业者)在它们被新宪法命名为个体经济(私营经济不过是较大规模的手工业者或其联合)之前,即已在城乡拥有且实际控制占有,并持续利用与其产业匹配的土地——从区位到数量;二是外资经济根据外资形式,尤其是成立外资企业的合约(但在1982年宪法公布之时,只有中外合资一种,只有到了1986年、1988年才有外商独资企业和中外合作经营企业),允许中方合资或合作方以其所享有,或允准其享有处分权的土地,作

---

① 其中第六条经1999年宪法修正案第十四条修正,第七条经1993年宪法修正案第五条、第八条第一款经同修正案第六条、第十五条经同修正案第七条、第十六条经同修正案第八条、第十七条经同修正案第九条修正;其中第八条第一款又经1999年宪法修正案第十五条修正,第十一条经同修正案第十六修正。

② 第十条第四款经1988年宪法修正案第二条修正。

为出资进入其中,如果在现宪法施行之前即已发生,那么其土地所有权如何转换为土地使用权,有待在规范上澄清和实践上兑现,至少不能加重合资或合作企业的经济负担。至于在宪法生效后才出现的个体或私营经济,以及外资经济,虽不存在上述土地使用或作价在先的尴尬之境,但也存在转让和估价问题(但没有市场作基础)。

现行宪法第七条将全民所有制项下土地转化为国家所有的土地,因为全民所有制经济在现实中表现为国有经济。由全民所有的土地,经由主体转化,自然变为国家所有。因而,即使第十条第一款不予明示,也能够精确而唯一地依规范内涵,推证出全民所有制项下的土地,归国家所有;但鉴于国有土地遍布全国,国家由国家机关代表,因而国家所有内含一个代表和分层架构问题。

第八条将劳动群众集体所有制经济,细分为农村劳动群众集体所有和城镇劳动群众集体所有。并且就位于农村的土地而论,有两种运营方式:一是以家庭承包经营为基础,统分结合,其表现及衍生表现形式为生产、消费、供销、信用等;二是隶属于农村集体经济组织的劳动者(在计量上表现为农户)独立经营的自留地、自留山、家庭副业及饲养的自留畜,虽置于农村劳动群众集体经济中,但如果以劳动者个体对土地及其上附着物或经营的事业享有所有权作一个理想质点,那么劳动者独立经营表现为"三自"的家庭副业,这更为靠近甚至几乎与这一理想质点重叠。①

城镇中手工业、工业、建筑业、运输业、商业、服务业等各种形式的合作经济,如果能够保持正常的日常运营,那么必须有经营场所即营业地点,它们无一不与土地相关。

故第六至八条是基于所有制及其亚项标准,对土地所作分类,其中既有产权归属确定类型,亦有需要进一步明确产权属性等情形。

第九条是基于土地作为财富母本,对土地及其所蕴含的要素进行分类,将矿藏、水流、森林、山岭、草原、荒地、滩涂等自然资源与土地分开,并确定其所有权归属:除法律规定属于集体所有之外,一律归国家所有,但矿藏、水流、荒地不论其位居何地,尤其是前两项,始终归国家所有而非集体所有。因此,将土地及附着其上和其下的自然资源予以分开并予分类。这是宪法中土地的第二种分类标准,其中还隐匿着一种亚分类,即按照土地是否开发,分为熟地与生地即荒地。

第十条按照土地区位与功能确定其所有权归属:城市的土地归国家所有,城市郊区和农村的土地,除法律规定归国家所有之外,归(农村)集体所有,宅基地、自留地(山)也属于集体所有。其中,城市、城市郊区、农村,既是按照土地所在区位即地域,也是按照土地功能

---

① 有关自留地的阐述,参见熊建明:《小制度大视野:自留地起源、功用、性质之法律探究》,载《中西法律传统》2017年第1期。

分类。城市的土地不作农业生产之用,城市郊区与农村土地则可行,而在集体所有的土地中,宅基地、自留地(山)则是作农村生活、居住而非农业生产之用,这也是功能性划分。

第十一条则为所有制的进一步规定。① 个体经济与私营经济作为非公有制经济,无疑也会涉及城乡土地,但其中只有很少量触及土地所有权。

由此表述顺序可知,只有社会主义生产资料公有制项下的全民所有制和劳动群众集体所有制中的经济主体,才能成为土地所有权主体。其他所有制项下的经济主体并无此资格。从第十条回溯性地追及第八条第二款城镇劳动群众集体所有制经济,会发现此城镇集体所有制项下经济主体,也无此资格,因为它们位居城镇。②

因此,基于第七条,国有经济为国民经济中的主导力量,城市在任何一国经济中都会占据绝对优势,那么将城市的土地确定为国家所有是十分自然的,在逻辑上也极为匹配。通过第九条、第十条第一款可知包含土地在内的自然资源由国家占大头,甚至独占,其中城市土地只归国家所有,也为国有经济打下极坚韧、结实的物质基础;如果在社会主义公有制项下,就还会加上第十条第二款集体所有的土地。由此可知,社会主义生产资料公有制就有深厚宽广的包含土地在内的自然资源加持。同时以上述两个条文,其中第十条第一、二款为依据,确定了如果需要对土地予以征收或征用,也只能是由非国家所有的土地向国家所有的土地转化,因为规划和主导开发的,由国家担纲。

并且,基于所有制经济而设定土地所有权归属,不仅是对先前宪法文本的继承,更是对其的发展与更新。为此,展开如下:

1954年宪法中,土地所有权主体至少有六类,国家、合作社、资本家、农民、非农业个体劳动者和手工业者、公民等,1975宪法则缩减为国家、农村人民公社、非农业个体劳动者、公民等四类,但后两类能够享有所有权的土地,仅限于其手工业所必需的经营场所,以及其生活居住于城乡的房屋所占土地。1978年宪法保持不变。从此三个宪法文本变迁即知:所有制从多元变为一种,即社会主义生产资料公有制,非农业个体劳动者经济并非所有制中独立的一种,而是隶属于社会主义生产资料公有制项下劳动群众集体所有制中的特殊表现形态,所以土地所有权主体只有两类,即国家和农村人民公社。③ 现宪法第十条第一款与第二款前半句,就是这种变迁在宪法上的记载。

至于个体经济和私营经济,如果是由现宪法之前的作坊或铺面延续至现宪法施行日之后,那么先前对其经营场所所占土地的所有权是否仍然保持不变,现宪法第十一条并未明

---

① 第十一条第二款经2004年宪法修正案第二十一条修正。
② 对于位于县、自治县、县级市或较大市郊区等辖区内,非县(市)级人民政府所在地的集镇,其土地到底是归国家所有还是集体所有,宪法留白。
③ 公民享有所有权的土地在此语境中占量太小,可暂忽略。

示，只能通过宪法教义解释方能确认。显然，这样的解释从来不只是单纯的字面、结构及其所蕴规范的当下解释，必须具有一种历史维度，溯及共同纲领至1978宪法之间新中国土地变迁进程，以及与之配套的宪法文本连续性的规范教义解释。

至于公民，在土地所有权上，仅及于房屋所占土地，但是否真正及于房屋所占土地，现宪法第十三条亦未有明文①，也只能通过宪法教义解释予以显明，同样亦不能缺少具有历史维度的规范教义学范式。

但是，在"房屋"这一视角之下，前四个宪法文本并未区分城乡，而是一体规定的。共同纲领第三条明确规定"保护工人、农民、小资产阶级和民族资产阶级的经济利益及其私有财产"，依生活常识，工人是工作生活在城里的公民，农民无疑是乡村村民，小资产阶级与民族资产阶级则既有住在村里的，亦有在城里的，但城市里的居多；无论是工人、农民，还是小资产阶级和民族资产阶级，其私有财产中，一定包含供其家庭生活起居所用的房屋及其所占土地，这几乎完全不用特意说明。这表明，如果公民的房屋在乡下，则作为私有财产组成部分，是得到新中国法律承认、尊重和保护的，而同样，无论房屋位于城市还是乡村，房屋与其所占土地是不能分开，必须一体化的。

房屋首次出现于宪法文本，是在1954年宪法第十一条"国家保护公民的合法收入、储蓄、房屋和各种生活资料的所有权"中，后来仍然出现在1975年和1978年两部宪法中，除了1975年宪法将1954年宪法中"合法收入"置换为"劳动收入"之外②，三部宪法表达完全相同。

现宪法为什么弃置前三部宪法"房屋"明示之表述，虽将其隐去却又深藏于第十三条"公民的合法的私有财产不受侵犯。国家依照法律规定保护公民的私有财产权和继承权"中？其中私有财产及私有财产权是否包含着被其隐去的"房屋"呢？如果包含了房屋，是否又涉及所占土地？应当如何理解并解释第十三条？

共同纲领中也没有直接提及房屋，但无论是从其单个条文，还是整个表述结构来看，将其中"经济利益和私有财产"依其平常义解释，既不存在任何疑义之处，也无需借用任何解释方法，凭生活常识与经验即能无需证明地得出结论，该经济利益和私有财产直接包含了房屋及其所占土地。

但宪法第十三条能够如此吗？回答这个问题，首先需要廓清为什么现宪法扬弃了前宪法文本中房屋表述这个基本范式。要知道，先于1982年宪法3年面世的1979年刑法第八十二条，在定义其规范世界里公民私人所有的合法财产时，是采列示并以房屋作为重要指

---

① 第十三条经2004年宪法修正案第二十二条修正。
② 1978年宪法又将1975年宪法中"劳动收入"改回为"合法收入"。

标来表征的。二者相较，有坚实的理由认定，现宪法起草和审议表决通过的主体，是有意不采如此直述而采概括表达的。

考虑到房屋，无论城乡，公民及其家庭都有涉及，但因各自所占土地的区位与功能差异，宜分开阐述。不过必须马上申明，尽管分开阐述有其道理，但实质而论，并无殊异。理由在于，依宪法第十条第一、二款字面意义，城市的土地属于国家所有，就意味着即使有私房，房地宜当分开，连接房地的桥段只能是享有土地所有权的主体，依利害攸关方申请或居住现实，将特定位置的土地使用权转让给公民及其家庭；第二款通过强调宅基地属于集体所有，也同样将村民及其家庭所有的房屋与其所占土地分开，鉴于村民无须申请①即可建房居住之历史和现实，径直取得集体所有的土地无期限无偿使用权。这表明，房地所有权分开但通过土地使用权连接成一体，是宪法第十条第一、二款字面上共义。

因此，能够得出结论，现宪法之所以未采前四个宪法文本的"房屋和各种生活资料的所有权"陈述，仅以"合法的私有财产"概括表达，原因在于城乡，尤其是城市房屋产权状态较为复杂，并不统一；且既不能不承认房地一体结构状态下，公民及其家庭对房地享有完整所有权的历史传承和客观事实，又不能不坚持城乡土地一律属于国家所有或集体所有的国家意旨和宪法规范效力。只好采模糊表达，即笼统规定"公民的合法的私有财产"，以避免或隐匿制度上的尴尬与窘境；框架须要明晰且坚定不移，但框架之内细节或要素，则务必谨慎明辨。本部分仅讨论城市房屋及其所占土地。

首先，务必明白，第十三条涉及的私有财产及私有财产权中，是包含房屋并将其当成财产而以财产权形式呈现的。但房屋及其权益都得依新中国存在时序予以界定和分类。这种界定与分类对于理解第十三条第三款中征收或征用对象，是极其重要而根本的。因而在以宪法教义学范式澄清并拓展本条规范真义时，当以第三款为起始与核心。

其次，在老城市里，房屋依新中国成立时间分为两类，一为新中国成立前即已存在于城市，并且其权属自有定分，或以登记文件表现，或以实际居住状况并由其持续时间予以呈现，如果前者的文件，包括在登记机关的原始档案丢失或毁弃，则与后者相同。并且此类房子在产权上是房地一体，业主享有完整所有权的。可称此类房屋为老城老房。

从1949年9月起至1982年12月止33年的时间里，老城无疑会处于连续或断续改造过程中，其间会涉及市区格局的重新规划与建设，因而会使得某些私有房屋及其所占土地被有序有效调整；老城老房就是共同纲领第三条"发展新民主主义的人民经济，稳步地变农业国为工业国"、1954年宪法第十三条"国家为了公共利益的需要，可以依照法律规定的条件，

---

① 依1982年时情形：如果在原宅基地上盖新房则无需申请，如果是要在新宅基地上盖房，则需要向生产队申请。参1982年2月13日国务院发布的《村镇建房用地管理条例》。

对城乡土地和其他生产资料实行征购、征用或者收归国有"、1975年宪法第六条第三款"国家可以依照法律规定的条件,对城乡土地和其他生产资料实行征购、征用或者收归国有"、1978年宪法第六条第三款"国家可以依照法律规定的条件,对土地实行征购、征用或者收归国有"中,依规划调整,被征购、征用或者收归国有的对象。

尽管未提到土地上的房屋,但如果土地作如此处理,房屋自然也就"连带"其中,并且虽未提及补偿或重新安置,但无论如何总不能让已有房屋的市民及其家庭露宿街头,因而还是会予以重视。如果只考虑其中供市民及其家庭生活居住用房屋,那么即使给予金钱补偿,市民最终取得这笔补偿款之后,还是要租房或购房。基于所有权角度,本文只考虑购房或国家负责安置。显然,依当时国情市情,购房不可能只及于房屋,而不触及房屋所占土地,房地一体是个自然规律,因而购买新房还是会有产权设立与登记问题;在此情形下,业主依然享有房地一体的完整所有权,只是或者地段或者面积不那么遂人意罢了。可称此类房屋为老城旧房,房子虽仍为老房,但原房主并非己身,而是他人住过的,是谓旧房。但是如果是国家向住户提供免租金的房子,且未补偿,那么此旧房的权属就是一种历史积存下来的遗留问题①,可能还是要按照私房私地首次被征用或收归国有的情形处理。

本文作出上述补充论断是有历史和文本根据的。

新中国成立以后,城市人口有一个急剧扩张期,而老城原有的老旧房屋远远不能满足市民生活居住需求,尤其是大城市,这一问题更加突出。毛泽东主席于1951年2月18日专门就此问题作出特别指示"大城市必须有计划地修建居民住房",并以中共中央的名义向全国发出:

> 各中央局,并转分局,各大市委、省委及区党委:北京市委所提组织公私合营的房产公司,修建房屋解决房荒的计划,各大城市凡严重缺乏房屋者均可仿行。现在大城市房屋缺乏,已引起人民严重很大不满,必须有计划地建筑新房,修理旧房,满足人民的需要。②

住房与一般厂房不一样,在于它对周围环境,尤其是配套设施要求较高,如水、煤炭、电力、路、交通、学校、商店、医院等,因而在老城旧房区域修缮旧房,建造新房的可能性较大,建新房就需要腾出地皮,就会涉及拆迁、搬迁等事项。

这同时也意味着新生的中华人民共和国建造的首批住房,就是老城房屋的第二种情形,

---

① 但若作了补偿且提供了免租金的住房,那么就可能业已解决了问题,尽管不能谓之公平,毕竟当时不存在房市,很难就数额作出准确评估。

② 毛泽东:《大城市必须有计划地修建居民住房》,载《毛泽东文集》(第六卷),人民出版社1999年版,第148页。

谓老城新房。其产权权属会否一如现在，将新建房屋所有权给予需要住房的住户，不无疑问。因为解决市民住房需求置于第一位，同时这也是当时当地最大公共利益所在，但产权可能仍归于国家，其补偿方式是可分得供居住生活用房，且不收或只收很低的租金，可长期居住。其中土地的权属因国家及其人力、财力和意志的介入，会变得或者完全归国家所有，或者虽未明确但归国家所有的概率极大。

还有一种老城新房情形，就是在城里开设工厂，新建学校、科研院所、军队驻地等，在建设工厂等基本设施的同时，为便于员工就近上下班，就在工厂等附近建设一批职工大院，供职工及其家属生活起居之用。房屋及其所占土地的产权归于国家或工厂，但居住权则持续在住户一边。这种情形，在33年新中国改造和建设城市房屋的社会主义革命和社会主义建设历程中，逐渐占据主导地位。

老城老房、老城旧房、老城新房，包括其他不同情形等，其共同之处在于，在宪法语境里所有权归属与转化、使用权与所有权分离并归属不同权益主体，且在使用权上具有层级性和具体用途。房屋所占土地如果由房主所在单位直接管理和控制，甚至房子本身就是该单位集体出资修建的，那么房屋的实际所有人可能是单位，房屋所在小区的土地也直接归于该单位管理和控制，但能否处分尚有疑问。不过当时也并未有可供处分的市场，即使可予有限处分，也只可能是以地换地等置换方式；生活居住在房屋所在小区的员工及其家庭，可能只有居住权利，并且居住权利可继承，如由遗孀、父母和子女继续居住其中，对房屋及其所占土地则并不享有任何权利。但即便不享有什么权利，房地一体的自然之理，也使得想要动用房屋所占土地的主体，必须着重考虑如何对待在其中居住生活的一家人，置换或安置是当时主要的选择。这表明，无论对房屋及其所占土地是否享有权利，在其中持续居住多年的事实，足以让住户获得某种对该房屋及其所占土地——它们构成宪法第三十九条中所指"住宅"——独占排他使用的权益，该权益具有财产性权益属性；并且这一财产性权益因最初分配时，个体及家庭条件资质化后转化为分房资格，经由时间的延续，该分房资格就生成了既是政策上的，亦是习惯上的固定权利。该权利得由宪法承认、尊重和保护。

后来也是最早（1998年）的住房改革，改变了这一基于政策与习惯所形成的权利架构，并由合同或事实合同记载，变成法律上的规定，将房屋所有权和房屋所占土地使用权一次性由住户买断和转让，所有权由国家持有，使用权由住户排他性占有并使用但有使用期限。但这一土地使用权完全不是按照宪法第十条第四款"土地的使用权可以依照法律的规定转让"所示获得的，而是国家为完整地获得城市土地所有权而必须付出的代价。故可认为该土地使用权在国家、公民及其家庭之间，就城市土地最为初始的权利分配的结果，并经由房产证予以确权宣示。最早制作并发放的房产证，表征的正是此种内容。但在未出现房产证而是由台账等非正式文书表达权属关系的时代——这同时也意味着是房产不能交易的年代，对外更加显明居住与占有间权利和利益关系的，可能不仅仅是台账等文书，而是持续居住这一事实本身，使其获得了某种正当性和合法性。1998年肇始的城镇住房制度改革，是在1982年宪法施行16年之后。那么在此16年期间及之前的33年所遗留下来的公民个人财产中，房屋及其所占土地，才是第十三条第三款所示征收或征用的对象。

尽管对它们转制后的描述，可与当下法律法规接轨，但不容抹杀的是所有权在先或使用在先，置换或转让完结，发证才在后，并且该使用权在某种程度上具有所有权属性。由于相关配套法律、行政法规的出台与实施，对第十三条第三款的解释，甚至对第十条第三款的解释，就逐渐接近当下所有权与使用权分开，土地所有权归于国家，所有权代表主体可依法转让土地使用权的话语体系；将它们置于这样的语境中，作出符合当下有效法律法规的解释与处理，并非难事，也易接受。

正是因为房屋固有的情形及背后权属与利益完全迥异，如果一律用"房屋和各种生活资料的所有权"总体表述，就会抹平彼此差异，采用统一的具操作性的权属转化机制，而这是极其既不利于原权利和利益主体，亦有碍国家通过宪法做出保护公民合法的私人财产这一庄严承诺。故现宪法扬弃了先前四个宪法文本的表述方式与结构，采"公民的合法的私有财产不受侵犯。国家依照法律规定保护公民的私有财产权和继承权"的表达，但其本义及实质仍存留其中。

在这样的语境中，再来讨论第十条第一款本义，即使不能完整准确到位，但至少不会走偏，遑论错误。对此，分类阐述如下：

就老城老房、老城旧房而论，城市公民（含虽在特殊年代下放至农村，但老房或旧房仍存在时）依然享有包括继承权在内的各种权利和利益，尤其包括对房屋及其所占或必需配套的土地的完整所有权，即使老房换旧房，如果老房的权属未予解决，那么作为遗留问题仍当如上所论。

特别需强调的是，这一权利既作为历史上的客观事实，也作为前四个宪法文本得予承认、尊重和保护的规范事实，成为现宪法第十条第一款宣告城市的土地属于国家所有的先在前提，是这一宣告式确认规范的初始配置。不可能因为嗣后的宣告而将之前存在既久的事实抹掉或否认，基于原始取得，可归入公民合法的私有财产项下。

这一类型还可能与老城新房中，将老房拆毁在原址上建造新房情形交叠。老房拆掉之后，原住户在新建造的生活小区里获得新居，但无论是老房，还是老房所占土地权属未予涉及或理会，只是让其在新区有房子可住。但新房权利束中，属于老房住户的，可能只有在其中生活居住之居住权利，相较于其他新房住户，可能还有不交或减免租金的特别优待。

就老城新房而论，无论是旧居住小区新建，还是与新设立机关或单位同步建造，其新房所占土地所有权属于国家所有（包括其中存有历史遗留问题之类），但由国家指定的机构或新设立的机关或单位代管。房屋所有权或者归属于国家指定的机构,如公私合营的房产公司,或者归于新设立的单位或机关;但房屋居住权,尤其是持续性居住的权利,无疑归住户。并且后来这一在其中持续生活居住的权利,逐渐演化成后世所提土地和房屋的使用权,类于时效取得情形,具有所有权某些属性,且为财产性权益,可归于公民的合法的私有财产项下。它们构成现宪法宣告城市的土地属于国家所有时所指涉的特定地段的先在前提,也即其初始配置或权利现状。并且这一现状不可能因宪法的宣告而趋于消失乃至无形。

两类房屋及其所占土地的权属,不可能纳入第十条第四款"土地的使用权可以依照法律的规定转让"这一规范构架之下。一是因为其权属作为从历史而来,至今仍持续保持的客观样态,是先于土地使用权转让必须依照的法律而存在的;二是其使用权的取得和存在,并非仅凭相关的转让文书,而是经由行政机关依政策和新设立单位据内部文件操作而存续的;三是更非通过侵占等任何非法转让方式而取得。

因此,理解第十条第一款真正的规范障碍在于,如何将上述初始形成或配置的城市房屋及其所占土地复杂的权属系列包容于内,形成一套较为适宜的转化性操作机制,使之既圆满实现城市土地归国家所有,亦能妥当兼顾除国家之外各方,尤其是住户的权益,从而各守其分,各得其所,各称其意。

鉴于第十条第三款可将第十三条第三款作为子项,上述诸类房屋及其所占土地,无论何时,都可为国家所征购、征用或收归国有(前四个宪法文本),那么在实现城市的土地归国家所有时,还是得予依赖征收或征用(现宪法文本)。但如何征收或征用(以下只考虑征收),需要一种合乎宪法机理,亦不违逆其规范本义,经由宪法教义解释范式而生成的实施机制。

就老城老房、老城旧房而论,无疑是双征收。其意义详述如下:首先,因承认老城老房房主或其继承人的双重所有权主体身份,故征收既是对老房本身的征收,亦是对老房之下所占土地的征收;但基于房屋一体的产权登记(原产权证书或新近补办),只限于现宪法生效之日止,房地现状,不可再行建造或改造。其次,征收并非事先规定了明确日期,而是依城市规划和特定公共利益出现时日,准确地讲,是依城市建设和开发需要及进程而单独特别确定。再次,征收依第十条第三款实施,补偿亦同,但补偿方式和项目及计算标准有待合理确认,是以房换房(或回迁或同城异地),还是货币补偿,如是后者,那么是依原值还是现值,抑或是将来之市价;是依协商,还是依城市政府机关根据本市老城情况一体单方规定等。最后,在等待征收期间,可依房主申请政府相关机关批准,对房屋现状作适宜于生活居住的修缮维护,并予监督。

就老城新房而言,不管是老城生活小区新建房屋,还是与新设立的机关、单位同时建造的宿舍大院,面对住户,既不存在土地所有权国有化问题,亦不存在土地使用权收回问题,但基于当初分房资格获得了住房居住权益,并经时间加持,这种权益演变为一种持续性可供继承的居住权利之后,住户就对这个房屋享有某种独占排他的使用权利,这种权利为一种准私人所有权利。这种准私有权利虽不会因宪法宣告城市土地属于国家所有而有所变化,但如果真正实施收回土地使用权时,还是必须得对居住户给予补偿,如重新安置或补偿货币。此时的征收,就表现为收回和补偿并列之状,而收回就意味着权益主体的移位,因而还是双重征收。

但如果收回是发生在此类房屋完成了房改,变为土地使用权归住户有偿占有使用,房屋所有权归住户的权属格局后,那么征收就演变为两种程序的复合。一是对房屋实行征收并给予补偿,补偿标准如何及怎样实施暂且不论;二是对仍在使用期限内的土地使用权提前收回,相当于转让方单独提前解除土地使用权有偿转让合同,属于法定解除情形,这种情况下是否给予受让方违约赔偿,虽有待细究,但只有给予违约补救才可归于正义,也比较能够约束转让方,避免其完全不考虑既有合同所致权益格局:退回剩余年限的土地使用出让金(并依法定利率计算利息),并对受让方业已形成甚至固化的生活规划和利益期待给予补偿。

无论哪种情形,在所有权行使和转化之际,必须对这种在先的、与房地有关的权益格局,即对城市的土地属于国家所有之前的权属状态予以合法、合理、合情的适宜处置。也就是说,就老城市而论,宣告城市的土地属于国家所有,绝非清零,完全覆灭国家所有之前的零星散落,但主要表现为供城市市民家庭生活居住用房及其所占土地的权利和利益架构,否则宪法就不仅与之前诸宪法形成完整的断裂,而且并非护权维权,而沦为剥夺权利和利益保留之法。

但是不可否认,本款本义中还有面向未来具有强行性规范拘束力的一义,就是无论城市土地初始权益配置如何,最终一定是要全部归于国家所有的,并且这一进程由国家按规划依照法律逐步有序展开;直言之,就是不允许城市里还存有不属于国家所有的方寸之地。这一点在新城设立和建设,以及老城扩展中尤其明显。

(三)城市的土地属于国家所有的第二种类型:新城市

新城市与老城市相对,坐落于原属城市郊区或农村地段的新城区,也当计入新城市。无论是郊区还是农村,其土地均以村落或村庄为中心呈环形向外发散分布。如果是老城市扩张,那么其遵循的城市扩展模式,当为先将郊区或农村农业生产及辅助用地依法变成城市市区,最终如果有必要,才会将农村村庄即宅基地集中连片地段变成城市;如果是村庄连其周边的农业生产及辅助用地整体变成城市,那么也是先建设后者,村庄所在地段,其实就是各家各户宅基地集中连片所形成的区域,其建设改造置于最后,城中村就是如此来历。① 无论是真正的新城市设立和建设,还是老城市向外延伸,将郊区或农村土地变成城市土地,是逐渐展开的,一直到村庄最后或同时被"吞噬"为止。

与老城市不同的是,新城市所占地域,其所有权既不属于城市政府,亦不归于国家,而是或者由农村集体所有,如供农户家庭承包经营的土地,或者由农户独家排他使用收益(但土地所有权主体依然为农村集体),如宅基地和自留地等。而根据宪法第十条第一款,一旦某个特定地域在区位和功能,尤其是行政区划上变成城市市区后,那么所有位居市区的土地,就不可能归集体所有而只能归国家所有。故农村集体所有的土地,若变成城市土地,必须依据城市建设总体规划,依照法律先得经由征收将其变成国家所有,再开始城市建设进程。

对于新城设立和建设或老城扩展,自共同纲领至今的五个宪法文本,对农村土地是分两种方式规范和处置的,主要表现在首先将农村的土地二分,并以之为起始。

先看共同纲领,其第三条"有步骤地将封建半封建的土地所有制改变为农民的土地所有制,保护……农民……的经济利益及其私有财产"中,"农民的土地所有制"中的土地主要是指农业生产及其辅助用地,第二十九条"凡已实行土地改革的地区,必须保护农民已得土地的所有权",也是指此类土地,一般将其称为生产资料性质的土地,而"保护农民的经济利益及其私有财产"所暗示的土地,主要是指农民生活居住用房屋及生活附属设施,如猪圈、牛栏等。也就是说,新中国从共同纲领始,就一直是将农村的土地基于农民视角予以二分,即供其生产经营及辅助用地,和供其家庭生活居住及附属用地。并且这种二分是由毛泽东主席首开先河的。

在1950年6月4日题为《关于土地改革报告的修改》一文中,毛主席说:

>所谓生产资料,在农村中,首先是土地,其次是农具、牲畜、房屋等。粮食是农民利

---

① 本文认为,城中村是政府在将农村土地依征收或征用变成城市土地过程中,特意保留下来的地块。理由如下:老城市扩容首先涉及其郊区,逐渐扩展至其他农村地区,当郊区或农村土地被征收时,首先是针对其中未有人居住生活的区段,即农业生产及辅助用地,这样有利于建设,且应该支出的代价和负担较轻,在城市建设资金较为紧张时——而这是绝大多数新城建设或扩张时遇到的共同困难,只好先易后难;农业生产及辅助用地被城市建设占据后,农民及其家庭生活来源就失去了可靠而稳妥的依托,为避免社会影响不好的事件发生,允许村民依靠村庄开拓经济来源,如城市新建或扩展时,会带来人的流动,村民在属于自己的宅基地——对村庄而言,就是宅基地集中连片区段——或扩建老房或建新房,以供外来人口租住,村民则靠收取租金及提供相应的生活娱乐获得新的收入,以维持其日常生活;并且村民自身也可以参与城市建设,融入城市生活,创造新的收入流。待时机成熟,政府开展城市建设享有较高的资金盈余时,再对城中村进行城市化改造,以逐渐彻底消除属于农村性质的城中村。城中村当为城市扩容进程中一个暂时性过渡产物,但在有些城市持续存在时限过长。虽其存在很久甚至至今仍难"消灭",其合理性与正当性却并不缺乏:一是城市化过程,不再具有田地的当地郊区农户,通过建房收租,以及以此为基衍生出系列盈利渠道,业已形成交错丛生的既得利益架构,尾大不掉;二是在大城市,尤其是超大城市,其城中村能够为在此城里漂泊的外籍(此处为户籍)低收入、低技能、刚来不久尚未安顿下来的各地同胞,提供可在"一线"等特大、超大类城市里栖息落脚之所。

用生产资料生产出来的生活资料。我们将从地主手里没收的粮食和其他被没收的东西列在一起称为生产资料也是可以的,因为这种粮食具有资金的性质。所谓生产关系,是指人们对生产资料的所有关系,即财产的所有权关系。①

并且为防止人们误会,他还特地对房屋作为生产资料作了特别说明。这里的房屋是指作为生产资料的房屋,作为人们生活用房的房屋(所以要列入生活资料里):人们为着生活,就要生产生活资料,例如粮食、衣服、房屋、燃料、器具等。人们为着要生产,就要有生产资料,例如土地、原料、牲畜、工具、工场等。②

1954年宪法承袭共同纲领,并且给予更为清晰的分野。第八条第一款"国家依照法律保护农民的土地所有权和其他生产资料所有权"中土地及其所有权,就是指作为生产资料的土地及其所有权;第十一条"国家保护公民的合法收入、储蓄、房屋和各种生活资料的所有权"中,房屋是包含其所占及其他必需的土地的,因而房屋所有权,就是指作为生活资料的土地及其上房屋的所有权。前者归于所有制项下,后者归于公民私人财产名下,但都归农民及其家庭所有。

至1975年宪法,新中国所有制只有一制两类,社会主义生产资料公有制项下分全民所有制和劳动群众集体所有制,但只有农村人民公社集体所有制经济才是农村土地所有权主体。这种所有制项下的土地,是作为生产资料而用的。而作为生活资料,包含房屋在内的土地,虽未明示,但实则承认农户是享有所有权的主体的。能够证明上述论断的是第七条第二款"以生产队为基本核算单位的公社、生产大队和生产队三级所有",以及第九条第二款"国家保护公民的劳动收入、储蓄、房屋和各种生活资料的所有权";前者是指作为生产资料的土地,后者是作为生活资料的土地。

对此分类规定,1978年宪法完全承继。

但1982年宪法予以舍弃,采新的分类与列示方法呈现其规范世界中的土地。首先它没有将土地依生产资料与生活资料标准分类,而是采所有制、自然资源与土地、土地区位与功能等标准,以及诸标准项下亚分类,多角度地规范土地。其次,就城市郊区和农村土地而言,它引入了一个新术语,将前四个宪法文本中一脉相承的二分法予以改造,隐性地留存于自身

---

① 毛泽东:《关于土地改革报告的修改》,载《毛泽东文集》(第六卷),人民出版社1999年版,第64页。
② 毛泽东:《关于土地改革报告的修改》,载《毛泽东文集》(第六卷),人民出版社1999年版,第66页。

文本中；这个新术语就是宅基地，宅基地是1982年宪法在法律体系中首创的。①这一隐性的留存，体现在第十条第二款"农村和城市郊区的土地，除由法律规定属于国家所有的以外，属于集体所有；宅基地和自留地、自留山，也属于集体所有"中。对这一结论论证如下：

无论是宅基地，还是自留地，就其区位与功能而言，都位于农村和城市郊区供农村农民生活而用，因而在"农村和城市郊区的土地，除由法律规定属于国家所有的以外，属于集体所有"这一表述中，自然包含了宅基地、自留地等；也就是说，紧随其后的"宅基地和自留地、自留山，也属于集体所有"纯属赘语。但如此解读，只能属于字面意义之极浅层次。虽为极浅层次，但却隐约有一种面向未来的决断性规范效力，那就是除了考虑宅基地产权最初始配置之外，今后再也不允许在农村出现村民及其农户享有所有权的任何土地。本文只讨论宅基地情形。

首先，将"属于集体所有"的土地，和"也属于集体所有"的土地在总属于集体所有这一前提下，通过单独提取以"也"词与总属表达并行，且予亚分类，就表明在属于集体所有的基础上，它还有与前一集体所有不同的含义：前者表现为土地的生产属性，后者表现为土地的生活属性。就此而论，是前四个宪法文本中生产资料与生活资料分类的隐性留存，但意义远不只此。

其次，前四个宪法文本此二分，旨在将生活资料项下房屋及所占土地，归作为公民的市民和村民及其家庭所有，为私有财产。但1982年宪法通过增设宅基地这一新术语，将村民及其家庭所有的房屋，与其所占土地截然分开，通过设定宅基地也属于集体所有这一规范，明示地排除了农户所有的规范可能，农户只对其作为宅的房屋享有所有权。但房地必须一体是人类社会自然规律。如何在不违背这一自然规律的情况下，强化集体所有？只有将集

---

① 这个结论需要极详细的历史资料梳理，大约陈述于此：1956年6月30日第一届全国人民代表大会第三次会议通过的《高级农业生产合作社示范章程》第十六条第二款"社员原有的坟地和房屋地基不必入社。社员新修房屋需用的地基和无坟地的社员需用的坟地，由合作社统筹解决，在必要的时候，合作社可以申请乡人民委员会协助解决"中，首次出现地基，就是法律上宅基地前身。1962年9月27日由中国共产党第八届中央委员会第十次全体会议通过的《农村人民公社工作条例修正草案》第二十一条中首次出现宅基地归生产队所有，而当时的生产队，依现时体例复盘，就是村委会（生产大队）或村民小组（生产小队），首开集体所有。但此份文件并非法律，尽管不否认它有极高的政策执行和实践能力。1963年中共中央又就宅基地问题作了补充规定：社员的宅基地，包括有建筑物和没有建筑物的空白宅基地，都归生产队集体所有，一律不准出租和买卖。但其仍归各户长期使用、长期不变，生产队应保护社员的使用权，不能想收就收，想调剂就调剂。宅基地上的附着物，如房屋、树木、厂棚、猪圈、厕所等永远归社员所有，社员有买卖或租赁房屋的权利。房屋出卖以后，宅基地的使用权即随之转移给新房主，但宅基地的所有权仍归生产队所有。社员需新建房又没有宅基地时，由本户申请，经社员大会讨论同意，由生产队统一规划，帮助解决，但尽可能利用一些闲散地，不占用耕地，必须占用耕地时，应根据《农村人民公社工作条例》规定，报县人民委员会批准，社员新建住宅占地无论是否耕地，一律不收地价。1975年宪法未将地基或宅基地术语纳入，1978年宪法也未纳入，正式纳入的就是1982年宪法。当然这中间还有一个插曲，1982年2月13日国务院以《村镇建房用地管理条例》为题发一个文件，这个文件依现时理解，似乎当归入行政法规，但当时并未以后来的条例为名的行政法规发布的方式公开，而是以国务院文件形式面世，因而至少在形式上不能称为行政法规，回顾新中国既往执政史，很多具有极强约束力和执行力的规范，都是党和政府以文件而非法律形式颁布。这个文件第四条就提及了宅基地，明示社员对宅基地等土地，只有按照规定用途使用的使用权，没有所有权。

体所有的土地的所有权与使用权分开，农户基于房屋所有权，独占而排他地对其宅子下面的地基无偿亦无期限地享有使用权。

最后，农户世世代代生活居住于此宅基之所，房屋或许会有所更新，但地基永恒不变，并且该地基实际上的所有权也永远归属于该农户世代手中①，如果因人口繁衍需要新的宅基地，除非对新宅基地做出法律上新的制度安排，否则新地基也是如此；即使宪法作如此规范安排，也不可能无视此不仅是历史事实，更是现实的客观之态。正如城市的土地属于国家所有的宪法设定，不可能消灭老城老房及其所占土地的私有产权一样，面对村民房屋及其宅基地，宪法即使规定"也属于集体所有"，也不能借此覆灭农户对其享有的私有权利。

并且，即使通过宅基地将农户对宅子下面的地基享有的所有权，缩减为独占排他的使用权，将使用权与其享有所有权的房屋归于农户这一权益格局，也绝非系由宪法第十条第四款所设定的土地使用权制度规范能够调整，亦即它们不在此款所示规范范围之内。因为房屋与其宅基地连成一体早已出现在此款面世之前，并且亦非通过转让、划拨等方式取得，而是通过选择房屋盖在何处，只要该处在农村集体约定的宅基地可选之列这一方式来确立并显示，即不是通过法律行为，而是通过生活事实所呈现的自然状态而客观形成的。

这一论断是有法律根据的。1986年公布的土地管理法第三十八条规定，农村居民建住宅，应当尽可能使用村里空地或原有宅基地，若使用耕地的，须经乡政府审核后报县人民政府批准。该法于1987年1月1日生效，因而在此日之前既已成为宅基地的地段，可能并不需要申请、审核、批准的三步或两步走。尽管不可否认，1982年2月公布并施行的《村镇建房用地管理条例》第十四条规定"建房需要宅基地的，应向所在生产队申请，经社员大会讨论通过，生产大队审核同意，报公社管理委员会批准；确实需要占用耕地、园地的，必须报经县级人民政府批准。批准后，由批准机关发给宅基地使用证明"，但实践中，几乎从未按照此条所示执行过，一般情形是社员或村民向大队甚至小队书记或队长口头打过招呼，如果没有特别意外，至多在队委会上讨论一下，基本全票通过。②

综上所述，可得出结论，就是尽管宅基地也属于集体所有的土地，但如果不发生国家基于公共利益的需要对其征收这一特别事宜，那么这种集体所有是极其虚化的。并且由于一

---

① 在不允许租赁和买卖的时代里（由《村镇建房用地管理条例》第四条第二款"严禁买卖、出租和违法转让建房用地"明示），规定宅基地上的社员或村民可以长期使用，长期不变，生产队或村集体不能想收就收，想调整就调整，并且宅基地上附着物，不论是人工附着物还是自然附着物，都永远归社员所有，在早期，甚至还规定社员可以出卖或租赁房屋，当然土地也一并转移，因此，完全可以认定社员具有所有权的相当多权能，称其为准所有权主体并不为过，在允许出卖和租赁房屋，地随房走的时代里，就是一个完整所有权主体。

② 路遥：《平凡的世界》（第二部），十月文艺出版社2012年版，第254页。孙少安结婚需要住处，他身为小队队长，就给副队长田福高说了一下，田福高队长召集小队主要劳动力开了个短会，就决定将小队里存放公物的窑洞腾出来给少安住。而在该书中第三部中双水村支部会上，孙玉厚在会上直接提出为他的女婿金强要到了村里最好的一块宅基地（参同书第三部第322页）。

直禁止农户以自行出租、买卖等有偿方式转让宅基地,享有永久使用权的农户,对宅基地享有权能不全或受限的所有权。享有集体所有权的主体既不能对此权利有任何的干预,也不能随意收回或调整此权利;考虑到宪法第十条第二款的规范约束,农村集体所有的土地不可能出现两个所有权主体,可谓之准私有权利。

如果碰上了被国家征收的情形,那么即使集体享有宅基地的所有权,恐怕也不能对此权利提出任何不利于农户的主张,或者说,不可能撇开农户,由所有权主体单独与征收实施方达成有效协议;也就是说享有准私有权利的农户,其权利位势当居于所有权主体的集体经济组织之先或之上。因而征收还是双重的,补偿也是双重的,既是对土地准所有权的征收,也是对土地上房屋的征收,并且主要由一直享有使用权的主体即农户来主张土地征收的补偿;宅基地所有权主体只是从旁协助,并且基于乡邻乡亲之亲缘关系,偏向农户是极可能的情形。征收实施方如果以农户不是所有权主体拒绝与其谈判或交涉,可能会引出不必要的事端,导致征收受阻;并且农户既是使用权独占和排他的主体,也因其固有的集体成员身份,有权主张属于自己独家使用的宅基地,在处理因征收所致包括补偿在内的一切善后事宜时,要求作出有利于本人及家庭的妥当安排。毕竟一旦发生征收,就意味着农户的生活开始脱离集体所有的制约与束缚,其得做好以个体及其家庭为单元迎接城市生活的准备。而在征收中,尽可能顾虑到个人及其家庭是最为重要的受征收影响的主体,就是最为合宜的制度上准备。

针对农村集体所有的宅基地,若要顺利实现其国家所有,究其实质,必须是代表国家行使征收权力的实施方,在向农民及其家庭的征收与补偿过程中,与农户家庭代表协商,才是顺利完成征收的正道和良途;对具有生产资料属性的非宅基地等与农户利益联系极为紧密的其他农村土地实行国家所有,也都应是征收实施方与农户及其家庭打交道。集体所有的主体,只是那些暂未归农民家庭实际控制或占有或利用的土地,对其征收才是征收实施方与村集体经济组织交涉。农村专项用于农业生产用地,在属于集体所有的同时,也是农户家庭承包经营权的实体;农户对其承包经营的土地,享有极大的无须与村集体协商即可自主确定其经营品种、经营方式的自主决策权利,因而即使村集体经济组织代表全体农户与征收实施方谈判,也不可能绕开农户,单独达成任何与农户承包经营的土地有关的协议。村集体经济组织始终是既作为中间人,也作为权利主体的双重身份,参与到通过征收实现土地国家所有的进程中。

无论老城和新城,要想实现并持久保持其城市的土地国家所有的归属与格局,行使国家征收权力的实施方始终是与公民及其家庭在交涉:老城因不存在土地集体所有的情形,在征收与补偿事宜的进行过程中,并无第三方作为中间人协调,新城因有土地集体所有的权利主体,在实现土地国家所有的环节里,该权利主体就具有中间人属性,兼具权利主体身份,与征收实施方协商和谈判。故老城征收需在国家利益与个人及其家庭利益间协调与均衡,新城征收则需在国家、个人及其家庭、集体利益间兼顾与平衡。而土地及其上房屋和附属物,是公民及其家庭最为重要的财产,在面对国家权力给予的约束的同时,当具有一定的对抗性,具有宪法上基本权利属性,即使其未被呈现于宪法第二章里,也依然如此。

不仅如此,土地,无论城乡,在城市的土地属于国家所有这一规范项下,不仅要承认、尊重并保护其产权最初始的归属,而且还要顾及国家所有之后,受国家所有影响极大的权益主体在城市里的生活与发展;因而宪法第十条第一款所示宪法规范在具有溯及既往效力的同时,也负有宪法上的国家义务;无疑,作为规范,面向城市未来,它要确保划入城市的土地只有一种权属,只有一个所有权主体在宪法上的强行性拘束力。

在厘清第十条第一款真实规范本义后,有必要讨论与本体立论相对的既有研究成果。

二、尊重历史善待公民财产权利关联论

本部分基于文章结构匀称考虑,将本体关联论与结语一并置入,但行文时会各自分开。

(一) 本体关联论述评

对宪法第十条第一款的研究成果不少,基于篇幅、法学视域所限,仅作有代表性的撷取而评述。

张千帆老师判定第十条第一款并非"一夜之间将城市私有土地国有化"[1],诚然正确有理,只是可能有两个方面陷入误区:一是城市土地归国家所有,并非名义所有权,而是实实在在的国家所有权。依宪法第七条国有经济就是社会主义全民所有制经济,是国民经济中的主导力量,因而在全民所有与国家所有之间讨论本款真义并无实益。基于历史变迁,如果国家所有的土地位居老城市,那么依1949年9月至1982年12月实际发生的事情来看,城市的土地归于国家所有的占据最大份额,并且是城市最好的地段。真正具有私有产权属性的土地,仅限于两类,即供城市市民及其家庭生活居住用的房屋所占土地,以及城市手工业者手工作坊所占土地。如果是新建城市或城区,则已通过国家依照法律征购、征用或收归国有方式,全部转化为国家所有的土地。至于老城市里新中国成立之后才建造的供以工人为代表的市民生活居住用房,其土地使用权因实在地考虑并计算了各自分房资格,且因长期持续居住的事实,也取得了独占排他的使用权利,所以在国家收回时,因其具有财产性权益,而兼有所有权某些属性,所以也不可能是名义上的。二是基于名义所有权逻辑,将市民对其房屋所占土地的权利设定为使用权,忽略了这些土地最为初始的权利配置。它们不仅是使用权,还是所有权和具有所有权某些属性的权益。

---

[1] 张千帆:《城市土地"国家所有"的困惑与消解》,载《中国法学》2012年第3期。

陈甦老师所提集体土地概括国有化的命题①，也不确切。原因在于依城市建设和发展总体规划，将农村集体组织成建制地变成城市社区，并未在实际上"惊动"到农户，尤其是农户房屋及其宅基地，因而即使国有化，涉及的土地仅及于农业生产及辅助用地，这无疑会以农户所在集体经济组织为主体，给予相应补偿，并且这种补偿完全排除农户参与，几乎也是不可能的。因而这是框架性国有化，细致到局部并未改变农户与其平时所用土地的权属关系。农户不可能不在自身利益得到较好满足的情况下，响应国家号召，完全按照国家要求行事。

程雪阳在其著作中所持"土地城市化＝土地国有化"的命题有失偏颇。②就老城市而论，土地已经在城市建制区域内，并且经过解放战争，取消帝国主义国家在华一切特权，没收官僚资本（其实就是国民党政府及其投资的国有企业所有的资产）和剥夺国民党反革命战争罪犯、大资产阶级、反革命分子的个人财产以及封建地主在城市里的财产，将其转变为国家所有的公共财产，其中无疑包括土地及其上附属物或设施。因而对于老城市，此公式并不适用。即使是老城市中属于市民所有的居住用房屋及所占土地，以及城市手工业者的手工作坊所占土地，需要国有化时，也是如此。对于老城新扩或新城市设立和建设，此种公式无疑合适，即如此而为极为正当合理且可行。老城扩张和建设新城是国家经济和社会发展的必需，无论是扩张还是建设，非国家主导且作巨额投入则绝不可行。在国家主导并投入的情况下，其建设成果最终的归属，不可能落入他方。因而只有先国有化，才有可能开始实现其规划中的城市蓝图进程。但是，特定时期，特定情形合理，绝不意味着永远合适，不论情形和时机，更不分别对象和事宜。

同时，如果坚持第十条第一款面对未来，其规范继续有效，且城市继续保持拓展格局，那么只能向城市远郊区甚至农村地区延展。在延展过程中，无疑是先完成土地国有化事宜，再开展土地城市化建设与发展。因而非城市的土地若转变为城市的土地，除非修改宪法，否则目前只有通过征收变成国家所有这一路径。无疑，可以这样理解，只有在国有化的土地上，才能开出城市之花，当然国有化的时机，并非一定要强调在城市化之先。

以程雪阳著作起始，可对第十条第一款中 7 种不同解释方案予以评析。③首先，"无偿国有化说"绝不可取，非但不可取，简直是剥夺，不必多说。"历史确认说"有道理，特别是针对老城市中老房和旧房，但光有历史确认——因为这本来就是从新中国成立之时起至今一直存续的客观事实，只是需要一点实事求是的勇气予以承认——尚不足够保护现宪法面世时的私有产权，必须将其纳入宪法规范及其解释体系中。宪法在新中国成立 33 年后的新宣示，

---

① 陈甦：《城市化过程中集体土地概括国有化》，载《法学研究》2000 年第 3 期。
② 程雪阳：《中国地权制度的反思与变革》，上海三联书店 2018 年版，第 133 页以下。
③ 程雪阳：《中国地权制度的反思与变革》，上海三联书店 2018 年版，第七章，本文将程本人提出的解释作为第七种。

对之前四个宪法文本一直都予承认的事实及其内含的规范效果予以否认，没有道理，因为即使源自主权者决断，之前四个宪法文本与现宪法文本都源自同一个主权者，其决断不能如此剧烈对立至相互否弃，宪法尤当讲究其规范上的历史传承与连绵。不能将房屋与其所占土地分开，如果分开，与无偿国有化说就无二致。至于"名义所有权说"，前述对张千帆老师著述的评价已详论。

"市区说"是实事求是之说，但并无意义。因为第十条第一款规定城市的土地归国家所有，第二款规定城市郊区土地属于集体所有。在行政区划意义上所示，城市是内含其郊区的，因而综合二款，采排除法，可知第一款城市并非行政意义上所示，亦非建制层面上所示，而是功能与区位上的意指，故将其明示为城市市区完全是其规范自带。但对所有权及利害攸关主体如何主张其利益关切，殊无实益。至于同一城市里，哪些是市区，哪些是郊区，这不是一个规范问题，而是一个较富技术含量的事实问题，不影响规范实施至其当行之处。

如果将市区说结合历史确认说，就能够解决此说之无意义。就老城市而言，城市市民对其私人所有房屋所占土地是享有完整所有权的，城市手工业者对其手工业作坊所占土地也是如此，哪怕第一代业主仙逝，至其有继承权的后辈也是如此。因此，凡在市区的，在现宪法宣示土地国家所有之时，必须考虑其之前最为初始的权属状态。就新城市而论，因早期国家基建投资极低，但城市还是得新建，在征购、征用或收归国家所有时，并未充分考虑到农民将来的生活出路，甚至可能由于资金不够，未对农村村庄作任何善后处置，就将其国有化了，农民没有别的谋生之道，只好利用村在城里这一便利条件，做些事业如修理、摆摊、从事手工业、开饭店、开旅社等，以保证村和家的持续。那么到了现宪法面世时，不能说老账不仅不算，还要依主权者决断一笔勾销，这违逆天道、人伦和法理。

"市民化说"有些绕圈。首先，城市的土地归国家所有，至少在此宪法规范面世时，主要是针对老城市的。具有城市户籍并且一直工作、生活、居住在城市市区里的公民，本身即为市民，何来市民化？即使都是生活在城市里的市民，彼此之间在现实生活中实际能够享有的政治、经济、文化等权利都是有极大差异的，即并无一个理想化甚至合适的市民范型及其标准，如此便没有集体土地"入城"后，由村民变市民的那些公民的评判尺度。诚实地讲，城市郊区中既是市民亦是村民的公民所享有的诸项权利，在有些城市甚至有些地区，完全不比市区的市民差；并且有些城市贫民其生活窘境远甚于村民，尤其是郊区村民。其次，市民化过程到底可归于哪一项可操作的议程呢？是征收还是征收后的城市建设？如何结合土地国有化进程完成市民化进程呢？况且，"入城"的集体土地，其权属怎么算呢？何谓"入城"，其在法律上意味着什么？

尽管在逻辑与规范上，可认为市民化说类似于"六经注我"而非"我注六经"，但不得不说，它是在向第十条第一款所示规范提出一个更为根本却又极为深刻的问题。将集体所有的土地经由征收转化为国家所有而农民入城后，国家，更为具体地讲，城市政府除了依征收给予应有补偿外，还当对那些随土地入城的新市民及其后代负有哪些虽未明示于宪法中，但经由宪法规范教义学范式可推导出来的宪法义务，而不仅仅只是制度上特定有限的生活保障？因而它实际是在整体上，甚至具有终极关怀性地质疑"国家为了公共利益的需要"而征收农民集体所有的土地的正当性，进而要求国家必须做好整体而长远的新城总体发展规划。但无论怎样美化并崇高化此说，不得不说，它还是离法律及其规范性，尤其是宪法语境太过遥远，甚至完全不搭界。更何况，以人为核心的新型城市化，只能是在与人有关的土地城市化之后，才能进行。而且，无论怎样将城市化与市民化挂钩，再发达的城市也必须存在郊区，而郊区村民同时也是市民，所以人的市民化两端，均无具象的主体：在未市民化之前，村民的普通或标准形象是个什么样，在市民化之后，平凡或有型的市民又该是何种形象？研究法律，如果过于执念于价值界面与理想之境，可能就不是在研究，甚至理解，而是在设想，是以我为主的想象。

"制度性保障说"误区比较多。第一，城市的土地属于国家所有，是与第十条第二款农村和城市郊区的土地属于集体所有相对的，因而不可能只是一个原则性规范，尽管不否认它具有原则性，但它实实在在是一个具有实体含义的宪法规范。并通过土地管理法，成为一个极具操作性的法律，且包含行政施政权力的规范。第二，它不仅完全建立了国家对城市土地的所有权体系及实践机制，而且它还具有规范上的强行性拘束力，严禁历届执政主体，在其作为宪法规范生效之后，在非国家所有的土地上，设立和建设城市，包括老城扩展。第三，宪法第十条第一款不存在任何不完整性和不自足性，也绝非只是一种说明性的不完全法条，宪法解释学就是为此而备，正如刑法领域，张明楷教授有一句流传很久也很广的名言：没有不好的刑法条文，只有不会解释好刑法的人。当然，不否认宪法解释的难度可能会高于刑法，但情异理同。本款所示意义清晰、逻辑完整、结构周延，具有极强的规范衍生性效能。

在宪法里所有可被称为规范的表达，都有要求立法机关根据宪法，制定出可供国家、社会和个人等主体之用的法律，这些依宪法制定的法律其内容要素可多样多元。如果仅就制度性保障本义理解，那么刑法中规范也是一种制度性保障规范，行政处罚法中的规范也是，民法典中具有强行性效力的规范也是。如果制度性保障仅指社会保障，那么宪法中有关社会保障的专项规范设定和表达；但如果结合市民化说，此说的优点可能在于，它将市民化的制度根基予以明示，并强调必须有相应的土地资源或当期或延后补偿，以夯实其保障根基。

制度性保障说还有一个明显的误区在于，可能是无意缩窄了第十条第一款城市的类型，只将思考关注落脚于包含老城新扩在内的新城建设，完全未虑及老城市。因而只要指出这一点，即可表明其严重的理论性不足。

最后,专项述评程雪阳所提,也是本文需要涉及的第 7 种解释说。①他将其解释命名为"授权规范说升级版"。这一升级版核心内容有四点:一是第十条第一款是一种规范表达,其性质是财产权授予资格款。二是其含义是宪法授权给国家通过一定的方式将城市、城市郊区和农村的土地转变为国家所有。三是其功能是授予国家取得城市、城市郊区和农村土地所有权的资格。四是实现规范的途径有四种:通过解释宪法或法律具体化;通过征收;通过市场购买、互换和接受赠予等;极少情形下才予使用的无偿没收。同时兼顾宪法此款未出台时,土地最为初始的权属格局,即在国家没有通过此四种方式对城市、城市郊区和农村的非国有化土地进行国有化时,土地依然属于原所有权人;并将其中"城市的土地"理解为城市中的空地、街道等无主或公共土地。

不得不说,这一升级版是极富想象力的,可能颇具宪法解释学或宪法教义学意蕴,亦极有启发性。不过,在做出这样的评估之前,还有下列问题有待澄清或进一步明晰。

第一,关于规范的性质。自新中国成立至今,城市里有相当多、相当广泛的地域早已属于国家所有,由国家享有所有权;真正存在非国家享有所有权的地块或地段,大概只有三种情形:一是老城市中作为祖业的供个人及其家庭生活居住房屋所占土地;二是老城市中也是作为祖业的城市手工业者的手工作坊即经营场所所占土地;三是通过征购、征用或收归国有(在现宪法面世之前)和征收(在现宪法面世之后)所形成的城市城中村,绝大多数情形就是原为村庄的各农户所享有的宅基地连片的地块。这三类,相对于城市广大的区域而论,只占其中很少的份额和比例,因此不应当弃用完整的所有权条款,而改之以财产权资格授予条款缩窄其实指范围和内涵。对享有完整所有权的土地,国家当然既可以将其当成财产权标的,以作经营性资产,亦可能将其当成国家为所属的社会和公民提供公共服务和福利的公益性资产。一旦明晰了此点,就会知道将"城市的土地"作"城市中空地、街道等无主或公共土地"这种解释是极为失当的。可以这样讲,对老城市而言,凡属于或归于旧中央政府或地方各级政府管理的城市中空地、街道地基、公园或广场、湖泊、河塘等,既非属于个人所有,亦不归于当时的公司或企业或私人社团名下,自中华人民共和国成立后,一律归国家所有。这是共同纲领第三条所明示的。至于老城市扩张及新城市设立和建设后形成的建制项下土地,就完全不存在空地、街道等是无主地的可能。

第二,规范含义与规范功能完全重叠,也就是说规范含义完全覆盖或吸收规范功能。因为"宪法授权国家"就是设立一种资格,且为明示,"将……土地转变为国家所有"就是该资格的功能,即可以凭此资格做什么事,是谓内容。第十条第一款和第二款本来就是从土地所在区位和功能来定义的,因而是以字面直接所示来解释字句及其组合可能蕴藏的意义,这并

---

① 程雪阳:《中国地权制度的反思与变革》,上海三联书店2018年版,第267-272页。

非解释，而为理解。如果非认为解释就是理解，或理解就是解释不可，那么至多只能算解释的极浅层次。

即使假定程雪阳的理解可行，也有两义需要释明。一是依据第十条第一款和第二款，作为城市土地所有权主体的国家和作为农村土地所有权主体的集体，如果坚持两种所有权是中国社会主义生产资料公有制名下两个独立的主体，那么至少在土地作为财产权标的的语境中，在国家与集体各自所有权所指涉的土地范围内，其所有权是平等的，因为独立就包含平等之义。两个权利平等，且各自权利指涉标的，在现实中完全不重叠，彼此有明晰的边界。其中一个如何通过这一财产权授权资格规范，获得了当某种情形出现时，甚至仅在其觉得有必要时，即可依法对另一个财产权主体项下的土地予以所有权转化，使一方获得而另一方非自愿丧失的资格？而另一方为什么只有在极罕见的情况下，才有可能获得相对方土地的所有权？① 很显然，在财产权范畴内，国家获得此授权转化集体土地所有权的资格是无正当与合法依据的。能够让其如此而为，有且只有国家作为主权者，表现在与土地有关的经济、社会等公共事务领域享有独家管理权力，并非权利；而国家享有此种权力，无须宪法或法律授权，这是国家成为国家的固有本义；宪法中有此规定，不过是将先于宪法而存在的事实，予以如实记载而已。

二是在严谨精细地恢复第一款具有面向既往的规范溯及效力时，过于明显地忽略了它自面世起就具有的面向未来的强行性规范效力，即无论怎样解决其面世之前既已存在的城市的土地、非属于国家独家所有的土地权利格局，但在本款作为重要规范，施行之后，绝不能再出现新的城市土地不属于国家所有的情形。

（二）结语：尊重历史，善待公民财产权利

宪法第十条第一款本义其实并不复杂，尤其是如果注意如下几点，弄清其本义也相对不难。

一是坚持现宪法是对之前四个宪法文本，尤其是1954年宪法的重建与承继，因此理解本款本义需要基于新中国宪法中有关土地规定的变迁，以一种具有历史维度的宪法教义学范式予以呈现。

二是要以新中国成立时日为始点，将新中国的城市分为老城市（在新中国诞生之前即矗立在中华大地上的城市）和新城市（在新中国成立之后设立和建设的城市），并将老城市在新中国成立之后所做的拓展进程也纳入后一类型；自1949年9月至1982年12月，老城市绝大多数土地都通过社会主义革命和社会主义建设，变成了国家所有，只有两类土地还存

---

① 程雪阳：《中国地权制度的反思与变革》，上海三联书店2018年版，第268-271页。尽管程雪阳列举了四种途径，但如果仔细详究，就会发现，第一种和第二种最为习见，尤其是第二种，第三种相较于第四种不存在强制约束条件，虽不那么罕见，但较之第一种、第二种情形，则是相对稀有的。

有私人所有权：一是供市民及其家庭生活和居住，并由其享有所有权的房屋所占土地。二是手工业者手工作坊即经营场所所占土地、老城向外扩建和新城市设立及建设所形成的城市，其土地权属几乎为国家所有，可能存在少量的城中村；城中村出现较多的情形，当在改革开放早期，现宪法生效实施之后才有的。

三是需要明白在现宪法之前，前四个宪法文本一直都是承认、尊重、保护上述两类土地私人所有权的，只不过将私人生活用房屋所占土地归于生活资料所有权，并且不分城乡，而将手工业者手工作坊所占土地归于生产资料所有权，仅限于城镇，农村非农业手工作坊多与自家生活房屋相联，但1975年宪法和1978年宪法表达得比较隐晦，需要借助宪法教义学呈现。现宪法扬弃了前四个文本表达模式，以"公民的合法的私有财产"代替"房屋和各种生活资料"，原因在于：一是城乡需要分开表述，因为乡村通过引进宅基地这一首次进入宪法的术语，将房地所有权分置于不同主体；二是城市里，房屋类型较多，无法统一口径归类，故舍之前用语，代之以"公民的合法的私有财产"。

但即使如此，无论城乡，除了享有房地一体的所有权情形之外，其他类型的房屋所占土地的使用权，并非依第十条第四款所示根据和方式获得的，而是或者基于老城旧房其使用权是通过置换取得的，或者基于老城新房或新城房屋，是将个人分房资格与房屋结为一体，并经由长期持续居住的历史——形成一种基于居住而取得的独占排他的使用权，既具有所有权某些属性，又兼有财产性内容——和现实这一客观事实；后来因房改必须办理房产证，不过是将此历史性事实和历史性权利予以法定化，并非转让所致结果。这表明，即使是使用权，也具有某些所有权属性，并且乡村宅基地使用权则更多地具有这一属性。

四是当通过解释以呈现第一款本义时，务必要将宣告城市的土地属于国家所有之前，城市土地上最为初始的权属配置，作为理解并析出本款规范本义的前提，并坚持该规范具有溯及既往的效力，从而与该规范面向未来的实义合于一体。就是要坚持两点：一是如果国家基于公共利益的需要，必须将老城最为初始的土地权益归国家所有时，当坚持双重征收，即对房屋及其所占土地的所有权的征收，和对具有所有权属性的使用权的征收或回收。这种双重性，即使在乡村，面对房屋及其宅基地时，也是如此。二是在本款作为重要的宪法规范生效后，不能在城市土地上再出现多重多元所有权或具有所有权属性的使用权共存格局，必须确保在城市市区范围里，有且只有其土地仅属于国家所有这种唯一情形。即使从价值角度，甚至在人权保护理念层面，认为如此做法有违正义，不够公平，也不可曲解，因为这是本款本义的规范要求，理当如此。

迈向保障基本权利和确定性并存的权衡法则：阿列克西权重公式的解构与重建

范继增 *

摘　要：阿列克西的权重公式旨在界定权衡法则的要素内容和各要素间的关系。然而，阿列克西的权重公式缺乏对具体情境的确定性分析。同时，权重公式的高度抽象性和"影响程度"分类标准的模糊性导致权衡结果的高度不确定性。另外，阿列克西提倡用相对性视角界定基本权利的内核，威胁了宪法权利的防御性功能。为了应对任意性和基本权利内核受损的风险，本文提倡在绝对性视角界定基本权利内核的基础上，按照类型化的途径分别在公法领域和私法领域重构权衡公式。并且尝试用权衡之法的理性逻辑解决生命权相冲突的情景。

关键词：权重公式　比例原则　权衡　基本权利内核　确定性　均衡性原则

一、前言：问题的提出和文章框架

罗伯特·阿列克西（Robert Alexy）依据德国基本法的规范与德国联邦宪法法院（以下简称"德国宪法法院"）的判决将比例原则的适用步骤再细分为三个子原则：关联性（suitability）、必要性原则（necessity）和狭义比例原则（proportionality stricto sensu）。其中，狭义比例原则又称为均衡性原则。[1]阿列克西认为狭义比例原则的主要功能是在诸宪法原

---

* 作者简介：范继增，山东工商学院法学院副教授，四川大学欧洲问题研究中心研究员，意大利比萨圣安娜大学STALS研究中心研究员。

[1] Robert Alexy. Constitutional Rights and Proportionality. Revus, No.22 (2014), p.52

则冲突中间寻找最为优化（optimization）的解决结果。① 然而，均衡性原则不是阿列克西的独创。德国宪法法院在1958年的 *Apothekenurteil* 案中正式将权衡个人权利和公共利益的均衡性检验（abwägung）作为司法审查的环节。②

但是，缺乏客观公正的权衡方法导致了许多学者对均衡性原则确定性的质疑。③ 尤尔根·哈贝马斯（Jürgen Habermas）认为不可动摇的道义本质（deontology）构成宪法权利规范的正当性基础。每个基本权利规范背后具有不可毁减的固有价值。④ 权衡将宪法权利内在的道义本质转化为外在的功利主义。⑤ 哈贝马斯认为权衡的过程具有高度不确定性，会破坏权利的道义基础。⑥ 权衡者只能在个案中依据习惯的标准和价值排序作出任意的和不周全的决定。⑦ 权衡行为的本质是用功利主义和非理性的直觉代替宪法权利的固有道德，破坏了宪法规范的普遍性和宪法权利的优先性。斯塔弗罗斯·萨基拉基斯（Stavros Tsakyrakis）虽然未彻底否定权衡论，但是认为只有"法官在权衡的过程中认真考虑了道德概念的真正本质才可能判断得到正确的权衡结果……如果我们仅关注比例原则中的权衡结果本身是否充分和判断影响程度正确与否，忽视了限制基本权利的道德正确性，那么权利本质就必然遭到破坏"⑧。另外，伯恩哈德·施林克（Bernhard Schlink）认为多数案件的权衡结果"不可避免地表现出主观性的色彩"⑨。施林克认为宪法权利体系中无法形成一套整体性的价值序列。⑩ 在宪法分权的框架下，法官取代立法机关的权衡决定违反了民主原则⑪，所以建议将均

---

① Robert Alexy. Balancing, Constitutional Review, and Representation. International Journal of Constitutional Law, Vol.3 (2005), p.573.

② Alec Stone Sweet, Jud Matthews. Proportionality Balancing and Global Constitutionalism. Columbia Journal of Transnational Law, Vol.47 (2008), p.108.

③ Paul W. Kahn. The Court, the Community and the Judicial Balance: The Jurisprudence of Justice Powell. The Yale Law Journal, Vol.97 (1987), p.3. 作者指出，"'权衡'本身就是模糊和抽象的隐喻……抽象的权衡概念无法告知我们哪些权利、原则和价值具有重要性以及它们是如何被赋予权重的"。

④ Jürgen Habermas. Between Facts and Norms: Contributions to a Discourse Theory of Law and Democracy. MIT Press, 1996, pp.259-260.

⑤ Jürgen Habermas. Between Facts and Norms: Contributions to a Discourse Theory of Law and Democracy. MIT Press, 1996, p.258.

⑥ Mattias Kumm, Alec D. Walen, Human Dignity and Proportionality Deontic Pluralism in Balancing. https://papers.ssrn.com/sol3/papers.cfm? abstract_id=2195663, p.4, 最后访问日期：2020年3月15日。

⑦ Jürgen Habermas. Between Facts and Norms: Contributions to a Discourse Theory of Law and Democracy. MIT Press, 1996, p.259.

⑧ Stavros Tsakyrakis. Proportionality: An Assault on Human Rights? International Journal of Constitutional Law, Vol.7 (2009), p.491.

⑨ Bernhard Schlink. "Proportionality (1)", in Michel. Rosenfeld, Andras Sajó eds. The Oxford Handbook of Comparative Constitutional Law. Oxford University Press, 2012, p.734.

⑩ Bernhard Schlink. Abwägung im Verfassungsrecht. Broschiert, 1976, pp.136-137.

⑪ Bernhard Schlink. "Proportionality (1)", in Michel Rosenfeld, Andras. Sajó eds. The Oxford Handbook of Comparative Constitutional Law. Oxford University Press, 2012, p.735.

衡性原则从比例原则中删除①。

笔者认为方法论的缺陷不能否定权衡存在的合理性。宪法文本的抽象性和司法审查权必然要求法官通过权衡的方式比较相冲突的宪法规范的重力。②面对哈贝马斯和施林克的质疑,阿列克西提出了限定法官自由裁量范围的结构性权重公式(weight formula),用于比较不同的措施对彼此冲突的宪法规范的影响程度。③然而,阿列克西的权重公式并未解决对权衡法则确定性和保障基本权利能力的疑问。阿列克西的权重公式仅在结构上限定了裁量内容,但是对各要素的分析仍然需要法官对事实和规范的判断和裁量。甚至,部分学者认为阿列克西的权重公式无法解决宪法权利间的不可通约性的难题。④另外,赞同权利道义论的学者认为,"权重公式仅是技术性衡量相冲突宪法原则的重量,失去了从道德视角评断对错好坏的功能"⑤,缺乏对"权利相对于其他利益的绝对优先地位"的保障⑥,无法有效维护"绝对性权利"⑦和"基本权利的内核"⑧。

鉴于此,本文将首先诠释阿列克西权重公式的内容与含义,其次从确定性和有效保障基本权利的视角论述阿列克西权重公式的缺陷。显然,高度抽象的权重公式无法展示如何结合具体的案件情境,作出具有普遍性和可预测性的判决。⑨这些缺陷促使笔者思考重构阿列克西权重公式,即在私法的基本权利相冲突的领域与在公法的手段成本与目的收益领域进行类型化权重公式的重构。将基本权利的道德因素和损害后果同时纳入考量范围,捏合权利道义论和功利主义的主张,通过论理性的途径提升确定权衡性和保障人权能力的效果。

二、解析阿列克西的权重公式的逻辑建构

（一）宪法规范的原则属性是适用权重公式的必要前提

阿列克西认为适用权重公式的前提条件是宪法规范呈现出原则属性。德国基本法既明确保障个人尊严和基本权利,同时又授权立法机构为保障公共利益限制基本权利。因此,德

---

① Bernhard Schlink. Abwägung im Verfassungsrecht. Broschiert, 1976, pp.192-193.
② Marko Novak. Three Models of Balancing (in Constitutional Review). Ratio Juris, Vol.23 (2010), p.102.
③ Robert Alexy. The Construction of Constitutional Rights. Law & Ethics of Human Rights, Vol.4 (2010), pp.21-22.
④ Francisco J. Urbina. A Critique of Proportionality and Balancing. Cambridge University Press, 2017, pp.55-56.
⑤ Grégoire C. N. Webber. Proportionality, Balancing and the Cult of Constitutional Rights Scholarship. Canadian Journal of Law and Jurisprudence, Vol.23 (2010), pp.180-181.
⑥ Stavros Tsakyrakis. Proportionality: An Assault on Human Rights? International Journal of Constitutional Law, Vol.7 (2009), p.475.
⑦ Francisco J. Urbina. A Critique of Proportionality and Balancing. Cambridge University Press, 2017, pp.115-116.
⑧ Stavros Tsakyrakis. Proportionality: An Assault on Human Rights? International Journal of Constitutional Law, Vol.7 (2009), p.492.
⑨ Giorgio Bongiovanni, Chiara Valentini. "Balancing, Proportionality and Constitutional Rights", in Giorgio. Bongiovanni, Giovanni Sartori, Chiara Valentini eds. Reasonableness and Law. Springer, 2018, p.603.

国宪法法院在违宪审查中确认正当目的是限制基本权利的合宪性条件。德国宪法法院适用均衡性原则的实践意味着基本法框架下抽象的个人基本权利不具有自然地优先于公共利益的绝对地位。基本法权利条款的抽象性也不能为解决具体问题提供详细的答案。

阿列克西借鉴了罗纳德·德沃金（Ronald Dworkin）对规则和原则的概念后重构了宪法权利的属性分类。阿列克西认为宪法基本权利在普遍意义上可以区分为具有狭义严格性的规则（rule）和具有广泛整体性的原则（principle）。① 在宪法实施过程中，以规则为基础的宪法权利呈现出涵摄性（subsumption）状态。只要证明某一规则在特定情况下拥有明确性和可实施性，那么就有义务完全实现该法定权利。但是，阿列克西认为涵摄性状态的适用条件只能存在于宪法文本中词语、目的和整体的宪法情境（systemic context）可以清楚地解释宪法规范的简单情形之中，无法在复杂疑难的案件中得以适用。② 与规则适用条件相反，宪法原则追求最优化实现③，进而认为"原则可以在不同宪法权利或者宪法价值间建立弹性的均衡关系，以化解宪法规则带来的僵硬"④。阿列克西对宪法规范作出了二分法的理论基础是法律现实主义的实践理性排斥德沃金的权利优先理论，后者认为宪法体系内存在绝对性（categorical）命令的规则条款。阿列克西则认为这些宪法条款的"正当性基础是不同利益间的隐性权衡……一切绝对性（categorical）标准都建立在事前利益权衡的基础之上"⑤。

只有追求"最优化的实现"⑥的原则性宪法权利才能符合权衡法则的适用前提⑦，其目的在于在相冲突的宪法原则间寻找出符合帕累托最优化效果的解决方式，通过纳入对法律和事实评价的权衡方式检验选用的措施的均衡性。

（二）阿列克西权重公式的结构与逻辑

施林克认为由于无法依据价值的重要性对所有的宪法权利进行整体排序，所以从功利主义视角认定某种宪法权利优先于另一种宪法权利的结论具有任意性。⑧ 为了解决缺乏方法论的问题，阿列克西将权衡步骤设计为：首先，法官需要确认特定的措施未满足或者损害

---

① Robert Alexy. Constitutional Rights, Balancing, and Rationality. Ratio Juris, Vol.2（2003）, pp.131-132.
② Robert Alexy. Rights and Liberties as Concepts, in Michel Rosenfeld & Andras Sajó eds. The Oxford Handbook of Comparative Constitutional Law. Oxford University Press, 2012, p.293.
③ Robert Alexy. Rights and Liberties as Concepts, in Michel Rosenfeld & Andras Sajó eds. The Oxford Handbook of Comparative Constitutional Law. Oxford University Press, 2012, p.291.
④ Robert Alexy. Rights and Liberties as Concepts, in Michel Rosenfeld & Andras Sajó eds. The Oxford Handbook of Comparative Constitutional Law. Oxford University Press, 2012, p.294.
⑤ Robert Alexy. A Theory of Constitutional Rights. Oxford University Press, 2002, p.75.
⑥ Robert Alexy. Rights and Liberties as Concepts, in Michel Rosenfeld & Andras Sajó eds. The Oxford Handbook of Comparative Constitutional Law. Oxford University Press, 2012, p.291.
⑦ Robert Alexy. The Construction of Constitutional Rights. Law & Ethics of Human Rights, Vol.4（2010）, p.24.
⑧ Bernhard Schlink. "Proportionality（1）", in Michel Rosenfeld, Andras. Sajó eds. The Oxford Handbook of Comparative Constitutional Law. Oxford University Press, 2012, p.730.

第一个宪法原则的程度;其次,应该确认该措施对满足第二个宪法原则的重要性;最后,判断满足第二个原则的程度是否高于损害第一个宪法原则的受伤害程度。①

借用数学公式来展现阿列克西权重公式所表述的权衡法则的内容,即在以原则为导向的宪法权利框架下,当存在两个宪法原则相冲突的情景时(表达为 P_1 和 P_2 间的冲突关系)。W_1 是受到损害的宪法权利权重,另一个受到保护的宪法权利 P_2 的权重值表达为 W_2,两者之间的权重比值为:

$$w_{1,2} = \frac{w_1}{w_2}$$

结果大于1意味着实现获得保护的宪法权利的程度小于受到损害的宪法权利的程度,未能通过司法审查门槛;比较的数值等于1时,意味着两者之间处于等重的状态,法官或立法者具有自由裁量权。只有小于1的情形,才意味着维护权利的重量值 W_2 比损害另一权利的重量值 W_1 更大。

虽然抽象性地测量两个基本权利的重量值不能有效回应哈贝马斯对权衡会导致道德相对化和非理性化的批评,但是不能否认存在权利不对等性的特殊情景。在法律规定个人有权持枪保卫自己的财产的情况下,一名行动不便的残障老人用枪打死偷西瓜的流浪汉依旧违法。尽管违法者能够证明这是唯一能够保住其财产的方法,但是代价是牺牲他人生命。阿列克西将此权衡结果视为生命权具有超越其他宪法权利的优势。②在本案中,生命权只能是以"或有或无"的方式存在。在生命权以外的权利受到侵犯的条件下,承认以剥夺生命的方式维护个人宪法利益的合法性无异于否定生命权的宪法地位。③"权衡法则"的主要任务是在相冲突的宪法原则间实现最优化的结果。当某种措施会完全消灭宪法权利时,将无法实现原则的"最优化实现"目的,继而也失去了权衡的意义。

德国宪法法院在 Lebach 案中承认无法在抽象宪法原则中进行直接的权重比较④,如何将抽象的原则转化为具体可衡量的宪法利益便成为阿列克西的主要任务。预设相冲突的宪法原则具有一般性等重性的前提下,分析不同的规范原则在具体的案件中受到侵害的程度便成为具体化比较的关键步骤。这个过程具体表现为 P_1 在具体情况下受到损害的程度为 I_1 时,P_1 的具体权重值就表达为 $W_1 \times I_1$。而 P_2 的重要性程度无法通过正向方式进行推断,

---

① Robert Alexy. On Balancing and Subsumption. A Structural Comparison. Ratio Juris,Vol.16(2003),pp.436-437.

② Robert Alexy. On Balancing and Subsumption. A Structural Comparison. Ratio Juris,Vol.16(2003),p.440. 阿列克西指出"生命权比一般性的自由权具有更高的抽象性价值"。

③ Dieter Grimm. Proportionality in Canadian and German Constitutional Jurisprudence. University of Toronto Law Journal,Vol.57(2007),p.396.

④ Robert Alexy. On Balancing and Subsumption. A Structural Comparison. Ratio Juris,Vol.16(2003),p.440; BVerfGE 35, 202,Preamble,para.2. 德国宪法法院在 Lebach 案判决中指出"总体上,人的尊严和表达自由无法抽象地比较孰高孰低"。

但是考虑到权重公式需要进行具体性的比较,所以就认定 P_2 的具体权重是 W_2 与不履行影响 P_1 的措施时对 P_2 的具体影响程度 I_2 的乘积。因此数学公式表述为:

$$w_{1,2} = \frac{I_1}{I_2} \text{ 或 } w_{1,2} = \frac{w_1 \times I_1}{w_2 \times I_2}$$

由于该数学公式表达了权利受到影响的程度,所以阿列克西将该公式称为"实质性权衡法则",其表述的黄金规则是"特定的措施对第一个宪法原则的伤害程度或者不满足程度越大时,那么就必须对满足另一个原则的重要程度越高"[①]。显然,阿列克西将影响"程度"作为比较对象。[②] 这意味法官可以在具体的案件中将不可通约的宪法价值转化为受到影响的"程度"后再对两个受到影响的宪法原则重力值进行比较。

阿列克西认为应该运用等级方式对受到影响的程度进行分类,所分的等级不宜过多或者过少,应适当反映变量所受影响的现实状况。[③] 因此,三等级论(triadic scale)成为表达"适合司法论断和增强对事物直观的认识"的最佳方式。[④] 在具体情境中,法官可将基本权利的受损害程度或者保障公共利益的重要程度分为轻微(l)、中等(m)和严重(s)。但是,阿列克西认为符合三等级划分的案件仅属于偶然的状况,因此简单的分类无法满足对复杂案件的评价。进而,阿列克西认为在各自等级范围内依旧可以再进行三等级的划分,因此在极端轻微(ll)和极端严重(ss)间包括其他七种程度,即轻微中等(lm)、轻微严重(ls)、中等轻微(ml)、中等普通(mm)、中等严重(ms)、严重轻微(sl)、严重中等(sm),总共九种影响标准。[⑤]

虽然部分情况下阿列克西的权重公式可以脱离数字进行比较,但是缺乏数字表达的实质性权衡法则无法清楚地反映出相冲突的宪法价值间受到影响的确定程度。阿列克西认为区域范围最大值为1的对数函数区间无法客观地反映宪法原则受到影响的严重程度[⑥],而几何式增长的等比数列是等级划分的最佳数学模式。对宪法原则的影响随着强度等级的增加而成比例的增加。因此,阿列克西选择用等比数列 2^0、2^1 和 2^2 分别代表影响程度(I)中的轻微(l)、中等(m)和严重(s)。随着对宪法权利影响程度的增加,数值将成比例性地增长。在极端严重(ss)的情况下,就构成了 $2^2 \times 2^2$ 的状态。

"实质性权衡法则"虽然处于权衡过程的核心地位,但仅能适用于理想状态。在司法审查过程中,法官在众多案件中面临着程度判断的不确定性。因此,阿列克西将可信度(R)纳

---

① Robert Alexy. A Theory of Constitutional Rights. Oxford University Press, 2002, p.102.
② Robert Alexy. On Balancing and Subsumption. A Structural Comparison. Ratio Juris, Vol.16(2003), p.442.
③ Robert Alexy. On Balancing and Subsumption. A Structural Comparison. Ratio Juris, Vol.16(2003), p.440.
④ Robert Alexy. On Balancing and Subsumption. A Structural Comparison. Ratio Juris, Vol.16(2003), p.440.
⑤ Robert Alexy. On Balancing and Subsumption. A Structural Comparison. Ratio Juris, Vol.16(2003), p.445.
⑥ Robert Alexy. Verfassungrecht und einfaches Recht-Verfassungsgerichtbarkeit und Fachgerichtbarkeit. Veröffentlichungen der Vereinigung der Deutschen Staatsrechtslehrer, vol.61(2002), ff.25.

入衡量受影响的宪法原则具体的重量值。司法权衡的过程具有条件性,需要考虑特定措施对于实现或者伤害特定宪法原则的可信度。相比较于确认影响程度的"实质性权衡法则",纳入可信度变量的"认识论权衡法则"是在措施对宪法原则的影响程度和对其判断结果的可信度之间进行权衡。阿列克西将"认识论权衡法则"表述为"对一个宪法原则影响的程度越严重,那么这个影响的确定程度也就越高"。①用数学公式表达为 $I \times R$。另外,"认识论权衡法则"仅能在分子或者分母区域对影响程度的变量进行可信度评估。虽然两类权衡法则代表权衡程序的不同方面,但是两者都具有衡量特定宪法原则受到影响的重力的效果。数学公式表达为:

$$W_{1,2} = \frac{W_1 \times I_1 \times R_1}{W_2 \times I_2 \times R_2}$$

由于均衡原则意图在事实和法律的可能性领域进行分析,所以当"实质性权衡法则"缺乏在事实和法律的层面上的区分时,就必须对可信性的确定程度加以区分。所以,阿列克西依据其属性和范围将其区分为代表对被审查对象出现的事实认知的可信度(R^e)和代表对特定事实行为的规范评价的可信度(R^n)。因此,经验事实认识的可信度与规范评价的可信度共同构成了可信度的全部要素。阿列克西将其完整的可信度公式表达为 $R = R^e \times R^n$。②与影响程度相似,阿列克西采用了等级划分模式,将确定性程度区分为确定性(c)、可能性(p)和并非明显错误性(e),分别用等比数列 2^0、2^{-1} 和 2^{-2} 代表。③但是与"实质性权衡法则"程度分类不同,可信度不存在复杂的叠加性效果。阿列克西权重公式的最完整数学公式表达为:

$$W_{1,2} = \frac{W_1 \times I_1 \times R_1^e \times R_1^n}{W_2 \times I_2 \times R_2^e \times R_2^n}$$

三、权重公式构成的缺陷

尽管阿列克西用理性化的数学公式表达权衡过程,但是依旧无法摆脱确定性缺陷与回应能否有效保障基本权利的质疑。格雷戈瓦尔·韦伯(Grégoire C. N. Webber)批评阿列克西的权重公式是"将宪法权利转化为数学性的可衡量模式"④,企图用量化的数值判断特定措施的合宪性。斯特因·斯迈特(Stjin Smet)认为阿列克西权重公式无法独立地脱离数字

---

① Robert Alexy. On Balancing and Subsumption. A Structural Comparison. Ratio Juris, Vol.16(2003), p.446.
② Robert Alexy. "Proportionality and Rationality", in Vicki C. Jackon, Mark Tushnet eds. Proportionality: New Frontiers, New Challenges. Cambridge University Press, 2017, p.18.
③ Robert Alexy. Proportionality and Rationality, in Vicki C. Jackon, Mark Tushnet eds. Proportionality: New Frontiers, New Challenges. Cambridge University Press, 2017, p.18.
④ Grégoire C. N. Webber. Proportionality, Balancing and the Cult of Constitutional Rights Scholarship. Canadian Journal of Law and Jurisprudence, Vol.23(2007), p.191.

而存在。① 当然，这些缺陷本身并非源自权重公式自身内部证成的缺陷，而是源于如何通过外部证成的方式判断不同变量的程度和分类。另外，单纯比较权重值会忽视宪法权利内在价值，导致对均衡性原则能否有效保障基本权利的质疑。

（一）权重过程无法脱离政治价值观

以有效和理性的外部证成方法适用权重公式是司法权衡程序的关键环节。遗憾的是，阿列克西仅从结构化和较少的变量关系视角建构抽象的权重公式，忽视了对变量"程度"进行判断。在阿列克西看来，"无论采取何种方法确认变量受到影响程度的方法都与司法权衡无关"。② 阿列克西的放任态度为反对权重公式的学者提供了批判的武器。洛伦佐·祖卡（Lorenzo Zucca）认为权重公式抛弃了权利具有的道德属性。③ 韦伯也认为"如果对宪法权利的认知仅涉及偶然的利益重力，将会严重导致道德的缺失"④。对权重公式的中立性幻想是建立在"所有人都享有同样的世界观和政治判断，在重力判断和价值决定之外不存在其他不同的政治选择"的假设基础之上。⑤ 司法权衡本身不是描述性的过程，而是规范性的操作。因为抽象的宪法原则或者价值判断无法独立于释宪者的政治哲学和价值观，所以不存在中立裁量的结果。具有不同政治和道德理念的法官可能会在相同环境下对同一变量赋予不同的数值。然而，形式化的权重公式表面意图是限制法官权衡裁量的范围和界定不同要素的关系。这仅代表权重公式内部证成的正当性，并非代表权重公式可以忽略外部证成。⑥ 阿方索·达·席尔瓦（Virgilio Alfonso da Silva）认为权重公式对判断变量的法律推理离不开具有价值判断性的法律主张。⑦ 遗憾的是，席尔瓦与其他支持权衡法则的学者都未能在司法适用领域建构根据政治道德判断权利受到影响程度的确定性方法。马提亚斯·库姆（Mattias Kumm）反对将权衡过程仅视为基于直觉的分类，而是赞同"理论上允许决策者（法

---

① Stjin Smet. Resolving Conflicts between Human Rights: The Judge's Dilemma. Routledge, 2016, p.193.

② Robert Alexy. A Theory of Constitutional Rights. Oxford University Press, 2002, p.105.

③ Lorenzo Zucca. Constitutional Dilemmas: Conflicts of Fundamental Rights in Europe and the USA. Oxford University Press, 2007, p.20."阿列克西的宪法权利理论并没有提供政治道德的理论内容。"

④ Grégoire C. N. Webber. Proportionality, Balancing and the Cult of Constitutional Rights Scholarship. Canadian Journal of Law and Jurisprudence, Vol.23（2010）, p.199.

⑤ Grégoire C. N. Webber. Proportionality, Balancing and the Cult of Constitutional Rights Scholarship. Canadian Journal of Law and Jurisprudence, Vol.23（2010）, p.193.

⑥ Robert Alexy. "Thirteen Replies", in G. Pavlakos ed. Law, Rights and Discourse: Themes from the Legal Philosophies of Robert Alexy. Hart Publishing, 2007, p.344."权重公式内容意味着比例原则的分析模式依赖于外部证成的形式性结构……对影响权利程度的观点判断不能依赖于合比例性的分析。不含有观点判断的比例原则具有任意性和机械性。必须要以符合法律主张的方式分析基本权利。"

⑦ Virgilio Alfonso da Silva. Comparing the Incommensurable: Constitutional Principles, Balancing and Rational Decisions. Oxford Journal of Legal Studies, Vol.31（2011）, p.288.

官)在获得信息的基础上依据实践论理(practical reasoning)作出判断"①。在库姆看来,权衡法则的实践论理需要决策者依据"正确的实质性正义理论"权衡相冲突利益的重力或选择相冲突原则的优先性。但是,由于"实质性正义理论"需要结合情况对抽象的宪法权利重要性进行判断,所以其背离了阿列克西和德国宪法法院支持的抽象宪法权利的平等性,转而成为支持宪法权利具有"弱的不可通约性"前提下处理冲突的方法。库姆依据情境处理宪法权利的不可违约性改变了阿列克西比较影响程度的权衡路径。

马提亚斯·克拉特(Mattias Klatt)与莫里兹·梅斯特(Moritz Meister)以及凯伊·穆勒(Kai Möller)希望通过区分"不可通约性"与"不可比较性"的概念,为法官作出选择提供正当性。前者仅代表相冲突的宪法原则或者基本权利之间缺乏相同的比较标准,即没有统一的度量衡,而后者指两个相冲突的宪法利益无法做出任何形式的比较。②由于权衡目的是在相冲突的宪法利益中进行比较和选择,因此不可通约性无法阻碍法官适用权衡法则。③相比于阿列克西的权重公式本质是相冲突宪法原则受影响程度的重力比较,以穆勒和克拉特为代表的学者认为权衡法则应包括考虑变量范围内的一切相关内容的性质和道德属性。④无论采用何种方式,精确的权衡理由是证明权衡结果确定性的充分条件。⑤

(二)确认宪法程度分类的不确定性与任意性

阿列克西依据德国宪法法院的判决建构权衡理论。⑥但是,如果缺乏确定性赋值标准,

---

① Mattias Kumm. "Political Liberalism and Structure of Rights: On the Place and Limits of the Proportionality Requirement", in G. Pavlakos ed. Law, Rights and Discourse: The Legal Philosophy of Robert Alexy. Hart Publishing, 2007, p.148.

② Mattias Klatt, Moritz Meister. The Constitutional Structure of Proportionality. Oxford University Press, 2012, pp.62-63; Kai Möller. Proportionality: Challenging the Critics. International Journal of Constitutional Law, Vol.10 (2012), pp.719-721. 三位学者指出相冲突的宪法利益即便有不可通约性,也应该归类为"弱的不可通约性"范畴,可以通过特定权利的优胜理论(triumph)、权利的有效边界理论(side-constraint)和权利的排序理论(lexical order)解决冲突。

③ Virgilio Alfonso da Silva. Comparing the Incommensurable: Constitutional Principles, Balancing and Rational Decisions. Oxford Journal of Legal Studies, Vol.31 (2011), p.282. 赞同均衡性原则的学者普遍认为"可通约性"与"可比较性"应该表达为不同的排序方式。"可通约性"代表基数性排序(cardinal order),而"可比较性"意味着顺序性排序。参见Ruth Chang. "Introduction", in Ruth Chang ed. Incommensurability, Incomparability and Practical Reason. Harvard University Press, 1998, p.1.

④ Kai Möller. Proportionality: Challenging the Critics. International Journal of Constitutional Law, Vol.10 (2012), p.721. "沃顿认为'权衡'(balance)的语义不仅指定量或者成本-收益的分析,同时也指在'两个相冲突的价值间推理和主张的权衡'……因此,我主张将'权衡'概念理解为'权衡一切相关的考量因素'"。Mattias Klatt, Moritz Meister. The Constitutional Structure of Proportionality. Oxford University Press, 2012, p.62. "实际上,权衡的过程提供了道德性的论理(moral reasoning)。更为重要的是,权衡过程展示了在哪个阶段或者何种程度上道德性论理对法律主张是必要的……萨基拉斯基认为'在道德词语缺失的情况下,将无法证明宪法价值具有可通约性'。我们非常认同他的观点。"

⑤ Mattias Klatt, Moritz Meister. The Constitutional Structure of Proportionality. Oxford University Press, 2012, p.69.

⑥ Niels Petersen. Alexy and the "German" Model of Proportionality: Why the Theory of Constitutional Rights Does Not Provide a Representative Reconstruction of the Proportionality Test. German Law Journal, Vol.21 (2020), p.165; Stjin Smet. Resolving Conflicts between Human Rights: The Judge's Dilemma. Routledge, 2016, p.186; Kai Möller. Balancing and the Structure of Constitutional Rights. International Journal of Constitutional Law, Vol.5 (2007), p.465.

权重公式将演变为没有灵魂的论证框架。遗憾的是,阿列克西的权重公式仅展示了德国宪法法院在权衡过程中自由裁量的范围,并未诠释评判权利受到影响的"程度"方法和路径。基本权利条款的语言带有明显的抽象性,无法直接为"权利受到影响"的程度提供等级划分的导向。拉尔斯·林达尔(Lars Lindahl)指出阿列克西的分类标准缺乏可操作性的客观物理特征。三等级或者九等级的程度划分仅具有"词语性标签"的意义。① 韦伯认为除非宪法条款本身规定了明确具体的分类说明,否则宪法文本无法对不同宪法原则的通约性提供任何有价值的帮助。②

德国宪法法院审查议会的禁售大麻立法的合宪性就是很好的例证。宪法法院严格依照比例原则,并在事实审查中确认禁止销售大麻对保障公共健康利益具有关联性,而且通过了必要性原则的检测。宪法法院进而需要在保护商业自由和保障公众健康间进行权衡。依据阿列克西的观点,司法权衡包括一个具体措施对两个抽象宪法原则的影响重力值比较,所以就必须分析禁止销售大麻对商业自由和保障健康权的影响"程度"的数值,以及立法对相冲突宪法原则影响的可信度。然而,德国议会的预想与现代医学证明偶尔吸食大麻不会对健康产生威胁的结论相悖。所以,禁止销售大麻对保障公众健康权的可信度至多是可能性状态,赋值为 2^{-1}。

考虑到宪法法院判决支持了德国议会的决定,所以阿列克西必须在已知的条件下证明保障商业自由的重力指数不得大于保护公众健康的重力指数。为了达到预定的结果,阿列克西必须人为地赋予禁止性立法对商业自由的影响最多不能超过中级,赋值为 2^1,否则就无法证明宪法法院决定的正当性。③ 最终,阿列克西故意将 W_1 的重力指数设置为中等程度的影响与该影响程度确定性的乘积($2^1 \times 2^0$), W_2 的重力指数设置为严重程度的影响与该影响程度可能性的乘积($2^2 \times 2^{-1}$),两者的比值结果为1,所以宪法法院认可议会自由裁量结果的合宪性。

但是,阿列克西在诠释权重公式有效性的过程中未能论证为何禁止立法对商业自由的影响仅为中级。就规范层面而言,完全禁止销售任何物品的立法本质上都是对商业自由权的严重损害。况且,宪法法院已确认了现代医学对大麻成瘾性研究结论的确定性。这与宪

---

① Lars Lindahl. "On Robert Alexy's Weight Formula for Weighing and Balancing", in A. Silva Dias ed. Liber Amicorum de José de Sousa e Brito. Edicoes Almendina, 2009, p.373.

② Grégoire C. N. Webber. Proportionality, Balancing and the Cult of Constitutional Rights Scholarship. Canadian Journal of Law and Jurisprudence, Vol.23 (2010), pp.195-197. 韦伯采取了绝对批判的态度否定了权衡法则与选择结果间的正当关系。这不仅体现在他反对阿列克西的权重公式,也体现在他与克拉特和穆勒的观点截然相反。韦伯认为只有明确的和可衡量的成本-收益分析方法才具有可通约性。道德性论理不是权衡法则的必需品。另外,权衡过程不包括对于各种理由的考量。由于理由仅是做出选择的一种原因,不能证明该理由优于其他选择的理由。因此,权衡法则的结果并不具有严密的客观性和排他的逻辑性。

③ Robert Alexy. On Balancing and Subsumption. A Structural Comparison. Ratio Juris, Vol.16(2003), p.447.

法法院在另一个判决中确认禁止贩卖香烟造成了对商业自由权的严重侵害之间形成了不连续性。因此，阿列克西权重公式仅展现了形式上的逻辑性，无法在本案的实质性论理中展现出自洽性。甚至，斯迈特担忧阿列克西依据权重公式的说理内容丧失了权衡法则的理性基础，转而变成可以支持任何预设结论的修饰性工具。[1] 而在比禁止大麻案更早的 *Titanic* 杂志案中，阿列克西未能有效诠释为何该杂志将一名从阿富汗归国的残障军官描述为"天生的谋杀狂"仅是对其人格尊严的中等侵犯，而将其描述为"瘸子"是对其人格尊严的严重侵犯的理由。在司法过程中，对侵犯"程度"的认定无法免除法院的论证义务，也无法完全依赖直觉来确认权利受到侵犯的"程度"。

克拉特试图用裁量理论为阿列克西辩护。他认为只要是在裁量范围之内，任何结果都是可接受的，也是正确的。[2] 权重公式体现了道德中立性，进而依据该数学公式得出的结果具有适当性和正确性。[3] 但是，克拉特无法否认在疑难案件中无法完全中立客观地确认权利受到影响的程度[4]，实践论理无法阐释更为复杂的九等级论的划分理由。克拉特认为在裁量范围内任何结果都可以接受的观点使得权重公式蜕变为说理性的框架。阿列克西建构的权重公式无法阻止裁量者采取不确定性和不连续性的方式进行裁量。

（三）权衡公式缺乏保障宪法权利内核的安全阀门

保障宪法权利内核的义务源于德国基本法第19条第2款规定的"（国家机关）在任何情况下都不得伤及基本权利的内核部分"。此后，欧洲人权法院的判例法、《欧盟基本权利宪章》第52条第1款、全球性国际人权公约以及部分国家的宪法典皆将维护不可侵犯的权利内核纳入宪法文本[5]与司法实践[6]之中。

前述对权衡法则的分析凸显出权重公式依赖通过确定变量的具体程度进行重力比较。即便法官在外部证成中会将道德因素考量纳入到变量的判断中，但是权重公式结构决定了其无法有效保障宪法权利的内核（Wesensgehalt）和绝对权利（absolute rights）享有无条件的优越地位。

阿列克西认为，虽然客观性的宪法秩序学说能更容易判断对特定宪法权利限制的程度

---

[1] Stjin Smet. Resolving Conflicts between Human Rights: The Judge's Dilemma. Routledge, 2016, p.194.
[2] Mattias Klatt, Moritz Meister. The Constitutional Structure of Proportionality. Oxford University Press, 2012, p.69.
[3] Mattias Klatt, Moritz Meister. The Constitutional Structure of Proportionality. Oxford University Press, 2012, pp.69-70.
[4] Mattias Klatt, Moritz Meister. The Constitutional Structure of Proportionality. Oxford University Press, 2012, p.60.
[5] 1991年哥伦比亚宪法第334条规定"任何情况下，宪法权利的核心部分不可受到影响"；2010年肯尼亚宪法第24条第2款第3项规定"立法条款对宪法权利和自由的限制不得损害权利和自由的核心或者本质部分"。
[6] 南非宪法法院在S vs. Makwanyane的判决中审查实施死刑是否侵犯生命权。萨克（Sache）大法官在判决中运用了"保障宪法权利的内核理论"。参见范继增：《人权法的移植的成功与挫折》，载张善仁：《南京大学法律评论》（2015年春季卷），法律出版社，2015年，第65页。

是否会导致基本权利条款失去宪法保障的效果①,但是对个人影响的评估则是判断限制效果的必要条件。维护宪法权利内核可以采取绝对性保障和相对性保障两种途径。绝对性保障是维护个人基本权利免受重大公共利益侵害和拒绝适用比例原则的宪法基础②,但是阿列克西认为不受限制和缺乏论证理由的绝对保障理论"过于极端"③,转而借助相对性保障视角寻找和发现宪法权利的内核。

与绝对性保障界定的基本权利内核的方法相比,相对性保障视角将"相冲突的宪法原则在权衡后余下的部分作为不可侵犯的基本权利的内核"④。这意味当特定的宪法权利在权衡后没有剩余的部分时,就可以确定权衡结果没有对基本权利的内核部分产生损害。显然,相对性视角虚化了德国基本法第19条第2款为基本权利设置的对抗公共利益的防御性功能,也施加给宪法法院高难度的推理义务。

阿列克西试图用无差异曲线解释相对性保障视角下的基本权利内核理论,即当一个宪法原则所受到的限制程度越大,那么与其对抗的另一个宪法原则的重力值就必须"不成比例性的增长"⑤。对"不成比例性的增长"的界定构成了难以逾越的认知鸿沟。在适用权重公式的一般性情形中,当特定的宪法权利受到侵犯的程度无限趋近于极端时,相对抗的公共利益重要程度也必须在无限接近于极端重要性的条件下才存在优于基本权利的可能性。但是,相对性保障视角会对德国基本法第19条第2款纳入的保障权利内核理论造成影响。阿列克西所提出的权重公式无力成为界定基本权利内核的路径。"不成比例性的增长"则是阿列克西依赖相对性路径界定基本权利内核的基础:对基本权利伤害的范围越大,就越需要有更为重要的理由予以证成。

倘若将"不成比例性的增长"理论的前提解释为承认宪法权利规范内包含了隐性的等级分层,那么对限制权利规范不同层级的正当性证明力度会呈现指数性增长。但是阿列克西并没有对权利分层理论的操作方法和司法技术提供具体的指导,也没有提供宪法法院的判例作为证明。这是相对性保障理论认知和适用的难题。

在无差异曲线模型中,当限制基本权利的行为无限地接近绝对性保障视角所设的禁区时,就必须摆脱简单的三等级的程度划分,改为更为复杂的九等级论或者二十八等级论方能在理论上依据数学公式进行比较。但是,等级划分种类的增加与判断程度的难度成正比。另外,与绝对性保障视角可以普遍清晰地界定基本权利的内核相比,相对化的界定模式导致

---

① Robert Alexy. A Theory of Constitutional Rights. Oxford University Press, 2002, p.193.
② 参见BVerfGe 34, 238, 245. 德国宪法法院秘密录音带案件中指出"由于那些极其重要的公共利益不能成为限制具有绝对排它性的个人生活权内核部分的正当理由,因此在该案中不适用比例原则中的均衡性原则"。
③ Robert Alexy. A Theory of Constitutional Rights. Oxford University Press, 2002, p.195.
④ Robert Alexy. A Theory of Constitutional Rights. Oxford University Press, 2002, p.193.
⑤ Robert Alexy. A Theory of Constitutional Rights. Oxford University Press, 2002, p.195.

了裁判结果的不确定性和模糊性。无差异曲线仅描述两个相冲突的宪法原则间的此消彼长关系,不能为司法判断提供现实帮助。阿列克西希望利用无限趋向于极端值的方式展示对权利的极端限制程度必须伴随着更为极端重要的公共利益保障。因此,在特定状态下,对基本权利特定部分的保障具有不可逾越性。① 但是,相对性保障视角理论除了可以体现出阿列克西对权衡路径的依赖外,无法使其成为界定权利内核的确定性工具。在二十八等级划分结构下,当限制基本权利的程度与保障公共利益的程度皆达到"极端的非常重要的"(sss)等级时,不仅理论意义的基本权利的内核部分不存在,而且享有裁量选择权的立法者也摆脱了宪法规范与道德的约束。

由于阿列克西相信"不存在任何其他的理性途径为限制宪法权利提供理由",所以权衡法则具有界定基本权利内核的排他性。进而,笔者质疑阿列克西权重公式能否有效保障宪法或者国际人权公约保障的绝对性权利。② 阿列克西本人虽然没有在《基本权利的理论》一书中直接回答此问题,但在对"绝对管辖性权利"(categorical rights)概念的批判中指出"任何看似非通过权衡路径得出的绝对管辖性权利范围皆源于先前的权衡结果"③。显然,阿列克西的认知导致绝对权利丧失了规范层面上的原始独立性,沦为更高位阶宪法原则与其他宪法性利益权衡后形成的次级宪法规范。

需要指出的是,结构化和抽象化的权重公式无法满足阿列克西建构的双重权衡的进路。④ 这导致了阿列克西必须放弃通过权重公式界定绝对权利的方式,转而在该公式的框架下赋予绝对性权利无限大的重力。⑤ 然而,这种解决路径仅是策略性的让步,并非实质性放弃权衡结果决定绝对权利范围的主张。

为了支持阿列克西相对性权衡理论,克拉特反对绝对权利具有的道德排他性的功能。他认为"保障人的尊严原则'在许多极端的情况下'也可能被其他相冲突的宪法原则超越。所以,绝对权利并不具有无条件的排他性效力,而是在个案中取决于权衡与之相冲突的宪法原则的结果"⑥。因此,克拉特认为绝对权利规范的具体保障范围并不具有绝对自治性,必须通过权衡法则判断绝对权利是否具有优先性。

---

① Robert Alexy. A Theory of Constitutional Rights. Oxford University Press,2002,pp.195-196.
② 《公民权利和政治权利国际公约》和众多区域性国际人权条约皆规定了绝对权利。例如,免于酷刑、免于不人道或者有辱人格的处罚、不得对他人施加奴役、思想与持有见解的自由。绝对权利意味着其他人享有绝对的道德性义务,不得依据任何主张和理由剥夺或者限制绝对权利。
③ Robert Alexy. A Theory of Constitutional Rights. Oxford University Press,2002,p.75.
④ 在这里,"双重权衡"是指通过权衡方式寻找"基本权利的内核"和确认特定的限制措施是否符合均衡性原则的过程。
⑤ Robert Alexy. "Thirteen Replies". in G. Pavlakos ed. Law,Rights and Discourse:Themes from the Legal Philosophies of Robert Alexy. Hart Publishing,2007,p.344.
⑥ Mattias Klatt,Moritz Meister. The Constitutional Structure of Proportionality. Oxford University Press,2012,p.32.

穆勒依据权衡路径阐述了绝对性权利的基础是不可超越的利益,而非针对他人所设置的绝对性禁止义务。穆勒认为由于"奴隶制度对自由伤害的结果是极端严重的"①,所以不存在超越禁止奴隶贸易的极端利益。绝对性权利派生的禁止性义务无法脱离以结果为导向的利益权衡。

四、巴拉克的"社会边际重要性"能够取代阿列克西的权重公式?

巴拉克提出了以"社会边际效益重要性"为基础的权重公式。与阿列克西建构抽象性权衡理念不同,巴拉克认为应该在抽象性权重公式和具体案件情境的中间地带通过权衡宪法权利与公共利益的途径建立中等抽象程度的权重公式,称其为"原则性权衡"(principled balance)。② 原则性权衡对象是立法保障的公共利益和宪法确认的基本权利之间的"边际社会重要性"(marginal social importance)。③ 权衡结果会随着所选择的措施和具体情境的变化而改变。

"边际社会重要性"理论是具体宪法权利依赖权利体系的"内在结构"关系与外在"功能"的方法,建构出一套特别的衡量宪法价值"重要性"的特别途径。④ 法官在权衡限制宪法权利的手段和目的前,必须对特定的宪法权利性质进行剖析,不能抽象地认定所有宪法权利都具有相同的重量。因此,宪法权利性质的差异导致对不同权利的限制形成不同的原则性权衡路径,同时也对基于不同目标的相对权利限制形成差异性权衡方法。

巴拉克意图抛弃阿列克西分数式的权衡模式,转而希望借助于"原则性权衡"概念,在不同的情境下动态地塑造权衡的规则,用于表达该情境下比较实现两个相冲突宪法原则的社会边际重要性。⑤ 这种弹性的权衡方法不可避免地倒向约瑟夫·拉兹(Joseph Raz)提出的"利益为基础的权利"理论:在不同的情境下,当发现与本权利相对抗的彼权利或者公共利益更具有社会重要性时,本权利将失去权威性。⑥ 然而,巴拉克无法在实践层面上摆脱阿列克西的影响,必须通过两者边际社会重要性的重力值比较检验限制措施的合法性。⑦

由于巴拉克重视社会因素对基本权利的塑造,所以法官必须在特定社会形态中完成宪

---

① Kai Möller. The Global Model of Constitutional Rights. Oxford University Press,2012,p.148.
② Aharon Barak. Proportionality and Principled Balancing. Law & Ethics of Human Rights,Vol.4(2010),p.12.
③ Aharon Barak. Proportionality:Constitutional Rights and Their Limitation. Cambridge University Press,2012,p.362.
④ Aharon Barak. Proportionality:Constitutional Rights and Their Limitation. Cambridge University Press,2012,p.361. "不是所有的宪法权利都具有相同的社会重要性。一项宪法权利的社会重要性与防止宪法权利受到限制的边际社会重要性都是由社会的根本认知决定的。不同社会的文化、历史和特征塑造了这些认知的形成,而认知又是由宪法目的派生出来的。我们可以将其称为权利的'外在'属性。我们也可以从权利的'内在'属性思考问题。例如,当行使某一项权利是行使其他权利的前提条件时,就意味这项基础性权利具有更高的社会重要性。"
⑤ Aharon Barak. Proportionality:Constitutional Rights and Their Limitation. Cambridge University Press,2012,p.346.
⑥ Joseph Raz. "On the Nature of Rights",in J. Raz ed. The Morality of Freedom. Clarendon Press,1988,p.184.
⑦ Aharon Barak. Proportionality:Constitutional Rights and Their Limitation. Cambridge University Press,2012,p.351.

法性质判断和功能识别后进行权衡。显然，这种解决方式与承认不同的宪法权利间的弱的"不可通约性"具有相似性：通过对宪法价值的抽象比较、对特定价值的限制或者在冲突的宪法价值间形成语义上的优先排序。①

由于限制权利的情境存在多样性，巴拉克无法提出权衡"边际社会重要性"的统一模型。相反，他认为权衡无法达到科学性与精确性②，仅能通过限制自由裁量内容的方式约束法官的主观性。③即便如此，巴拉克寻求在权衡过程中设置更为精细化地表达权衡不同宪法权利的规则。例如，当一项宪法权利是实现另一项宪法权利的前提时，前者显然比后者具有更大的社会重要性。④无疑，他希望在宪法权利体系中建立等级化的规范。然而，这些学说无法为其在具体案件的判决中提供确定性论证基础。

例如，在审查禁止以色列国民在本国与巴勒斯坦等敌对国家的配偶或子女团聚的案件中，巴拉克未能论证"全面的禁令会给国家带来更大的安全，但是谋求安全的代价过于严重……因此，与严重侵犯人的尊严相比，国家立法不具有合比例性"的理由。⑤显然，他的判决理由未能在维护国家安全和保障家庭团聚权的"边际社会重要性"领域作出明确且有力的论证。因此，部分学者认为抽象地比较不同宪法价值的"边际社会重要性"的实质是"感性的直觉"⑥。巴拉克的"边际社会重要性"的权衡路径不具有阿列克西权重公式的要素确定性特征。

巴拉克的"边际社会重要性"理论不可避免地落入了普通法传统的利益权衡理论。晚近的美国普通法就将以"目的－手段"为基础的比例原则和以"成本－收益"为基础的司法权衡相结合。⑦这类司法途径符合美国20世纪具有广泛影响力的"将权利转化为利益"的主

---

① Jeremy Waldron. Fake Incommensurability: A Response to Professor Schauer. Hasting Law Journal, Vol.43（1994）, pp.816-817.

② Aharon Barak. Proportionality: Constitutional Rights and Their Limitation. Cambridge University Press, 2012, p.361. "对社会重要性的确定既不可能是科学的，也不可能是准确的。我们没有办法通过科学的工具在相互冲突的原则之间进行权衡。相反，权衡的方法产生于不同的经济和政治意识形态之中，存在于特定国家的独特历史进程和政治结构与不同的价值中。"

③ Aharon Barak. Proportionality: Constitutional Rights and Their Limitation. Cambridge University Press, 2012, p.486.

④ Aharon Barak. Proportionality: Constitutional Rights and Their Limitation. Cambridge University Press, p.350.

⑤ HCJ 7052/03 Adalah, Opinion of President Aharon Barak, paras. 92-93.

⑥ Ariel L. Bendor, Tal Sela. How Proportional is Proportionality?. International Journal of Constitutional Law, Vol.13（2015）, p.542.

⑦ Eric Engal. The History of General Principle of Proportionality: An Overview. The Dartmouth Law Journal, Vol.5（2012）, p.8.

张。① 因而，权衡法则演变为"在个案中分别寻找宪法保障的权利和公共利益的最大值"②。

然而，阿列克西的权重公式本身与传统的将权利转化为利益的普通法的权衡理念有着本质的不同。权重公式并不是从社会最大利益视角作出评判，也不意图在相冲突的宪法原则间通过二次函数的方式寻找最大值。权重公式的目的是权衡收益是否高于成本。权衡的过程是审查特定选择的合比例性，不能确定其所追求的宪法价值是否能达到最大化。

五、权重公式的重构

面对权重公式的不确定性和无法最大程度保障基本权利的缺陷，雷磊教授认为，"只要法官保持对裁判的充分说理……和'开放性'，就可以认为它（权重公式结果）是正确的"③。这启示我们必须对"充分说理"进行结构性的思考与分类。

事实上，阿列克西权重公式的思想基础源于德国宪法法院的判决。但是，应用权重公式的多数案件是调整私人间的宪法权利④，仅有少量的案件涉及审查公共政策和立法的合宪性问题。因此，权衡法则的类型化适用就成为减低任意性和增强确定性的关键环节。必须指出的是，权重公式本身不能成为界定基本权利内核的途径。所以，法院需要先行界定基本权利内核，并将其排除在权重公式适用之外。

（一）基本权利内核的界定

在法治国理念下，德国基本法第19条第2款为确认基本权利优先性和防御公权力的入侵提供了宪法屏障。在宪法屏障内，存在绝对排他性基本权利和不可侵犯的基本权利内核。任何企图限制这些权利规范的行为皆构成对人的尊严的侵犯。

权衡论者反对绝对权利独立于权衡进路的存在。但是，以后果主义为基础的权衡理论仅看到了"利益"性的结果，忽视了绝对权利的排他性源自"保障人的尊严"的道德义务。任何的奴役劳动、酷刑以及侮辱人格的对待都违反了人与人之间的自由平等的义务，也必然违反更为重要的保障"人的尊严"的宪法原则。

诚然，绝对权利概念的词语表述不意味着这些权利具有易确认性或者保障范围的无限性。法院需要先行判断相关事实是否落入宪法或者人权公约设置的绝对权利保障范围之内，

---

① 霍姆斯和庞德认为应通过权衡利益解决权利的冲突。具体内容请参见，Oliver W. Holmes. The Path of Law. Harvard Law Review, Vol.10(1897), p.467. "我认为法官们没能足够注意他们的任务是在不同的社会重要性(social advantage)之间进行权衡。" Benjamin Nathan Cardozo. The Paradoxes of legal Science. the Lawbook Exchange, Ltd, 2000, pp.72-73. "面对这些问题，显然我们需要权衡不同的社会利益并且作出合比例的价值选择……司法过程每一步都是对社会利益的权衡……要想找到答案，就必须衡量不同的利益，权衡不同的价值，诉诸社会的道德、情感、经验和经济的情况。"

② Francisco J. Urbina. A Critique to Proportionality and Balancing. Cambridge University Press, 2017, p.101.

③ 雷磊：《基本权利、原则与原则权衡——读阿列克西〈基本权利论〉》，载《法律方法》2011年第1期，第396页。

④ Niels Petersen. Alexy and the "German" Model of Proportionality: Why the Theory of Constitutional Rights Does Not Provide a Representative Reconstruction of the Proportionality Test. German Law Journal, Vol.21(2020), p.166.

而非判断对绝对性权利的限制是否具有合比例性。具体而言,法院需要结合特定的情景判断学生的义务劳动、对军人的单独禁闭、犯人的强制劳动等行为是否构成了奴役或者酷刑,而非思考社会公共利益的需要是否构成更为重要的干涉理由。因此,在防御性权利视角下,笔者不妨借鉴约翰·哈斯纳斯(John Hasnas)的观点,认为绝对性权利具有消极性抵御外部主体干涉的功能,所以消极的政府义务与消极的自由权之间不会产生冲突。[①] 而依据韦斯利·N.霍菲尔德(Wesley N. Hohfeld)的权利学说,绝对权利的概念具有"特权"的属性,即国家机构和其他一切外部主体无合法权力干涉权利享有者的绝对自由。[②]

另外,国家政府担负保障绝对权利的积极义务已经成为现代法治国家的共识,但是不能通过权衡的路径界定国家享有积极义务的范围。借鉴斯迈特的观点,绝对权利的本质是规则,任何在其权利涵摄范围内的请求都应启动义务主体的行为。[③] 当特定的事项发生时,国家政府具有救助的义务,不能以能力不足、情况危险或者超出预算开支等理由拒绝履行积极义务。尽管政府的设备、人员和财政状况等客观能力会影响履行积极义务的效果,但是不能免除政府在其能力范围内享有最大程度保障个人绝对性权利的义务。

多数宪法权利仅具有相对性的特征。无论是宪法文本的规定,还是司法裁决,皆认同为了保障更为重要的他人权利或者公共、社会和国家的利益,应以合比例的途径限制个人的基本权利。限制结果不违反保障"人的尊严"原则。但是,相对性宪法权利概念意味着基本权利条款仅是初步确认(prima facie)权利的内容,而非个人享有基本权利的实际范围。具体的权衡结果决定个人享有权利的实际范围。这意味着权衡相冲突宪法价值间的利益关系取代了保障宪法基本权利折射出的道德义务。但是,由于权重公式本身无法保障基本权利在权衡过程中免遭毁灭性的损害,所以需要对权衡结果进行再审查,以免对基本权利的限制侵犯了不可损害的内核部分。

诚然,对于内核部分的司法界定存在主观权利和客观法秩序两种方法。然而,两种方法并不相互排斥,可以理解为一个硬币的两个方面或者彼此补充的关系。客观法秩序旨在评判对宪法权利的立法限制是否导致其丧失了宪法权威和意义。评判的过程不能完全依赖于基本权利条文本身,而是要通过符合特定价值或目的的方式具体化基本权利条款的内容。例如,葡萄牙宪法法院就依据诉讼的平等与对等原则和寻求司法救济价值,认定"宪法规定的公平审判权的内核部分包括诉讼主体具有平等的对抗性权利和获得权利救济的途径,立

[①] John Hasnas. From Cannibalism to Caesareans: Two Conceptions of Fundamental Rights. Northwest University Law Review, Vol.89(1995), p.921.

[②] Wesley N. Hohfeld. Some Fundamental Legal Conception as Applied in Judicial Reasoning. Yale Law Journal, Vol.23(1913), pp.32-33.

[③] Stjin Smet. On the Existence and Nature of Conflicts between Human Rights at the European Court of Human Rights. Human Rights Law Review, Vol.17(2017), p.508.

法机构不能任意地和不合比例地剥夺和阻碍法庭履行救济权或者提供必要司法保障的功能"①。主观权利旨在分析针对特定个体或者少数群体的司法或立法决定是否会导致这些主体权利的丧失。尽管主观权利理论主要维护个人基本权利受到最低限度的尊重,但是这不意味其可以脱离价值的判断。依据主观权利方法确定的宪法权利内核帮助个体或特定少数群体抵制其他主体的干涉行为。这既维护了宪法确认的个人尊严,也体现了宪法秩序下无差别的个体平等享有基本权利的宪法价值。例如,欧盟法院在 Zambrano 的判决中认为倘若不给予尚在欧盟境内正在照顾和抚养具有欧盟公民身份的未成年人的非欧盟公民身份权或者工作权,那么未成年公民将失去享有一切欧盟基本权利的前提。②尽管欧盟法院没有提及欧盟公民身份权利的"内核部分",但是判决却透露出维护特定非欧盟公民的居住权构成了对其抚养的未成年欧盟公民身份权的内核部分的侵犯。所以,无论是主观权利理论还是客观法秩序理论对基本权利内核的界定都无法摆脱特定的宪法价值或者目的的影响。

从绝对性视角界定基本权利内核是维护个人权利的核心途径。《欧盟基本权利宪章》第 52 条第 1 款规定了基本权利限制条款,即"要尊重权利或者自由的内核部分"和"符合比例原则"。这凸显出权衡法则和保障基本权利内核理论的差异性。当依据客观的法秩序标准可以明确判定限制措施将导致基本权利丧失时,欧盟法院应该避免适用比例原则的审查方法。例如,欧盟法院在 Schrems 案中首次适用《欧盟基本权利宪章》第 52 条第 1 款的维护基本权利内核的司法原则,废除了欧盟委员会与美国签订的转移欧盟用户数据的信息。欧盟法院并未在保障个人信息隐私和维护美国国家安全间进行权衡,而是在斯诺登事件后发现美国的数据收集部门可以"随意地查阅和接触欧洲用户个人的交流记录"③,导致了欧洲用户不能再保有不被外界知道的秘密,从而认定隐私权被完全地剥夺了。

但是,立法的概念区分无法直接转化为界定基本权利内核的确定性操作。塔基斯·特里迪马斯(Takis Tridimas)与茱莉亚·詹迪丽(Giulia Gentile)认为现有的欧盟法院的判例法未能有效设计出区分基本权利内核和外围部分的司法技术。④这突出地体现在 Alemo-Herron 案的判决中,欧盟法院在未预先界定基本权利内核的情况下,仅凭特定权利受到影响的程度决定限制行为是否侵犯了权利的内核部分。⑤

欧洲人权法院通常将界定基本权利的内核作为适用比例原则的一部分。⑥但是,欧洲人

---

① Judgement of the Portuguese Constitutional Court No.460/2011, 11 October 2011, point 2.4.
② Case C-34/09 [2011] ECR I-1252, para.42.
③ Case C-362/14, M Schrems vs. Data Protection Commission, judgment 6 October 2015, para.94.
④ Takis Tridimas, Giulia Gentile. The Essence of Rights: An Unreliable Boundary?. German Law Journal, Vol.20(2019), p.804.
⑤ Case C-426/11, Mark Alemo-Herron and Others vs. Parkwood Leisure Ltd, judgment 18 July 2013, para.35.
⑥ 范继增:《欧洲人权法院适用比例原则的功能与逻辑》,载《欧洲研究》2015 年第 5 期,第 107 页。

权法院不会采用权衡方法决定基本权利的内核范围。欧洲人权法院在 Ashingdane 案的判决中首次适用了该司法原则,警戒缔约国"对权利限制的程度不能约束或者削减公约权利的内核部分"①。该判决理由反映出欧洲人权法院在审查限制措施的目的正当性和适用比例原则前会优先审查该措施是否侵犯了基本权利的内核。②部分欧洲人权法院的法官虽然相信比例原则是限制权利最普遍的方法,但是该司法审查范式无法"完全与基本权利最低保障标准重合"③。这是欧洲人权法院在司法审查过程中经常提及对基本权利的限制程度不能伤及基本权利内核的原因。例如,欧洲人权法院在 Lingens 案和 Orban 案的判决中虽然经常提及比例原则,但是依据民主社会的价值界定相关权利的最低保障标准才是判决的决定性因素。④

玛雅·比坎(Maja Brkan)发现欧洲人权法院在保障诉讼权利的案件中倾向通过判断个人遭受不利程度的途径决定相关权利的内核是否受到侵犯。⑤但是,倘若进一步关注人权法院适用《保护人权与基本自由公约》(简称《欧洲人权公约》)第 6 条的裁判方法,就会发现法官排斥运用权衡方法界定公约权利的核心,而是要求缔约国在履行公约义务的过程中必须保障特定的诉讼权利的内核部分不得被侵犯。⑥尽管人权法院在 Murray 案中创设了"通过审查缔约国政府'强迫诉讼申请人程度'的方法确认是否侵犯了《欧洲人权公约》第 6 条规定的禁止自证其罪的内核部分"⑦,但是 Heaney & McGuinness 案并非真正地依据"强迫的程度"决定英国的相关立法是否违反禁止自证其罪的内核部分,而是认定英国刑法将不提供相关证据的犯罪嫌疑人给予入刑化的规定违反了禁止自证其罪的内核。⑧除了实质性要素外,欧盟法院与欧洲人权法院皆将受到影响的权利人是否可以充分地获得司法救济

---

① Ashingdane vs. UK, appl no.8225/78, judgment 28 May 1985, para.57.
② Sébastien van Drooghenbroeck, Cecilia Rizcallah. The ECHR and the Essence of Fundamental Rights: Searching for Sugar in Hot Milk?. German Law Journal, Vol.20(2019), p.910.
③ Mouvement raelien suisse vs. Swizerland, appl no.16354/06, judgment 13 July 2012. Dissenting Opinion of Judge Pinto de Albuquerque, fn.32.
④ Lingens vs. Austria, appl no. 9815/82, judgment 8 July 1986, para.41. "欧洲人权法院认为《欧洲人权公约》第10条保障的表达自由构成了民主社会的本质基础和推动社会进步、实现个人愿望的基本条件。所以,《欧洲人权公约》第10条不仅保障那些没有侵犯性和没有任何影响性的'信息'和'观点',也会保护那些具有'侵犯性''震撼性'和'阻碍性'的观点。这是建立多元、宽容和开明的民主社会的必需。" Orban & Others vs. France, appl no. 20985/05, judgment 15 January 2009, para. 52.
⑤ Maja Brkan. The Concept of Essence of Fundamental Rights in the EU Legal Order: Peeling the Onion to its Core. European Constitutional Law Review, Vol.14(2018), p.32.
⑥ 参见 Council of Europe. Guide on Article 6 of the European Convention on Human Rights. Strasbourg, Update to 31 August 2019, https://www.echr.coe.int/Documents/Guide_Art_6_ENG.pdf, 最后访问日期: 2021年3月15日。虽然《欧洲人权公约》第6条公平审判权不是绝对权利,但是该文件第87段明确指出"任何限制和缩减个人寻求法庭救济的方法都不得侵犯公平审判权的内核"。
⑦ John Murray vs. UK, appl no. 18731/91, judgment 8 February 1996, para. 49.
⑧ Heaney & McGuinness vs. Ireland, appl no. 34720/97, judgment 21 December 2000, paras.55-58.

权作为判断基本权利内核是否受到侵犯的基本标准。① 两个欧洲法院的判决皆证明了维护基本权利的内核独立于权衡法则的存在。

司法技术的困难性和复杂性导致全球各地的法院无法创造出普遍适用的划分基本权利内核和外围部分的司法技术。与比例原则和权衡法则不同，不存在界定基本权利内核的结构性公式。即便作出了最后的决定，法院也很难保证界定结果符合确定性、可预测性和适用的连续性。② 基本权利的性质、价值基础和法院主观目的以及概念理解的差异性导致了适用"维护基本权利内核"司法原则的复杂性。这不仅意味着不同基本权利的性质影响基本权利内核的界定，相同的基本权利在不同的情景下也可能产生差异性内核部分。因此，无法用统一的司法技术无差别地界定一切基本权利内核范围。方法论的缺陷可以解释为何两个欧洲法院在界定和审查基本权利内核是否受到侵犯的过程中呈现出不连续性或者矛盾性状态。③

但是，识别权利内核是保障公约权利的核心内容。虽然面临着司法技术的难题，但是依旧可以从细化原则性和权利内容、审查权衡后果的影响以及结合宪法价值和基本权利目的等视角界定内核范围。

首先，判断基本权利的性质与其包含的子权利的范围和性质是寻找基本权利内核部分的关键。绝对权利所涵摄的一切范围皆属于基本权利内核部分。确定相对性权利的内核部分较为复杂。倘若将相对性权利作为一个集合，集合内部依然包括绝对性权利的元素。例如，《欧洲人权公约》和《欧盟基本权利宪章》皆包含了公平审判权。由于该权利的内容广泛，覆盖一切诉讼领域，所以两个欧洲法院皆承认其为相对性权利。但是，禁止一罪两罚（ne bis

---

① Case C-362/14, M Schrems vs. Data Protection Commission, judgment 6 October 2015, para.95. "未能向个人提供任何法律救济途径的立法……就是未达到尊重《欧盟基本权利宪章》第47条规定的司法保障权的内核"。Baka vs. Hungary, appl no.20261/12, judgment 13 June 2016, para.121. 欧洲人权法院认为匈牙利议会立法提前终止本国最高法院院长的任期，并拒绝司法机构审查议会决定的行为侵犯了当事人寻求法庭救济权的内核。

② Naït-Liman v. Switzerland, appl no.51357/07, judgment 15 March 2018. Dissenting Opinion of Judge Wojtycezk, para.8. 沃依捷杰克法官在少数意见中认为多数法官在该案中适用"维护权利内核"的司法原则是不适当的。"当下，权利内核的概念既没有被进一步地解释，也不能被有效地适用，所以适用此司法原则无法为缔约国提供明确的公约义务范围和促进法律确定性。"

③ M. Danson. The Governance of EU Fundamental Rights. Cambridge University Press, 2017, p.64. 作者认为欧盟法院形成的判例法体系未能清楚地划定基本权利的"内核"和"外围"部分的界限。Julian Rivers. Proportionality and Variable Intensity of Review. The Cambridge Law Journal, Vol.65(2006), pp.184-185. 作者指出欧洲人权法院很少在案件中提及"基本权利的内核"。甚至，即使判定了对"基本权利内核部分构成了侵犯"，也并非先行界定内核的范围，而是指"国家的行为对公约权利构成了严重的侵犯"。see Young, James & Webster vs. UK, appl nos. 7601/76, 7806/77, judgment 13 August 1981, para.65. 虽然欧洲人权法院认为"强迫工人参加工会的权利可能会影响《欧洲人权公约》第11条保障结社自由的本质内容"，但是欧洲人权法院没有因此决定英国违反公约义务，而是"认为缔约国裁判结果超出了正当权衡结果的范围"。另外，涂尔肯法官在Sahin案的少数判决中基于"欧洲人权法院多数法官未在诉讼人因禁止参加考试而失去继续在本国大学接受医学教育和失去在本国从事医生职业的机会与土耳其政府禁止佩戴头巾受益之间进行权衡"，而是认定禁止佩戴头巾的学生参加考试损害了受教育权的内核部分。

in indem)、禁止自证其罪和获得法律救济权是公平审判权的子权利,且这些子权利存在模式呈现为全有全无的状态。欧盟法院在 Spasic 案的审查模式就是很好的例证。《欧盟基本权利宪章》第 50 条仅模糊地规定了"禁止一罪两罚",但是未能对该权利的具体范围作出界定。由于欧盟机构已在《针对欧盟基本权利宪章的解释》中明确提及本条之解释需要符合《欧盟实施申根协定公约》第 54 条和第 58 条的规定,所以欧盟法院有权依据《欧盟实施申根协定公约》第 54 条判断成员国是否违反了"禁止一罪两罚"的具体要求。①

其次,法官需要判断对基本权利的限制结果是否构成了寒蝉效应。在 Barfod 案的判决中,欧洲人权法院虽然认同丹麦法院限制诉讼人权利具有目的正当性,但是该诉讼人因言获罪将导致其他公民因害怕刑事制裁,惧怕对公共关注的事件发表观点,从而构成了寒蝉效应的结果。②判断寒蝉效应出现与否是判断限制基本权利是否触及内核部分的直观性指标。欧洲人权法院在 Goodwin 案中认定英国法院要求报社透露秘密消息来源将对其他吹哨人和媒体等维护民主社会的力量构成"潜在的寒蝉效应"③。然而,寒蝉效应的适用多是在保障公民个人和媒体对公共关切事件表达观点的领域。④这意味着表达自由的功能不单纯是表达个人观点的权利,也是维护社会民主价值的公共利益。因此,即便国家政府以国家安全、公共秩序或者军事安全作为限制理由,法院依旧会通过判断限制行为是否会导致危害民主价值的方式决定基本权利的内核是否受到侵犯。

最后,法院亦可以在判决中结合特定权利的价值和功能界定基本权利的最低保障标准。在 Lingens 案的判决中,欧洲人权法院依据民主社会的多元价值和媒体对政治人物观点具有影响性,指出不同观点的政治辩论是"《欧洲人权公约》所保障的民主社会的核心内容"⑤。由此,欧洲人权法院判决奥地利法院支持维护政客名誉权的权衡结果违反了《欧洲人权公约》第 11 条。而在 Matthews 案中,欧洲人权法院将投票选举权视为保障个人发表观点权的重要途径。鉴于申请人不存在被剥夺投票权的法定理由,欧洲人权法院认定英国议会剥夺其管辖直布罗陀地区的人民选举权侵犯了选举权的内核。⑥

然而,基本权利内核范围随着所处的政治情景不同,而会产生差异性变动。在 Sahin 案的判决中,欧洲人权法院放弃了民主社会的多元和宽容的价值,转而认定土耳其政府限制穆斯林女大学生在校园中佩戴头巾的规定不违反宗教自由。"根据可预见的方法和正当性目

---

① Case C-129/14 PPU,Spasic,Judgment 27 May 2014,paras.58-59.
② Barfod vs. Denmark,appl no.11508/85,judgment 22 February 1989,para.29.
③ Goodwin vs. UK,appl no.17488/90,judgement 27 March 1996,Para.39
④ Yutaka Arai-Takahashi. The Margin of Appreciation Doctrine and the Principle of Proportionality in the Jurisprudence of ECHR. Intersentia,2002,p.134.
⑤ Lingens vs. Austria,appl no. 9815/82,judgment 8 July 1986,para.42.
⑥ Matthews vs. UK,appl no.24833/94,judgment 18 February 1999,paras.64-65.

的"[①] 限制基本权利不侵犯基本权利的内核。

（二）以类型化为导向的权重公式重构

1. 权衡相互冲突的宪法权利

权重公式是比较相冲突宪法权利最为直观的方法。阿列克西的权重公式仅包含两个关键要素，且未区分适用情境。这就导致裁量内容较少，且对裁量结果产生巨大的影响。增强结果的确定性和维护基本权利，不仅需要界定权重公式的适用情境，也需要提升权衡过程中的功能。

首先，巴拉克对宪法权利的规范分类对重构权重公式有着启发意义。尽管德国宪法法院承认多数宪法规范具有平等的最高效力，但是不能否认个人在特定情境下依据宪法权利的诉求具有差异性。即便是相同的宪法权利，也会承担支持多面向的诉求功能。

但是，并非所有权利的功能皆具有同等重要性。例如，在以自由民主为根基的立宪政体中，维护个人尊严和民主社会精神的基本权利更为贴近该政体的核心价值，所以更加贴近宪法权利价值的核心功能区。而商业利益、娱乐新闻、传播和表达低俗观点的自由虽然也受宪法权利之保障，但是这些目的因与民主自由政体的核心价值距离较远，所以权利的诉求功能也会出现等级性差异。例如，欧洲人权法院的判决就呈现出保障政治表达自由的力度高于商业性表达自由的特点。[②] 如图1所示，核心功能区的效力等级高于中间功能区和外围功能区。

例如，在权衡表达自由与隐私权的具体案件中，需要先行分析对抗双方之权利诉求将落入何种功能层级。当维护个人的隐私不被泄露（F_1）与宣传社会花边娱乐新闻（F_2）的权利功能发生冲突时，前者诉求显然比后者更为接近自由民主共同体的核心价值，从而产生 $F_1 > F_2$ 的结果。图1所表述的三层级的功能等级仅是例证，不妨碍依据不同权利的内容划分更多的等级。然而，判断具体诉求落入何种等级不能脱离共同体的政治与道德价值。

其次，应当采取双向侵害性的后果视角比较基本权利所受影响的程度（C）。巴拉克和阿列克西所采取的单向比较模式仅能表达特定措施对相冲突的宪法权利间得与失的影响程度，忽略了从后果视角分别对比实施与不实施特定措施状态下，彼此冲突的基本权利受到损失的后果情况。例如，不可康复的残疾代价（C_1）要远高于失去一定数量的金钱（C_2），所以建筑工地的经理就不能要求雇员承担受伤的风险夺回被洪水冲走的水泥。

比较损害后果不是对两个基本权利做简单的定量比较。依据需要在司法权衡的过程中分析特定的基本权利在整个权利体系中的规范重要性以及找出与其他基本权利隐性和显性

---

① Sahin vs. Turkey, appl no.44774/98, judgment 10 November 2005, para.154.

② Lingens vs Austria, appl no.9815/82, judgment 8 July 1986, para.42; Ashby Donald & Others vs. France, appl no.36769/08, judgment 10 January 2013, para.39.

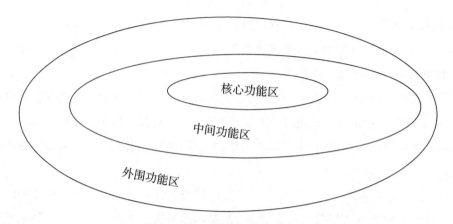

图 1 基本权利功能层级分析图

规范连接。例如,权利 A 是实现权利 B 的前提,抑或特定权利(父母的监护权)是为了实现更高的儿童最大利益而存在。

最后,我们需要借助于阿列克西和克拉特的认知视角分别对特定诉求落入何种具体权利功能的层级与实施或者不实施特定措施对基本权利负面影响的判断进行可信性的分类。在复杂的案件中,由于对具体损害程度和具体诉求的功能判断皆存在不确定性困境,所以就必须借助认知性元素 R 表达对事实与价值的判断程度,分别用 R^e 表达对事实的判断,用 R^n 表达对规范的判断。在特定情形下,诉求反映的权利功能的价值判断是规范分析的一部分,其完整的重力公式表达为 $F \times R^n$;而 $C \times R^e$ 则是在经验事实层面中表达基本权利所遭受负面影响的程度。倘若特定基本权利与其他宪法权利具有规范的关联性,那么就存在叠加影响的重力效果。因此,结合规范和侵害后果认知的完整公式表达为:

$$W_{1,2} = \frac{\left(F_1 \times R_1^n\right) \times \left(C_1 \times R_1^e\right)}{\left(F_2 \times R_2^n\right) \times \left(C_2 \times R_2^e\right)}$$

基本权利功能的价值分类在权衡过程中具有系数性意义。按照距离民主自由价值的远近程度呈现自然数的 1、2、3……递增序列;伤害程度应采取时间性的四等分制,分别用 1/4、1/2、3/4 和 1 表示递增性伤害后果。当伤害程度越接近权利的内核部分,伤害后果程度就越高,认知的可信性程度也就越高。

然而,权重公式的适用过程难以脱离特定的情景。这意味着权衡者必须要观察相同或者相似背景下身份或者合同内容的差异引起的权利或者责任变化。身份性或合同性差异引起的权利或责任变动不具终极决定性,权衡者需要继续审查具体的规定是否符合宪法秩序和社会道德价值。

另外,权衡结果的适用性必须要符合拉德布鲁赫公式的检验。与传统的拉德布鲁赫公式权衡法律确定性和人权保障不同,新的拉德布鲁赫公式将在涉及社会道德的案件中检验权衡结果是否会违反宪法原则。例如,在思考谁享有堕胎权的案件中,立法机构需要在男女双方需同意堕胎和男女一方同意堕胎即可的选项中进行选择。胎儿的出现是男女双方性行为的结果。由于胎儿不具有法定的权利能力,所以其无法独立地参与利益权衡。倘若法律规范强制要求男女双方同意方能堕胎,那么发生争议意味着男女一方意愿受到了损害。倘若法律许可男女一方同意堕胎即可,那么双方未达成一致时,依旧存在一方意愿受到影响的后果。具体逻辑关系如下:

情形1:

大前提X:法律强制规定男女双方皆同意堕胎方可行使堕胎权。

小前提Y:男女双方就堕胎权的行使未能达成一致。

结论Z:男女必有一方的选择权受损,堕胎权不能被实施。

情形2:

大前提X:法律规定男女一方同意堕胎即可。

小前提Y:男女双方就堕胎权的行使未能达成一致。

结论Z:男女必有一方的选择权受损,堕胎权可以实施。

通过权重公式可以发现,情形1与情形2的损害后果的比值是1∶1,立法者获得自由裁量权。虽然,胎儿不具有权利资格,但是宪法与国际人权公约普遍要求立法者和司法者在具体的案件中必须保障儿童的最大利益。进而,法院需要权衡任何一方已经明确表达不希望或者不能尽责照顾儿童是否对儿童成长带来损害和负面影响。这就构成了第二级别(secord-order)情境性权衡。倘若得到了肯定的答复,那么显然情形1的损失重力结果大于情形2的损失结果,优先适用情形2。然而,这种选择虽然符合理性要求,但是明显导致一方的利益处于不平等的地位。立法者或者法院就需要为适用情形2提供相应的配套条件,选择堕胎权的一方要对另一方进行赔偿或者承担其它的民事权利后果。

2. 权衡追求目的和适用手段的关系

在公法领域,迈克尔·福特汉姆(Micheal Fordham)和托马斯·德·拉·马雷(Thomas de la Mare)将均衡性原则解释为政府使用手段和追求目的间的"成本-收益的整体分析"。[1] 成本特指政府为了追求某种公共利益所牺牲的个人利益,而收益则彰显出实现公共利益的效果。"成本-收益"分析途径从根本上排斥了德沃金的权利优先理论,在宪法秩序中承认了"足以重要的社会目的享有优于基本权利的地位"。[2] 在欧洲人权法院判例法中,权衡目的

---

[1] Micheal Fordham, Thomas de la Mare. "Identifying the Principles of Proportionality", in Jeffrey L. Jowell, Jonathan Cooper eds. Understanding Human Rights Principle. Hart Publishing, 2001, p.28.

[2] R vs. Oakes[1986]1 SCR 103.

和手段间的关系被描述为"在保障公共利益和尊重个人公约权利之间作出适当的平衡"①。然而,欧洲人权法院的判决并未向我们展现完成的权重公式。

弗雷德里克·绍尔(Frederick Schauer)将涉及公共利益的权衡分为公共利益和个人利益的权重和公共利益与宪法权利间的权重关系。当利益的诉求不能获得宪法的支持时,就可以直接通过直觉性或者数学性的"成本-收益"选出最大效益的方法。②然而,为了抵制功利主义哲学"将众多人的快乐建立在个人丧失基本权利的基础上"的主张,绍尔认为宪法权利与公共利益受到同种程度的限制时,应呈现出不平衡的损害结果——宪法权利受损程度更高。③

在程序上,限制基本权利的公权力机构承担诉讼程序的证明责任。行政诉讼程序创设者已经在结构上推定了宪法权利初始重力高于公共利益。④然而,这并不意味着公共利益在权重过程中无法与基本权利相对抗。如果公共利益"具有特殊重力的理由",那么可以正当性地限制宪法权利。⑤遗憾的是,绍尔并没有展示如何识别"具有特殊重力的"公共利益。更为混乱的是,倘若采取的不同手段所达到的目的效果不同,我们是否应该承受为了达到最好的目的而增大牺牲自由的代价,抑或追求以较小牺牲基本权利的代价而实现不完整的目的呢?

公法领域中检验限制基本权利的代价与追求公共利益目的均衡性不能仅依靠直观的后果主义视角。在具体情境下,分析具体措施限制基本权利的必要性以及措施本身是否与重要的宪法原则相抵触,依旧是确认是否满足均衡性原则的关键。这就意味着在公法领域中不存在一般性的权重公式。相反,解决途径应朝向类型化的权衡目的与手段的方向发展。

诚然,不同类型的权重规则因涉及攸关权利的内容和性质不同而产生差异。在涉及公共利益与财产征收或者征用的案件中,由于案件标的具有直观的可计算性和循证性,所以权重难度较小。法院在司法实践中会审查特定群体为实现公共利益而承担财产损失的均衡性。在 repository copy 案中,德国宪法法院审查了黑森州立法机构要求州境内所有的出版社担负向州政府指定的图书馆免费提供本单位出版图书的法定义务。虽然宪法法院认同该

---

① Cfr Alastair Mowbray. A Study of the Principle of Fair Balance in the Jurisprudence of the European Court of Human Rights. Human Rights Law Review,Vol.10(2010),p.290. 参见1968年欧洲人权法院在比利时语言案中的判决。

② Frederick Schauer. "Proportionality and Question of Weight", in Grant Huscroft, Bradley W. Miller, Grégoire Webber eds. Proportionality and Rule of Law:Rights,Justification and Reasoning. Cambridge University Press,2014,p.175.

③ Frederick Schauer. "Proportionality and Question of Weight", in Grant Huscroft, Bradley W. Miller, Grégoire Webber eds. Proportionality and Rule of Law:Rights,Justification and Reasoning. Cambridge University Press,2014,p.176.

④ Frederick Schauer. "Proportionality and Question of Weight", in Grant Huscroft, Bradley W. Miller, Grégoire Webber eds.,Proportionality and Rule of Law:Rights,Justification and Reasoning. Cambridge University Press,2014,p.180.

⑤ Frederick Schauer. "Proportionality and Question of Weight", in Grant Huscroft, Bradley W. Miller, Grégoire Webber eds.,Proportionality and Rule of Law:Rights,Justification and Reasoning. Cambridge University Press,2014,p.176.

立法具有促进公共利益的正当目的,但是考虑到部分出版社规模小盈利少,甚至部分艺术出版物成本较高,导致出版社很难承担起经济负担,从而要求黑森州修改部分法律,将小型出版社的财政负担转移至州财政或者有承担能力的第三方。① 欧洲人权法院在 Hutten-Czapska 案的判决中认定波兰政府为了解决住房短缺问题,压制房东抬高租金的立法侵犯了个人的财产权。在判决中,欧洲人权法院认可波兰立法目的具有实现公共利益的正当性,但是强调"适用的手段和追求目的必须具有合比例性……必须在实现公共利益的需求和影响个人公约权利间形成'适当的平衡'(fair balance)"。② 欧洲人权法院认为牺牲特定群体的利益解决公共住房问题的做法不符合均衡性原则。

另外,循证性数据分析是法院审查手段与目的之间是否有均衡性的重要手段。在司法审查中,法院需要考察特定群体所占全部相关人数的比重后决定追求目标的手段是否违反宪法。在审查德国联邦议会修订的《民事诉讼法典》的案件中,宪法法院认定公布无民事责任能力人员名单具有保障公共利益的正当性。但是,新修订的《民事诉讼法典》仅要求公布因酗酒和失去财产而丧失民事责任能力的公民。考虑到这两类人仅占所有人数的 10%,所以宪法法院认定既有的立法结果只能造成对特定当事人的羞辱。③

在权衡不可用具体数值衡量的基本权利(自由权、私生活权和职业自由权等)与国家利益时,需要从结构的视角思考所涉及的宪法权利的民主价值以及权利享有者保持现状对政府欲达到合法目标的实际阻碍性。欧洲人权法院在 Slivenko 案的判决中指出拉脱维亚遣返苏联驻军家属的决定具有维护国家安全的正当目的。但是,倘若被遣返人已经融入了拉脱维亚社会生活且他们与苏联军官的亲属关系不构成对该国安全现实的威胁,那么遣返决定就违反了均衡原则。④ 在涉及维护国家政治秩序的案件中,司法权衡的重点是确认个人行为能否实际危害整个政治秩序。欧洲人权法院在 Vogt 案中权衡了公务员维护宪法价值与实现个人表达自由和结社自由间的重力关系。在权衡过程中,欧洲人权法院承认德国立法要求公务员必须忠诚于宪法具有目的正当性,但是发现因其加入德国共产党(DKP)而被解除教师职位,当事人很难在公务员序列之外找到其他教职,对个人生活和就业产生了巨大影响。考虑这名教师口碑极好,并未在课内或者课外向学生与社会大众发表和传播反对德国宪法价值的观点,并且中学教师岗位本身不能对政权安全构成任何实质性威胁,加之德国共产党是联邦德国境内的合法组织,所以认定开除教职的后果对个人权利的侵犯程度远大于

---

① Niels Petersen. Alexy and the "German" Model of Proportionality: Why the Theory of Constitutional Rights Does Not Provide a Representative Reconstruction of the Proportionality Test. German Law Journal, Vol.21(2020), p.169.

② Hutten-Czapska vs Poland, appl no. 35017/97, judgment 19 June 2006, para. 167.

③ Niels Petersen. Alexy and the "German" Model of Proportionality: Why the Theory of Constitutional Rights Does Not Provide a Representative Reconstruction of the Proportionality Test. German Law Journal, Vol.21(2020), p.170.

④ Slivenko vs. Latvia, appl no.48321/99, judgment 9 October 2003, para.123

对国家安全的保障。①

权衡保障集体权益的公共政策和立法与不可用数值衡量的基本权利呈现出一定难度。一方面,权衡过程无法直观地用数字加以比较;另一方面,功利主义视角不足以成为支持公共利益必然优先于个人基本权利的理由。权衡的功能在于评价特定的公共政策限制基本权利的后果是否与追求的目的成比例。通常,基本权利损害后果呈现出明显性,但是需要在复杂的社会背景下对公共政策和立法所追求的公共利益的重力值进行判断。立法的直接目的仅能反映出部分显性价值,法院需要在复杂社会背景下寻找公共政策和立法的隐性功能,从而描绘出立法的全面功能。倘若将前面叙述的大麻案纳入此类结构性权衡框架,可以展现比阿列克西权重公式更有说服力的论证过程。

在大麻案的判决中,德国宪法法院承认当代医学确认了间隔较长时间吸食大麻不会产生成瘾性和精神疾病,因此对健康权的危害处于较小的程度。以保障公共健康为由完全禁止销售大麻的立法正当性受到了质疑。然而,德国宪法法院认为大麻被权威机构列为精神依赖品,对其进行立法规制依然符合正当性要求。考虑到适量地吸食大麻不会产生健康问题或者成瘾性,所以断定立法者过高预计了大麻的危害性,具有违宪的可能性。但是,循证性的科学认知在本案中并不具有决定性因素,宪法法院需要审查恢复售卖大麻的社会风险和克服该社会风险的成本与难度。宪法法院发现大麻售卖业务已被犯罪集团操控的地下黑市垄断。青年人在地下毒品市场不仅可以买到大麻,也可以买到其他高成瘾性毒品。立即允许大麻生意合法化,将导致犯罪集团通过合法途径获得资金,增加政府打击犯罪的难度。基于打击犯罪和控制社会风险的目的,宪法法院认定在现有的情况下禁止销售大麻的决定符合打击犯罪和保护公众健康目的的均衡性要求。②

3. 权衡的例外:极端性的生命权的冲突

不同主体的生命权冲突属于权衡法则的难点与例外状况。阿列克西的权重公式无法展现出背后的道德性和论理性。根据生命权在宪法权利中的特殊地位,以剥夺生命为代价的公共政策与立法通常不具有正当目的。例如,前文论及的南非宪法法院认为人的生命尊严权比刑罚的报复性目的具有更高的重力值③,实施死刑意味着完全剥夺生命权。

当现实的问题转变为更为紧急的反恐和重大突发事件时,支持个人权利不受国家暴力威胁的观点就面临着国家担负保障民众生命权的挑战;相反的观点也会受到现代人权法律规范的束缚。二律悖反的情景就需要法律实践者在极端的现实情境中解决冲突。例如,"9.11"事件后,德国议会通过了《飞行器航空安全法案》,规定当民航班机起飞半小时后,无

---

① Vogt vs. Germany, appl no.17851/91, judgment 26 September 1995, para.60.
② BVerfGE(1994), Entscheiden Der Amtlichen Sammlung 90,145(188).
③ S v Makwanyane and Another(CCT3/94)[1995]ZACC 3, para.144-145.

法与地面取得联系时,军方就有权判断是否发生恐怖主义劫机,并有权命令将其击落。显然,击落被劫持班机的目的是保护地面民众的生命安全,但是军事行为的后果明显会导致机组人员和乘客失去生命。简单的功利主义可以证明击落飞机具有最小损失性,但是国家却违背了拯救受害者的宪法义务,转而成为积极实施侵害行为的加害者。立法决定违反了保障生命权的宪法规范。德国宪法法院未采用权衡途径,而是直接认定立法侵犯了宪法保障的人的尊严。[1]

倘若我们将国家行动能力等现实性因素纳入考量范围,那么不仅可以在宪法许可的框架下适用权衡程序,而且会得到相反的结论。在本案情景中,当恐怖分子劫持航行班机时,被劫持的人群已经失去了自决能力,被动性地演变为恐怖分子实施恐怖活动的工具。国家承担保障生命权的宪法义务虽然不会消失,但是需要权衡保障能力和面临损失间的关系。倘若无法抑制恐怖主义造成的更大威胁,那么就应该最大程度减少被袭击目标受到的损失。

本案的论理模式并非依赖真实的权衡过程。无论采取何种模式,在乘客与机组人员皆是不可避免的损失情况下,国家的宪法保护义务自然倾向优先保障地面平民免受袭击。然而,尽管失去了自决权的乘客依旧是宪法权利主体,但是国家能力有限性使国家无法有效解除乘客危机,却又面临着保障地面人员安全的紧急性,所以权衡过程的重点是解除危机的能力和保障地面人员安全的急迫性。

然而,这是否意味着笔者转向支持克拉特的绝对性权利在特殊的情形下也可以被超越,进而否定了绝对权利不参与权衡的结论呢?倘若能够确定恐怖分子行动的目的是袭击地面人员的生命与财产,且国家没有能力阻止,那么乘客生命权的丧失始于恐怖分子劫机,并非源于导弹的袭击。

六、结论

阿列克西的权重公式主要界定了法院在运用权衡法则过程中需要考虑的内容和各要素间的关系。但是,权重公式的抽象性导致其忽略了宪法权利的差异性。即便相同的宪法权利规范,也会因具体诉求的内容而导致功能差异性。简单化的权重公式缺乏对政治共同体价值观的区分,仅对"影响程度"作出了言语的分类,导致权衡结果具有高度的不确定性和任意性。另外,阿列克西权重公式未能有效尊重基本权利内核。阿列克西赞同采用相对性方式界定基本权利内核范围,宪法权利的内核失去了稳定性,从而丧失了德国基本法第19条第2款的防御性功能。

---

[1] Kai Möller. Balancing and the Structure of Constitutional Rights. International Journal of Constitutional Law, Vol.5(July 2007),p.466.

面对阿列克西权重公式确定性和有效保障基本权利的缺陷,笔者认为调整权重公式的内容是解决问题之道。一方面,在适用权重公式前,应该采用绝对视角方法确认基本权利的内核范围,排除其参与权衡的可能性。即便权衡者无法在适用权重公式之前划定基本权利内核的范围,也需要在事后审查权衡结果是否产生了破坏民主制度的寒蝉效应。另一方面,应避免权重公式的简单化和抽象化,按照类型化的途径重构权重公式的内容:①在权衡基本权利相冲突的私法领域中,从区分诉求的具体宪法功能入手,结合相冲突权利的损害后果比较彼此间的重力值。倘若权衡后果明显违反公平原则,就需要用拉德布鲁赫公式给予纠正,使权衡的结果在配套的措施下实施。权重公式的重构需要结合权利的政治道德属性和后果主义的判断。②在权衡手段代价与目的收益的公法领域中,需要将公共利益类型结合权衡难度进行分类。在审查可以计算的财产损失和循证性立法的案件中,权衡难度较小,可以依据受影响主体的具体情况分析承担损失数额是否符合均衡性原则。在涉及国家安全和利益的案件中,需要结合特定个体或群体已经受到损害的后果与国家利益的现实危险性进行权衡。在权衡整体性公共利益与个人或群体宪法权利的情景中,不仅需要考量公共政策或立法的直接目的,而且也需要从系统论的视角分析公共政策或者立法对公共利益的现实性和潜在性的影响。

涉及生命权冲突的案件属于极难权衡的例外情形。部分学者认为此种情况不应继续适用权衡法则。但是,例外情形下依旧存在权衡法则的适用空间。当主体的意志无法自由控制自身行为,从而演变为加害的手段时,国家承担优先保障无辜的潜在受害者免于伤害的宪法义务。依据功利主义视角,在无法履行完整有效的国家责任能力时,退而求其次成为政府的理性选择。所以,在权衡损失后果和国家责任能力后,防止对有自由意志民众的伤害是国家的优先义务。

论审判型合宪性解释[*]

许瑞超[**]

摘　要：基于审查型宪法司法实施和审判型宪法司法实施，宪法作为审查规范和实质规范、合宪性解释中不法论证和原则论证的区分，合宪性解释可分为审查型合宪性解释与审判型合宪性解释。审查型合宪性解释，是法院针对有违宪疑虑的法律规范所作的合宪解释，内附于法院的提请裁决义务、最高人民法院的审查要求权之行使，只具有程序性解释效果。审判型合宪性解释，是法院针对无违宪疑虑的法律规范或法律中的可解释性规范所作的合宪解释，意在实现宪法的个案规范力。审判型合宪性解释包括规范取向的合宪性解释、结果取向的合宪性解释、以个案事实为取向的合宪性解释、以立法意图为取向的合宪性解释。法院对审判型合宪性解释的实践，遵循方法论的综合主义。法院是在宪法和法律的相互关系中、个案事实的基础上、宪法赋予的职权范围内、符合立法意图的前提下，维护法秩序的统一，确保个案正义与诉讼当事人基本权利的妥善实现。

关键词：合宪的法律解释　以宪法为取向的法律解释　审查型　审判型　类型构造

一、论题限定的必要性

"齐玉苓案"的批复（《最高人民法院关于以侵犯姓名权的手段侵犯宪法保护的公民受教育的基本权利是否应承担民事责任的批复》）于 2008 年被废止后，学界力图将合宪性解释作为法院实施宪法的替代路径。合宪性解释理论引介于德国。德国学界对法律合宪性解

---

[*]　资金项目：本文系国家社会科学基金重大项目"中国宪法学文献整理与研究"（17ZDA125）的阶段性研究成果之一。

[**]　作者简介：许瑞超，法学博士，厦门大学法学院博士后流动站助理研究员。

释的探讨,大体存在"合宪的法律解释"(verfassungskonforme Auslegung von Gesetzen)和"以宪法为取向的法律解释"(verfassungsorientierte Auslegung)两种思维模式。

"合宪的法律解释"指当法律规范拥有两种以上的解释可能性,并且包含了合宪与违宪的并列情形时,法院应选择合宪的解释结论以避免法律适用违宪;而"以宪法为取向的法律解释"非"以宪法为审查标准对规范或其解释可能性进行衡量,决定规范或其解释可能性是否予以适用",而强调宪法充当了解释的准则和动力,法院有解释取向的顾及义务,法院在对法秩序中拥有解释空间的可解释性规范进行解释和适用时,须取向于宪法,顾及宪法的价值决定对法律解释的主导作用、基本权利客观法内容对整体法秩序的放射性效力。[①] 从裁判的角度看,"合宪的法律解释"的适用遵循从规范内容审查到规范内容确定再到裁判结论控制的逻辑顺序:首先,对存在违宪争议的规范进行合宪性审查(规范内容审查);其次,排除规范的违宪争议部分,选择合宪的解释结论(规范内容确定);最后,将合宪的解释结论适用于个案以获得合宪的裁判结论(裁判结论控制)。"以宪法为取向的法律解释"的适用只包括两个步骤:首先,在多种合理解释可能性之间选择一个最契合宪法的解释结论(规范内容确定);其次,将最契合宪法的解释结论适用于个案(裁判结论控制)。

由此看来,"合宪的法律解释"和"以宪法为取向的法律解释"的区分在于法院是否具有规范内容审查的权力。对此,中国语境中的合宪性解释并无审查层面和非审查层面的严格区分,大致限定在规范内容确定和内涵解析而不涉及规范内容审查,其要旨是将宪法的原则和精神导入个案裁判所适用的法律规范之中,确保法律解释结论不与宪法相冲突。[②] 此判断有待商榷,合宪性审查虽以全国人大及其常委会为轴心搭建,但不排除法院参与其中。将合宪性解释仅仅限定在"以宪法为取向的法律解释",难以说明法院在宪法司法实施体系中的作用。另外,"合宪的法律解释"和"以宪法为取向的法律解释"的区分亦蕴含对法院的赋权,即法院借助"以宪法为取向的法律解释"可将宪法司法实施和一般性法律适用结合起来,从而实现依法律审判的裁判结论的合宪性。作为合宪性解释理论来源国的德国,其联邦宪法法院常借助"按照宪法的""合乎宪法的""基本权利的放射性效力""基本权利与一般性法律的交互性影响"等"以宪法为取向的法律解释"方法,来表征宪法在一般性法律适用中的作用。[③] 综上看来,宪法的司法实施依赖于"合宪的法律解释"和"以宪法为取向的法律

---

① Vgl. Schlaich, Korioth. Das Bundesverfassungsgericht: Stellung, Verfahren, Entscheidungen. 11. Aufl., 2018, S. 346 f.; BVerfGE 7, 198(205); BVerfGE 99, 185(196)。

② 参见上官丕亮:《当下中国宪法司法化的路径与方法》,载《现代法学》2008年第2期;张翔:《两种宪法案件:从合宪性解释看宪法对司法的可能影响》,载《中国法学》2008年第3期;黄卉:《合宪性解释及其理论检讨》,载《中国法学》2014年第1期;夏正林:《"合宪性解释"理论辨析及其可能前景》,载《中国法学》2017年第1期。

③ Vgl. Schlaich, Korioth. Das Bundesverfassungsgericht: Stellung, Verfahren, Entscheidungen. 11. Aufl., 2018, S. 346 f.; BVerfGE 7, 198(205); BVerfGE 61, 149(206); BVerfGE 64, 261(280); BVerfGE 99, 185(196)。

解释"在审判领域的区分。作为宪法司法实施媒介的"以宪法为取向的法律解释"必须结合法律的解释与适用机制展开。本文主要围绕这两个议题展开。

二、合宪性解释的审查型与审判型区分

针对"合宪的法律解释"和"以宪法为取向的法律解释"的区分如何体现于审判领域的问题，需要借助宪法作为"审查规范"与"实质规范"的双重属性加以判断：宪法作为审查规范，强调宪法是法律有效与否的判断标准，具有法律内容的越界控制和法律效力的消极控制等内涵，法院通过法律的合宪性解释，可消除法律规范的违宪争议并实现对法律解释结论的合宪调控，此种解释方法被称为"不法论证"；宪法作为实质规范，强调宪法的规定、原则、精神对法律体系一性的建构以及法律规范内容的确定发挥了决定性的影响，具有积极指引和委托的内涵，法院通过对不确定法律概念和概括条款的合宪性解释，可实现所适用法律规范与宪法的内在一致性，此种解释方法被称为"原则论证"[①]。根据各国合宪性审查的制度差异与法院所享有的审查权限的不同，合宪性解释中的不法论证和原则论证存在"合一模式""分离模式"和"混合模式"几种。

"合一模式"指法院对法律的合宪性解释既可进行不法论证也可进行原则论证，这主要体现在享有具体规范审查权或司法审查权的"司法国"[②]。"分离模式"指法院对法律的合宪性解释只有原则论证权限，没有任何不法论证的可能性，不法论证属于专司合宪性审查的主体。[③]"混合模式"指法院对法律的合宪性解释，虽享有完整的原则论证权限，但只享有部分的、有限的不法论证权限，法律合宪与否的最终判断权和解释权属于专门审查机关。[④] 三种模式的逻辑链条为：①"合一模式"。法院：宪法→法律规范（合宪/违宪）→合宪的解释结论（不法论证）+宪法→法律规范的解释与适用→裁判结论（原则论证）。②"分离模式"。专门机关：宪法→法律规范（合宪/违宪）→合宪的解释结论（不法论证）；法院：宪法→法律规范的解释与适用→裁判结论（原则论证）。③"混合模式"。法院的程序性不法论证；专

---

① Vgl. Konrad Hesse. Grundzüge des Verfassungsrechts der Bundesrepublik Deutschland. 20. Aufl., 1999, Rn. 80; Robert Alexy. Begriff und Geltung des Rechts. 1992, S.70 ff., 117 ff.

② See David Hoffman, Gavin Phillipson, Alison L. Young. "Introduction", in David Hoffman eds. The Impact of the UK Human Rights. Cambridge University Press, 2011, p.10-15.

③ 相关研究，参见黄卉：《合宪性解释及其理论检讨》，载《中国法学》2014年第1期；王锴：《合宪性解释之反思》，载《法学家》2015年第1期；黄明涛：《两种"宪法解释"的概念分野与合宪性解释的可能性》，载《中国法学》2014年第6期；朱福惠：《法律合宪性解释的中国语境与制度逻辑——兼论我国法院适用宪法的形式》，载《现代法学》2017年第1期。

④ 法国就是"混合模式"。在法国，普通诉讼和合宪性先决程序交叉进行：第一，针对所适用的具有违宪嫌疑的立法性规定，诉讼当事人可以书面形式向审判法院提出合宪性审查请求；第二，审判法院通过对法律的合宪性解释判断，决定是否将诉讼当事人的合宪性审查请求层转至最高行政法院和最高司法法院；第三，最高行政法院和最高司法法院最终决定是否提交宪法委员会进行解释与审查。参见宗珊珊：《法国合宪性先决程序中的最高行政法院和最高司法法院》，中国人民大学2014年硕士学位论文，第5-15页。

门机关的实体性不法论证(不法论证)+法院：宪法→法律规范的解释与适用→裁判结论(原则论证)。

如三种模式的逻辑链条所示，不管哪种宪法解释模式，法院都有原则论证的权限，但核心争议点在于：我国法院是否有不法论证的权限？法院进行不法论证是否还能说是依据法律进行审判？不法论证的类型及其边界在哪？有见解指出，法院的不法论证权限奠基在司法至上或司法中心主义之上，这不仅与我国的合宪性审查体制相抵触，也与法院依照法律规定行使审判权的原则相悖。①也有见解指出，因法院的合宪性解释并不涉及法律规范的合宪/违宪判断，倘若法律出现了适用违宪的强烈嫌疑且法院无论进行文义转换还是择一适用都无法获得合宪的结果时，法院是不能进行合宪性解释的。②诸般见解存在许多可商榷之处，笔者认为，我国属于混合模式，理由如下：

虽然宪法和立法法将基于"解释宪法，监督宪法的实施"的合宪性审查权赋予了全国人大常委会，但这并不等同于法院不能对与宪法相抵触的法律规范做出任何的合宪性判断。根据《中华人民共和国立法法》《中华人民共和国各级人民代表大会常务委员会监督法》《司法解释备案审查工作程序》《法规、司法解释备案审查工作办法》等的规定，法院认为法律规范与宪法相抵触的，可以按照法律规定的程序提请有权机关作出裁决，包括层转至最高人民法院由其向全国人大常委会提出审查要求。③这表明法院有权参与合宪性审查，拥有部分不法论证权限。也就是说，法院在判断所适用的法律规范是否与宪法相抵触时，不可避免地要借助合宪性解释方法来对法律规范的合宪与否进行判断，此时的合宪性解释是作为地方各级人民法院的提请裁决义务以及最高人民法院的审查要求权的内在构造存在的。

同样的，以宪法的有权解释主体是全国人大常委会来否定法官有审查意义上的合宪性解释的见解，亦可商榷。④对法律规范内容的合宪性判断，并不需要解释主体有权作出正式意义上的宪法解释，只需要解释主体具有非正式意义上的宪法解释权限即可，非正式意义上的宪法解释是作为宪法实施的内在组成存在的。况且法院在适用合宪性标准判断法律规范是否与宪法相抵触，以决定是否提请有权机关进行裁决的过程中，就需要法官根据对宪法的理解对法律规范作出合宪性判断。这里的合宪性解释所预设的宪法解释并不要求法官拥有

---

① 相关阐释，可参见洪世宏：《无所谓合不合宪法：论民主集中制与违宪审查制的矛盾及解决》，载《中外法学》2000年第5期；强世功：《宪法司法化的悖论——兼论法学家在推动宪政中的困境》，载《中国社会科学》2003年第2期；翟小波：《代议机关至上，还是司法化？》，载《中外法学》2006年第4期；万曙春：《宪法实施须顺应人大制度的根本特点——一个中外比较研究的视角》，载《政治与法律》2017年第1期。

② 参见杜强强：《合宪性解释在我国法院的实践》，载《法学研究》2016年第6期。

③ 相关代表性研究，参见叶海波：《最高人民法院"启动"违宪审查的宪法空间》，载《江苏行政学院学报》2015年第2期；谢宇：《最高人民法院在合宪性审查中的现状、困境与出路：兼对我国〈立法法〉第99条第1款新解释》，载《政治与法律》2020年第5期；黄明涛：《具体合宪性审查的必要性及其制度空间》，载《比较法研究》2020年第5期。

④ 参见刘练军：《何谓合宪性解释：性质、正当性、限制及运用》，载《西南政法大学学报》2010年第4期。

权威性的合宪性审查权和正式的宪法解释权。[①]主张法院在合宪性审查领域没有任何合宪性解释空间的观点,忽视了我国的合宪性审查其实是多元的构造,不考虑不法论证的合宪性解释定义很难申示我国法院在合宪性审查中的作用。基于合宪性审查意义上的宪法司法实施(本文简称为"审查型宪法司法实施")和非合宪性审查意义上的宪法司法实施(本文简称为"非审查型宪法司法实施")以及合宪性解释中的不法论证和原则论证,法院的合宪性解释可划分为审查型合宪性解释与审判型合宪性解释。

审查型合宪性解释意指法院在所享有的合宪性审查权限下针对法律规范的合宪性问题所作的解释,是基于不法论证的合宪性解释。我国法院并没有类似于享有司法审查或具体合宪性审查权的法官的权威性判断和解释权限,针对个案所适用法律规范的违宪问题,我国法院无权直接以合宪性解释的方式保全法律的效力,只能提请有审查与裁决权的机关加以判断。我国法院在审查型合宪性解释中的不法论证,如图1:

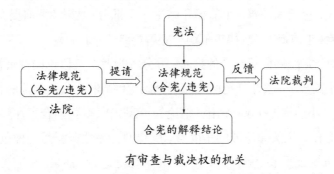

图1 审查型合宪性解释中的不法论证

如图1所示,我国审查型合宪性解释中的不法论证是多元主义的构造,法院在审查型合宪性解释中所作的不法论证属于程序性的解释,不属于实体性的解释,故而,法院并不能将其所认为的法律合宪解释认定直接适用于个案,法院只能将基于不法论证得出的规范违宪疑虑及其判断层转至有审查和裁决权的机关,由其进行解释,再将有权机关所反馈的合宪性解释结论适用于法院裁判之中。因审查型合宪性解释在经历不法论证(规范内容审查)后,即进入与审判型合宪性解释相同的规范内容确定与裁判结论控制阶段,故本文以下着重对审判型合宪性解释的含义、类型作一个系统论述。

三、审判型合宪性解释的具体含义

与审查型合宪性解释相反,审判型合宪性解释是法院在审判案件过程中针对无违宪疑

---

① 参见全国人大常委会法制工作委员会法规备案审查室:《规范性文件备案审查:理论与实务》,中国民主法制出版社2020年版,第108-114页。

虑的法律规范或法律中的不确定法律概念和概括条款所作的合宪性解释，本质上是一种基于原则论证的合宪性解释。

首先，审判型合宪性解释具有适用性。在审判型合宪性解释中，基于司法审判的具体案件纠纷解决机制，宪法通过案涉法律规范的合宪性解释和法院裁判的合宪性控制，可对诉讼当事人产生相应的附随性效力。审判型合宪性解释包含"垂直性效力"和"附随性效力"两个要素。[①] 详言之，借助法院对案涉法律规范的合宪性解释，宪法不仅能够统合不同的解释方案，确保个案所援引的法律规范以合乎宪法的方式被解释与适用，还可以进一步控制法院裁判结论的得出，并对诉讼当事人之间的实体法律关系产生涵摄影响：宪法→法律解释/法院裁判（垂直性效力）→诉讼当事人之间的实体法律关系（附随性效力）。由此看来，审判型合宪性解释包括了宪法司法实施和法律的解释与适用，是一种融合了不同位阶法律规范的规范效力的复合结构。[②] 与法律适用的逻辑结构相似，宪法在审判领域中的实施同样是一种三段论的逻辑模式，包括大前提、小前提和结论三个部分：宪法（大前提）→法院裁判中所欲解释的法律规范（小前提）→法律规范的合宪解释结论（结论）。

其次，审判型合宪性解释是双阶的判断，可分解为两个三段论的逻辑模式：宪法（大前提）→法律规范（小前提）→法律规范的合宪解释结论（结论）+法律规范的合宪解释结论（大前提）→案件事实（小前提）→裁判结论（结论）。实践中，审判型合宪性解释的这两个三段论逻辑模式紧密结合。从法律论证的角度看，审判型合宪性解释是一种包含了从外部证成到内部证成的双阶论证形态：第一阶段是对法律规范进行"抽象"的合宪性解释（外部证成），第二阶段是将法律规范的合宪解释结论"具体"地适用于个案（外部证成→内部证成）。从法律适用的角度看，审判型合宪性解释涵盖了从宪法规范到法律规范再到案件事实的阶层涵摄关系：第一阶段是宪法规范与法律规范在解释层面的"抽象涵摄关系"，第二阶段是从"抽象涵摄关系"得出的个案裁判规范与案件事实的"具体涵摄关系"。可以说，在法院运用合宪性解释进行审判的案件中，宪法规范和法律规范共同构成了个案裁判规范的法源，裁判结论是宪法规范和法律规范协同作用的结果。[③] 审判型合宪性解释具有裁决个案纠纷，从而实现宪法个案规范力的效果。

综上可见，基于宪法对审判的拘束力，审判型合宪性解释强调法院可以（也必须）将宪法的规定、原则、精神导入法律规范的解释与适用中去，从而赋予法律规范一个契合宪法的解释性含义，实现宪法的个案规范力。审判型合宪性解释包含宪法司法实施和一般性法律适用两个层面的内容。

---

① 参见许瑞超：《基本权利第三人效力的范畴与本质》，载《交大法学》2021年第1期。
② 参见许瑞超：《基本权利第三人效力的范畴与本质》，载《交大法学》2021年第1期。
③ 参见李海平：《民法合宪性解释的事实条件》，载《法学研究》2019年第3期。

四、审判型合宪性解释的类型构造

基于一般性法律的解释与适用机制,审判型合宪性解释会呈现出不同的类型构造。

(一)规范取向的合宪性解释

规范取向的合宪性解释在于探讨法律适用的大前提(法律)与宪法的关系。规范取向的合宪性解释方法包含以下几种不同模式。

1. 作为规范释义和漏洞补充的依据

法院在规范释义和漏洞补充中引入宪法,是将宪法作为法律的解释规则。[1] 制定法通常具有明确性和可普遍适用性,法律的解释和适用应被严格限定在规范文义之内。问题在于,法律既无法穷尽所有的生活事实关系,也难以精确地定义任何事物。法秩序中存在许多需要进一步形成与塑造的开放性规范,法院的适法义务不是机械地将具体案件事实涵摄于抽象法律规范之中,而是承担了规范释义、漏洞补充等创造性任务。[2] 法律的解释和适用免不了法官的能动意志。但基于合宪裁判义务,倘若法院凭借形式主义方法论无法得出妥当的结论,并不意味法律的解释与适用奠基在司法者的个人意志之上,法院的规范释义和漏洞补充仍需满足解释意义上的客观法要求。[3] 我国宪法是直接约束一切国家机关的最高法和根本法,法院的规范释义和漏洞补充行为又属于审判活动的一部分,其过程与结论自然受到宪法的限制:从消极意义上看,因宪法规定了一切法律都不得与宪法相抵触,法院的规范释义和漏洞补充行为作为一项个案规范形成活动,自然不得与宪法相抵触,否则就违反了不得抵触命题;从积极意义上看,基于宪法作为解释规则的功能,法院不仅能够将宪法的规定、原则、精神导入部门法之中,也可确保部门法的发展与宪法保持一致。一言以蔽之,开放性规范的待解释填充性、法律与宪法的一致性、法律解释与适用的合宪性等要求法院将宪法作为规范释义和漏洞补充的依据。

2. 维护法秩序统一

与其他类型的法秩序统一维护不同的是,合宪性解释对法秩序统一性的维护是根据宪法约束法律的解释或确定冲突规范的选择而实现的,宪法不只是通过规范的合体系性论证影响了法律的解释与适用,还发挥了作为控制规则和冲突规则的作用。

控制规则蕴含了不得违反的禁止性诫命,即法院对法律规范的解释或对冲突法律规范

---

[1] 参见柳建龙:《合宪性解释原则的本相与争论》,载《清华法学》2011年第1期。
[2] 参见[德]阿图尔·考夫曼:《法律哲学》,刘幸义译,法律出版社2011年版,第72-74页。
[3] 最高人民法院在《最高人民法院关于在审判执行工作中切实规范自由裁量权行使保障法律统一适用的指导意见》中明确指出,对于根据案件具体情况需要对法律精神、规则或条文进行阐释的,法院可行使自由裁量权。但法院应坚持正确的裁判理念,遵循合法原则。

的选择和适用，不得违反宪法有关法秩序统一性的要求。①冲突规则，被称为法律适用的规则、法律选择的规则或准据法，是用来指明法院在裁判中如何选择和适用相冲突的法律规范的规则。②基于宪法作为控制规则和冲突规则的合宪性解释主要包含两种情形：一种是协调法律规范之间的冲突，法院通过宪法对整体法秩序的放射性效力，协调不同法律规范的评价性冲突，可防止体系破裂与体系违反情形的出现，使不同立法者的立法评价都能与宪法的规定、原则、精神保持一致，并从中得出一个符合宪法的解释结论。另一种则是协调法律规范与宪法之间的评价性冲突，此时的合宪性解释意在将法律规范的含义控制在宪法所允许的范围之内。③从结构上看，基于宪法作为控制规则和冲突规则的合宪性解释包括了类别、冲突判断与解释方案选择：首先是考察个案所涉及的法律关系和法律问题（类别），其次是判断个案所适用的法律规范是否与宪法或其他法律规范存在冲突（冲突判断），最后是通过对冲突法律规范的合宪调控而得出一个契合宪法的解释方案（解释方案选择）。

3. 确保案涉法律规范符合宪法的价值决定

法律解释是"带有价值判断的，在很大程度上不是一个事实层面的问题，而是一个正当性问题"④。有论者指出，宪法是法秩序的价值基础，以宪法价值决定为核心的合宪性解释是一种"宪法所代表的价值秩序向下浸润于整套法规范体系"的过程。⑤有论者认为，合宪性解释本质上属于客观目的解释，"法官在进行价值衡量与选择的时候，需要以宪法秩序为基本的客观标准，而不能从自己的价值立场出发，需要通过援用、分析《宪法》相关条款及落实在部门法中的条款，来理解宪法对某些价值的排序与选择"⑥。也有论者认为，合宪性解释不仅有利于维护宪法的权威性与至高无上的地位，还有利于彰显宪法的核心价值，使宪法确实成为保障国民自由的大宪章。⑦在"邓桂英诉陈鹏等机动车交通事故责任纠纷案"中，本案法院亦从宪法和部门法的关系出发，强调对部门法的解释和对当事人诉讼主张的评定应符合宪法精神。在本案法院看来，"国家规定的退休制度是对劳动者的保护，是宪法规定的休息权在部门法上的体现。本案原告邓桂英长期生活在农村，虽年事已高，子女也已成家，但一直

---

① 广义的控制规则包括"与审查规范相涉的控制规则"和"与实质规范相涉的控制规则"："与审查规范相涉的控制规则"，指有权主体通过对违宪法律的合宪性审查，实现宪法对法秩序的合宪性控制；"与实质规范相涉的控制规则"，指有权主体通过对与宪法相冲突的法律规范（无违宪疑虑）或相互冲突的法律规范的合宪性控制，避免法秩序的破裂。因本文不涉及审查型合宪性解释，本文所指的控制规则就是"与实质规范相涉的控制规则"，于此叙明。
② 凯尔森将与宪法和上位阶法律相抵触的规范称为"抵触规范的规范"。Vgl. Hans Kelsen. Reine Rechtslehre. 1. Aufl., 1994, S. 84 ff.
③ 参见刘召成：《法律规范合宪性解释的方法论构造》，载《法学研究》2020年第6期。
④ 参见何海波：《实质法治：寻求行政判决的合法性》，法律出版社2020年版，第181页。
⑤ 参见苏永钦：《合宪性控制的理论与实际》，台湾月旦出版股份有限公司1994年版，第114页。
⑥ 王旭：《行政法律裁判中的合宪性解释与价值衡量方法：对一个行政案件法律推理过程的具体考察》，载《行政法学研究》2007年第1期，第127页。
⑦ 参见张明楷：《宪法与刑法的循环解释》，载《法学评论》2019年第1期。

依赖自身,坚持田间耕作,并作为其主要生活来源,由于交通事故受伤,不得不停止劳动,其收入减损是明显的。因此,原告主张误工费与法不悖,本院应予以支持。对被告保险公司的相关辩解意见,本院不予采纳"①。上述学者见解和法院裁判的共同点在于:法律的合宪性解释其实服务于特定宪法价值的实现。

(二) 结果取向的合宪性解释

结果取向的合宪性解释在于探讨法律适用的结论(裁判结果)与宪法的关系。结果取向的法律解释,是"结果主义"或"结果正确"的体现。从法律结果的规范分类看,某个结果要在规范性上优于其他结果,当且仅当法律允许法官选择任一结果且存在最优和次优的选择时才有可能。②在法律渊源的顺序等级中,倘若法院被允许对不同法律结果进行权衡并加以选择,那么最符合宪法的裁判结果通常会优于其他裁判结果,此时的合宪性解释即以结果为取向的合宪性解释。

1. 为结果主义论辩提供正当性基础

法律为人们提供了相应的行为模式,预设在给定条件下会产生何种结果。法秩序中可供法院适用的规则通常不止一个,当法官须在两个或多个相互抵触的规则作出选择时,相当于法官是在两个或多个相冲突的行为模式之间作出选择。因法律的效果模式预设了相应的结果,个案结果的差异也决定了法律规范的选择:首先,法官需要对不同规范所带来的结果进行辨别;其次,法官需要选择最符合特定结论要求的规范。麦考密克将这种以结果为取向的裁判证成称为结果主义论辩,结果主义论辩是一种带有主观性的和评价性的判断,关注裁判结论的可接受性。问题在于,结果主义论辩具有评价性和主观性,如何确保法院裁判结论的结果取向是在规范性的法律制度之内呢?在麦考密克看来,法律制度是一致与和谐的规则体,构成了结果主义论辩的边界:无论结果取向多么恰当,只要结果主义论辩与制度规则相抵触,就不能被采纳。法院应确保法院裁判的结果主义论辩与宪法相一致。③在一致性论辩的要求下,法院会通过法律的合宪性解释消解结果主义论辩中的正当性争议,合宪性解释成了结果主义论辩与一致性论辩衔接的桥梁。

当然,结果主义论辩与一致性论辩也存在交错关系:用于衡量裁判结论是否正当的那些标准,恰恰是蕴含在合宪法秩序中的那些客观价值。如在"曹佰君等诉方森余等房屋买卖合同纠纷案"中,针对农村房屋买卖合同是否有效的问题,法院就秉持了结果取向的合宪性解释方法,认为"法院的判决要兼顾法律效果和社会效果"。在本案法院看来,合同只要不违反法律和行政法规的禁止性规定就应被认定为合法有效,且根据"中华人民共和国公

---

① 湖南省石门县人民法院(2014)石民蒙初字第82号民事判决书。
② See Jeffrey Brand-Ballard. Limits of Legality: The Ethics of Lawless Judging. Oxford University Press,2011,p.75.
③ See Neil MacCormick. Legal Reasoning and Legal Theory. Clarendon Press,1994,pp.102-107,130-132.

民在法律面前一律平等"的宪法原则和公民对其私有财产可以处置的宪法原则,我国公民"不能因户籍或其生活的地域(城镇或农村,不同农村之间)的不同而在行使权利时有所区别",所以,"判决农村房屋买卖合同无效,不仅无任何法律依据,而且与宪法有关的基本原则相抵触"①。本案法院强调法院要依据宪法的规定作出符合宪法的裁判结论。结果取向的合宪性解释表明了法院的裁判结论也须接受合宪性的检验。

2. 实现个案正义

法律的一般性和概括性使法律难以顾及个别案件的特殊之处,与个案正义之间始终存在间距。所有的结果取向解释方法都会涉及个案结果的考量,从而确保个案正义的实现,结果取向解释本质上是实质性判断方法。如在"文艳君诉郑杰恒房屋买卖合同纠纷案"中,本案二审法院就指出在难以确定谁是责任人时,应采用结果主义的判断标准,从而对诉讼当事人的权利义务作出实质性判断。②基于同源的逻辑,对个案正义的追求和考量也会是法院合宪性解释的重点。对此,有学者在分析我国法院的合宪性解释实践时发现,"合宪性解释的功能在于它是将个案正义的判断问题,在技术层面转换为法律在适用上是否与宪法相冲突的问题",也就是说,"对个案裁判结果之实质正义的追求会促使法院自觉或者不自觉地对这样的法律进行合宪性解释"③。这似乎蕴含着个案正义能够为法院的合宪性解释提供正当性基础,反过来说,法院需将法律的合宪性解释结果服务于个案正义的实现。

3. 保障诉讼当事人基本权利的实现

法院是针对诉讼当事人之间的权利义务纷争作出裁判,以诉讼当事人的合法权益的保护为主要目的。根据《中华人民共和国宪法》第三十三条第三款、《中华人民共和国法院组织法》第六条的规定,"尊重和保障人权"对法院而言不仅是宪法上的职责、职权,还是法定的职责、职权。法院对案涉法律规范的解释与适用,倘若与"尊重和保障人权"相抵触,可能就侵犯到诉讼当事人的基本权利。从条文的性质看,"尊重和保障人权"对法官既是授权性、委托性的规定,又是职责性规定。法院有权将(也必须将)"尊重和保障人权"的原理导入法院裁判之中,作出符合基本权利保护意旨的裁判结论。在"林碧钦诉莆田市地税稽查局等税务行政处理及行政复议案"中,最高人民法院将基本权利的保障作为法律解释的合理性准则,认为税务机关的税收要"依法保障纳税人的基本权利","在法律规定存在多种解释时,应当首先考虑选择适用有利于行政相对人的解释"④。合宪性解释与诉讼当事人基本权利保障的关系为:当法律存有漏洞或需价值填充时,可用基本权利的价值决定来填充,从而

---

① 浙江省金华市金东区人民法院(2020)浙0703民初205号民事判决书。
② 广东省中山市中级人民法院(2017)粤20民终6537号民事判决书。
③ 杜强强:《合宪性解释在我国法院的实践》,载《法学研究》2016年第6期,第123页。
④ 最高人民法院(2018)最高法行申253号行政裁定书。

扩张诉讼当事人的权益保护范围;当法律存在多种解释且相互矛盾时,可选择一种更符合基本权利意涵的解释结论;当法律规定存在与基本权利相冲突的情况时,可通过基本权利的价值决定对法律规定进行适当限缩。

(三)以个案事实为取向的合宪性解释

以个案事实为取向的合宪性解释探讨的是法律适用的小前提(事实)与宪法的关系。从规范与事实的关系来看,宪法和其他部门法都是建立在特定的事实秩序模式之上的,每一个宪法条款和法律条款都分别反映、吸纳了社会领域中的特定事实部分。这意味法院在对法律做合宪性解释时,不仅要考察宪法和法律在规范层面的意义联结关系,还要考察宪法和法律在事实领域的意义联结关系。法院必须依据不同规范所针对的不同社会现实生活领域去理解个案事实中宪法和法律之间的关系。

第一,宪法并非封闭的、统一的逻辑 – 公理式或价值等级式的系统,而是开放和变动的,这意味宪法的具体化需满足特定事实性要件,宪法的具体化只有将具体问题作为其对象才有可能。解释必须在具体的宪法秩序和具体的裁判实践中被证明,而不是将一个事先给定的、一般性的、不言自明的规范内容适用到案件事实上。[①]如拉伦茨所言,"不应过分夸大应然与实然、价值领域和事实领域区分的作用,以致仿佛在不考虑应然规范所应适用的实然关系的情况下,就可以确定应然规范的内容"[②]。宪法规范的开放性和流动性,表明了宪法规范(应然)与宪法规范所涉及的事实(实然)并不是一种严格对立的关系,法院对法律的合宪性解释需要考虑到动态的个案事实情况。

第二,法院作为案件的审判者与个案纠纷的解决者,说明法院的合宪性解释必须洞察宪法与待决案件事实的联系。从对象来看,审判权针对的是具体的案件争讼,合宪性解释不能只限于概念和原理的抽象层面,而应致力于建构一个关涉个案事实的规范具体化的一般结构。因法院的审判活动的个案性包含法律解释的个案事实关联性,合宪性解释必然会受到具体诉讼案件的约束,这意味法院不能罔顾个案事实的差异,径自将事先设想好的法律合宪性解释结论运用到个案当中去。法律解释之个案事实关联性也被称为法律解释与适用的案件关联性,是对基于纯粹规范主义的三段论法以及逻辑演绎的修正。[③]根据法律解释之个案事实关联性的要求,"认定特定事实是否该当于法律规范要件"就成为审判活动的核心。根据程序性的要件,法律适用的步骤是:认定事实→寻找相关法律规范→以整个法律秩序为基准进行涵摄→宣布法律结果。相应地,法律规范应"符合事实地适用于当时的纠纷"自然

---

① Vgl. Konrad Hesse. Grundzüge des Verfassungsrechts der Bundesrepublik Deutschland. 20. Aufl.,1999,Rn. 80; Robert Alexy. Begriff und Geltung des Rechts. 1992,S. 24 ff.
② 参见[德]卡尔·拉伦茨:《法学方法论》,黄家镇译,商务印书馆2020年版,第175-176页。
③ 参见颜厥安:《法与实践理性》,中国政法大学出版社2003年版,第42页。

也就构成了合宪性解释的事实要件。① 由此看来,不考虑个案事实的规范主义路径割裂了规范适用的事实取向性,忽视了不同个案中案件事实的差异性,不符合法院裁判的具体争讼性、个案事实关联性、适用程序性等要件。

第三,从个案问题解决的方式看,割裂了事实维度的合宪性解释,不是从个案事实所引申的问题出发,而是将事先论证好的、教义性的解释结论适用于法院裁判。相反,以个案事实为取向的合宪性解释强调法律是"适用中的法",注重法律规范的普遍性与案件的个别性之间的协调。以个案事实为取向的解释论构造强调"应然和实然是两个层面的问题",要求法院应将事实认定过程中所涉及的法律问题代入法律的合宪性解释中去,从而避免陷入一种先验的、形而上的甚至是封闭性与排他性的规范主义误区,实现法律合宪性解释在个案中的融贯性。② 以个案事实为取向的解释论构造遵循实然到应然的方法构造:首先将案涉法律纠纷和法律事实归入特定的法律领域之中(领域确定),其次将案涉法律纠纷和法律事实归入特定的规范之中(规范确定),最后判断案涉法律问题能否以及如何在法秩序的相关法律领域内得到解决(问题解决)。

(四)以立法意图为取向的合宪性解释

以立法意图为取向的合宪性解释探讨的是整个法律适用机制与宪法的关系问题。一般而言,法律解释的方法论基础包括了演绎命题和自主性命题:演绎命题指裁判结论必须通过演绎的方式得出;自主性命题指的是法院裁判的证成独立于道德论据。演绎命题和自主性命题是法院裁判稳定性和可预期性的保证,一旦放弃了演绎命题和自主性命题,无异于授权法律适用者在最基本的合法性问题上都可以进行实质的道德论证,这等于让法律体系变成了一个"个案裁判体系",法律适用者僭越了立法者的地位。③ 法院的合宪性解释必须顾及立法意图。与一般性法律的解释方法最大不同之处在于,合宪性解释对宪法价值和立法意图的平衡,既需考量解释意义上的立宪主义和法制主义之间的张力,又需结合国家权力的宪定性原理和法院在国家职能体系中的功能分担展开。

第一,解释意义上的立宪主义和法制主义的平衡问题。解释意义上的立宪主义以宪法的最高性和至上性为前提,以宪法的价值决定为核心,所强调的合宪性解释是一种价值统摄性较强且能够渗透进入整体法秩序的内在体系之中的解释构造,本质上是"价值司法观"的体现。相反,解释意义上的法制主义以立法机关与法院之间的制度关系为前提,以合宪性推定原则和立法机关的立法意图为核心,主张一种相对倾向于文本主义的且较为司法抑制的

---

① 参见[德]伯恩·魏德士:《法理学》,丁晓春、吴越译,法律出版社2013年版,第285-286页。
② 湖北省武汉市中级人民法院(2017)鄂01行初128号刑事判决书;江苏省南通市中级人民法院(2018)苏06行初17号行政判决书。
③ 参见颜厥安:《规则、理性与法治》,载《台大法学论丛》第31卷第2期,第10-11页。

合宪性解释。法制主义的主张者认为,立宪主义将宪法变成了一种超验性的、实质性的伦理价值秩序,合宪性解释可能沦为法官价值专断以及"法官造法"的工具,极易破坏法秩序的统一性、安定性和可预见性。虽然在法律缺位时,立宪主义为法院提供了形成个案裁判规范的正当性来源,但根据法院的守法原则或裁判的合法律性,法官仍负有论证其裁判理由是否符合立法意图的义务。① 法院的合宪性解释应通过个案实践调和的方式平衡立宪主义与法制主义之间的冲突,在尊重立法意图的情况下,确保宪法的规定、原则、精神在审判领域得以最大程度的实现。

第二,基于权力的宪定性和国家权力的合理分工原则,任何国家机关都有专属的国家职能,所有国家机关的职权都源于宪法的规定。任何国家机关在其职权范围之内的宪法实施都具有同等地位,均有权依照自己立场与观点来观察和解释宪法。法院在解释宪法时,应注意到合宪性解释往往牵涉法院与立法机关之间权限功能分际的确定,法院的合宪性解释应作功能法取向的设定。② 强调法院有合宪性解释的权限和义务并不等同于司法者的意志对法律解释方法的选择具有决定性意义。虽然立法者和法院都是宪法具体化的适格主体,但立法者根据宪法享有具体化的优先权,倘若法院作出与立法者意志全然相悖的合宪性解释,意味法院在主动塑造法律,不仅侵犯了立法者的法律制定权,也取代了立法者之于宪法具体化的优先地位。③ 法院就算是能以合宪性解释的方式参与到宪法的实施中去,也必须遵循法律解释的一般性原理,更不能置立法者的立法评价于不顾,合宪性解释需在规范所能容纳的文义范围内寻找到宪法和法律的意义联结。

综上所述,审判型合宪性解释是一个整全性的概念,宪法优位原则、权力分立原则、法律与宪法的一致性原则、法秩序的统一性原则、立法意图的尊重原则、法律的合宪性推定原则以及法律的有待解释性、现行法的倾向性、法律的安定性、法律的位阶秩序构造与垂直兼容性等,共同构成了审判型合宪性解释证成与类型化实践的基础。

五、结论

我国法院的合宪性解释包括审查型合宪性解释和审判型合宪性解释。法院在审查型合宪性解释中,只享有程序性的不法论证权限,内附于各级人民法院的提请裁决义务以及最高

---

① Vgl. Ralf Dreier. "Konstitutionalismus und Legalismus", in Eugen D. Dais u. a. hrsg. Konstitutionalismus versus Legalismus?. 1991, S. 85 ff.; See Robert French. The Principle of Legality and Legislative Intention. Statute Law Review, Vol. 40(2019), pp.40-52.

② 这在德国和英美的司法实践中,均有相应体现。参见[德]Christian Starck:《宪法解释》,李建良译,载Christian Starck:《法学、宪法法院审判权与基本权利》,元照出版有限公司2006年版,第314-315页。See Geoffrey Marshall. Constitutional Theory. Clarendon Press, 1971, pp.103-109.

③ 参见[德]卡尔·拉伦茨:《法学方法论》,黄家镇译,商务印书馆2020年版,第428-429页。

人民法院的审查要求权之行使。法院在审查型合宪性解释中的不法论证只具有程序性解释效果，不能用于案件的审判。与之相反，法院在审判型合宪性解释中，享有完整的原则论证权限。法院的审判型合宪性解释与法院裁判紧密相关，具有实体性解释效果，可用于案件审判。法律规范的合宪性与体系性、结果主义论辩性、个案事实相关性、立法意图取向性赋予了审判型合宪性解释不同的类型构造。反过来说，审判型合宪性解释不同的类型构造也构成了法院从事合宪性解释的基础与边界。当然，审判型合宪性解释类型的多元构造只是规范类别的划分，实践中不同类型的解释会交织在一起。法院对审判型合宪性解释的实践，是在宪法和法律的相互关系中、个案事实的基础上、宪法赋予的职权范围内、符合立法意图的前提下，维护法秩序的统一，确保个案正义与诉讼当事人基本权利的妥善实现。

刑法客观解释的限定理论*

魏 东 李 红**

摘 要：刑法客观解释的限定应当遵循刑法解释学基本法理。以刑法解释的有限功能主义、司法公正相对主义、融贯性、主体间性等解释学特色理论为基础，可以构建和确证刑法客观解释的功能限定论、公正限定论、融贯性限定论、主体间性限定论等四种理论，由此形成刑法客观解释的限定理论体系。

关键词：刑法客观解释 功能限定 司法公正相对主义 融贯性 主体间性

引言

刑法客观解释具有明显的入罪化扩张倾向，应当受到适当制约。尤其是在当下网络时代和社会转型时期，传统犯罪呈现出网络异化趋势，各种新型犯罪层出不穷，刑法治理面临着前所未有的众多难题和巨大挑战，积极主义刑法观受到全社会追捧，在这种背景下，刑法客观解释如果缺乏应有的限定，就可能成为脱缰的野马，横冲直撞法治根基，使刑事司法偏离法治轨道，造成法治灾难，因此，刑法客观解释的限定非常重要。在我国，刑法客观解释论已成为主流观点，并且刑法客观解释的限定（命题）也已成为一种理论共识。陈兴良教授指出，"在刑法解释的立场上，我是主张客观解释论的。但在刑法解释的限度上，我又是主张形式解释论的，两者并行不悖。其实，主观解释论与客观解释论的问题，在我国基本上已经

---

* 基金项目：本文系四川大学法学院"双一流"建设一流学术成果培育项目资助课题《刑法解释学研究的创新发展方向》（项目号：sculaw20210101）的阶段性成果。

** 作者简介：魏东，法学博士，四川大学法学院教授、博士生导师；李红，四川大学法学院刑法学专业博士研究生。

得到解决,即客观解释论几成通说"①。可以认为,陈兴良教授在肯定刑法客观解释立场的基础上提出了刑法客观解释的限定问题,即他主张以"刑法解释的限度"(形式解释论)作为对刑法客观解释的限定,这种观点可以被称为刑法客观解释的形式解释限定论。刘艳红教授针对当下网络犯罪的解释适用问题提出"主观的客观解释"命题,指出:结合主观解释论的法治基因优势,宜以"主观的客观解释论"重新塑造网络时代刑法的客观解释论,即在网络犯罪的解释适用中,应当以客观解释为基础,同时其解释不能超出"刑法条文的语言原意"之范围,需以主观解释作为客观解释之限定。② 这里,刘艳红教授同样在肯定刑法客观解释立场的基础上,提出了刑法客观解释的限定问题,即主张以主观解释"刑法条文的语言原意"作为客观解释之限定,这种观点可以被称为刑法客观解释的主观解释限定论。应当说,刑法客观解释的主观解释限定论(命题)也获得了法律解释学的基本认同。王利明教授认为,考虑到主观说和客观说都具有一定的缺陷,其中"客观说也存在明显的缺陷。一方面,其因过度强调文本的客观含义,而可能忽略了对立法者意图的探讨……另一方面,其可能导致法的安定性受到影响",因此主张采用折中说,以化解主观说和客观说的对立,多数人的立场是主张以客观说为主的折中说(仅有少数人主张以主观说为主的折中说),"虽然法律解释应当以客观说为主,但是,也应当兼顾主观说。这就是说,法律解释也应当考虑立法者的原意"③。可见,以客观为主的折中说实质上认为(纯粹的)客观说本身是存在缺陷的,主张以主观说(立法者的原意)作为对客观解释的限定因素,这种观点显然是主张客观解释的主观解释限定论。

但是,学术界对刑法客观解释的限定理论的研究并不充分。主要表现在以下两方面:一是既有理论研究成果缺乏深刻性。刑法客观解释的形式解释限定论和主观解释限定论,在相当意义上都是以刑法客观解释自身的对立理论(即形式解释论和主观解释论)作为自身的限定理论,这样的限定理论在逻辑上存在难以调和的矛盾,难以实现逻辑自洽。到底如何化解这些矛盾,以有效实现对刑法客观解释的限定,既有研究成果对此缺乏深刻论证,需要展开更加深入的理论研究。二是除形式解释限定论和主观解释限定论外,还有无其他理论知识可以被借鉴吸纳来作为对刑法客观解释的限定理论,以及应当如何系统归纳总结刑法客观解释的限定理论(体系),目前也缺乏应有的理论探索。

本文认为,刑法客观解释必须借鉴吸纳刑法解释学既有理论研究成果(尤其是最新和最前沿的理论研究成果),遵循刑法解释学基本法理,以刑法解释的有限功能主义、司法公正

---

① 陈兴良:《形式解释论的再宣示》,载《中国法学》2010年第4期。
② 参见刘艳红:《网络时代刑法客观解释新塑造:"主观的客观解释论"》,《法律科学(西北政法大学学报)》2017年第3期。
③ 王利明:《法律解释学导论——以民法为视角》(第2版),法律出版社2017年版,第99-112页。

相对主义、融贯性、主体间性等解释学特色理论为基础，构建和确证刑法客观解释的限定理论。申言之，刑法客观解释的限定理论主要有功能限定论、公正限定论、融贯性限定论、主体间性限定论等四种理论，它们可以共同构建起刑法客观解释的限定理论体系。

一、刑法客观解释的功能限定论

基于刑法解释功能的限度理论和文本中心论的诠释学理论，刑法客观解释的功能应限定于对刑法规范文本含义和刑法解释结论有效性的确证。换言之，刑法客观解释的功能限定论应强调以下两个方面的内容：一方面，刑法客观解释只能在文义可能的范围内探求文本的客观现实含义；另一方面，刑法客观解释在解释结论的价值选择上，只能将秩序维护机能（即犯罪防控机能）限定在罪刑法定原则所准许的范围内，并且应当将刑法的人权保障机能置于优先位置。

（一）刑法解释有限功能论

功能主义法学观是功能主义刑法解释论的重要理论基础。功能主义法学观强调法律规范内外的功能性思考，是一种"外部"的视角，将法学研究重心聚焦于法律与外部世界的关系、法律在社会中所发挥的功能等问题。[1] 德日机能主义刑法学（功能主义刑法学）"在世界范围内影响甚巨，但并未形成统一的体系。罗克辛教授主张的刑事政策的机能主义刑法学、雅科布斯教授构建的以规范论为基础的机能主义刑法学以及平野龙一教授提出的可视性的机能主义刑法学，在建构路径、刑法目的、犯罪本质、构成要件、责任本质、刑罚目的等方面都存在差异"，并且"应当看到即使在德日国内也不乏对机能主义刑法学的质疑，那种认为其可能存在强化社会控制和弱化人权保障风险的观点也日益变得有力"[2]。应当说，功能主义刑法学重视法规范内外的"功能（主义）"的思考，并不能得出功能主义刑法解释论抛弃了刑法"规范"的思考和"方法论"的思考的结论，而仅仅是强调功能主义刑法学与刑法解释论不能只关注形式主义与概念法学论的"规范"本身，还必须关注和关照刑法"规范"内外的"功能"。"规范内的功能"主要是指刑法教义学原理意义上的规范结果论功能与规范方法论功能，"规范外的功能"实质上是指法社会学与刑事政策学意义上的效果论功能（结果论功能）与方法论功能。例如，针对李斯特把刑法教义学与刑事政策加以分立与疏离的思想所形成的"李斯特鸿沟"，罗克辛所主张的目的理性刑法学理论体系与功能主义刑法学特别强调，必须在刑法学教义学之内进行刑事政策贯通的思考，提出了"罗克辛贯通"命题，即"罗克辛对李斯特鸿沟予以贯通，将刑事政策引入犯罪论体系，使构成要件实质化、违法性

---

[1] 参见马姝：《论功能主义思想之于西方法社会学发展的影响》，载《北方法学》2008年第2期。

[2] 张庆立：《德日机能主义刑法学之体系争议与本土思考》，载《华东政法大学学报》2018年第3期。

价值化、罪责目的化"①。应当认为,功能主义刑法学重视法规范内外的"功能(主义)",不但强调了法规范内外功能主义的结果论审查,而且也强调了法规范内外功能主义的方法论审查。可以说,重视法规范内外的"功能(主义)"结果论审查和方法论审查的并重与有机结合,才是"应然的"功能主义刑法学之根本旨趣。

功能主义刑法解释论强调刑法解释的工具性、目的性及防御性等价值要素,刑法解释的功能性描述由原来的规范内涵揭示转向社会治理工具②,强调"刑事政策要对刑法解释产生影响,必须以方法论上实现从概念法学到利益法学及评价法学的转变为前提"③,因而在实质意义上,仍然是强调通过某种方法论意义上的(法规范外的)刑事政策解释方法,确证刑法解释结论有效性的法理意蕴。

"功能"毫无疑问地应当成为功能主义刑法解释论的关键范畴。法理学认为,法律解释的功能,是指法律解释在法治实践中所具有的价值与功用,具体包括自主整合与修复功能、信息交流与沟通功能、完善与发展功能。例如,法律解释的自主性,是指法律解释过程不受外界的干扰,法律人应该自己根据法律的意义阐释法律,尽量使法律的意义具有连续、融贯、稳定、可预测性,并最终达到解决纠纷的目的;法律解释的恢复功能,表现为对法律与事实之间的裂缝必须经由解释弥合并迎合法治的要求,体现法律解释的修复功能。④可以看出,法解释学关于法律解释的功能性思考,在相当意义上宣示了功能主义法学观、功能主义法律解释论的基本立场,其中旗帜鲜明地融入了目的性思考,注重解释结论的政策与社会效果,注重法律所发挥的社会功能"受法律解释方法的制约"。这对于刑法解释的功能性思考具有指引作用。

遵循法理学关于法律解释的功能性思考路径,可以认为,刑法解释的功能,是指刑法解释在刑事法治实践中所具有的价值与功用。刑法解释学中有时又将刑法解释的功能归纳为刑法解释的价值(价值目标或者价值功能),应当说两者的基本含义是一致的。结合刑法解释学原理和学术界已有见解,我们认为,刑法解释的功能可以类型化地概括为以下三项:一是确证刑法解释结论有效性功能,其中包括确证刑法规范文本含义及其与法律事实相对应的最终解释结论"有效性"等内容;二是推动刑法规范文本完善功能,其具体内容是通过发现真正的刑法立法漏洞以推动刑法立法的修订完善;三是促进刑法学理论知识生长功能,

---

① 陈兴良:《刑法教义学与刑事政策的关系:从李斯特鸿沟到罗克辛贯通——中国语境下的展开》,载《中外法学》2013年第5期。
② 参见赵运锋:《功能主义刑法解释论的评析与反思——与劳东燕教授商榷》,载《江西社会科学》2018年第2期。
③ 劳东燕:《功能主义刑法解释论的方法与立场》,载《政法论坛》2018年第2期。
④ 参见陈金钊:《法律解释学——权利(权力)的张扬与方法的制约》,中国人民大学出版社2011年版。

从而有利于繁荣整体刑法学理论知识体系。[①]其中,"确证"功能所体现的功能性是司法适用,是将文本的刑法规定确证为"活的法"并直接为司法审判(以及其他司法实务部门依法办案)服务的司法功能。针对非真正的立法漏洞,因为其可以通过司法填补方式以实现"活的法"这一司法任务,所以其应归属于"确证"功能所涵摄的对象。因而针对非真正的立法漏洞所进行的解释性填补,理应归属于"确证"功能。"推动"功能所体现的功能性是立法完善,即推动文本的刑法规定更加完善,其中包括通过发现真正的立法漏洞而进行立法填补漏洞的方式使得文本的刑法规定更加完善。这种功能性思考和功能类型化思考,有利于明确刑法解释在解决立法漏洞问题上的功能定位,谨慎区分刑法解释功能"有所为"与"有所不为"以及"有不同为"等具体差异性,即:刑法解释功能在解决非真正的立法漏洞时是"有所为"的,可以通过解释性填补达致"确证"功能的"活的法"效果,由此避免法条主义与机械司法的功能性缺陷;但是刑法解释在解决真正的立法漏洞时,是在恪守罪刑法定主义前提下,理性地、客观地秉持"有所不为"的功能性保守立场(但在有利于实现罪刑法定原则人权保障功能时,可以作为例外准许对真正的立法漏洞予以解释性填补),主张通过推动立法填补实现立法完善。厘清刑法解释功能的实质内涵及其三种类型之后,我们完全可以明确:当我们聚焦于确证刑法解释结论有效性时,我们所讨论的刑法解释功能实质上仅限于刑法解释的"确证"功能,而非其他功能(如"推动"与"促进"功能),在此前提下,我们才能够有效观察和妥当解决刑法解释结论与解释方法确证功能的关系论问题,从这种功能关系论出发,可以发现和确证刑法解释有限功能论命题。

(二)刑法客观解释文本中心论的限定功能

解释应围绕刑法规范文本而展开,这是确证刑法解释结论有效性的必然要求。哲学诠释学对解释和理解的研究为法律解释方法论奠定了理论根基。"文本中心论"观点的提出,使解释范式重新回归方法论领域,消解了"作者中心论""读者中心论"中主体与客体、主观与客观之间的矛盾冲突。"文本中心论"的诠释学内涵为,文本是理解和解释的中心,是连接作者、读者和解释语境的中介,文本具有独立自主性,具有客观的意蕴。客观解释论以探寻文本的客观现实含义为解释目标,一般认为,客观解释论的诠释学基础是文本中心论。"文本中心论"代表人物利科尔认为,"本文"(即文本)是书写的作品,以此区分口头话语,文本脱离了创作时的特定语境,文本的意义与作者的主观意图不尽一致,因此,文本的意义

[①] 参见魏东:《刑法解释学基石范畴的法理阐释——关于"刑法解释"的若干重要命题》,载《法治现代化研究》2018年第3期,第116页以下。需要说明的是,该文中指出:"刑法解释的功能主要是司法适用(即实现刑事法治和人权保障)和司法甄别(即发现真正的刑法立法漏洞并有利于完善刑事立法)。"可以认为,"司法适用"功能是指确证法律文本含义、最终解释结论"有效性"功能,"司法甄别"功能是指推动法律完善和漏洞填补功能。

需要"建构"①。"文本中心论"另一位代表人物贝蒂则认为,理解是解释的目的,解释是"作为主动的能思的精神的解释者""被客观化于富有意义形式里的他人精神"和"富有意义的形式"三位一体的过程;应将解释分为三种类型,即再认识或再构造的解释、再创造的解释和规范的应用;贝蒂还提出了诠释学方法论四规则,即诠释学对象的自主性规则、诠释学意义的融贯性规则(整体规则)、理解的现实性规则、理解的意义正确性规则。诠释学对象的自主性原则强调文本自身的独立性,解释者在解释过程中应当尊重文本自身的逻辑与结构,阐明"富有意义的形式"内在蕴含的意义与精神,避免主观随意性的解释。诠释学意义的融贯性原则(整体规则)含义为,解释的对象自身具有整体性,其蕴含的意义和精神亦具有整体性。对法律条文和规则的理解亦需要整体规则,个别规则、规则与规则之间的关系均存在有机内在联系,具有依赖性和融贯性。理解的现实性规则即解释者只能在现实中基于现有的经验框架去转换作者的思想,在理解过程中,存在对意义和精神的重新认识和重新构造,这种主观性就是对解释者自身主观性客观化的过程。诠释学的意义符合规则或理解的意义正确性规则,即解释者应当将现实性融入对解释对象的精神共鸣之中,解释者与作者之间达成心灵上的接近和个性上的共鸣,实现理解的和谐一致。②从两位哲学家的观点来看,均赞同以文本为中心进行"建构"性诠释;贝蒂的诠释四原则实际是文本解释确证功能的方法论展开,对法律解释方法体系的建构具有深刻启示。

从解释立场和方法角度而言,刑法客观解释重视社会情势变更对刑法文本含义的影响,具有灵活性和开放性,能够接纳社会各主体和因素对刑法的现实主义期待,从而对刑法规范调整范围作出修正,具有适应社会发展需要的特性(适应性)。同时,客观解释又具有天然的扩张性,主张对于具有刑事实质违法性、能通过扩大解释或实质解释方法入罪的行为,应予以入罪,但是,一旦过度实质化而不顾及形式法治底线,就会逾越罪刑法定原则,损害刑法的安定性与谦抑性,将本属于行政领域规制的一般违法行为"解释"为刑事犯罪,或者将本属于轻罪的行为"解释"为重罪。例如,《中华人民共和国刑法修正案(十一)》[简称《刑法修正案》(十一)]新增规定的高空抛物罪、妨害安全驾驶罪、催收非法债务罪等罪名所涉及的相关行为,在《刑法修正案(十一)》颁行之前,本来不构成犯罪或者不构成重罪,但是,在《刑法修正案(十一)》颁行之前,已有不少司法判例将高空抛物和妨害安全驾驶行为认定为以危险方法危害公共安全罪,将催收非法债务行为认定为敲诈勒索罪或非法拘禁罪,出现了司法上的犯罪化、重罪化处理现象,这些现象值得刑法客观解释论进行反思检讨。因此,对刑法客观解释进行限定,应秉承"文本中心论"立场,明确刑法客观解释的价值目标(解释

---

① 参见保罗·利科尔:《解释学与人文科学》,陶远华等译,河北人民出版社1987年版,第146-162页。
② 参见[意大利]贝蒂:《作为精神科学一般方法论的诠释学》,载洪汉鼎:《理解与解释——诠释学经典文选》,东方出版社2001年版,第124-165页。

结论有效性）应当接受刑法解释确证功能的限定。即：在建构性诠释刑法文本客观现实含义的主体活动中兼顾合法性与适应性，一方面确保刑法解释结论涵摄于刑法文本之中，尊重立法原意，尊重文本自身的逻辑与结构，确保客观解释具有合法性；另一方面根据现实需要阐明刑法文本"富有意义的形式"内在蕴含的意义与精神，确保刑法客观解释的结论具有适应性（合理性和合目的性），尽力避免主观随意性的解释。刑法客观解释要克服其可能存在的滥用司法权之缺陷，应当妥善处理文本与现实之间的关系，从文本出发，最终还应回到文本，这样才能使解释结论经得起罪刑法定原则的检验。

基于刑法解释的确证功能论和文本中心论对解释立场的限定功能，刑法客观解释文本中心论的限定功能表现在：文本的客观现实含义应受文义限度论的限定，刑法客观解释的功能应受人权保障机能与秩序维护机能的机能关系制约，必须兼顾人权保障。

法学的任务在于理解法律的语言表达及其规范性意义。①文义解释是最基础的规范解释方法。关于刑法解释的限度理论中，大部分学者主张刑法解释的限度为法文语义与国民预测可能性的综合说，即解释应当在国民可预测的"文义射程"之内。②刑法客观解释对于文本客观现实含义的阐释，需要关注社会发展和解释语境的变化对文义的影响，判断文本的客观现实含义尤其是"非通常含义"是否能通过文义限度予以确证。可以认为，文本的客观现实含义通过文义限度论的限定，能够实现刑法客观解释文本中心论的限定功能。

基于转型时期社会治理的需求，积极主义刑法观和功能主义刑法解释论均强调刑法的工具性和社会保护机能，而相对忽视刑法的人权保障机能，这也导致在司法实践中，司法机关对部分危害社会秩序的案件更倾向于入罪解释或适用重刑罪名。学界对于刑法客观解释论的诟病之一也在于，客观解释为满足社会现实需求，以社会保护机能为优先，将人权保障机能置于次要位置，故当国家利益或社会利益与个人利益冲突时，会牺牲公民权利与个人利益，而作出入罪解释。③客观解释在对疑难案件刑法文本的解释与适用中，应当严守保障人权的底限，这是客观解释遵循合法性原则的基本要求；防止根据司法打击犯罪、维护秩序的现实需求，进行任意解释和过度的扩张解释。在个案适用解释中，当文本含义不明确导致存在多种矛盾解释时，司法机关对被告人是否定罪的考量，实际是对法益保护与人权保障价值的衡量。而在大部分案件中，司法机关均会倾向于法益保护目的，而非对被告人的人权保障，这是值得警惕的现象。时延安教授认为，被告人是法治社会的参与者，也是法律主体，

---

① 参见［德］卡尔·拉伦茨：《法学方法论》，陈爱娥译，商务印书馆2003年版，第85页。
② 参见蒋熙辉：《刑法解释限度论》，载《法学研究》2005年第4期。
③ 参见李希慧：《刑法解释论》，中国人民大学1993年博士学位论文，第79页；储槐植：《善解罪刑法定》，载中国人民大学刑事法律科学研究中心：《刑事法学的当代展开（上下册）》，中国检察出版社2008年版，第144页；熊伟：《主观解释论之提倡》，载《中国人民公安大学学报（社会科学版）》2013年第5期；许发民：《论刑法客观解释论应当缓行》，载《刑法论丛》2010年第3卷；等等。

根据有利于被告原则作出解释，是将法律不明确的后果由国家来承担。[①]当刑法条文含义存疑时，不应当忽略对被告人有利的解释，这也是罪刑法定原则的应有之意。只有对存疑的文本进行合理解释与限制，才能把握好解释的尺度，并正确理解"有利于被告人"原则的含义。"存疑有利于被告人"是解决刑法安定性与处罚合理性矛盾的重要原则。刑法适用"存疑有利于被告人"原则的基础是保障人权，并非所有案件都适用这一原则，而必须是当法律规定不明确，在适用时存在极大疑问，通过不同的解释路径和方法得出相互矛盾的结论，且存在对被告人有利的解释结论时才能适用；"存疑有利于被告人"原则适用的结果也不是被告人一律无罪，或者只允许对被告人有利的类推解释，而是在对案件的多种解释路径中，寻找"最适宜"的解决方案，平衡案件中保护法益与保障人权之间的关系。在对新型疑难案件的定性存在疑问时，当解释结论只有罪与非罪可供选择时，采取严格解释原则，兼顾考量立法目的与社会效益，谨慎定罪；当定罪依据不充分时，依法不应定罪。尤其要谨防适用口袋罪名与兜底条款进行类推解释，当不能明确被告人行为方式或方法是否符合口袋罪或兜底条款，或不能确定被告人的行为与参照罪状规定之行为具备相当的社会危害性和刑事处罚必要性时，则应当作出对被告人有利的出罪解释[②]；当有轻罪和重罪可供选择，且适用轻罪更为妥当时，应适用轻罪；在量刑明显违背罪刑均衡原则、不利于被告人时，可考虑"以刑制罪"，适用刑罚更为轻缓的罪名。可以认为，刑法客观解释的功能由于受到人权保障机能与秩序维护机能的机能关系制约，必须兼顾人权保障，从而实现刑法客观解释文本中心论的限定功能。

二、刑法客观解释的公正限定论

法律公正理论包含立法公正和司法公正，因此，（实体法意义上的）司法公正应当具有不能完全等同于"立法公正"的相对性，刑法解释必须限定于实现司法公正（而不是笼统的法律公正）。司法公正相对主义对刑法客观解释的限定具有双重价值和意义：一是确认法官的司法决策权仅限于司法领域；二是确认司法填补的对象和功能具有相对性。

（一）刑法解释视域下的司法公正相对主义

司法公正价值论是刑法解释论的重要法哲学基础，因为刑法解释论不但要"功能性"地解决犯罪治理问题，还要"公正性"地解决司法裁量问题，"功能性"地防止出现司法不公。

刑法解释论的司法公正价值论，在领域论上是否应该同较为笼统的法律公正论一体论、尤其是同"立法公正"区分开？换言之，司法公正与立法公正到底是一体论的法律公正论（法

---

① 参见时延安：《试论存疑有利于被告原则》，载《云南大学学报（法学版）》2003年第1期。
② 参见于志刚：《"双层社会"中传统刑法的适用空间——以"两高"〈网络诽谤解释〉的发布为背景》，载《法学》2013年第10期。

律公正论一体论),还是区分司法领域与立法领域的领域公正论区分论?对此问题,当下功能主义刑法解释论者应当说更多地倾向于较为笼统的法律公正论一体论,法官决策行动论、判例的立法机能论、判例拥护理论与司法立场的法律渊源理论(法官法源论),均主张法官在刑法解释适用领域基于较为笼统的法律公正立场,并且以立法者自居进行功能性裁判,并没有区分立法公正与司法公正。但是,这种刑法解释适用领域的"司法公正"论被抽象地置换为"法律公正"论一体论是明显存在疑问的,尤其是在存在(真正的)立法漏洞的场合,要求司法者以立法者的"外部"视角,作出合乎法律公正的填补性法律解释和司法裁判时,就突出地存在可能逾越罪刑法定原则和"司法公正"底线的正当性。因为罪刑法定原则的形式侧面和实质侧面都是基于尊重既有立法规定所进行的司法公正裁判,尤其是《中华人民共和国刑法》(简称《刑法》)第三条明确规定了"法律没有明文规定为犯罪行为的,不得定罪处罚",禁止了法官以立法者自居、以立法公正论赋能而进行司法上犯罪化的做法,宣誓了法官必须在既有立法规定内进行有罪裁判的法治立场。在此意义上,法官决策行动论只能是符合现行刑法立法规定的、符合刑法司法公正价值论意义上的法官决策行动有效性论(可以简称为"法官决策有效性论"),其内含的相关命题也只能是承载司法公正价值有限使命的判例拥护理论,将司法公正作为与立法公正相对分离的"领域",将较为笼统的法律公正论一体论转变为法律公正论的司法公正与立法公正二元论(法律公正论二元论)。

其一,司法公正价值在功能主义刑法解释论上必须得到突出强调,立法公正价值必须隐退幕后,"法官造法"、判例的立法机能论(以及法官法源论)必须在司法上犯罪化的方向上被禁止(但是并不禁止司法上非犯罪化的方向)。例如,在扫黑除恶专项斗争中的部分司法判决中,权利人(行为人)所实施的暴力讨债、自力救济、职业打假等维权行为被部分法官"功能性"地解释为寻衅滋事(罪)的行为并定罪判刑,其背后的法理误用就可能是功能主义刑法解释论者倾向于较为笼统的法律公正论一体论所致,是裁判者以立法者自居、以立法公正论自负而忽略了司法公正论所致。从司法公正论立场看,法官不能将维权行为通过超越现行立法规定、"法官造法"式的功能性解释进行新的立法规范构建,并判决认定为寻衅滋事罪,因为这里的"较为笼统的法律公正"已经超越了现行法律规定下的"司法公正",从而无法确证法官决策有效性。我国有学者指出,"刑事司法机关应当善待讨债、自力救济、职业打假等维权行为,即使这些行为违反民法、行政法等法律的规定,存在不当、越权等情形,也不能轻易追究刑事责任"[①]。这种见解是正确的,应当引起功能主义刑法解释论的重视与反思。可见,与法官决策行动论命题紧密相关联的判例拥护理论命题,在基本立场上只能是秉持具有中国特色的案例指导制度,通过最高人民法院进行司法公正价值论审查,谨慎提

---

① 张明楷:《妥善对待维权行为,避免助长违法犯罪》,载《中国刑事法杂志》2020年第5期。

炼出裁判要旨、法条释义和指导意义,并由最高人民法院权威发布"指导案例"供全国各级人民法院参照执行,确立一种承载司法公正价值有限使命的判例拥护理论,反对判例的立法机能论。

其二,基于法律公正论二元论的立场,司法公正价值观必须适当克制法律公正价值论一体论的观念冲动,功能主义刑法解释论必须合理权衡我国刑法的秩序维护机能与人权保障机能之间以及刑法立法公正与刑法司法公正之间的紧张关系,以最终达致某种最佳价值权衡状态。①此种"最佳价值权衡状态",按照现代刑法罪刑法定原则和刑法解释适用领域的"司法公正"论的要求,应当是在适当照顾刑法的一般公正、形式公正的前提下尽力实现刑法的个别公正、实质公正和人权保障。②在我国社会主义法治建设进入成文法典时代——刑法典和民法典业已相继颁行——之后,我国整体法规范体系所秉持的权利本位的法治立场不可偏废,正如"我国民法的本位是突出权利本位,兼采社会本位,以权利本位为主、社会本位为辅的立法思想"③一样,我国刑法的本位也只能是以权利本位为主、社会本位为辅的法治立场,这一法治立场和权利本位思想必须在刑法司法论、刑法解释论上充分贯彻。因此,法官决策行动论命题的基本立场,只能是符合现行刑法立法规定的、符合刑法解释适用领域的"司法公正"论意义上的法官决策有效论,必须反对法官以立法者自居而超越现行刑法规定进行司法决策行动。

(二)刑法客观解释视域下立法漏洞的功能性相对填补论

卡尔·拉伦茨将法律漏洞描述为"违反计划的不圆满性"④。法律皆有漏洞,这是不可避免的客观现实,刑事立法近年不断扩张,仍不可能将所有具有严重社会危害性的行为纳入刑法规制范围,因此,刑事立法漏洞的存在具有合理性。哈特认为,法律的漏洞与法官的自由裁量权密切相关,当案件无法从法律中得出结论时,法律就存在不确定性和不完全性,法官应行使自由裁量权创制新法。⑤在民法学领域,基于法律渊源的多样性和法律调整关系的平等性,多数学者均认可民法解释具有"漏洞填充"的功能,且不反对法官的创造性解释。基于罪刑法定原则的限制,刑法解释的漏洞填补规则具有特殊性。"在刑法条文的表述存在缺陷的情况下,通过解释弥补其缺陷,是刑法教义学的重要内容或重要任务之一。事实上,将批判寓于解释之中,是刑法教义学的常态"⑥。刑法教义学对立法的批判功能体现在两个方

---

① 参见魏东:《中国当下刑法解释论问题研究——以论证刑法解释的保守性为中心》,法律出版社2014年版,第123-125页。
② 参见魏东:《刑法解释保守性命题的学术价值检讨——以当下中国刑法解释论之争为切入点》,载《法律方法》2015年第2期,第220-236页。
③ 杨立新:《中国民法典精要》,北京大学出版社2020年版,第12页。
④ 参见[德]卡尔·拉伦茨:《法学方法论》,陈爱娥译,商务印书馆2003年版,第197页。
⑤ 参见[英]哈特:《法律的概念》,许家馨、李冠宜译,法律出版社2006年版,第253页。
⑥ 张明楷:《也论刑法教义学的立场——与冯军教授商榷》,载《中外法学》2014年第2期。

面:一是推动立法完善填补漏洞,二是通过规范的刑法解释方法填补漏洞。一般认为,对于真正漏洞只能通过立法填补,对于非真正漏洞才可通过司法解释填补,由此才能真正实现司法公正。

对于刑法客观解释而言,其与法律漏洞之间的关系更多地体现在对滞后性立法的解释问题上。罪刑法定原则认可运用扩大解释对刑法文本中可能的含义进行适当扩张,但反对类推解释将本不属于刑法规制范围的行为纳入处罚范围。在解释的过程中,为区分司法填补与创制性解释的界限,首先应当区分真正的漏洞与非真正的漏洞;这种区分需要在具体个案的解释语境中予以明确,即判断案件事实能否涵摄于刑法分则的具体规范类型。"真正的法律漏洞属于规范功能性法律漏洞,因其缺失堵截性法律规范为刑法解释提供指引,在法律上难以找到任何明确的扩张解释依据,所以原则上不允许以法律解释加以填补而只能予以立法完善,但刑法解释论上也应适当承认个别例外的规则;非真正的法律漏洞则属于非规范功能性法律漏洞,因其有某种明确的堵截性法律规范提供解释指引,准许以法律解释加以填补(司法填补)。"[1]

对于刑法中真正的漏洞,在法律立、改、废之前,刑法解释不可违背罪刑法定原则对其进行填补。如果允许刑法解释填补真正漏洞,司法将代替立法,扩张刑罚权,侵犯公民的人权与自由,故在刑法领域,"法官造法"与自由裁量权之间存在明确的界限,前者属于越权解释,后者属于依法解释。例如,我国刑法对强奸罪对象的规定被学界诟病其忽视了对男性性权利的保护,但我们宁愿相信立法者对于该罪是"有意的沉默"。因此,《中华人民共和国刑法修正案(九)》[简称《刑法修正案(九)》]出台之前,在男性性权利被侵犯案件中,只能对造成轻伤以上后果的案件以故意伤害罪定罪处罚。《刑法修正案(九)》将强制猥亵罪的对象由"妇女"改为"他人",很大程度上是响应了司法实践中要求保护男性性权利的呼声。另外,有一些真正的漏洞是源于立法的"不圆满性"而产生。例如,《刑法》第二百六十条虐待罪的罪状规定为"虐待家庭成员",将虐待罪的主体和受害者限定于家庭成员之间,大量非家庭成员的虐待案件,如幼儿园教师、保姆虐待幼儿,护工虐待老年人等情况依法不能定罪,或者只能根据被虐待的伤情程度认定为其他犯罪。在《刑法修正案(九)》增加第二百六十条之一虐待被监护、看护人罪之后,这一类案件所面临的漏洞才被立法填补。在真正的漏洞被立法填补以前,司法解释与适用不应当突破罪刑法定原则,对行为人强行定罪处罚,否则背离了刑法人权保障机能。

对于非真正的刑法漏洞,可通过适当的解释方法将漏洞进行补充,使刑法规范明确化、具体化,即便如此,解释者填补漏洞的自由裁量权仍应受到规范文本的严格限制,解释过程

---

[1] 魏东:《从首例"男男强奸案"司法裁判看刑法解释的保守性》,载《当代法学》2014年第2期。

必须进行充分且合理的论证,得出的结论应当同时符合合法性和合理性的标准,不可超出法条文义的可能范围,且应当得到公众的价值认同。如何运用刑法解释、运用何种解释方法进行填补,是学界研究的重点。有学者主张通过目的性扩张、目的性限缩、当然解释以及合类型性解释等方法进行填补。① 目的论扩张和目的论限缩都是法律漏洞的补充方法,是依据法律规范的目的对规范文本所蕴含的语义范围进行的扩张或限缩,但是,鉴于两种补充方法的价值与目的不同,"目的论扩张适用于法律的明显漏洞,而目的论限缩则适用于法律的隐藏漏洞"②。在刑法漏洞补充的正当性上,目的论限缩方法的适用更具有合法性,目的论扩张可能扩大刑法的处罚范围,有违背罪刑法定原则之嫌。目的论限缩方法的适用也应当受到规范目的的严格限制,例如,刑法对伪造货币罪的罪状没有规定行为人主观上具有特定目的,但理论上均认可该罪构成应以使用或流通为目的,并将其作为非法定的目的犯和短缩的二行为犯之典型例证;虚开增值税专用发票罪需要有骗取税款的主观目的,这一目的性限缩结论也已逐渐在司法适用解释中得到普遍认可。但并非所有的非法定目的犯均属于隐藏的法律漏洞,隐藏漏洞的确认须以法益保护的模糊性为前提,例如盗窃罪、诈骗罪等虽然属于非法定目的犯,但其"非法占有目的"在其罪状文义中是可以明确的,其保护法益亦是明确的,并不存在隐藏的问题,将非法占有目的作为盗窃罪、诈骗罪的主观构成要件要素,不属于目的性限缩的方法。

三、刑法客观解释的融贯性限定论

美国法哲学家德沃金提出了法的整全性原则,并从两个方面对此原则予以阐释:一项是立法的整全性原则,要求立法者保持法律原则上的融贯性;另一项是裁判的整全性原则,要求裁判者将法律视为具有这种融贯性并予以实施。③ 刑法解释的整全性,即刑法解释与立法目的的协调一致性及价值的融贯性。从刑法客观解释的角度而言,要避免解释结论超出合法性要求,应保证解释方法的规范合理性与解释结论的有效性;在方法论上,需要坚守"以文本为中心"的规范解释路径,即解释主体从规范文本语义出发,逐渐将解释的视野扩展至规范文本之外的客观世界,最终又回到规范性解释。解释主体应当坚持法的整体性与系统性理念,协调立法目的与司法需求、规范稳定性与发展性、司法制度与司法实践之间的平衡与统一。

（一）刑法客观解释与合目的性的整全主义

我国刑法客观解释的价值趋向通常与刑事政策的变化调整相关联。劳东燕教授试图通

---

① 参见任彦君:《论我国刑法漏洞之填补》,载《法商研究》2015年第4期。
② 王祖书:《刑法目的论解释研究》,吉林大学2015年博士学位论文,第18页。
③ 参见[美]罗纳德·德沃金:《法律帝国》,许杨勇译,上海三联书店2016年版,第133页。

过体系性思考的融贯性与刑事政策的合目的性之间的牵制关系,来限制功能主义刑法解释体系,实现刑法内外体系的统一。① 然而,其论述似乎忽略了我国刑事政策的司法现状与"合目的性"理想原则之间的差距,且其"体系性思考"并未脱离体系解释的范畴。

刑法客观解释应谨防"合目的性"和"功能主义"的异化。在我国当下的法治语境中,刑事政策对于我国刑法的立法具有指导作用,对刑事司法具有调节作用。但是,刑事政策的非规范属性决定了其具有特定的功利性与时效性,从而具有极大的不确定性与不稳定性,可能破坏刑法和刑法解释的安定性。刑事政策司法化与刑法解释刑事政策化,存在突破刑法规范意识、侵犯公民自由与权利的风险,带有一定的入罪重刑色彩。刘艳红教授认为:"以具有随意性和变动性的政策为指导的法律活动,包括刑法出罪解释,都是对法治精神和罪刑法定原则的严重背离。"② 如果过于夸大刑事政策的功能与作用,在"合目的性"引导下的刑事政策司法化或刑法解释刑事政策化,一旦突破刑事规范的制约,就会失去理性,而变得激进和功利,为维护社会秩序而破坏人权保障的刑法机能。在此过程中,刑事政策与刑法规范之间不再是引导或调节的关系,以及劳东燕教授所倡导的包容关系,而可能存在违背罪刑法定原则、以政策代替规范治理的危险。

我国一直有"惩办与宽大相结合"的传统刑事政策,2010年,最高人民法院通过司法解释的方式正式确认了宽严相济刑事政策的地位。关于我国刑事政策的价值目标,理论界有多种观点,如预防犯罪的有效性单一目标说③,有效性与合理性的双重目标说④,秩序、自由、公正、效率的多重目标说等⑤。在最高人民法院发布的《最高人民法院关于贯彻宽严相济刑事政策的若干意见》中,也体现了刑事政策的多重功能与价值目标,但主要价值目标仍为预防犯罪与维护秩序。总体而言,我国刑事司法中一直贯彻的也是以"严打"为主、宽缓为辅的刑事政策。近年来,从上而下在全国范围开展了非法集资犯罪专项治理、食品药品违法犯罪专项治理、生态环境污染违法犯罪治理、电信网络犯罪专项治理、枪爆违法犯罪专项行动、"扫黑除恶"专项治理、性侵违法犯罪专项治理等一系列违法犯罪治理行动,公安部、最高人民检察院、最高人民法院与相关行政机关均相继联合发布了一系列司法解释,上述司法解释所体现的主要价值趋向也为整体"从严"治理;而且,在司法实践中,上述刑事政策的推行也体现了司法适用中犯罪圈的扩大以及刑罚的严厉性。从我国刑事政策的发展历程来看,无论是刑事政策对立法的指导,还是对司法的促进和调节,均具有较强的功利价值取向,刑

---

① 参见劳东燕:《功能主义刑法解释的体系性控制》,载《清华法学》2020年第2期。
② 刘艳红:《实质出罪论》,中国人民大学出版社2020年版,第168页。
③ 参见陈兴良:《刑事法治视野中的刑事政策》,载《江苏社会科学》2004年第5期。
④ 参见梁根林:《刑事政策:立场与范畴》,法律出版社2005年版,第21页。
⑤ 参见曲新久:《刑事政策的权力分析》,中国政法大学出版社2002年版,第72页;魏东:《刑事政策学》,四川大学出版社2011年版,第52页;严励:《中国刑事政策的建构理性》,中国政法大学出版社2010年版,第307页以下;等等。

事政策的调整更多的是为了满足经济的发展需要以及维护社会秩序的需要，这是国家公共政策向法律规范和司法解释的渗透，由刑事政策自身的性质和功能所决定。而客观上评价，我国刑事政策中"宽严相济、以严为主"的倾向性也与我国当前刑事立法与司法的整体趋势基本一致。那么，是否意味着刑事政策可以大张旗鼓地登堂入室，以"从严"的旗号渗透于刑法解释之中，任意扩张刑法边界？毫无疑问，这一理念和做法是极其危险的，无论是刑事政策司法化还是刑法解释刑事政策化，都需要警惕和禁止以"合目的性"为由突破规范与理性的边界。

（二）刑法客观解释的融贯性限定论的实质内涵

刑法客观解释要实现融贯性，不应当以刑事政策的合目的性作为限定依据，而应当以规范目的和立法的整体价值目标作为验证解释方法正确性的依据。司法理性的衡量标准首先应当是规范目的，而不是治理效果或者司法目的，目的论解释中目的的设定也应当是规范目的。我们应肯定刑事政策对司法适用与犯罪治理所带来的正面促进作用，但更应强调刑法规范对刑事政策的制约功能，而不应当通过刑法解释来实现刑事政策的规范化路径。刑事政策可通过行为危害性的评价介入构成要件之中，从而影响刑法教义学的范围。[1] 因此，"从严"的刑事政策具有强大的入罪功能。在客观解释立场上，当刑法文本含义不明确时，应根据客观现实确定文本的含义。当解释者将"从严"刑事政策与客观解释目标相结合，并以目的解释方法对行为实质进行价值判断，则可能对规范目的进行不当扩张解释，从而将行为对法益的侵害及其程度进行错误评价。"从严"氛围下的刑事司法要保持清醒的立场，坚持规范目的理性，防止盲目追求政绩与社会效果而突破法治界限。刑事政策对刑事立法具有指导作用，刑事政策可以根据维护社会秩序的客观现实需要，在刑法规范范围内，通过刑事司法解释来决定刑罚适用的轻或重，或限缩犯罪打击范围，通过"从宽"实现非犯罪化，但不能通过"从严"而扩张定罪的边界，将本来不构成犯罪的行为予以定罪。同时，要禁止司法解释因客观现实需要随意突破文本含义与构成要件。刑法规范外的要素包括刑事政策对刑法解释的影响只能是次要的、间接的，应建立在规范要素判断基础之上。例如，《刑法》第二百九十四条对黑社会性质组织罪之组织特征的规定为"形成较稳定的犯罪组织，人数较多，有明确的组织者、领导者，骨干成员基本固定"，这一特征的核心本身在于"较稳定的犯罪组织"，但是，在司法实践中，针对这一特征的解释容易发生异化和扩张。一旦司法机关对案件立案，企业相关人员有犯罪嫌疑，那么合法成立、依法生产经营的企业则可能被认定为"涉黑组织"，因为企业的架构本身具有稳定性，企业经营管理人员基本固定，且企业内部往

---

[1] 参见欧阳本祺：《刑事政策视野下的刑法教义学：探索中国刑法教义学与刑事政策的贯通构想》，北京大学出版社2016年版，第278-279页。

往制定了较为成型的规章制度,似乎与黑社会性质的"组织特征"规定完全契合,于是,企业顺理成章地被认定为"犯罪组织"。这一结论,完全是建立在"犯罪组织"这一有罪推定前提基础之上的,通过"循环论证"方法,最终实现定罪的目的,忽视了刑法规范文本中最核心的要素,曲解了规范目的,本质上属于类推解释。

在刑法解释整全性或融贯性之方法论上,法律推理或论证是重要的途径;从解释方法的功能而言,文义解释为文本语义限定范围,历史解释通过语义的沿袭和演变过程确定立法意图,体系解释和目的解释分别从整体逻辑和价值导向角度,寻求解释的整体协调一致性和准确性。在刑法解释对疑难案件的解释适用过程中,需要综合运用各种解释方法,才能确定兼具合法性与适应性的文本含义。在解释方法运用规则上,除了传统刑法解释方法理论所认可的一般的位阶性规则之外,还需要在个案中运用综合性与协调性规则,使解释方法的运用既实现方法论上的体系化,又体现具体案件适用的特殊性,真正有益于司法实践中的融贯性解释。除了运用刑法解释方法之外,还需要运用法律推理、利益衡量、价值判断、法律论证等其他法律方法予以辅助,增强解释结论的说服力。解释方法之间存在相互制约的关系,不同的解释方法之间可以通过相互反驳或验证,在解释逻辑与解释程序上实现统一性和完整性,从而从整体上保障解释结论的合法性与合理性。

例如,针对入户盗窃与入户抢劫中的"户"的界定,"两高"先后出台了多部司法解释对此进行明确。其中,2000年《最高人民法院关于审理抢劫案件具体应用法律若干问题的解释》第一条第一款、2005年《最高人民法院关于审理抢劫、抢夺刑事案件适用法律若干问题的意见》第一条第一款、2013年《最高人民法院 最高人民检察院关于办理盗窃刑事案件适用法律若干问题的解释》第三条第二款在对"入户盗窃""入户抢劫"的解释中,比较明确地确定了"户"的双重特征,即"供他人家庭生活"的功能特征和"与外界相对隔离"的场所特征(《最高人民法院关于审理抢劫案件具体应用法律若干问题的解释》将"户"界定为"他人生活的与外界相对隔离的住所"),这一界定方法即为明确的文义解释。以该两项特征作为认定入户抢劫或入户盗窃的依据,能解决大部分案件的定性与处罚问题。但是,针对特殊的案件情况,仅凭该两项特征无法准确认定"入户"。例如,对于具有商住混合使用性质的场所如何认定"户",对于一般情况下不具有"供家庭生活"的功能特征但特定情况下具备了该特征的特定场所能否认定为"户",行为人主观上对于"户"的事实认识有错误时如何认定,行为人"入户"之前和"入户"之后的主观目的发生变化时如何定性等问题,都需要考量具体案件事实因素,综合运用体系解释方法、目的解释方法等来认定。对于"入户"是进行限制解释还是扩张解释,不可避免地需要探寻立法对"入户抢劫"进行加重处罚以及对"入户盗窃"构成未设立数额与次数条件的目的。通说认为,入户抢劫和入户盗窃基于对家宅安宁的保护,将侵入他人住宅的违法要素与普通抢劫和盗窃相结合,从而使得入户抢劫和入户盗窃成为特殊类型的抢劫与盗窃。从上述司法解释的规定看，这里的"户"似乎仅限于"家庭生活"的固定场所，并不包括个人生活固定居住的场所，例如和他人的合租房。但是，也有部分学者认为，宪法所保护的公民住宅不受侵犯是公民个人自由权利的延伸，住宅自由的保护对象是隐私利益，因此，从合宪性解释的角度出发，不应将"户"的界定从"他人生活的住所"限缩到"供他人家庭生活的场所"。① 值得注意的是，《中华人民共和国民法典》第一千零三十二条第二款规定："隐私是自然人的私人生活安宁和不愿为他人知晓的私密空间、私密活动、私密信息。"第一千零三十三规定："除法律另有规定或者权利人明确同意外，任何组织或者个人不得实施下列行为：……（二）进入、拍摄、窥视他人的住宅、宾馆房间等私密空间……"由此可见，民法已经将宪法保护的公民的个人住宅隐私权扩展到了宾馆房间等私密空间的隐私权。运用体系解释方法，从刑法外部体系来说，如果将刑法上的"户"等同于宪法和民法上的"住宅"，那么"入户"的范围就不应当限定于"供家庭生活的场所"，而应扩展为"供个人生活的场所"；从刑法分则的具体规定来看，如果认为入户抢劫或入户盗窃是非法侵入住宅罪与抢劫罪或盗窃罪的结合犯，理所当然地也应当将"户"的范围扩展为"供他人个人生活的场所"。最高人民法院 2016 年《关于审理抢劫刑事案件适用法律若干问题的指导意见》中对于在"部分时间从事经营、部分时间用于生活起居的场所"以及"部分用于经营、部分用于生活且之间有明确隔离的场所"入户抢劫的界定，也使用了"生活起居的场所"这样的表述，足可见现在司法机关对于"户"的解释的核心界定为"生活起居的场所"，而不再是"家庭生活的场所"，这一解释变化也体现出刑法解释与宪法、民法所保护法益的一致性。在上述解释中，文义解释、体系解释和目的解释均起到了一定作用，文义解释划定文义的大致范畴，体系解释和目的解释则使得文义更为准确和适当。

在个案适用解释中，司法机关也强调"户"为"住宅"的含义与侵入的非法性特征，以及"户"的功能特征中"生活起居"的实质含义。例如，在《刑事审判参考》第 134 号案件"明安华抢劫案"中法院对"户"的解释即为"公民的住宅"，并引用了《中华人民共和国宪法》第三十九条规定，但因明安华系被害人子女，无论其是否经过父母允许，进入父母住宅均不具有非法性，故不应认定为"入户抢劫"②；在第 288 号案件"陆剑钢等抢劫案"中，法院最终认定该案不构成入户抢劫，理由为：入户抢劫必须是以户为对象所实施的行为，被告人所实施抢劫的对象为参赌人员，而不是户内财产，主观上没有对住户实施抢劫的犯罪故意，被告人

---

① 参见杜强强：《论宪法规范与刑法规范之诠释循环——以入户抢劫与住宅自由概念为例》，载《法学家》2015 年第 2 期。

② 参见田立文、夏汉清、刘效柳：《[第 134 号]明安华抢劫案——子女进入父母居室抢劫能否认定为"入户抢劫"？》，载中华人民共和国最高人民法院刑事审判第一、二、三、四、五庭：《刑事审判参考》，法律出版社 2009 年版，第 310-312 页。

进入的实际是赌博场所,而不是家庭生活场所[①];第466号案"韩维等抢劫案"中,法院认为,从立法意图上看,刑法规定"入户抢劫"的加重处罚情节,是为了强化对公民住所安全的保护,从社会生活看,住户是指住在某处的人家,合租房屋的两名被害人虽然不具有家庭成员关系,但合租房屋系供生活实用,具有私人住所的特点,属于刑法意义上的"户",因而,将非法进入他人共同租住的房屋抢劫认定为"入户抢劫"[②]。

四、刑法客观解释的主体间性限定论

主体间性理论的诠释学内涵是通过不同主体之间的平等对话和交往理性来实现共识。刑法解释的主体间性,是指刑法解释者作为实在的人(解释主体)与刑法文本作为拟制的人(解释对象)之间进行平等的"主体间"对话的性质,以及多元解释主体之间进行平等对话、互动和法律论证的性质。前者是诠释学范式意义上的主体间性,后者是方法论范式意义上的主体间性,刑法解释的主体间性是诠释学主体间性和方法论主体间性的有机统一体。这是哲学解释学以及存在论、本体论的法律解释学所主张的观点。

(一)哲学诠释学的主体间性与刑法客观解释的主体间性限定

诠释学范式下的刑法解释主体间性(命题),意味着"刑法意义是使用者与文本'主体间'对话的产物,使用者天然是刑法意义的创造者","法律解释就是读者与法律文本商谈的过程,法律意义是二者在商谈中达成的共识";进而"可以将刑法意义生成的主体间性特征归纳如下:其一,刑法意义不是客体,而是读者意识和文本主体间关系的产物","其二,法律解释的过程就是法律意义生成的过程","其三,法律解释的任务是创造(而非发现)法律的意义","其四,刑法意义具有无限性";因此"刑法的解释目标应是:在文本的意义界限内,立足于读者全部的案例经验,最大化地实现社会主流价值观认可的罪刑等价关系"[③]。可见,诠释学范式视野下的主体间性,同时也揭示了刑法解释的双向性(命题),其重要内容是将刑法文本予以拟人化并带有浓烈思辨性质:刑法解释者作为实在的人(解释主体)与刑法文本作为拟制的人(解释对象)之间进行平等的"主体间"对话(即主体间性),充分体现了刑法解释者与刑法文本之间的双向互动性(即双向性、双相性),刑法解释通过主体间性和双向性的互动对话,最终获得的"法律意义是二者在商谈中达成的共识"。

诠释学范式下的主体间性命题,将刑法文本作为"主体",依此逻辑可以认为,作为刑法

---

① 参见朱肇曾、包海燕、白富忠:《[第288号]陆剑钢等抢劫案——入户抢劫中"户"的理解与认定》,载中华人民共和国最高人民法院刑事审判第一、二、三、四、五庭:《刑事审判参考》,法律出版社2009年版,第369-372页。

② 参见马尚忠、翟超、程捷、周峰:《[第466号]韩维等抢劫案——非法进入他人共同租住的房屋抢劫是否属于"入户抢劫"》,载中华人民共和国最高人民法院刑事审判第一、二、三、四、五庭:《刑事审判参考》,法律出版社2009年版,第446-449页。

③ 聂立泽、庄劲:《从"主客间性"到"主体间性"的刑法解释观》,载《法学》2011年第9期。

文本的制定者（立法者）也可以成为解释性对话的"主体"，从而可以将立法者纳入刑法解释的主体间性范畴。刑法客观解释主张，刑法的适用解释中，基于法律事实与刑法规范之间的涵摄关系，要实现从刑法规范到裁判规范的转换与证成，需要与客观事实和现实语境相结合，在开放性的体系中进行论证，发掘文本客观的隐藏与模糊含义，这是一种建构性的诠释方法。但诚如主观解释论所质疑的，刑法规范文本的规范外要素具有多元化、开放性特征，在疑难复杂案件中，过多引入开放性要素，可能导致解释主体的随意性解释或者循环论证，甚至出现"法官造法"的现象。刑法客观解释的主体间性限定理论包括两方面含义：一是刑法规范文本作为解释主体要素对解释者和解释方法的限定，即规范性解释是解释与论证的核心，开放性论证只能起到补充和加强论证效果的作用，而不能越俎代庖，脱离规范性解释这一前提基础；二是立法者作为解释主体要素对文本含义和解释者主观性的限定。

从立法到司法的解释与适用过程，是历史与现实、客观与主观的融合，一方面应当重视社会的动态发展和解释的能动性，另一方面也不能忽略刑事立法与解释的历史沿革与衔接。因此，刑法客观解释应当正视立法者意图的客观存在，并将其作为解释的重要因素予以参照考量，应吸收主观解释中文义确定性的合理要素，在文义不明确时，探寻立法者意图是有必要的，有助于明确规范保护目的，从而限定刑法文本客观现实含义。探寻立法者意图的方式，一方面是通过立法史料，例如立法草案、说明文件等，另一方面是通过刑法规范文本本身。作为典型的成文法国家，我国在刑事立法过程中形成的立法草案、说明文件等保存完好，而且，随着立法民主化、法治化的推进，当前的刑法修正案草案均会征求民众意见，具备公开性。所以，以往部分学者主张，立法者意图完全不可探寻，这一说法具有片面性和主观性。此外，从刑法规范文本自身的概念限定、上下文关系、刑法分则的类型化规定、总则与分则的关系等规范内要素，也可以判断出立法者意图。

以"国家工作人员"的立法和解释为例。1979年刑法典出台前，刑法草案中关于国家工作人员的定义进行了多次修改，最终确定为"一切国家机关、企业、事业单位和其他依照法律从事公务的人员"。此后，国家工作人员之界定在1982年《全国人民代表大会常务委员会关于严惩严重破坏经济的罪犯的决定》、1985年《最高人民法院　最高人民检察院关于当前办理经济犯罪案件中具体应用法律的若干问题的解答（试行）》、1986年《关于〈人民检察院直接受理的法纪检察案件立案标准的规定（试行）〉中一些问题的说明》、1988年《全国人民代表大会常务委员会关于惩治贪污罪贿赂罪的补充规定》等立法与司法文件中进行了多次修改。现行《刑法》第九十三条对国家工作人员的定义，几乎融合了上述立法解释和司法解释规定的所有内容。尽管其含义在刑法理论和实践中仍然存在一定争议，但是从这一概念的立法沿革与修订的过程，可以更为全面准确判断其现实含义，并限制司法实践中基于"公务说"理论进行纯粹的实质判断和过度的扩张解释。

(二)方法论诠释学的主体间性与刑法客观解释的主体间性限定

方法论范式意义上的刑法解释主体间性(命题),实质上揭示的是解释主体上的多元性,以及多元解释主体之间在刑法解释活动中的对话性、互动性和法律论证性。如有学者指出,"刑法解释从来都不是一个解释问题,而是一个论证问题,现代刑法解释学应将刑法文本融入解释者的价值判断,来消解刑法文本及其所用语言过于僵化的弊端,建立一种基于主体间性的刑法解释理论,从而使刑法文本与案件事实有效地对接起来,并以法律论证实现刑法解释结论的可接受性"[①]。再如有学者指出,"刑法解释主体是具有多元价值观的解释者构成的解释共同体,刑法解释的标准是多元互动解释共同体通过对话协商获得的共识。制度化的对话协商可以通过求同存异的办法防止实质性价值冲突的激化,成为刑法解释及适用的合法性保障"[②]。应当认为,方法论范式意义上的刑法解释主体间性(命题)更值得重视,尤其是该命题所主张的多元互动解释共同体通过制度性的法律论证活动有助于刑法解释结论更加臻于完美。

刑法客观解释主张解释主体、解释方法的多元性与多样化,不同的解释主体对文本含义的理解不同。在对疑难复杂案件进行解释的过程中,解释主体可能基于立场或心理因素对事实的认识不同,也可能基于对文本的不同理解,或基于不同的解释规则和方法,而得出不同的解释结论。经验判断与价值判断是重要的法律解释路径。人类的认知活动离不开个体已有生活经验的判断,尽管我们一直强调,解释者应当尽量摈弃主观因素,理性且客观中立地进行解释。但是,在对法律规范的理解与解释中,解释者不可避免地具有"前见",并将前见与现实问题结合,形成特有的价值判断,这是认知活动的普遍规律。霍姆斯大法官的名言"法律的生命不在于逻辑,而在于经验",即是强调历史考察和逻辑分析相结合的研究方法,且认为经验判断更为重要。在对个案具体的价值判断过程中,经验判断与理性分析孰轻孰重,很难得出准确的结论。解释主体的主观经验判断是直接影响解释结论的重要因素。哈贝马斯将传统的实践理性理论上升为沟通理性理论,强调参与者在建立共同价值规范和充分论证的基础上进行平等对话,通过主体间性实现合意。这种理想的对话情景强调了规范文本自身的主体性,以及解释要素之间的交互性和影响力,突破了长久以来传统诠释学对于立法者、解释主体与文本之间的主客体关系,将事实情境融入了解释过程中,以求实现不同解释主体对解释结论的共识,包括"听者"即被告人、被害人和社会公众等主体对解释结论的接受度。[③]刑法客观解释论要遵循罪刑法定原则,应当吸收主体间性理论的精髓,解释者

---

① 姜涛:《基于主体间性分析范式的刑法解释》,载《比较法研究》2015年第1期。
② 袁林:《超越主客观解释论:刑法解释标准研究》,载《现代法学》2011年第1期。
③ 参见杨艳霞:《刑法解释的理论与方法——以哈贝马斯的沟通行动理论为视角》,法律出版社2007年版,第54-55页。

既要接受规范文本的制约,也要适当考量不同解释主体(包括社会公众)对文本的不同理解与阐释,不能只关注现实语境和依赖于权力解释主体的一家之言,由此保证解释要素和解释过程的客观性,保证解释结论为不同主体之间理性沟通与对话后的结果,经得起合法性与合理性(适应性)的双重检验,实现客观解释的完整有效性。

无论是司法解释文本还是个案司法适用解释,都需要通过程序公开与公正,实现从"商谈"到"说服"的解释过程。在哈贝马斯的交往行动理论中,法不仅是规范文本,也是一套行动规则,合法性与有效性通过主体间的商谈予以实现。哈贝马斯认为,"在后传统的辩护层面上,被当作合法的仅仅是这样的法律,它是可以在一个商谈性意见形成和意志形成过程中被所有法律同伴所合理地接受的"①。哈贝马斯的理论为法解释活动由"主体性"向"主体间性"转变提供了依据。商谈理论依赖于民主平等的"理想话语情境",在刑事司法活动中,司法机关居于绝对强势地位,想要建构完全平等的"控辩"语境似乎不太可能。但是,任何解释主体都有其主观认识的局限性,刑事司法解释制定与审判活动的公开能够促进"对话商谈"语境的建立,将法律解释由"精英话语"转变为"大众话语",这样,司法不再是专权行为,民众也不只是社会监督的角色,而可以作为司法的参与者,这要求司法机关所得出的结论必须具备说服民众的合理性,以使刑法规范文本的指引与保护功能得以体现。在制度设置上,要保障司法解释的出台经过了充分的论证,而不是某个机关或某几个人员的"一家之言"。司法解释是一种有权解释,且是专业解释,当前司法机关已经逐渐注意到对司法解释出台之前的研究、讨论与论证,并注意向法学专家和其他社会群体征求意见,这一过程也能相对实现社会各阶层和群体利益的平衡,有利于确保司法解释的合法性、合理性和公正性。司法文书的论证与说理不是一种独断性的决定,而应当体现司法过程中不同主体之间"对话"的交互作用过程,最终达到"合乎情理"的目标。因此,最高人民法院多次出台司法解释,要求裁判文书必须进行释法说理,并要求将社会主义核心价值观融入释法说理中。在疑难复杂案件的审理过程中,司法程序的公开有助于社会舆论对不公正司法的监督与纠偏,也有利于实现刑法解释结论的合理性与说服性。

结语

刑法客观解释的限定理论(体系)作为刑法解释学的基础理论,具有非常重要的理论意义和实践价值。在理论层面,刑法客观解释的限定理论有助于深化拓宽刑法解释学的理论研究视野,更好地塑造刑法解释学的科学品格和人文理性,进一步完善刑法解释学理论体

---

① [德]哈贝马斯:《在事实与规范之间——关于法律和民主法治国的商谈理论》,童世骏译,生活·读书·新知三联书店2003年版,第167-168页。

系;在实践层面,刑法客观解释的限定理论有利于妥当协调犯罪防控与人权保障之间的紧张关系,适当遏制当前积极主义刑法观所表现出来的过度的司法扩张倾向,真正实现个案司法公正,确保刑事法治建设健康发展。

《民法典》中强制缔约义务条款解释论

肖朦恺[*]

摘　要：公权力介入缔约领域经历了从命令到契约的过程，基于对私人自治理念的尊重，《民法典》第四百九十四条规定了紧急状态下强制缔约义务的适用情形，即"抢险救灾、疫情防控或者其他需要"，此为立法模式从概括式到折中式之转化，并基于民商合一理念将缔约主体从"有关法人、其他组织"扩大到一般的民事主体。强制缔约义务条款的适用应遵循维护社会公共利益原则、鼓励市场交易原则以及审慎适用原则。从利益平衡的角度出发，《民法典》第四百九十四条的适用情形应做限缩解释，且要约须符合义务人之缔约能力，要约形式符合法律规定。强制缔约义务条款位于《民法典》合同编中，对此义务的违反发生在合同订立过程中，将违反强制缔约义务的民事责任定性为缔约过失责任更具有合理性，从而确定订立合同与损害赔偿的民事责任承担方式，对要约人所追求的履行利益提供有效救济。

关键词：强制缔约义务条款　《民法典》第四百九十四条　公共利益　缔约自由

根据传统的合同法理论，民事主体享有缔约自由，而强制缔约的出现对传统的契约自由理论提出了挑战。强制缔约是指根据法律规定，民事主体负有与相对人订立合同的义务。强制缔约的实质是国家调节市场、排除市场障碍等手段的法制化，其无疑是对契约自由最大的限制。尽管学界对强制缔约的发展与完善展开了有益探讨，但对其研究多集中在供水、供电及运输合同等合同关系中。除上述情形外，国家基于其他需要对民事主体缔约自由进行干预的法律规则同样值得关注，即《中华人民共和国民法典》(简称《民法典》)第四百九十四

---

[*] 作者简介：肖朦恺，吉林大学法学院民商法学博士研究生。

条①规定的强制缔约义务规则还有待进一步挖掘:《民法典》第四百九十四条规定的强制缔约义务是否需要归由公法调整?其适用能否扩展到其他情形?违反该强制缔约义务需承担怎样的法律责任?对这些问题的讨论尚未达成共识。梳理《民法典》第四百九十四条的立法更迭,明确设立强制缔约义务条款的目的,并在文本解释的基础上探讨其具体适用规则是本文的研究重点。

一、强制缔约义务条款的立法更迭

（一）立法理念更新:从命令到契约

1988年制定的《中华人民共和国全民所有制工业企业法》第三十五条规定:"企业必须完成指令性计划。"1993年实施的《国家指令性计划和国家订货的暂行规定》第四条也做出类似的规定:"企业必须执行国家指令性计划……"这两个规定都着眼于国家命令的绝对权威,企业必须不折不扣地执行,双方不存在达成合意的缔约过程,与合同行为无涉。原《中华人民共和国经济合同法》（简称《经济合同法》）第十一条②创立了"计划合同"的概念,该条也成为《中华人民共和国合同法》（简称《合同法》）第三十八条之法源。《合同法》第三十八条与《民法典》第四百九十四条第一款实际上规定了两类强制缔约义务:国家订货任务和国家指令性任务下的强制缔约义务,前者形成的合同中国家或者国家有关部门为合同当事人,后者形成的合同中国家有关部门只负责下达计划,合同当事人为实际市场关系中的供需方。也就是说,二者区分的关键在于国家或国家部门是否为合同当事人。但从本质上说,强制缔约的触动方均为行政部门,二者均是公权力介入私人领域的结果,是基于公共利益考量而对私人自治的一种限制。

有学者认为,国家订货合同与国家指令合同均属命令契约的情形,与强制缔约要进行严格区分。命令契约直接依据法律授权,通过国家行政行为发生合同关系,与合同自由无涉,合同此时仅仅是一种调节工具,实际上已经消灭了私人自治原则。③与之相反的观点则认为命令契约也是私法上的合同行为,应当为民法上的强制缔约规则所调整,并将命令契约的法

---

① 《民法典》第四百九十四条规定:"国家根据抢险救灾、疫情防控或者其他需要下达国家订货任务、指令性任务的,有关民事主体之间应当依照有关法律、行政法规规定的权利和义务订立合同。
依照法律、行政法规的规定负有发出要约义务的当事人,应当及时发出合理的要约。
依照法律、行政法规的规定负有作出承诺义务的当事人,不得拒绝对方合理的订立合同要求。"
② 《经济合同法》第十一条规定:"国家根据需要向企业下达指令性计划的,有关企业之间应当依照有关法律、行政法规规定的企业的权利和义务签订合同。"
③ 参见朱岩:《强制缔约制度研究》,载《清华法学》2011年第1期。

律规则诠释为"强制缔约条款"①。在域外法上,德国法也是将命令契约纳入强制缔约范畴。②强制缔约制度是否应当将命令契约情形排除在外,或许可以从我国政府命令的历史演变中寻找到答案。新中国成立初期,基于稳定物价、克服财政困难的历史需要,加之深受苏联社会主义经济体制的影响,我国逐步走上计划经济的建设轨道,高度集中的计划经济体制直接限制或否定私人缔约。在这一时期,政府主要采取指令性计划管理国民经济,企业必须全面地履行指令性计划。1978年我国开始实行经济体制改革,将市场机制逐步引入计划经济体制之内,政府的管理方式随之改变。政府为达到经济管理目的,可以选择与企业签订合同的方式,企业有了进行独立意思表示的空间,双方的权利义务关系均可以在合同中进行约定,企业的经营自主权得到了一定程度的保护。

由命令契约不断弱化公权力色彩的历史演进可推断,《民法典》第四百九十四条涉及的命令契约应当属于强制缔约的范畴:其一,命令契约的实质仍为私法上的契约关系。不可否认,命令契约与一般的民事契约有所不同,它以政府的命令为触发点。但是,义务产生的来源是行政行为,并不表示义务人之间成立的法律关系就是行政法律关系,命令契约情形下形成法律关系仍旧为私法上的契约关系。其二,命令契约并没有全然消灭当事人合意,缔约主体仍依意思表示进行磋商。如若政府行为完全取代当事人的意思表示,双方不可能产生私法上的契约关系。实际上,在命令契约中负有缔约义务的主体,仍然可以在标的的价格、履行地点、履行期限、履行方式等实质性问题上进行磋商。③例如在疫情防控期间,政府可以指令厂家生产、销售口罩等民生用品,但应遵循私法领域的普遍规则,即经由要约、承诺订立合同,生产商也可以从中获得应有的利益。这种生产行为归根结底并非政治行为,而是经济行为。因此,基于民法的私法性质,相较于"命令契约"这一名称带有一定的公法色彩,以"强制缔约义务条款"对《民法典》第四百九十四条进行总结与概括更为妥当。

(二)立法模式转变:从概括式立法到折中式立法

基于以上立法理念的转变,立法者对《合同法》第三十八条中的强制缔约义务规则做出了修改,对公权力介入强制缔约领域的情形进一步进行限制。与《合同法》第三十八条相比,《民法典》第四百九十四条第一款对强制缔约义务的适用情形进行列举,即根据抢险救灾、疫情防控或者其他需要的国家订货任务、指令性任务,此为从概括式立法到折中式立法的转变。折中式立法模式是近现代成文法在立法技术上近于成熟的表现,"既可克服列举式的僵化,保持法律的灵活发展性,又可克服概括式的高度不确定性,使法律便于操作并能控制

---

① 参见黄薇:《中华人民共和国民法典释义(上)》,法律出版社2020年版,第945页。
② 参见杨崇森:《私法自治制度之流弊及其修正》,载郑玉波:《民法总则论文选辑(上)》,五南图书出版公司1984年版,第141页。
③ 参见冉克平:《论强制缔约制度》,载《政治与法律》2009年第11期。

日益膨胀的司法专断与行政恣意"[①]。

在极度理想的状态下,立法者如果能对国家可以基于何种需要发布指令性任务或订货任务进行完全列举,那么强制缔约义务的适用将被控制在法定的范围内,民事主体对其缔约自由的边界也能有一定的可预见性。但是,实际生活的复杂性与强制缔约义务适用情形的发展性,使得完全列举成为立法者的奢望。但我们不能据此完全抛弃列举式的立法技术,虽列举式立法不能穷尽其外延,但若仅采用概括式的立法模式,则会造成法律概念内涵与边界的不明晰,无形中扩大了其适用范围,造成行政恣意。《民法典》第四百九十四条列举了强制缔约义务的主要适用范围,克服了概括式的高度不确定性,具有操作性强的优点,有助于防止行政权力的滥用,控制司法专断的膨胀。因此,《民法典》第四百九十四条对强制缔约义务适用情形的界定采用"概括+列举"的折中式模式是可取的,体现了公权力在私法领域的限缩。

(三)缔约主体扩大:从商事主体到民事主体

《合同法》第三十八条将强制缔约义务的主体规定为"有关法人、其他组织",这体现了合同法具有一定的商业属性。《合同法》是在原《经济合同法》《中华人民共和国涉外经济合同法》和《中华人民共和国技术合同法》基础上参考国际商事规则制定的,它们的本质均为交易法,都是以企业或经营者为主要的调整对象,带有保护交易安全与快捷、为交易者提供交易规则与行为规范的目的,所以其规范表达主要体现了商事领域的特性。而随着我国社会主义市场经济的发展,从事商业活动的主体不再局限于企业或经营者,任何民事主体都有可能由于生活需要从事商业活动从而处于交易者地位,民法典编纂"聚焦于通过对近代市民法的体系化而整合市民社会全局方面"[②],所以《民法典》将可以一般化的商事规则去除适用对象的限制而一体适用于所有民事主体。从整体上而言,《民法典》合同编采取了较为纯粹的客观主义立法模式,其不希望通过主体的区分或词语表达的差异破坏民商合一的立法意旨,所以与《合同法》相比,出现专门或特定主体概念的条文越来越少。同样,《民法典》第四百九十四条关于强制缔约义务的规定顺应了民商合一的规范表达,将"有关法人、其他组织"改为"有关民事主体",立法语言更加准确,立法技术更为规范。

综上所述,从《民法典》第四百九十四条的历史变迁来看,其从内在的立法理念到外在的立法模式以及具体的适用主体的法律表达上,都做出了改变。诚然,虽《民法典》历经无数次讨论与意见征求,但最终颁布的法条仍不免留有遗憾,毕竟完美立法只存在于理想之中,且第四百九十四条能否达到立法者理想的效果还需要接受实践的考验,其在适用上的细

[①] 参见房绍坤、王洪平:《论我国征收立法中公共利益的规范模式》,载《当代法学》2006年第1期。

[②] 张力:《民法典与商法通则对完善市场法制的分工:中心化与去中心化》,载《当代法学》2020年第4期。

化与完善工作更待完成。

二、强制缔约义务条款的现实考察

（一）强制缔约义务条款的原则遵循

强制缔约条款作为私法领域中具有一定公权力色彩的特殊规则，对其现实考察首先需要明确其适用原则。从域外法的经验来看，强制缔约义务条款适用原则与民法基本原则有着较高的相似性，如日本立法明确了强制缔约的适用原则，即缔约双方应遵循公序良俗原则。① 我国在适用强制缔约的司法实践中，应结合我国经济制度及立法模式，进一步丰富与完善适用原则。

1. 维护社会公共利益原则

法律作为一种"公共产品"，既要注重保护个人法益，也要兼顾社会公共利益，从而保持二者的平衡，这是强制缔约的核心要义。德国学者海因·科茨（Hein Kötz）指出："契约自由在整个私法领域具有重要的核心地位。"② 私法自治原则处于现代民法的核心地位，贯穿我国《民法典》的始终。《合同法》第4条规定了当事人自愿缔约的自由，其正是私法自治最经典的体现。而根据《民法典》编纂的体系化要求，合同自由原则已被总则编中的私法自治原则吸收，所以即使《民法典》合同编中删除了"自愿缔约条款"，合同编尊重契约自由的旨意未曾改变。但任何自由都是有边界的，私法自治也应当存在边界。强制缔约便是法律通过对某些民事主体施加缔约义务，限制其缔约自由的结果，是基于合同正义对合同自由的限制与纠正，从而实现对社会公共利益的保护。与此同时，正是出于对社会公共利益的尊重，公权力也要以社会公共利益为主要考量，保持谦抑性。与《合同法》第三十八条规定的侧重国家公权力的绝对权威相比，《民法典》第四百九十四条对公权力强制与私人自治进行了重新调整，在考虑到维护公共利益的基础上，将利益保护的天平进行调适，巩固了缔约自由的地位，增加了对强制缔约适用情形的限制，尽可能地保护缔约义务人的个人利益。总之，《民法典》有效地协调了契约自由与契约安全之间的关系，学者们也普遍赞同强制缔约的功能在于维护公共利益。③ 维护社会公共利益原则，不仅是判断缔约义务人的义务是否必需的标准，而且是公权力机关运用公权力的行为底线。

---

① 公序良俗原则规定在《日本民法典》第90条中，即"以违反公共秩序或善良风俗的事项为标的的法律行为无效"。
② ［德］罗伯特·霍恩、［德］海因·科茨、［德］汉斯·G.莱塞：《德国民商法导论》，楚建译，中国大百科全书出版社1996年版，第90页。
③ 参见王利明：《合同法研究（第一卷）》（第三版），中国人民大学出版社2015年版，第310-311页；朱岩：《强制缔约制度研究》，载《清华法学》2011年第1期；冉克平：《论强制缔约制度》，载《政治与法律》，2009年第11期；崔建远：《强制缔约及其中国化》，载《社会科学战线》2006年第5期。

2. 鼓励市场交易原则

我国《民法典》通过赋予合同当事人广泛的自由，激发市场主体的活力和创造力，充分发挥了市场主体在国家和社会治理中的作用。罗斯科·庞德（Roscoe Pound）曾断言："在商品经济时代，财富主要是由允诺组成的。"[①] 也就是说，在市场交易中，商品交换往往通过合同的缔结与履行来完成，实现市场资源的合理配置、促进经济持续稳定发展，必须鼓励契约双方的合法交易行为。鼓励自愿交易内含合同自由之意，强制缔约制度似乎与之相悖，但是，绝对的合同自由会导致民事主体无节制地追求个人利益，因此，法律有必要通过强制缔约制度对合同自由进行必要的限制，从而保障市场的有序运行。强制缔约是通过合理限制缔约方的权利，即对交易方是否缔约的自由进行制约来达到保护交易主体利益的目的，在促进契约形成方面具有积极效应，这与鼓励交易原则具有内在一致性。鼓励合法交易，有助于规范交易主体的行为，充分发挥社会主义市场经济的制度优势。在适用强制缔约条款时秉持鼓励市场交易原则，是实现社会资源最优配置的应有之义。

3. 审慎适用原则

强制缔约与契约自由在本质上所追求的目标是一致的，即维护社会公共利益、鼓励市场交易实现资源配置最优化，但亦不可否认，强制缔约在一定程度上确实会对契约自由造成阻碍。为防止强制缔约的滥用对私法自治这一核心理念造成冲击，在强制缔约的适用上必须持有谨慎的态度，确立审慎适用原则，这是禁止权利滥用原则在强制缔约领域的具体体现。"权利滥用，谓溢出权利的社会的、经济的目的或社会所不容许的界限之权利执行。"[②] 尽管缔约要约人负有强制缔约之义务，作为受益一方即要约人也不能滥用权利提出不合理之请求。审慎适用原则要求要约人在向缔约义务人提出强制缔约请求时需怀谨慎之态度，从善良角度出发，确定该请求缔约的合理性，即在适用强制缔约时需要审慎考虑缔约的必要性、缔约内容的合理性、是否符合缔约义务人的缔约能力、是否侵害第三人利益等。

（二）强制缔约义务条款的适用不足

以强制缔约的适用原则为出发点，我们发现强制缔约义务条款在具体适用上还存在以下问题。

1. 适用条件不清

《民法典》第四百九十四条适用条件的空泛性主要体现在两个方面：一方面，"其他需要"可解释空间太大，不利于对契约自由的保护。如上文所述，第四百九十四条采用了折中立法模式，将强制缔约义务的适用目的限定为"抢险救灾、疫情防控或者其他需要"。"其

[①] 参见 Roscoe Pound. Introduction to the Philosophy of Law. New Haven, 1961, p.236. 转引自［英］P. S. 阿狄亚：《合同法导论》，赵旭东等译，法律出版社2002年版，第7页。

[②] 参见史尚宽：《民法总论》，中国政法大学出版社2000年版，第713-714页。

他需要"这一兜底规定为有可能适用强制缔约义务条款的未来情形留下了空间,有助于灵活处理风险社会随时可能出现的突发情况。但现有规定缺乏评判"其他需要"是否达到动用强制缔约规则的标准。倘若对此没有明确的评判标准或解释规则,可能会给国家或者其他公权力主体带来过度的自由,从而对私人自治造成损害。另一方面,《民法典》第四百九十四条规定发出要约要"及时""合理",根据反向解释方法,要约不及时或不合理则可以成为受要约者拒绝要约的免责事由。所以对"及时"与"合理"判断在实务中至关重要,直接关系着责任的承担。但遗憾的是,并没有相关法律解释对此进一步细化。

2. 相应的民事责任规定不明

现代民法中,责任与义务两者虽有不同的内涵,但两者常常密不可分,即无义务无责任,责任是履行义务的法律保证。法律关系以权利和义务为内容,同时有相应的责任体系做保障,从而形成一套完整的制度。责任是法律对违反义务者的制裁手段,尽管在主体未违反义务时,责任的存在还是潜在的、非现实的,但它是督促主体认真履行义务的一种威慑力量,由此具有保证义务得到遵守的功能。《民法典》第四百九十四条规定了民事主体在特定条件下负有强制缔约义务,那么民事主体违反此种义务就需要承担民事责任,但是违反强制缔约义务人需要承担怎样的民事责任,其性质究竟是侵权责任、违约责任抑或缔约过失责任仍然存在争议。所以我们需要厘清其性质并适用具体的责任规则来保障民事主体切实履行缔约义务。

三、强制缔约义务条款的解释展开

(一)细化强制缔约的适用条件

制定法中的诸多法条彼此交织、共同作用形成一个规范体。为了使《民法典》第四百九十四条取得立法者预期的社会效果,更好地发挥其在现代治理体系中的重要作用,必须对适用条件空泛的条文进行解释与细化。

1. 具体适用情形应做限缩解释

强制缔约的适用并非一个封闭体系,"对契约自由的规制的限度取决于变化中的社会和人们对正义的认识"[①]。通常而言,强制缔约是国家对生产交易等领域进行干预的手段。我国若存在基于国防民生之目的需要与民事主体强制缔约之情形,亦可通过"其他需要"的扩大解释将这些情形纳入强制缔约的适用范围内。但"其他需要"的解释不能是无度的,它需要与"抢险救灾""疫情防控"具有相同的价值内涵。

类比"疫情防控"与"抢险救灾","其他需要"必须基于维护公共利益之目的且必须满

[①] 参见易军、宁红丽:《合同法分则制度研究》,人民法院出版社2003年版,第69页。

足必要性原则与紧急性原则。必要性原则意味着确实存在民生需求无法满足且市场调节存在失灵的情形,对契约自由的限制是有必要的。紧急性原则一方面要求公权力在紧急状态下提高危机应对效率,最大程度地减少对民事主体缔约自由的限制;另一方面也意味着强制缔约义务的临时性,即当这类需求不再紧迫时,要及时减轻或者终止民事主体的强制缔约义务。例如,疫情、险情期间公众对防护用品的需求量大幅增长,劳动力成本的增加、原材料价格的上涨及商人逐利本质的"失控",导致生产量无法满足公众的需求或者商家出于囤货居奇之目的拒绝出售商品,从保障民生的要求出发只能援引《民法典》第四百九十四条强制生活必需品的生产与交易;而随着疫情、险情的逐步稳定,国家公权力也应渐渐退出调控机制,转由市场自主调节。

2. 要约符合缔约义务人的缔约能力

要约应与缔约义务人的能力相符,这是"要约合理"的基本要义。要约合理主要体现了强制缔约制度以平衡利益为主旨,杜绝不合理的要求对受要约人合法权益的侵犯,即要约的内容必须以受要约人提供服务的可能性与必要性为前提。强制缔约义务人的能力是有限的,享有缔约义务请求权的一方不得滥用自身权利向义务人提出不合理的要求。例如,新冠疫情期间,国药集团中联药业收到政府防疫物资生产任务,该公司紧急购置设备、调配人手,连续作战。① 这种情况下,政府要约的合理性需要充分考虑受要约人常态化下的生产能力。当然,由于情势的紧迫性可略高于平时的生产能力,但也要以可能性为限,要约人不能滥用法律赋予的权利提出不合理的缔约请求。换言之,强制缔约的目的是要促成缔约,那么其适用的前提就是缔约义务人具备订立合同的条件,可以顺利履行契约内容。若要约人的要约请求超出受要约人的能力范围,甚至超出社会公序良俗的底线,强制缔约便会失去实际意义,在此种情况下受要约人有权拒绝承诺。

3. 要约形式符合法律规定

依上文列举的《民法典》第四百九十四条之适用情形,抢险救灾与疫情防控都存在着紧迫性要求,不容拖延。故此语境下的要约往往是紧急的,因此,该条第二款要求要约人"及时要约"也是为了给受要约人留有充足的准备时间。但是,时间的紧迫性并不意味着对要约形式不做限制,反而更需要要约人谨慎选择要约形式。因为缔约紧迫性的存在,要约人应当尽量选择快捷的要约方式,即《民法典》第四百八十二条规定的"电话、传真、电子邮件等快速通讯方式",甚至以对话方式做出。另外还需要说明的是,即使《民法典》第四百九十四条未对受要约人的承诺期限做出限制,按照体系解释,承诺期限应遵循《民法

---

① 参见金卓:《央企青年:"硬核"科技赋能战"疫"一线》,https://news.youth.cn/gn/202002/t20200217_12199822.htm,最后访问日期2021年11月9日。

典》第四百八十一条关于承诺期限的一般规则即在"合理期限"内承诺。若受要约人在合理期限内未做出承诺意思表示,此时合同是否成立存在争议。有学者认为,此种情形下合同不得成立。① 在一般合同订立过程中,沉默的确不构成承诺之意思表示,但在强制缔约情境下,强制缔约义务是一项法定义务,不因义务人的沉默行为而消失,所以,当义务人对要约做出沉默行为时,应推定合同成立。也就是说,在强制缔约的场合,受要约人无异议即可视为同意,应将受要约人的沉默行为视为承诺。

综上,《民法典》第四百九十四条之适用应限定在疫情防控、抢险救灾等涉及公共利益且确有必要的情形下,且要约须符合缔约义务人的缔约能力,其形式要符合法律规定。根据反向解释方法,如若不满足这些要件,受要约人可以依此为正当理由拒绝要约。

(二) 明确拒绝缔约的民事责任

1. 违反强制缔约义务民事责任的性质争议

关于违反强制缔约义务的民事责任的性质为何,理论和实践中主要存在四种观点。

一为侵权责任说。该说认为,违反强制缔约义务的当事人由于自身过错,对另一方的利益造成损失,受损害一方可向强制缔约义务方主张侵权责任。如依据法国最高法院的观点,凡造成损害之事实独立于合同关系,即为侵权责任。当违反缔约义务造成财产损害时,须承担损害赔偿责任。② 我国台湾地区"民法"在第一百八十四条为违反强制缔约义务承担侵权责任提供了法律依据,违反强制缔约义务被视为"违反保护他人之法律",从而将违反强制缔约义务的法律责任纳入侵权法考量之范畴。③ 对侵权责任说的批评也十分尖锐:在强制缔约情形下,强制缔约义务人拒绝缔约往往不会给受害人造成直接的经济损失,故受害人难以对自己的财产损害数额进行举证。并且侵权责任旨在恢复受害人损害发生前的经济水平,所以其主要的承担方式为损害赔偿,但对于强制缔约制度中的要约人来说,其主要目的在于与受要约人建立合同关系,从而满足基本的生活需求,选择损害赔偿的责任承担方式只能算是"退而求其次",故侵权责任说不足采纳。

二为违约责任说。该说认为,在强制缔约语境下,发出要约的同时就预设了一个承诺,无论强制缔约义务人是否承诺,合同均告成立,缔约义务人违反该义务即为违约,须承担违约责任。④ 如依《埃塞俄比亚民法典》第1683条之规定,即使强制缔约义务人对要约拒绝承

---

① 参见王利明:《中国民法典释评·合同编·通则》,中国人民大学出版社2020年版,第137页。
② 参见尹田:《法国现代合同法:契约自由与社会公正的冲突与平衡》,法律出版社2009年版,第47页。
③ 我国台湾地区"民法"第一百八十四条第二款规定:"违反保护他人之法律,致生损害于他人者,负赔偿责任。但能证明其行为无过失者,不在此限。"
④ 参见崔建远:《合同法》(第五版),法律出版社2010年版,第60页。

诺,也不影响双方缔结合同,要约一旦达至负有强制缔约义务方,合同即告成立。①但预设承诺的合理性值得商榷。首先,合同的订立须经要约、承诺之路径,承诺的预先设定打破了先要约、后承诺的合同订立程序,将对合同理论造成冲击。其次,从价值理念上看,强制缔约制度是基于契约正义原则对契约自由原则的补充,而预设承诺却实为对契约自由的破坏,承诺虽为强制缔约义务方之义务,但缔约义务人有权利对要约的合理性及自己的履约能力作出判断后再作出承诺,预设承诺直接剥夺了强制缔约义务人的这种权利,是对私法自治的基本理念的挑战。

三为独立责任说。该说认为,按照违反强制缔约义务的法律责任的特点,违反强制缔约义务的责任无法归到合同责任或者侵权责任之中去,而应将其作为独立的责任类型,纳入民事责任体系中去。②采独立责任说,在构成要件上不必以缔约义务人过错与存在损害为前提,并且还可以将强制订立合同作为责任承担方式,督促缔约义务人更好地承担起社会责任。但从制度正当性来看,独立责任说不以缔约义务人存在过错为构成要件,更有利于要约人利益的实现,但同时也会造成对缔约义务人的过分苛责,使其承受过重的法律成本。从可行性来看,在《民法典》已正式实施的情况下,留给独立责任说的解释空间是不足的,贸然对民法责任体系进行盲目扩张恐怕会令人难以信服,这将会导致责任体系的冗杂,造成逻辑上的混乱。

四为缔约过失责任说。该说认为,基于强制缔约义务为法定义务,要约人和义务人之间存在信赖关系,强制缔约义务的违反会损害相对人的信赖利益从而产生缔约过失责任。③将违反强制缔约义务的民事责任界定为缔约过失责任更具有合理性。从强制缔约义务条款在《民法典》中的位置安排来看,其位于《民法典》的合同编中,说明立法者更倾向于通过合同责任而非侵权责任对其进行规制。进一步说,强制缔约义务条款位于"合同的订立"一章,该章中对合同订立阶段缔约双方所享有的权利和所应承担的义务作了具体规定,强制缔约义务属于合同订立过程中的先合同义务,对先合同义务的违反便构成该章第五百条所规定的缔约过失责任。④《民法典》第五百条规定了缔约过失责任三种情形:恶意磋商、虚假缔约与其他违背诚信原则的缔约行为。违反强制缔约义务显然不属于前两种情形,第三种情形为兜底性内容,以援引诚信原则的方式扩大了先合同义务的范围。能否将违反强制缔约义务归于《民法典》第五百条的规制之下,着眼点就在于对诚信原则的解释。在强制缔约之情

---

① 《埃塞俄比亚民法典》第1683条规定:"如果一方当事人依法或者依有关当局赋予的特许,有义务根据事先规定的条件缔结合同,则不必要求承诺。在此等情形,一收到要约合同即成立。"
② 参见蒋学跃:《论强制缔约》,载《杭州商学院学报》2004年第2期。
③ 参见朱广新、谢鸿飞:《民法典评注:合同编·通则》,中国法制出版社2020年版,第227页。
④ 参见最高人民法院民法典贯彻实施工作领导:《中华人民共和国民法典合同编理解与适用(一)》,人民法院出版社2020年版,第226页。

形,要约人基于缔约义务人具有法定义务,从而有理由相信缔约义务人会与其订立合同,所以,如若缔约义务人拒绝订立合同,则会导致相对人的信赖利益受损,违反强制缔约义务应当属于《民法典》第五百条规制的范畴。

2. 缔约过失责任说下的责任承担方式:订立合同与损害赔偿

我们对违反强制缔约义务民事责任的性质进行界定,目的是要明确违反该义务所要承担的具体责任方式,即权利人如何救济权利的问题。从域外法的经验看,损害赔偿、强制订立合同、实际履行都是违反强制缔约义务较为常见的责任承担方式。例如,《俄罗斯联邦民法典》第四百四十五条将实际履行和赔偿损失作为违反缔约义务的民事责任的承担方式。① 而法国在实践中的做法一般是对违反强制缔约义务的人科以损害赔偿责任,若相对人请求强制订立合同,则必须提请高级法院或商事法院的首席法官综合各种因素决定,普通法院无权对此做出判定。② 这些域外法经验对我们都具有非常重要的借鉴意义。

因本文赞成违反强制缔约义务之责任为缔约过失责任,那么请求权人可依《民法典》第五百条之规定请求损害赔偿。但是,强制缔约义务条款旨在平衡当事人双方的缔约能力,从而促成合同关系的成立,直接适用损害赔偿或许不是最优的解决方案。换言之,损害赔偿并非其最终或者说是最主要的目的,履行利益往往才是要约人意欲追求的最佳利益,所以问题的关键在于请求权人在缔结合同请求权与实际履行请求权之间的选择。德国学者尼佩代(Nipperdey)从现实需要的角度出发,认为"可以合并诉请缔结合同和履行合同,甚至单独行使其中一项请求权也是可以的"③。由于强制缔约制度本就内含了缔约的强制性,在缔约义务人拒绝履行缔约义务的情况下,要约人有权诉请缔约义务人承担订立合同之责任,这是强制缔约义务条款的应有之义。但是,单独诉请实际履行是存在问题的,因为合同的实际履行须以合同成立为前提,而在缔约义务人拒绝缔约的情况下合同并未成立。在实践操作中,法院考虑到负有强制缔约义务之主体所提供的服务往往关系民生之需,故通过判决取代缔约义务人的意思表示,使双方成立合同关系,并在合同关系成立的前提下再敦促缔约义务人履行合同给付方才符合合同缔结逻辑,也能实现强制缔约制度的立法目的。④

所以从权利救济的角度看,违反强制缔约义务首先承担的是订立合同进而履行合同之

---

① 《俄罗斯联邦民法典》第445条第4款规定:"根据本法典或者其他法律有义务签订合同的一方拒绝签订合同时,另一方当事人有权向法院提出强制签订合同的请求。无正当理由拒绝签订合同的一方,应当赔偿对方因此而引起的损失。"

② 参见尹田:《法国现代合同法:契约自由与社会公正的冲突与平衡》,法律出版社2009年版,第47页。

③ Nipperdey. Hans Carl: Kontrahierungszwang und diktierter Vertrag, 1920, S, 118. 转引自[德]迪特尔·梅迪库斯.德国债法总论》,杜景林·卢谌译,法律出版社2004年版。

④ 这种以法院判决取代当事人意思表示的做法在我国司法实务中并不罕见。例如,在强制责任保险案件中,保险公司具有强制缔约义务的情况下,法院可根据投保人"请求保险公司与其订立合同"的诉请判决合同成立。相关判决可参见:江苏省无锡市中级人民法院民事判决书(2018)苏02民终5179号;云南省保山市中级人民法院民事判决书(2016)云05民终485号;湖南省临澧县人民法院民事判决书(2016)湘0724民初1384号。

责任,从而满足人民的生活需要或者特定利益要求,尤其是合同内容涉及生活必需品供应的情形,为保障相对人的基本生存利益,满足缔约人的履行利益更能符合强制缔约制度的立法意旨。在判决双方订立合同已经无必要的情况下,或者如果缔约义务人拒绝缔约给相对人造成的损失未能因履行合同而得到填补的,适用缔约过失责任弥补其损失,更能为相对人提供全面的保护。

当然在我国现行法上,有些强制缔约义务的违反还可产生行政责任。[①] 但是行政责任的确定要比民事责任更加严格,须由法律明确规定。而《民法典》第四百九十四条规定的紧急状态下的强制缔约并未有配套的行政法规可以对违反义务的主体科以行政处罚,并且由于强制缔约本质上仍为私法领域的合同,因此当一方当事人违反缔约义务时,首先承担的还是缔结并履行合同或者赔偿损失等民事责任,只有当违反义务行为需要公法加以规范时,才会适用行政责任,甚至是刑事责任。所以说,民事责任应当在责任体系中处于首要地位,同时辅以其他部门法的协调才能较为周全地平衡各方利益,维护社会的稳定。

四、结语

强制缔约义务条款由于其"强制性",似乎与合同领域所强调的自由理念相悖,故其一直作为特殊存在而不被重视。但随着市场经济中垄断行为的出现,人们逐渐发现毫无限制的自由对合同正义造成了威胁。在日常状态下,某些经济主体的经营活动或许与民生无涉,但在疫情、险情等紧急情况发生时,其经营行为转化为涉及公共利益之行为,如果此时其拒绝与相对人缔约,很有可能对公众的人身、财产利益造成威胁。人文关怀是民法的价值理性,对人的生命健康权利进行保护则是人文关怀最关键的一环。《民法典》第四百九十四条规定了在紧急状态下的强制缔约义务规则,表面上是对民事主体私人自治的限制,实质上则是对更多的社会个体生存权利的保障,为社会个体在特殊情况下遭遇的困境给予充分关照,彰显"以人为本"的立法精神。本文以《民法典》中的强制缔约义务条款为展开,探讨了疫情、险情等紧急情形下强制缔约义务的适用规则及适用条件,并通过将违反强制缔约义务的民事责任定性为缔约过失责任来确定其责任承担方式。当然,发挥强制缔约规则在应对突发事件时的最大功效,也离不开配套行政法规的协作配合。紧急情况下强制缔约义务法律规则的修改与确立,不仅可以对后续司法解释及行政法规的出台起到推动和指导作用,从完善其自身治理功能来说,也能更好地发挥《民法典》在国家治理体系构建中的优化作用及国家治理机制运行中的增效作用。

---

① 例如《中华人民共和国医师法》第五十五条第(二)项规定,医师在执业活动中,对需要紧急救治的患者,拒绝急救处置,或者由于不负责任延误诊治的,视情节轻重承担责令改正、停业直至吊销医师执业证书等行政责任。

·实证研究·

互殴情形下防卫权的范围:实务考察与标准再明确

邓 洁 徐光华[*]

摘 要:正当防卫案件与互殴案件在审判实务中认定较为混乱,虽然《指导意见》对区分互殴与正当防卫作了相关规定,欲进一步明确二者的区别,但由于实务中案情较为复杂,互殴案件依旧难以被认定为正当防卫。多数情况下,司法机关强制赋予行为人"回避义务",要求行为人面对危险时应理性克制;对于被害人存在过错的情形,未肯定该情节对防卫性质的影响;甚至过度要求行为人防卫意图的纯洁性,否定防卫过程中防卫意图与伤害意图可以并存。因此有必要在结合司法实务与《指导意见》的基础上,进一步明确如下原则:只有在面对无民事或限制民事行为能力人以及行为人在起因方面有重大过错时才被赋予"回避义务";区分被害人的一般过错与严重过错,以合理认定正当防卫;在相互"约架"以及在面对轻微暴力但采取致命反击行为时,排除防卫意图,否定正当防卫的成立。

关键词:正当防卫 回避义务 被害人过错 防卫意图

长期以来,正当防卫制度在司法实践中存在限制适用的现象,多数正当防卫案件被认定为防卫过当,甚至完全否认行为人的防卫性质,从而当作故意犯罪。为了使司法人员在实务中能准确适用正当防卫制度,同时也为了保护公民见义勇为的积极举动,维护公民的正当防卫权利,2020年9月最高人民法院、最高人民检察院、公安部联合发布《最高人民法院 最高人民检察院 公安部关于依法适用正当防卫制度的指导意见》(以下简称《指导意见》),旨在

---

[*] 作者简介:邓洁,江西财经大学法学院刑法学博士研究生;徐光华,江西财经大学法学院教授。

对正当防卫进行扩张,以纠正实践中正当防卫认定的乱象。但在审判实务中,司法机关并未将《指导意见》的精神完全落实到位。例如,在发生互殴的场合,过度强调行为人应理性克制,不应主动还击。又如,在被害人存在过错的情况下,审判机关会通过否定此过错为"刑法意义上的过错"从而否定行为人防卫行为的正当性。甚至,行为人同时存在防卫意图与伤害意图的情况下,否定行为人的防卫性质。《指导意见》规定要对案件进行综合评价,要站在事情发生时的角度去客观地以一般人的角度评判防卫人,要防止司法机关工作人员在案件发生后从理性冷静的角度评判整个案件。故本文拟通过梳理《指导意见》发布后司法实务中互殴案件认定的乱象,分析互殴与正当防卫的关系,了解《指导意见》在实务中的贯彻及面临的问题,并希望对我国正当防卫案件的认定提出更为科学合理的方向性建议,规范审判实务。

一、审判实务中限制适用的现状

最高司法机关试图通过司法解释性文件来规范正当防卫的适用,但在2020年发布的《指导意见》中并未厘清正当防卫与互殴的关系,所以,对于互殴案件认定的指导效力有限。《指导意见》第九条规定,因为防卫行为与互殴行为二者在表现形式上极其相似,为了对二者准确进行区分,应坚持主客观相统一原则,准确评价行为人的防卫行为,要综合考虑在案件中所出现的每个可能对定性产生影响的情节,准确判断行为人的防卫意图。实践中被认定为互殴的理由多是防卫人积极反击,未合理克制地处理纠纷,且过度地要求防卫人在退无可退、避无可避的情况下才能予以反击。同时只要防卫人在反击时有伤害意图,或者不完全是防卫意图,均否定正当防卫的成立。

(一)过度强调"理性克制"

《指导意见》第二条规定:"要立足防卫人防卫时的具体情境,综合考虑案件发生的整体经过,结合一般人在类似情境下的可能反应,依法准确把握防卫的时间、限度等条件。要充分考虑防卫人面临不法侵害时的紧迫状态和紧张心理,防止在事后以正常情况下冷静理性、客观精确的标准去评判防卫人。"最高司法机关明确规定要设身处地地以一般人的角度思考在案件发生时一般人的做法,《指导意见》规定既不能过分要求防卫人理性面对不法侵害,也不能过分鼓励防卫人面对不法侵害时逞凶斗狠。但在实践中,多数法院均要求行为人保持理性的状态,在遇到挑衅、冲突等侵害时不可还手,要在退无可退、避无可避的情况下才能予以反击。

1.判决中多强调行为人具有积极的反击行为,未能在争执中保持"理性克制",遂认定行为人具有伤害的故意。例如,李宝平故意伤害案中,被害人李某某来到李宝平家中,因李宝平未及时应答,于是李某某用手打李宝平的脸,二人发生冲突。其间,李宝平持家中的木棍殴打李某某的头部致其轻伤二级。法院认为李宝平在受到侵害后未予克制，没有采取适当方式维护权益，而是殴打被害人致事态扩大，具备故意伤害他人身体的主观故意，客观上亦造成了轻伤后果，故应认定其犯故意伤害罪。① 又如，王秀仁故意伤害案中，刘某与王秀仁存在债务纠纷，某日刘某到王秀仁家去询问法院查封款项的去向时，双方发生争执并相互殴打，致刘某轻伤一级。判决中认定双方未能保持克制而引发此次冲突，双方的行为属于相互斗殴，被告王秀仁的行为并不是为了制止正在进行的不法侵害，依法不应认定为正当防卫。② 该类判决多强调行为人在遇到不法侵害或他人挑衅时应保持理性克制，不可积极反击，否则就不构成正当防卫。然而，从正当防卫的立法原意中根本无法得出防卫人必须先避让才能允许进行反击。③ 并且，上述案例中，即便防卫人的行为所造成的伤害结果相对有限，也未认定为正当防卫。

2. 判决中多要求行为人的反击行为达到刚好制止不法侵害的程度。例如，尚殿钢故意伤害案中，刘某与尚殿钢因言语不和发生争执，刘某先动手打了尚殿钢一巴掌，于是二人发生互殴。在互殴的过程中，尚殿钢因抱着刘某的小腿并拉拽移动，导致刘某摔倒在地，并致轻伤后果。一审法院认为造成这起冲突的主要原因是尚殿钢不能理智处理二人之间的冲突，并认为在此起冲突中，尚殿钢存在故意伤害的动机，故不认定为正当防卫。尚殿钢的辩护人认为尚殿钢实施反击行为是因为其腹部做过手术，为了防止伤口的恶化也为了保护自己，故作出迫不得已的反击。二审法院综合辩护律师的意见并结合案发视频与证人证言，认为尚殿钢反击的行为是保护自己的本能反应，是在防卫意图支配下的整体行为，不宜将此区分为防卫和伤害两个行为，故撤销一审判决，认定尚殿钢属于正当防卫。④ 本案一审法院在判决中强调行为人尚殿钢面对他人侵害时没有理性克制自己的反击行为，且当时的情况并非迫不得已，故未认定行为人构成正当防卫。二审法院虽然肯定了行为人的防卫行为，但也认为在面对不法侵害的过程中，如果防卫人只是做出抵御不法侵害人的动作，而不是形成新的反击行为，不应当将此认定为互殴。这意味着行为人在面对不法侵害时的反击行为，应刚好达到制止不法侵害的程度，一旦超出该范围，则有可能成立"互殴"，这显然加重了行为人的注意义务。

虽然《指导意见》强调案件处理要符合人民群众的公平正义观念，但是司法实践中依旧认为行为人在遇到不法侵害时，应先理智克制自己的行为，当行为人积极退让后但不法侵害却还在进行时才能进行反击，且反击造成的后果不可明显超过不法侵害人已经实际造成的

---

① 陕西省宝鸡市中级人民法院(2020)陕03刑终288号刑事附带民事裁定书。
② 山东省聊城市中级人民法院(2020)鲁15刑终280号刑事裁定书。
③ 参见劳东燕:《正当防卫的异化与刑法系统的功能》，载《法学家》2018年第5期，第82页。
④ 天津市第一中级人民法院(2021)津01刑终120号刑事判决书。

后果,否则不能成立正当防卫,这均与正当防卫的立法精神相悖。要合理明确地判断回避义务的适用条件,一旦不加限制地适用回避义务,会导致正当防卫与紧急避险的界限模糊。

(二)过度限缩"被害人过错"

《指导意见》第九条第二款规定:"因琐事发生争执,双方均不能保持克制而引发打斗,对于有过错的一方先动手且手段明显过激,……还击一方的行为一般应当认定为防卫行为。"根据这一规定,被害人存在过错的,更有理由认定为正当防卫。但是,如何理解"被害人过错",实践中的标准不一,多数判决以否定被害人存在过错为由,否定正当防卫的成立。

1. 判决多以事后推断否定被害人的过错,从而否定行为人具有防卫行为。王某某故意杀人案中,被害人孙某某的女友李某与王某某是朋友,李某用王某某的手机给自己转了520元,王某某让李某把钱退还自己,李某某不肯,并把男朋友孙某某叫到现场。随后,孙某某携菜刀来到事发现场,并在与王某某争执中拿出菜刀对其进行威胁,随后二人发生打斗,王某某用随身携带的折叠刀捅伤孙某某并致其死亡,王某某也被孙某某用菜刀砍伤了头部与手部。一审法院肯定了被害人孙某某对引发犯罪存在重大过错,二审法院进一步对此作出解释,认为被害人孙某某虽持菜刀到达现场,对事态的升级发展具有过错,但其主观目的在于持刀威胁王某某,并非持菜刀对王某某的身体进行不法侵害。且被告人主观上有互殴的故意,故不构成正当防卫。① 本案否定正当防卫的主要原因是被害人虽然具有重大过错,但其携带菜刀的主观目的在于"威慑",而不是想要斗殴。但将该情形放在防卫人所处的环境中,防卫人在看到被害人携带凶器时,并不会认为自己所处的环境是安全的,也不会认为不法侵害人携带刀具的目的仅仅是"威慑"。判决对被害人的过错程度及其危害性的判断,没有站在防卫者的立场进行。

2. 判决虽然肯定被害人具有过错,但多以此过错非"刑法意义上的过错"限制对正当防卫的认定。例如,程永生故意伤害案中,程永生与李某因停车问题发生争执,李某先殴打程永生,随后二人互殴。法院认为虽然被害人李某动手在先,具有过错,但该侵害不具有紧迫性,并非"刑法意义上的过错",且双方均有侵害对方的故意,程永生的行为不成立正当防卫。② 又如,吴本云、田某故意伤害案中,被害人田某与杨某因琐事发生争吵并殴打杨某,被吴本云指责,田某遂与吴本云发生争执并对其进行殴打,在二人互殴的过程中,吴本云殴打田某致其重伤二级。法院认为本案虽是因琐事引发,且是被害人先动手,但是在此之前双方发生争吵,甚至相互激怒,在案外人的劝解之下仍然没有罢休,故应当认定为互殴,不成立正当防卫。③ 再如,陈永权、陈永桔故意伤害案中,二被告与被害人发生口角,被害人先用碗砸

---

① 江苏省徐州市中级人民法院(2021)苏03刑终166号刑事裁定书。
② 湖北省武汉市中级人民法院(2020)鄂01刑终537号刑事裁定书。
③ 贵州省黔东南苗族侗族自治州中级人民法院(2020)黔26刑终158号刑事裁定书。

被告头部,后被告持菜刀反击,致被害人死亡。法院认定被害人对本案的起因负有一定的责任,但这并不属于刑法意义上的过错。故二被告的行为不属于防卫行为,也不构成正当防卫。① 上述三个案件,法院均肯定被害人具有过错,但也都强调被害人过错非"刑法意义上的过错",所以即便是由被害人所引发的争执乃至斗殴,都不能认定为不法侵害,从而否定行为人的反击行为构成正当防卫。上述三个案件中法院均承认被害人对案件的引发具有一定责任,但仅仅只是给出了最后的结论,即"此过错非刑法意义上的过错",对于"刑法意义上的过错"应作何理解,判决书中并无说明。这便会导致当事人与公众对判决的不理解,进而对判决的公正产生怀疑。

《指导意见》要求在被害人存在过错的同时,侵害手段必须要过激,反击的防卫人才有可能成立正当防卫。但在实务中,法院首先将"被害人存在过错"排除,从而导致即使侵害手段过激也不可能构成正当防卫。对于"被害人的过错"应如何理解,判决中未对此作详细的说明,同时对于"被害人存在过错"的情节,法院在"使防卫人的反击绝对正当化"与"免除行为人部分责罚"之间,法院往往选择的是后者,并且在此基础上还进行了限制适用。

（三）过度要求防卫意图的"纯洁性"

我国传统刑法理论认为防卫意图是防卫认识与防卫意识的统一。② 但近些年刑法学界认为防卫意图的成立,只要求行为人知道自己面对的是不法侵害即可。③ 刑法理论上并没有否定,在防卫意图与伤害意图并存的场合,相关行为仍可能具有防卫的性质。然而,我国司法实务在此点上却表现出绝对的道德洁癖的倾向,不仅认为伤害意图与防卫意图完全不相容,而且根本不允许在防卫意图中掺杂任何其他的因素。④

1. 判决中只要存在行为人反击的情节,即认定行为人是出于报复,或是出于伤害的目的,而不是防卫的必需。例如,黄海全故意伤害案中,黄海全与两被害人在一起喝酒,其间,被害人与黄海全发生争吵,并对黄海全实施殴打。黄海全试图离开案发现场,但都被被害人拉回去喝酒并继续对其实施殴打。之后黄海全进厨房拿菜刀,对两被害人进行砍击并致轻伤一级。判决认定黄海全实施的伤害行为并非基于防卫的目的,而是在一时愤怒之下,出于报复的动机实施的故意伤害行为,故未认定为正当防卫。⑤ 又如,曾庆煌故意伤害案中,曾庆煌因土地问题与被害人朱某发生口角继而发生打架。其间,朱某返回家中拿电棍,曾庆煌上前抢电棍,继而发生互殴,造成被害人轻伤二级的结果。判决认定曾庆煌是出于伤害的故意,

---

① 广西壮族自治区南宁市中级人民法院(2019)桂01刑初101号刑事判决书。
② 参见陈兴良:《正当防卫论》(第3版),中国人民大学出版社2017年版,第42-45页。
③ 参见张明楷:《刑法学(上)》(第6版),法律出版社2021年版,第266页。
④ 参见劳东燕:《正当防卫的异化与刑法系统的功能》,载《法学家》2018年第5期,第80页。
⑤ 广东省清远市中级人民法院(2021)粤18刑终62号刑事判决书。

并非防卫的目的,故不属于正当防卫。① 上述案件,法院认为伤害意图与防卫意图完全不可相容,只要行为人存在伤害意图,那么就绝不可能成立正当防卫。

2. 判决强调行为人的防卫意图要绝对纯正,不可掺杂其他伤害意图。例如,蒋高飞故意伤害案中,蒋高飞与被害人蒋某因琐事发生争吵,双方在冲突中各持长凳与锄头互殴,两人的锄头与长凳发生碰撞后打到被害人蒋某手臂上致其轻伤二级。法院认为,蒋高飞在殴打被害人时主观上并非完全是防卫意图,还有互殴的故意,故不符合正当防卫的构成要件。② 严国庆故意伤害案中,判决只是简单的叙述行为人与被害人因土地问题发生口角继而发生肢体冲突,双方分别持铁锯、铁锹互殴,并遭受不同程度的损伤。法院认为严国庆与被害人的互殴行为虽然有一定的被动性,但是他的行为目的不具有防卫的意图,只具有互殴的意图,故不能认定为正当防卫。③ 上述法院均认为行为人在防卫时要基于完全的防卫意图,做出纯正的防卫行为,才能构成正当防卫。

司法实务中一般采取的是防卫意图说,认为如果存在防卫意图就不可能存在伤害意图,或者存在伤害意图就不存在防卫意图,二者是相互排斥且不相容的。但在防卫的过程中,防卫人的主观心态可能是变化的,防卫与伤害的意图可能共存,也可能相互交织,无法从规范的角度对此进行区分,故多数情况下,法院便直接以存在故意伤害或斗殴的意图否认适用正当防卫。④

二、互殴案件认定正当防卫的现实思考

即便《指导意见》的出台在一定程度上缓解了正当防卫适用的难题,但是通过上文梳理的实务现状可知,在正当防卫的认定中依旧存在诸多乱象,尤其是在区分互殴与正当防卫的问题上。当然,造成上述问题的原因是多方面的,例如《指导意见》并未完全落实到审判实务中,法院过于限制防卫权认定的裁判思维仍然在继续。同时判决中对于如何理解互殴与正当防卫的分析过于简单,导致判决无法令人信服,甚至在部分认定标准上,没有得到较为统一的认识,民众无法从司法判决中得到正确的引领,审判机关也无法从既往的判决中得到正确的指导。

(一)《指导意见》适用较少

从 2020 年 9 月 1 日起,截至 2021 年 7 月 2 日,通过在"北大法宝法律数据库"检索关键词"正当防卫",案由选择"刑事",共检索到 1 630 篇裁判文书。通过检索关键词"关于依

---

① 福建省漳州市中级人民法院(2020)闽06刑终292号刑事裁定书。
② 湖南省衡阳市中级人民法院(2021)湘04刑终98号刑事裁定书。
③ 湖北省鄂州市中级人民法院(2021)鄂07刑终4号刑事裁定书。
④ 参见陈兴良:《互殴与防卫的界限》,载《法学》2015年第6期,第130-131页。

法适用正当防卫制度的指导意见",案由选择"刑事",共检索到 28 篇裁判文书。这意味着,自从 2020 年 9 月《指导意见》颁布以来,实践中适用得极少,司法机关依然延续了既往严格限制正当防卫认定的思维。同时,因为《指导意见》在实践中并未完全普及适用,所以部分标准无法统一。

1. 对被害人过错解释不明

被害人过错在我国刑事审判中是常见事实,然而,"我国被害人过错却仅限于对量刑产生影响,被害人过错始终无法与正当防卫之不法侵害相勾连,亦不存在违法阻却的功能"[①]。多数法院在被害人存在过错的情节下否定防卫的正当性,甚至在存在被害人过错的情况下一律以"非刑法意义上的过错"作为否定适用正当防卫的理由。这导致《指导意见》中虽然有被害人存在过错的情况下可能构成正当防卫的相关规定,但实际上却无相关判例。

根据《指导意见》第九条的规定[②],被害人过错可以作为阻却违法的理由。但多数情况下,被害人过错在正当防卫的判决中只是作为酌定情节,仅是影响量刑的因素。例如上述提到的王某某故意杀人案[③]、程永生故意伤害案等[④],法院都将被害人过错作为从宽量刑情节。实际上,我国刑法学界并无相关的被害人过错阻却违法性的理论基础,更多的是将其作为酌定量刑情节予以考虑。正如 2010 年最高人民法院发布了《人民法院量刑指导意见(试行)》,开始推行量刑规范化工作改革,将被害人过错作为量刑情节纳入其中。但在 2013 年,随着工作的推进,最高人民法院又发布了《最高人民法院关于常见犯罪的量刑指导意见》,删除了被害人过错的相关规定。2017 年最高人民法院在修订该指导意见时,仍然坚持了 2013 年的标准,未将被害人过错重新写入指导意见中。甚至 2021 年最高人民法院修订该指导意见时,也未将被害人过错写入其中。多数具有被害人过错的案件,法院并不承认他们属于"被害人过错"的范畴,并以此直接否定防卫人的防卫行为,这也是因为被害人过错的适用并不是常见量刑情节,它的认定仅依靠法官的自由裁量权。在司法机关入罪思维严重的情形下,面对正当防卫中存在被害人过错,要么酌情作为从宽量刑的情节,要么将忽略这一情节。正如有学者对防卫过当案件中出现的被害人过错情节进行统计,其中只有 15% 的判决考虑到了被害人过错对于防卫人的影响。[⑤]

由此观之,被害人过错在正当防卫的判决中普遍得不到合理的适用,即便承认被害人过错,对它的理解也十分单一,仅从量刑层面考虑它对案件的影响。被害人过错,无论在民法

---

① 袁继红:《从于欢案谈被害人过错影响刑事责任的理论困境》,载《苏州大学学报(法学版)》2018 年第 1 期,第 83 页。
② 《指导意见》第九条规定,因琐事发生打斗,在被害人存在过错且手段明显过激的情况下,还击一方的行为一般应当认定为防卫行为。
③ 江苏省徐州市中级人民法院(2021)苏 03 刑终 166 号刑事裁定书。
④ 湖北省武汉市中级人民法院(2020)鄂 01 刑终 537 号刑事裁定书。
⑤ 参见石经海、黄亚瑞:《防卫过当司法认定中的困惑、误区与匡正》,载《法律适用》2019 年第 21 期,第 102 页。

亦或是刑事审判中,都扮演了举足轻重的角色,要合理适用正当防卫案件中这一影响因素,要正确理解《指导意见》赋予它的使命。

2. 防卫意图与伤害意图完全不相容

我国刑法规定,正当防卫必须具有正当的意图,实务中一概认为此意图必须为纯正的防卫意图,不可掺杂其他斗殴或伤害意图,理论学界却认为故意伤害意图与防卫意图并不是一定相互排斥的。有学者认为这种攻击故意和行为人的防卫意图并不矛盾,其完全可以是认识到不法侵害之后基于利益保护而采取防卫行为,只是对这种结果其难以控制或不想控制,但这并不能否定其主观上保护合法权益的正当性。① 正当防卫中必然包含着伤害的意图,以伤害为视角区分互殴与正当防卫,必然会导致只要存在伤害的故意,那么双方之间就肯定是互殴。不包含伤害故意的正当防卫实际上是不存在的,即使在认定正当防卫时采用最严格的标准与证明手段,都无法准确将伤害的故意排除在防卫人的意志之外。实际上,防卫意图与伤害意图并存是常态,实践中很难将二者区分开。域外刑法理论也持肯定观点,甚至在防卫意图上有所放宽,例如日本理论学界认为:"《刑法》中规定的防卫行为,虽然必须本着防卫意图而实施,但对于对方的加害行为感到兴奋或者勃然大怒从而施加反击时,不应当因此直接理解为欠缺防卫意图。"② 在德国,法院认为保卫意志以对紧急情况的认识为前提条件,对于怒火冲天不排除是保卫意志。③《〈关于依法适用正当防卫制度的指导意见〉的理解与适用》对此也持肯定意见:"并非因琐事发生争执、冲突,引发打斗的,就一定是相互斗殴。此类案件也完全有可能成立正当防卫。"

当然,也应肯定存在防卫意图与伤害意图相排斥的现象。《指导意见》第十条规定,行为人明知自己面对的是轻微的不法侵害,依旧使用致人重伤或死亡的方式反击,则不能认定为正当防卫。这是因为在行为人"明知"不法侵害较为轻微的情况下,使用致人重伤或死亡的反击方式当然可以推定行为人具有伤害的故意。有学者指出,只有在相互约架的场合,所谓"防卫人"与"不法侵害人"的利益不存在优先保护的问题,从而当然地不构成正当防卫,此时互殴与正当防卫亦不存在相混淆,这便是真正的互殴。④ 在双方约架的情况下,并不存在防卫意图与伤害意图并存的情况,此时,行为人仅有伤害意图,并无防卫意图。因为在此种情形中,互殴的双方互为攻击与防卫的对象,并不存在不法侵害,自然也不存在针对违法

---

① 参见陈家林、汪雪城:《特殊防卫的司法现状及其刑法学分析——以98份裁判文书为样本》,载《刑法论丛》2017年第1期,第182页。
② [日]前田雅英:《刑法总论讲义》(第6版),曾文科译,北京大学出版社2017年版,第239页。
③ 参见[德]约翰内斯·韦塞尔斯:《德国刑法总论》,李昌珂译,法律出版社2008年版,第168页。
④ 参见李勇:《互殴与防卫关系之检讨——以类型化的实体与程序规则构建为中心》,载《中国刑事法杂志》2019年第4期,第78页。

侵害实施的防卫行为。①

3. 强制赋予"回避义务"

正当防卫条款中并未包含"理性克制"这一要求，防卫人原则上并无回避义务，但是《指导意见》指出在互殴中如果一方先动手，在对方努力避免冲突的情况下仍继续侵害的，还击一方的行为一般应当认定为防卫行为。这意味着，在面对危险时，应首先选择退避，不得积极反击。甚至最高人民法院在认定互殴案件时作出了类似的判决理由："本案被告在案件发生前完全有条件进行回避，但其不仅不回避，在看到侵害人一伙来到家附近时，主动携凶器积极迎战。"②防卫人被强加的"回避义务"是否合理，值得商榷。例如对于校园暴力事件的被害人，在遇到校园暴力、被欺凌、被孤立时均是先退让，但这往往也使欺凌之人更加猖狂，甚至变本加厉地欺负被害人。面对不法侵害时，理性克制有可能会避免一次争执，但这不是必然结果，甚至可能带来相反的后果。不能将"理性克制"作为唯一标准强加在防卫人身上，不然将会限缩正当防卫的适用空间，这也与立法原意不符。

《指导意见》提出，当行为人存在重大过错的前提下，不可积极反击，此时行为人被赋予"回避义务"更为合理。除此之外，不可为了保护微小的利益，而实施严重失衡的正当防卫，这也意味着在此种情况下，回避义务是应该遵守的。同时，当面对精神病人、幼童等无过错侵害者的侵害行为仍有回避义务，但是如果防卫人回避的可能性极低，或者如果一味地回避可能会造成更严重的损害结果，那么此时就应当允许防卫人进行防卫。

造成上述结果的原因，一方面是《指导意见》并没有很好地贯彻到实务中，另一方面也是法律语言的模糊性，在一定程度上降低了《指导意见》适用的可操作性。如何有效地使司法工作人员准确、合理、合法地将《指导意见》运用到每个具体案件中，仍是当前需要进一步解决的问题。

（二）司法层面与社会层面原因

造成司法实务中互殴与正当防卫认定乱象的原因是多重方面的。我国关于正当防卫的规定已相对完善，例如陆续发布的指导案例、《指导意见》等。但在司法方面，公安机关与检察机关入罪思维还是较为严重，依旧采用严苛标准的裁判思维进行审判。在社会层面，由于观念的转变并不是一蹴而就的，中国的传统思想仍然存在，尤其在面对被害者家属时，法官在定罪时会慎之又慎。

1. 司法层面

根据最高人民检察院"12309公开网"的相关文书统计，《指导意见》发布以来，全国检

---

① 参见[日]林山田：《刑法通论》（上册），北京大学出版社2012年版，第211页。
② 中华人民共和国最高人民法院刑事审判第一庭、第二庭：《刑事审判参考》（总第46辑），法律出版社2006年版，第35-36页。

察机关办理涉正当防卫案件时，认定正当防卫不批捕4件、不起诉216件。[①] 同时根据最高人民检察院2020年发布的报道，2017年1月至2020年4月，全国检察机关办理涉正当防卫案件时，认定正当防卫不批捕352件、不起诉392件。其中，2017年不批捕48件、不起诉54件；2018年不批捕91件，同比增长89.6%；不起诉101件，同比分别增长87.0%；2019年不批捕187件，同比增长105.5%；不起诉210件，同比增长分别为107.9%，两年之间几乎翻了一番。[②] 可以说，涉及正当防卫不捕不诉的案件同比大幅增长的背后其实是检察机关办案理念与时俱进发展的反映。

虽然正当防卫案件的认定较以往有所增长，但是对于互殴案件与正当防卫案件，因两者在表现形式上多有相似之处，司法机关在评价某案件是构成正当防卫又或者是构成互殴时，依旧会非常谨慎。这导致在实务中，正当防卫案件被认定为互殴案件，可能涉及防卫过当的案件否定行为人具有防卫性质。进一步来说，司法机关处理互殴案件时，认为双方互殴影响了法秩序的稳定，同时司法机关更倾向于行为人在面对不法侵害时寻求公权力救济。

2. 社会层面

司法机关，尤其是我国的基层司法机关，在面临大量的信访问题时，不得不优先考虑维稳问题，因此在处理正当防卫案件时需要综合考量多方面的因素。2020年11月27日，最高人民检察院发布了6起正当防卫不捕不诉典型案例，并论及当检察院作出不批捕的决定后，还会与公安机关一起向双方当事人及家属解释判决结果，做好安抚工作。除此之外，如果当事人家属因此生活条件困难，司法机关会协调政府对当事人家庭提供司法救济。检察机关通过这一系列的工作，能够及时化解因不批捕行为人而使被害人家属产生的悲愤情绪，还现实地帮助被害人解决现实困难，不仅提高了办案质效，还使人民群众切身感受到了司法为民的理念。

虽然司法机关在慢慢转变"谁死谁有理""各打五十大板"的做法，但是这些转变并不是一蹴而就的。多数互殴案件，因造成被害人伤亡的结果，在裁判时，审理法官同情弱者的情绪往往会被带入。多数法官会存在正是行为人不主动避让，积极反击，造成人员伤亡的结果的这种想法，从而得出行为人不可能构成无罪的结论。如果被害人死亡或者伤情较为严重，在开庭时，被害人家属到场，要求法官不受任何影响做出正当防卫的判断，确实有些勉为其难。我国学者也对此做过研究，认为我国的维稳思维要优于维权意识，导致无法实现公力救

---

① 数据统计截止至2021年5月18日。
② 徐日丹：《2019年检察机关办理涉正当防卫不起诉人数同比增长110%》，https://www.spp.gov.cn/spp/zdgz/202005/t20200526_462992.shtml，最后访问日期：2021年5月18日。

济与正当防卫之间的平衡。①

（三）证明责任标准过高

正当防卫案件误被认定为互殴案件，一方面是司法适用标准不一，另一方面则源于程序法中被告的证明责任标准过高。由于标准的不统一，法官们采取的证明程度不同，类似案件的最终结果大相径庭。

对于被害人存在过错的故意杀人案件或故意伤害案件，此时因被害人已经死亡，对于案件的起因以及后续事态的变化，大多是依赖监控还原事实。但在没有监控的场合，就不得不依赖被告及在场人员的口供，此时，被告承担对正当防卫的认定问题上的举证责任。但实际上相对于检察机关，被告人收集证据的能力较弱，基本上只能委托律师在阅卷的过程中筛选对自己有利的线索，而无法像检察机关一样穷尽调查措施。法院在认定被告是否构成正当防卫时，需要被告提供充分的线索以证明其行为属于防卫行为，一旦被告无法提供或是提供的证据无法充分证明，则排除正当防卫的认定。然而在裁判文书中所体现的被告举证以证明自己的行为符合正当防卫的证据多是由被告人供述，但由于被告人身份的特殊性，如没有其他能够相佐证的证据，法庭上很难被采信。同时我国一直以来就是"唯结果论"为导向，这也加大了被告证明的难度。

在防卫案件中，"由于缺乏明确规定，涉及防卫的案件中适用的举证责任和举证标准存在差异，导致相似情节的案件受到截然不同的处理"②。也正是如此，将本该由公诉机关承担的证明责任转移到被告一方，导致被告需要承担与公诉机关相同的证明责任，间接地将被告承担的证明标准拔高，从而影响防卫的认定。

三、互殴案件认定正当防卫的纠偏思路

近些年来我国司法机关对正当防卫越来越重视，例如最高人民检察院发布不诉不捕的指导性案例，进一步明确正当防卫制度的法律适用；最高人民法院发布指导性案例，使各级法院明确参照标准；"两高一部"发布《指导意见》，指导各级司法机关准确理解正当防卫的法律规定。但正当防卫所涉问题较为复杂，通过相关文件与指导性案例能够解决大部分问题，却依旧不能面面俱到地解决正当防卫制度在司法实践适用中的全部问题。对于互殴与正当防卫，虽然《指导意见》对二者的区分作了规定，但由于实践中案件的复杂性，司法机关在认定时依旧倾向于将正当防卫认定为互殴。要准确合理地理解互殴案件中的被害人过错与"理性克制"，也要善于在案件中合理运用《指导意见》。

---

① 参见陈璇：《正当防卫、维稳优先与结果导向——以"于欢故意伤害案"为契机展开的法理思考》，载《法律科学（西北政法大学学报）》2018年第3期，第78页。
② 兰荣杰：《正当防卫证明问题的法律经济学分析》，载《法制与社会发展》2018年第1期，第167页。

(一)合理判断防卫情节

正当防卫是国家给予人民的用以对抗不法侵害的私权,但因为一直处于限制适用的状态,所以人民的基本权益得不到有效的保障。当前,为了更好地激活正当防卫的适用空间,需要合理地判断防卫情节在正当防卫中的具体适用。

1. 被害人过错在互殴案件中对认定正当防卫的作用应进一步加强

我国"被害人过错"在民法与刑法中的地位是不同的,在民事案件中它是法定情节,例如根据《中华人民共和国民法典》第一千一百七十四条规定,"损害是因受害人故意造成的,行为人不承担责任"。但是在刑事案件中它是酌定情节,且目前来说,我国《中华人民共和国刑法》(简称《刑法》)中尚无条文明确对被害人过错进行规范和法律适用的指引,但它却体现在总则与分则中。《刑法》总则中,关于被害人过错的影响体现在罪刑相适应原则里,体现在《刑法》第六十一条,更体现在正当防卫的规定中。罪刑相适应原则与《刑法》第六十一条都意味着犯罪人刑罚的轻重,要根据犯罪人犯罪的事实、犯罪情节等综合衡量,要使犯罪人所犯的罪刑与承担的刑罚相适应,意味着要整体考虑犯罪情节,合理评估犯罪人与被害人在整个案件中的责任,即要考虑被害人过错。《刑法》分则中,被害人过错的影响是以量刑的方式表现出来的。例如索债型的非法拘禁罪,被告人如果是出于索取债务的目的,而对被害人进行非法扣押或拘禁的,应按照非法拘禁罪对被告人进行定罪量刑。在形式上符合绑架罪,却被法律拟制为非法拘禁罪的原因之一就是索债型非法拘禁罪中的被害人自身具有一定过错,甚至达到犯罪的程度。[①] 又如交通肇事罪,根据2000年《最高人民法院关于审理交通肇事刑事案件具体应用法律若干问题的解释》中关于"重大事故"的划分可知,在交通肇事罪中,被害人与被告人之间的过错比例必须进行准确的认定与分配,案件中被害人的过错程度认定将会直接影响到犯罪人的罪与非罪或是刑事责任轻重。最为明显的被害人过错体现在家庭暴力下的受虐妇女杀夫案,有学者对此做了统计,2013年至2019年中受虐妇女杀夫案的整体量刑呈下降趋势,且被害人过错是这类案件发生的主要诱因。[②]

域外立法对被害人过错作了明确的规定,如德国刑法第213条规定的故意杀人罪中,如果被害人对被告及其家属有虐待或者重大侮辱的情节,则可以作为该罪的减轻情节;又如意大利刑法第62条第2项规定"因他人不正之行为,引起义愤而犯罪者,可减轻";再如俄罗斯联邦刑法第61条将由于受害人的行为不合法或不道德而实施犯罪一项作为法定减轻处罚的情节。域外国家多数将被害人过错作为法定的量刑情节,但我国多将其作为酌定的

---

① 参见王刚、万洪亮:《论索债型非法拘禁的刑法规制》,载《中国人民公安大学学报(社会科学版)》2017年第5期,第87页。
② 参见刘立霞、刘蕊:《家庭暴力下受虐妇女杀夫案的量刑研究》,载《燕山大学学报(哲学社会科学版)》2020年第21期,第44页。

量刑情节。

被害人过错之所以可以在刑事案件中发挥作用，是因为在部分案件中，被害人的先前的过错行为是行为人犯罪的诱因。正如前述的家庭暴力下的受虐妇女杀夫案件，正是她们长期受到来自丈夫的家庭暴力，从而导致以暴制暴行为的出现。有学者对近五年的涉及被害人过错的案件进行统计，其中有84.02%的案件是在二审中才将被害人过错作为量刑情节考虑在内，一审法院则直接将其忽略。[①] 被害人过错一般只有达到可评价的程度，才会对行为人的量刑产生一定的影响，也才具有刑法评价上的意义。虽然《指导意见》中肯定被害人过错影响行为人的刑事责任，但是影响多大、如何影响，都要根据审理法官的自由裁量权进行认定，这就会出现同案异判的情况。虽然最高人民法院未将被害人过错作为常见量刑情节，但是审判实务事实肯定被害人过错在量刑中的作用。例如，2019年8月江西省高级人民法院发布的《关于规范审理涉及被害人过错刑事案件的指导意见（试行）》对被害人过错进行了详细的分类，根据过错程度可将被害人过错分为一般过错、严重过错。[②] 要正确理解刑法意义上的被害人过错，从而在互殴案件中合理适用被害人过错这一量刑情节。

（1）当被害人过错属于一般过错时，行为人的反击行为不可超过必要限度，否则就不能肯定其具有防卫性质。被害人过错属于一般过错时，说明被害人对案件的激发虽然具有责任，但此时的责任尚在可控范围之内。结合互殴案件的特点，被害人言语辱骂行为人导致双方互殴的案件，一般不承认行为人构成正当防卫，也不承认被害人具有过错，但是如果被害人"在公众场所、被告人亲友邻居面前、被告人家门口等场合，使用言语、表情、肢体动作等方式侮辱、挑衅被告人方，经警告或者劝止仍不停止，足以对被告人造成强烈的精神刺激，并促使被告人当场实施犯罪行为的"，此种行为可以认定被害人具有过错。[③] 因为此时被害人的行为已经达到对行为人刺激的程度，它与双方发生冲突具有因果关系，那么此时行为人的反击行为则属于防卫行为，但是否构成正当防卫，还要根据行为人对被害人反击的手段、反击的工具等，具体结合防卫人当时所处的情境进行分析。

（2）当被害人过错属于严重过错时，且被害人手段明显过激时，行为人反击有可能成立正当防卫。严重过错是指行为人的过错行为对冲突的发展具有激发、促成、激化等作用，此

[①] 参见袁继红：《从于欢案谈被害人过错影响刑事责任的理论困境》，载《苏州大学学报（法学版）》2018年第1期，第88页。

[②] 第五条 （严重过错）实施下列行为的，可以认定被害人具有严重过错：（一）被害人的行为构成犯罪的；（二）被害人的行为违反治安管理处罚规定，情节较重的；（三）被害人长期实施或实施严重的家庭暴力行为，尚未构成犯罪的；（四）被害人严重违背婚姻忠诚义务，或因违背婚姻忠诚义务，致被告人遭受严重损害的；（五）被害人多次或者严重侵害被告人方合法权益，严重影响被告人方的生产生活，经劝诫或处理后仍不停止的；（六）其他因故意或者重大过失实施的严重过错情形。

[③] 2019年8月江西省高级人民法院发布的《关于规范审理涉及被害人过错刑事案件的指导意见（试行）》第八条之规定。

时可以肯定行为人的防卫行为。根据《刑事审判参考》指导性案例第556号"刘宝利故意杀人案"中的裁判观点，刑法意义上的被害人过错，是指被害人出于主观上的故意所实施的违背相关社会伦理规范或违反法律的行为，由此侵犯了被告人的合法权利或正当利益，从而引发被告人实施犯罪或者激化加害行为危害程度的情形。即被害人的过错必须是引起被告人实施了犯罪或者提高了加害程度的相关行为。结合互殴案件的特点与《刑事审判参考》指导性案例第19号"王勇故意杀人案"中裁判观点，认为"被害人在案发前无故纠缠并打伤被告人的父亲，属于严重过错行为"。这说明被害人在先行为构成犯罪，或者违反治安管理处罚规定且情节严重的情况下，行为人的反击行为属于防卫行为。当然，是否构成正当防卫，也要结合防卫人当下的情境综合判断。

2. 回避义务的适用范围应进一步限缩

互殴案件中要求行为人"理性克制"，意味着给行为人增加了"回避义务"。日本判例认为，即便是对侵害存在预期的场合，也并非径直就产生了对侵害的回避义务。[①] 日本学者承认防卫人负有"回避义务"的确会切实保护法益，但同时会损害正当防卫本身正当的利益。[②] 英美法系国家的正当防卫制度与同是大陆法系的其他国家的正当防卫制度相比较，就显得更为严格。例如，多数英美法系国家要求防卫者在遇到不法侵害的时候"能躲避就不能自卫"，意味着要求防卫人在能回避的情况下就不能进行反击防卫，而大陆法系国家的正当防卫制度一般没有设置这一要求。[③] 德国刑法的主流观点更倾向于重视实施合法行为的正当性、权力性，并不要求行为人放弃合法行为从而回避不正当的侵害。此外，强制赋予防卫人"回避义务"，那么如果防卫人的行为能够构成正当防卫，却因没有履行回避义务而不能阻却违法性，这不仅加重防卫人的权利负担，也与正当防卫的立法精神相悖。我国理论通说，正当防卫中并无回避义务，认为只要具备正当防卫的成立条件，防卫者就无需回避，即使是面对儿童的攻击，也不认为被攻击者有法定的回避义务，回避只是道义上的要求。[④] 但在实务中，基于裁判者的惯性思维，多数情况下会认为只要行为人对攻击行为进行避让，便不会产生伤亡后果，所以即便有时候行为人的行为符合正当防卫的构成要件，也因为没有履行回避义务而否定正当防卫的成立。

对于是否具有回避义务的必要性，一种观点认为，要采取"能躲避就不自卫"的防卫态度，因为从整个社会的角度出发，应该尽可能避免造成或者减少不必要的损害。另一种观点

---

① 最高裁判所昭和五十二年[1977年]7月21日刑集31卷4号，第747页。
② 参见[日]山口厚：《刑法总论》（第三版），付立庆译，中国人民大学出版社2018年版，第116页。
③ 参见储槐植、江溯：《美国刑法》（第四版），北京大学出版社2012年版，第77页。
④ 参见黎宏：《刑法学》，法律出版社2012年版，第130页；陈兴良：《正当防卫论》（第三版），中国人民大学出版社2017年版，第83-84页。

认为,对不法侵害人的躲避意味着鼓励不法侵害人进一步实施犯罪,因此即便有回避的空间,也可以进行防卫。① 笔者更倾向于一般情况下,行为人是不存在回避义务的,给行为人强加回避义务,会导致实践中错误理解防卫意图,当行为人未履行回避义务时,法院认为行为人具有伤害意图,而不具有防卫意图,此时便会轻易地将正当防卫案件认定为互殴案件。要纠正实务中给行为人强加回避义务的固有思维,首先就是要改变司法机关工作人员的入罪观念。浙江省温州市龙湾区人民检察院司法工作人员指出,固有观念是司法传统重打击的观念、司法机关维稳压力过大以及内部考核指标的不合理导致的,在多重压力之下,部分判决会以没有履行回避义务为由而否定案件的防卫正当性。

结合《指导意见》与正当防卫的指导精神,在以下两种情形下,防卫人在防卫时需要先履行"回避义务",保持"理性克制",再进行防卫。

(1)当面对的不法侵害人是限制民事行为能力人,甚至是无民事行为能力人时,防卫人具有"回避义务"。我国台湾的相关法律规定认为,在面对攻击者是无责任能力或限制责任能力人时,防卫者应该首先采取回避,或先以召唤警察的方式,即便动用武力,也应该采取损害较为轻微的防卫手段。如果不法侵害是防卫者过失引起的,则防卫者虽然可以实施正当防卫,但是也被赋予了一定的"回避义务",如果无回避可能,则必须采取防御性的防卫手段,不得积极反击。② 行为人在明知不法侵害人是无民事行为能力的人或限制行为能力人时,被赋予了回避义务,在面对冲突时需要理性克制,不可积极反击。如刘美英故意伤害案中,侵害人蔡某辉(为限制民事行为能力人)在刘美英骑车回家的路上向其丢石头致使刘美英连人带车倒在地上,刘美英于是上前与蔡某辉扭打在一起,并用砖头打蔡某辉的头部致其轻伤二级,法院认定刘美英构成故意伤害罪。③ 本案中蔡某辉为精神病患者(残疾等级为二级),虽是其主动向刘美英丢石子,但如果刘美英不主动反击,仅采取消极的防卫手段,如立马报警或者暂时躲避,那双方都不会受到伤害。正当防卫的适用并非机械的法律适用,而是会受到我国国情与传统文化的影响的,上述两类人群本就属于弱势群体,因其能力或精神上的缺陷,故要求行为人面对他们的不法侵害时,要先予以避让。当然,如果对于不法侵害避让的可能性极低,或者一味地对不法侵害进行避让只会造成更大更严重的损害的结果,那么此时应当允许防卫人进行防卫反击,这也是从人道主义考虑的。

(2)如防卫人对造成互殴或冲突负有直接责任,那么此时防卫人便负有回避义务,在能回避时不可进行防卫反击,只有在无可避让时,才允许防卫。《指导意见》第十条规定:"不

---

① 参见储槐植、江溯:《美国刑法》(第四版),北京大学出版社2012年版,第78页。
② 参见北京师范大学刑事法律科学研究院:《〈月旦法学〉刑事法判例研究汇编》,北京大学出版社2016年版,第100-101页。
③ 湖南省益阳市中级人民法院(2018)湘09刑终108号刑事附带民事裁定书。

法侵害系因行为人的重大过错引发,行为人在可以使用其他手段避免侵害的情况下,仍故意使用足以致人重伤或者死亡的方式还击的,不应认定为防卫行为。"在此种情况下,不法侵害是因防卫人引起的,防卫人不努力避免伤亡结果的发生,还进一步积极地对被害人进行反击,那么此时防卫人的行为当然不能构成正当防卫。日本有学者提到,要具体衡量"回避带来的整体利益的增加"与"容易回避的程度",例如防卫人在先引发了不法侵害的情况后,也要考虑是否要"应该回避"[①]。此时,行为人对案件的引发具有决定性作用,如果此时不回避而进行反击,不管是基于法理又或是司法人员朴素的价值观,都无法认定此时行为人的反击行为具有正当性。

3. 应允许防卫意图与伤害意图共同存在

不仅我国学界以往的观点是只要存在互殴,那么互殴的双方都不可能构成正当防卫,日本判例在过去的观点也是"斗殴各打五十大板",认为只要在相互斗殴的场合,就没有容纳正当防卫的余地,对正当防卫都采取了限制过严的态度。但现在的日本判例认为,即便是抱着愤怒的心情进行防卫反击的,也不能因此否定行为人的防卫意图;在实施反击时,行为人存在攻击的意图的,也不一定能证明行为人此时不存在防卫意图;但如果行为人积极的加害行为体现出纯正的攻击意图,此时便能认定行为人不存在防卫意图。[②]简而言之,只要能肯定行为人或多或少地存在防卫意图、防卫动机,那么就能肯定防卫意图,进而就有可能构成正当防卫;但是若行为人积极攻击的意思压倒了其他动机,则认为其是完全出于攻击的意思。日本刑法学界对"防卫意图"采取的是较为宽松的理解,即在预见到侵害之后,出于积极的伤害意图而反击的,则否定成立正当防卫。[③]我国也有学者肯定具有积极的伤害意图的反击行为,应当认定为互殴。[④]在互殴的情形下,防卫行为往往以攻击的形式作出,此时确实难以确定行为人的防卫意图,但亦不可因为行为人存在伤害意图就否定行为人存在防卫意图,此时伤害意图与防卫意图是共存的。如果认为只要行为人存在报复、伤害的意图就否定存在防卫意图,那么实务中大部分场合防卫意图都会被否定,这可能会导致正当防卫这一制度事实上被搁置。

实际上,无论从我国的立法亦或是刑法理论来看,都应当将防卫意图作为认定正当防卫的必备要件之一,但是这并不意味着要求行为人具有纯正的防卫意图。我国通说观点认为,正当防卫的主观构成要件应是积极制止不法侵害与保护合法权益相结合,而犯罪目的则是行为人通过实施某种犯罪行为而达到某种犯罪目的,这二者在主观上明显是相互独立且相

---

① 参见[日]前田雅英:《刑法总论讲义》(第6版),曾文科译,北京大学出版社2017年版,第223页。
② 参见[日]山口厚:《刑法总论》(第三版),付立庆译,中国人民大学出版社2018年版,第128页。
③ 参见[日]山口厚:《刑法总论》(第三版),付立庆译,中国人民大学出版社2018年版,第123页。
④ 参见陈兴良:《互殴与防卫的界限》,载《法学》2015年第6期,第137页。

互排斥的,所以防卫意图不可能与斗殴的意图并存,因为一个人不可能即存在保护合法权益的意图又存在实施犯罪的意图。①但也有学者持相反的观点,认为行为人在防卫反击时只需要认识到自己此时反击的行为是不法侵害即可,而不强求行为人具有制止不法侵害与保护合法权益的目的。②故在存在防卫认识的情况下,不应要求行为人只能存在纯正的防卫意图,也应该要容忍行为人存在报复或激愤等意图。但是在以下两种情形下,排除防卫意图,行为人不可能成立正当防卫。

（1）具有积极的伤害意图的场合,排除防卫意图。具有积极的伤害意图的场合,意味着行为人对侵害行为具有一定的认识,且希望通过采取暴力的方式反击,例如在相互约架的场合,双方都有伤害的故意,此时双方均不存在防卫意图,也无法构成正当防卫。除非在斗殴过程中,一方突然加大攻击力度,如原本只是持刀攻击,突然一方转为持枪攻击,此时可以肯定行为人具有防卫意图,否则对于积极的约架斗殴行为,不能成立正当防卫。

（2）在面对轻微侵害的时候,采取致命的反击行为,排除防卫意图。如果面对轻微侵害,如仅仅是语言谩骂,或不法侵害人的行为违反的是治安管理处罚法且未达到情节严重的程度,此时采取致命的反击行为,则可否定行为人的防卫行为。因为面对轻微侵害时,行为人的处境并不紧迫,用一般的手段反击即可保护自己的安全,如采取致命反击行为,会明显超过必要限度,也会造成不必要的伤亡后果。

（二）实现社会效果与法律效果的统一

"法治理念与法教义学有一个误区,认为无论是入罪还是出罪,只要严格依法裁判,形式上有法律根据就行。我们往往把复杂的定罪思维过程简化为个案事实和法律规定对号入座的三段论演绎推理过程,导致司法实践中机械主义、教条主义、形式主义盛行,排斥天理、人情对国法的渗透与制约。"③实务中,正是涉及正当防卫的案件引发了社会关注,从而促使《指导意见》的出台与指导性案例的发布。然而作为具有普遍指导性的适用规则,《指导意见》不可能为千差万别的正当防卫案件直接提供现成的认定方法。从司法解释确定若干适用规则,到司法人员真正实现个案公正、合理裁断,还有相当大的空间。除了需要明确正当防卫条款的适用标准,也需要保障社会效果,这是符合我国公平正义的判断。毕竟"努力让人民群众在每一个司法案件中感受到公平正义"是当代审判机关的指导理念,并且要让这一理念在老百姓中得到广泛认可、口口相传。适用正当防卫制度,要考虑常理、常情,尊重民

---

① 参见高铭暄、马克昌:《刑法学》（第十版）,北京大学出版社2022年版,第160-161页。
② 参见陈璇:《论防卫过当与犯罪故意的兼容——兼从比较法的角度重构正当防卫的主观要件》,载《法学》2011年第1期,第121页。
③ 最高人民检察院第一检察厅:《最高人民检察院第十二批指导性案例适用指引——正当防卫》,中国检察出版社2019年版,第173页。

众的朴素情感和道德诉求,反映社会的普遍正义观念,并将这些内容在办案中予以参考。

首先,司法机关需要意识到在办案过程中,不仅仅要达到惩罚犯罪的目的,也需要保障公民的权利。"人们参加社会的目的是保护他们的财物;他们选择一个立法机关并授以权力的目的,是希望由此可以制定法律、订立准则,以保卫社会一切成员的财产,限制社会各部分和各成员的权力并调整他们之间的统辖权。"① 不容否认,一个时期以来,社会上、司法机关内部往往把检察机关只看作犯罪的追诉人。相当一部分检察人员往往也认同这样的标签。具体体现在个案办理上存在可捕可不捕的倾向于捕,可诉可不诉的倾向于诉,可宽可严的倾向于严,可轻可重的倾向于重。② 要改变传统从严把握正当防卫适用条件的司法理念的主导,尤其是当公民遇到了严重暴力犯罪的情况下,如果需要瞻前顾后地考虑在实施防卫行为后所需要面临的惩罚,则未免太强人所难了。要站在防卫人的角度对整个案件进行分析,确定其是否面对的是严重危及人身安全的犯罪,确定是否是对正在进行的不法侵害实施的防卫行为,确定防卫是否超过了必要的限度等等,对案件进行综合考量后再做最终的判定。

其次,在司法人员办案的过程中,应坚定立场,无论民众对案件的关注程度如何,均应做到程序公正、实体公正。我们无法回避民意,但是民众虽对司法机关具有监督功能,但不应该对案件具有审判定性的功能。社会民意如果要在裁判法律问题方面起到一种适当尺度的作用,就应当是一种强有力的和占支配地位的趋势。如果这种取向与一种相反的趋势构成均势,又如果这种取向所反映的社会原则正处于变动和极不确定的状态之中,那么法院就应当谨慎行事,不可轻率地将这种取向提升到一种调整司法诉讼的规则的地位。③ 各级法院在追求"两个效果"相统一时,必须坚持法律效果优先,决不能为了片面追求所谓的社会效果而牺牲法律效果。司法的社会效果是建立在依法裁判基础上自然形成的一种司法公信,但任何时候法律效果都是前提,是基础,没有良好的法律效果,良好的社会效果就无从谈起。要防止司法机关迫于被害人(即不法侵害人)家属的压力,而不当地随意判定防卫人的行为。司法机关在面对来自当事人和舆论的压力时,应当积极地查明案件的事实,在查清事实的基础上及时向公众和当事人作出回应,并理性地引导大众对案件进行分析和理解。毕竟在我们的实际环境中,对人们的生命、自由和财产作出判决时遵循公正程序的主要责任与创造和维护一个公正的司法系统的责任是区分不开的。④

最后,司法过程中,要注意不能采用机械的思维主义,也不能采用功利主义或结果导向的思维模式将案件简单化。因为法律并不是冰冷冷的条款,而是活生生的正义,司法人员在

---

① [英]约翰·洛克:《洛克论人权与自由》,石磊译,中国商业出版社2016年版,第234页。
② 参见张军:《关于检察工作的若干问题》,载《国家检察官学院学报》2019年第5期,第4页。
③ 参见[美]E.博登海默:《法理学、法律哲学与法律方法》,邓正来译,中国政法大学出版社2017年版,第492页。
④ 参见[英]詹姆斯·格里芬:《论人权》,徐向东、刘明译,译林出版社2015年版,第200页。

办案过程中并不是要将条款硬生生地塞进案件中,而是需要在符合法律法规的前提下,做到让公民在每个案件中都能感受到司法的公平正义。尤其是在民众法治意识落后的情况下,如果仅是依照规范做出判决而不顾结果是否能被民众接受,则有可能会与民众的传统思想发生冲突,从而影响民众对法律的看法,也就会带来消极的影响。那么提高法治意识,普及法律知识则会遭到民众的抵触,不利于国家的法治建设。毕竟任何刑事案件都并非孤立的事件,而是社会生活发生激烈冲突的结果。近些年多数防卫案被大众重视,并都引起了不小的舆论,究其原因正是受害人(即不法侵害人)的行为本身存在着失范甚至是越轨。如果此时审判者还仅仅是严格按照规范标准对案件进行定罪,则会导致案件丧失合理性,最终将反噬司法正义与权威。

(三)完善理论与程序的有效衔接

在辩方提出正当防卫的主张,且提供相关证据引起争议焦点时,证明责任就转移至控方,此时如果控方无法证明辩方提出的正当防卫不存在,则应承担主张不成立的不利结果。但是,由于案件中正当防卫与互殴容易混淆,那么此时应对证明责任采用何种证明标准,就异常重要。

证明责任的分配在实务中是动态的,在双方之间存在往复的一个状态。例如,在正当防卫的证明过程中,由辩方提出存在违法阻却事由的可能性,此时证明责任转移至控方。如果控方能够对辩方提出的争议进行反驳,并达到法定的证明标准的程度,则整个证明责任体系就被建立。将举证责任的标准提高到行为人无法进行证明的程度显然是错的,从证明标准的可能性与现实性看,不可否认,将辩方的证明标准降低会更有利于实现正当防卫的价值。因此,应确定以下证明标准。

1. 对辩方采用"引起合理怀疑"的证明标准

基于辩方在收集证据时的弱势地位,如果对辩方采取较高的证明标准,则会加重辩方的证明责任。那么从保障当事人权益的角度出发,对辩方采取的证明标准不宜过高,即只要达到引起法官合理怀疑的标准即可。当引起法官的合理怀疑时,证明责任就转移到了控方,此时控方的证明标准则是需要达到"排除合理怀疑"。甚至有学者认为,在基于"引起合理怀疑"的证明标准之下,辩方只需要承担"证明存在不法侵害和防卫意图两个成立正当防卫的主要条件,就可以证明存在正当防卫的很大可能性,就可以达到'存在合理怀疑'的证明标准,从而与控方指控犯罪的证据形成'存在防卫行为的合理怀疑'争点"[①]。当然,在中国当前一元化庭审模式背景下提证责任的争点形成推动功能依然存在,但并非为了审查证据资格,而是便于法官对正当防卫的事实进行聚焦,审查判断其中的合理怀疑,以决定是否应当由检

---

① 卢建平、孙平:《比较法视野下认定正当防卫之程序法问题研究》,载《法治研究》2021年第3期,第39页。

控方进一步承担说服责任。"正因为提证责任是争点形成责任,故其证明标准只需达到能引起法官合理怀疑的程度即可,低于优势证据标准。"[①]

2. 对控方采用"排除合理怀疑"的证明标准

根据《中华人民共和国刑事诉讼法》第五十五条的规定,我国控方指控犯罪的证明标准是证据确实、充分,其要求之一便是排除合理怀疑。反之,只要存在合理怀疑,则控方就没有对所认定的事实证明至排除合理怀疑。虽然根据传统认识,排除合理怀疑被视作一个高度确信的证明标准,但亦有观点认为其是具有一定灵活性的,取决于裁判者获取的信息数量。[②] 尤其对于互殴案件,应将更多的案件信息纳入衡量是否构成防卫的标准之内,不应该仅仅限于法定证据模式。

四、结语

互殴与正当防卫在实务中一直因为表现形式极其相似,从而适用极其混乱。随着相关指导性案例的发布、《指导意见》的出台,实务中逐渐意识到应对二者进行合理的区分,但即便如此,部分正当防卫案件依旧被认定为互殴。当然,在新的法律法规或政策出台时,对于其适用都是循序渐进的。为了更好地区分互殴与正当防卫,不仅需要对存在的防卫情节进行合理判断,也需要完善理论与程序的有效衔接,从实体法与程序法双重角度出发,实现社会效果与法律效果的统一,以缓解当下实践中对于互殴案件认定的难题。

---

① 顾佳浩:《正当防卫之证明责任分配的现状成因及问题规制:以丽江冷兰案再审为切入》,载《南海法学》2020年第5期,第39页。

② 参见《刑事审判参考》指导性案例第224号。

信赖保护原则的现实图景与实现路径
——基于行政许可案件的实证考察[*]

张鲁萍[**]

摘 要： 行政机关恪守信赖保护原则是实现诚信政府、法治政府建设目标的应有之义。而充分了解该原则的实践运行，则是推进其进一步本土化，促进功能发挥的前提。通过对行政许可领域的实证考察，可以发现该原则在司法实践中面临着高度尊重行政机关、怠于履行利益衡量职责、忽视行政相对人程序权益以及财产性保护不足等困境。产生困境的缘由来自多方面，既与公共利益的认定困难、制度供给不足有关，亦受粗疏的司法审查技术影响有关。对此，需要通过强化政府诚信意识、完善规范依据、优化审理规则及推进案例指导制度等来克服困难，保障原则的实现。

关键词： 信赖保护原则 现实图景 实现路径 行政许可

引言

旨在实现法安性的信赖保护原则并非源于本土，而是诞生于法治发达的德国。该原则首先在1956年德国寡妇抚恤金案中得以运用，之后，这一司法裁判意见被立法机关接受并

---

[*] **基金项目：** 教育部哲学社会科学研究重大课题攻关项目"全面依法治国视域下司法行政职能定位及作用发挥问题研究"（20JZD021），西南政法大学2021年校级科研资助项目"行政审批告知承诺制的实施困境及其法治应对研究"（2021XZNDQN-06）。

[**] **作者简介：** 张鲁萍，西南政法大学行政法学院（监察法学院）副教授。

以制定法的形式呈现在1976年《联邦德国行政程序法》的第48条[①]和第49条[②]。伴随着民主、法治理念的不断渗透，信赖保护因在保障相对人期待利益、维护社会秩序稳定上所发挥的显著作用，逐渐为其他国家和地区的立法所接纳。[③]进入21世纪后，在大力推进诚信政府建设的背景下，这一原则因与诚信理念相契合而在我国获得较高关注，并充分体现在2003年的《中华人民共和国行政许可法》（简称《行政许可法》）中[④]，实现了从理念到制度的嬗变。

在规范层面获得肯定的同时，学界展开了丰富的研究，分别就信赖保护原则的基础理论[⑤]、域外考察[⑥]与合法预期原则的区别[⑦]，在具体领域、个案中的运用[⑧]等方面展开研讨。这些研究成果对于深化信赖保护原则理论、推动该原则本土化实践及促进其功能发挥产生了积极的意义。只是，以上更多是一种理论以及个别化的实践探索，难以揭示信赖保护原则的整体适用现状。在信赖保护原则已制度化的当下，我们需要追问与反思：行政机关对该原则的遵从度如何，司法机关对由此引发争议的审查困境何在？产生困境的缘由何在？又应当如何完善？关注这些问题不仅是解决该原则落实难的关键，更是实现法治政府、诚信政府的

[①] 第48条确立的是对违法行政行为的信赖保护，该条第1款规定："违法行政行为，即使已具备确定力，仍得部分或全部以对将来或溯及既往的效力撤销。已设立或用以证实一权利或权利上相当优惠的行政行为（授益性行政行为），其撤销须受第2至第4款的限制。"参见[德]平特纳：《德国普通行政法》，朱林译，中国政法大学出版社1999年版，附录之《联邦德国行政程序法》，第236-238页。

[②] 第49条确立的则是对合法行政行为的信赖保护，该条第1款规定："（1）合法、非授益的行政行为，即使在获得确定力之后，仍可全部或部以对将来的效力废止，除非废止后即须重新作出同样内容的行政行为或出于其他原因不容许废止。"参见[德]平特纳：《德国普通行政法》，朱林译，中国政法大学出版社1999年版，附录之《联邦德国行政程序法》，第237页。

[③] 例如韩国1996年《行政程序法》第4条规定："行政机关执行职务时，应本于诚实信用为之"。我国台湾地区"行政程序法"不仅在总则部分提到该原则——"行政行为，应以诚实信用之方法为之，并应保护人民正当合理之信赖"，而且在分则中进一步细化，第120条规定："授予利益之违法行政处分经撤销后，如受益人无前条所列信赖不值得保护之情形，其因信赖该处分致遭受财产上之损失者，为撤销之机关应给予合理之补偿。前项补偿额度不得超过受益人因该处分存续可得之利益。关于补偿之争议及补偿之金额，相对人有不服者，得向行政法院提起给付诉讼。"

[④] 该法第八条确立了对合法行政许可的信赖保护，与此相对应，该法第六十九条则保障了违法行政许可的信赖利益，并区分了因行政机关、被许可人违法导致行政许可被撤销的两种情形，以及由此产生的法律后果。

[⑤] 参见王贵松：《行政信赖保护论》，山东人民出版社2007年版；赵宏：《法治国下的行政行为存续力》，法律出版社2007年版；阎尔宝：《行政法诚实信用原则研究》，人民出版社2008年版等。

[⑥] 参见李垒：《论授益行政行为的撤销——以〈德国行政程序法〉第48条规定为视角》，载《政治与法律》2012年第4期；展鹏贺：《德国公法上信赖保护规范基础的变迁——基于法教义学的视角》，载《法学评论》2018年第3期；刘飞：《信赖保护原则的行政法意义——以授益行为的撤销与废止为基点的考察》，载《法学研究》2010年第6期等。

[⑦] 参见余凌云：《行政法上合法预期之保护》，载《中国社会科学》2003年第3期；余凌云：《英国行政法上合法预期的起源与发展》，载《环球法律评论》2011年第4期；黄学贤：《行政法中合法预期保护的理论研究与实践发展》，载《政治与法律》2016年第9期；胡若溟：《合法预期在中国法中的命途与反思——以最高人民法院公布的典型案件为例的检讨》，载《上海交通大学学报（哲学社会科学版）》2018年第5期等。

[⑧] 参见余凌云：《蕴育在法院判决之中的合法预期》，载《中国法学》2011年第6期；胡若溟：《行政诉讼中"信赖利益保护原则"适用——以最高人民法院公布的典型案件为例的讨论》，载《行政法学研究》2017年第1期；胡若溟：《信赖利益保护原则的中国化》，载《行政法论丛》（第22卷），法律出版社2018年版；王新红：《论宏观调控法之信赖保护原则》，载《南京社会科学》2016年第9期；季晨溦、肖泽晟：《论信赖保护原则在城乡规划变更中的适用》，载《南京社会科学》2017年第2期；桂萍：《延退政策之信赖保护原则适用》，载《学术探索》2014年第6期等。

重要之举,因而具有研究的现实意义。基于此,本文以信赖保护原则体现较为集中的行政许可领域为切入点①,通过对《行政许可法》第八条、第六十九条在司法审查中的运行分析,发掘其可能存在的问题,进而提出相应的完善路径。

在此需要提及的是,信赖保护原则在《行政许可法》中确立以来,不断有学者在对德国法中信赖保护原则溯源厘清的基础上,进一步反思我国《行政许可法》第八条与第六十九条的逻辑关系,认为《行政许可法》第八条本是依法行政原则的应有之义,信赖保护原则仅适用于违法的给付决定。②"在存续力理论视野下,违法状态下授益行为信赖利益的存续保护,绝非单纯意义上信赖利益的一种保护方式,而是信赖利益保护原则的实义之所在。信赖利益保护原则在违法授益行为撤销的存续保护之中才能发挥其最大功效。"③从严格的规范主义角度观之,此种观点具有合理性。但从现实的运行实践来看,依法行政原则与信赖保护原则在行政许可的撤回、撤销当中经常交错使用。在"合法行政许可撤回"案件中,行政相对人很自然地会对已生效的许可产生信赖,而且,一般来说,"合法行政许可"所引发的信赖保护需要高于"违法行政许可"——合法行政许可既然无违法事由,相对人便有较高的预期,信赖其将有效存续。④而在"违法行政许可撤销"案件中,虽然基于合法行政原则,行政机关有义务撤销违法行政许可,消除违法状态,但在实质法治国原则下,基于公正、公平性要求,合法行政并不意味着对违法行政许可毫无例外地撤销,在因此可能触及公民信赖利益时,应在与信赖保护原则的权衡中对信赖利益予以尊重。⑤再加之,本文主要是在诚信政府的背景下探讨信赖保护的价值与实现问题,而无论是《行政许可法》第八条对合法行政许可的撤回、变更,抑或是第六十九条对违法行政许可的撤销都可能侵害相对人的预期信赖,行使不当均会给诚信政府建设带来负面影响,故本文仍然将第八条与第六十九条视为信赖保护原则的完整体现。

一、行政许可领域信赖保护原则的现实图景

为了能够较为全面、客观认识信赖保护原则的实现状况,本文以"中国裁判文书网"为检索工具,以"行政案件"作为案件类型,以"《中华人民共和国行政许可法》第八条"和"《中

---

① 的确,随着信赖保护原则在我国关注度的逐渐提升,在很多行政行为诸如行政给付、行政确认、行政契约中都有所体现,但一方面考虑到信赖保护原则在这些领域并未制度化,缺乏规范分析的基础,另一方面领域的分散也会在一定程度上导致研究的碎片化,出现泛泛而谈的问题。基于此,本文选择行政许可这一领域作为突破口,通过有效检索条件的设置,尽力保障研究成果的集中与有效。
② 参见刘飞:《信赖保护原则的行政法意义——以授益行为的撤销与废止为基点的考察》,载《法学研究》2010年第6期。
③ 蒋成旭:《存续力理论视野下的信赖利益保护原则》,载《东方法学》2016年第4期。
④ 参见林三钦:《论授益行政处分之撤销——思考层次与考量因素的探索》,载《台湾本土法学杂志》2001年第28期。
⑤ 参见展鹏贺:《德国公法上信赖保护规范基础的变迁——基于法教义学的视角》,载《法学评论》2018年第3期。

华人民共和国行政许可法》第六十九条"为法律依据,截至 2021 年 1 月 1 日,一共搜索到 119 个与行政许可撤回、变更有关案件以及 160 个与行政许可撤销相关案件。[①] 本文主要以这 279 个案例为样本,通过对判决书的仔细研读,发现存在以下几方面问题。

(一)高度尊重行政机关

根据《行政许可法》第八条的规定,行政机关可以基于以下两个事由行使撤回权:一是法律状态发生改变(即行政许可所依据的法律、法规、规章修改或者废止),二是事实状态发生改变(即准予行政许可所依据的客观情况发生重大变化)。在这两个事由中,相对而言,"法律、法规、规章的修改或者废止"的内涵较为明确,是法院审查行政机关撤回行政许可是否合法的核心基准,也是较好适用的一个标准。然而,在司法实践中,法院并未严格遵守这一基准,即便行政机关以规范性文件为依据行使相应的撤回权,部分法院也予以支持。

例如在"许亚芹诉阜新市新邱区人民政府取缔补偿、赔偿案"[②] 中,新邱区交通局就依据市政府《关于依法取缔城区内营运人力三轮车的通告》(以下简称《通告》)和市依法取缔人力三轮车领导小组办公室制定的《关于依法取缔并一次性有偿收缴人力三轮车的通知》(以下简称《通知》)以及该局制定的《新邱区依法取缔城区内营运人力三轮车有偿收缴工作方案》(以下简称《工作方案》)取缔杨春华的人力三轮车,据此,法院依然认定被告收缴人力三轮车这一撤回行政许可行为合法。在"刘瑞与北京市工商行政管理局海淀分局案"[③] 中,被告登记科人员即以十四部委的《关于进一步加强网吧及网络游戏管理工作的通知》(以下简称《工作通知》)撤回原告取得的已经生效的好利缘上网中心的〔2006〕第 12127548 号企业名称预先核准许可,法院对此同样表示认可。在上述案件中,无论是《通告》《通知》还是《工作方案》都属层级较低的规范性文件,从合法性审查的角度观之,它们均不能作为行政机关撤回行政许可的依据,而法院对行政机关表现出的高度尊重,一定程度上相当于放弃了对行政行为的审查。

(二)怠于履行利益衡量职责

作为一项制度化的基本原则,信赖保护不再局限于抽象的概念层面,已具备了层次清晰的构成要件,这是行政许可机关处理相关案件时应考量的因素,也是法院司法审查时应遵循的基本思路。具体而言,行政许可领域的信赖保护要符合以下三重要件:其一,须有信赖基础。行政相对人之所以会对行政机关产生某种信赖,必然要有一个载体存在,一般表现为行政主体对外作出的某一种可预见性的行政许可行为。其二,须有信赖行为。信赖行为主要

---

① 虽然中国裁判文书网上刊载的主要是 2013 年之后的案件,并没有反映《行政许可法》实施以来信赖保护原则的全貌,但近几年的数据却能够反映最新的司法动态,也能更精准地折射出当前困境之所在,保证研究结果的实效性。
② 辽宁省阜新市中级人民法院(2016)辽 09 行初 57 号行政判决书。
③ 北京市海淀区人民法院(2013)海行初字第 323 号行政判决书。

是针对行政相对人,要求其须基于行政主体的先前行为,作出一定的能够为外界感知的处分行为。在行政许可领域,则是要求相对人基于其已获得的行政许可,有诸如营业、建设等外在表现。其三,信赖值得保护。这要求相对人必须基于善意,行为具有正当性。对此,《行政许可法》第六十九条明确将"被许可人以欺骗、贿赂等不正当手段取得行政许可的情形"排除在外,就是这一要求的典型体现。信赖到底是否值得保护,本身就需要权衡,行政机关应当就当事人的信赖利益与撤回、撤销所欲维护的公益展开衡量。而当争议产生后,作为裁判者的法官应当审查行政机关是否履行了权衡义务,要考虑辜负当事人预期会不会给其造成负面影响,影响的大小,等等,以决定是否值得保护,提供什么样的保护。[①] 但遗憾的是,法院在履行这一职责时表现得较为消极。

例如,在"薛夕凤与丹阳市住房和城乡建设局、丹阳市民族宗教事务局一审案"[②] 中,法院在被告丹阳市住房和城乡建设局并未对所涉"公共利益"作出任何阐释,未指出拆迁许可将对公共利益带来何种重大危害,也没有对客观情况变化予以说明的情形下,径直根据被告的简单表述就作出支持被告《撤回房屋拆迁行政许可决定书》的决定。而在"田阳新山新能燃气有限责任公司与田阳县人民政府撤销具体行政行为纠纷案"[③] 中,法院认为,虽然被告田阳县人民政府在授予第三人平果华商公司管道燃气特许经营权时未进行招投标,程序上存在瑕疵,但若撤销被告依法与第三人签订的《田阳县管道燃气特许经营协议》,会对田阳县人民群众的公共利益造成重大损害,因此,不应撤销。至于为何会对公众的公共利益造成损害,判决书只一笔带过,缺乏详尽的论证推理过程。"公共利益""客观情况变化"等不确定法律概念在赋予行政机关撤回或撤销行政许可一定判断余地的同时,并不意味着让法院彻底放弃审查,法院将判断权完全让与行政机关,实际上误读了行政判断余地的正当基础及司法权的恰当角色,甚至会导向司法消极的立场。[④]

（三）忽视行政相对人程序性权益

根据《行政诉讼法》所确定的司法审查规则,法院应从实体和程序两个层面来评判被诉行政行为是否合法。梳理相关判决书,我们发现,在行政许可撤回、撤销案中,司法审查主要集中在对实体问题诸如撤回事由、法律适用、事实依据的判断上,而对行政相对人重大财产权益产生不利影响时,政府是否履行了告知、听证等程序,明显关注不够。除部分法院肯定

---

① 参见余凌云:《行政法上合法预期之保护》,载《中国社会科学》2003年第3期。
② 江苏省丹阳市人民法院(2014)丹行初字第7号行政判决书。
③ 广西壮族自治区百色市中级人民法院(2014)百中行初字第1号行政判决书。
④ 参见伏创宇:《行政判断余地的构造及其变革——基于核能规制司法审查的考察》,载《华东政法大学学报》2014年第5期。

相对人程序性权益外①，很多法院对此漠视，以《行政许可法》未规定撤回、撤销行政许可应遵循听证程序为由，不支持行政相对人的诉求。例如，在"翟福金与五大连池市人民政府行政撤销案"②中，法院认为，《行政许可法》所规定的"告知申请人、利害关系人享有要求听证的权利"仅适用于行政许可决定作出前，即在颁发林权证之前，本案争议发生在撤销1805号林权证环节，故不适用《行政许可法》第四十七条的程序规定，被告未告知申请人翟福金享有要求听证的权利并不违法。在"陈国连诉台江县人民政府撤销承包证纠纷二审案"③中，针对一审法院认为被告作出撤销行政许可前，未告知行政许可权利人（申请人）、利害关系人陈述和申辩及听证的权利，属程序违法的意见，二审法院认为，《行政许可法》第六十九条对撤销行政许可没作具体要求，原判认定被诉行政行为程序违法，属适用法律错误。在"北海浩辰水产食品贸易有限公司与北海市人民政府土地行政批准纠纷案"④中，针对上诉人提到的"被上诉人在作出撤销许可之处罚决定前，未告知其听证权利，也未组织听证程序，违法，应予撤销"这一上诉理由，二审法院以撤销许可并非行政处罚行为，无需适用《行政处罚法》的程序规定为由，主张北海市人民政府撤销行为合法。从行为本身来看，无论是行政许可的撤回还是撤销均属实施行政许可，对相对人权益带来的影响并不亚于拒绝行政许可，在未告知行政相对人并听取其意见的情况下作出撤回、撤销决定，无疑侵犯了其应享有的知情权、参与权。

（四）财产性保护不足

信赖利益依学理可区分为存续性保障（Bestandsschutz）与财产上价值保障（Vermögensschutz）。前者是基于相对人信赖行政行为持续存在，且以"信赖"及"保护价值"为前提；后者将保护对象由信赖的行政行为转移到该行为所蕴藏的财产价值上。在德国，针对金钱给付或可分物的给付行为，《联邦德国行政程序法》第48条第2款提供的保护方式是"存续保护"；而针对其他授益行政行为，《联邦德国行政程序法》第48条第3款提供

---

① 例如，在吴郁金与新泰市青云街道办事处土地行政撤销一案中，法院认为："1998年被告作出的《用地批复》，认为原告本案所涉土地'不影响规划，办事处已作处理，同意补办用地手续'，该行为属于行政许可行为，对原告的利益具有重大影响。被告如果认为《用地批复》确实应当予以撤销，在撤销之前，应当告知原告据以作出决定的事实、理由和依据，并充分听取原告的意见。本案中，被告在未告知原告并听取其意见的情况下作出《撤销决定》，侵犯了原告的知情权、参与权，属于违反法定程序行为。"参见山东省泰安市中级人民法院（2014）泰行终字第54号行政判决书，类似的案件参见西安铁路运输中级法院行政判决书（2019）陕71行初139号。
② 黑龙江省黑河市中级人民法院（2014）黑中行终字第1号行政判决书。
③ 贵州省黔东南苗族侗族自治州中级人民法院（2015）黔东行终字第29号行政判决书。
④ 广西壮族自治区高级人民法院（2013）桂行终字第1号行政判决书。

的则是"财产保护"。在规范层面上,我国《行政许可法》也基本涵盖这两种保护方式①,只是基于公共利益认定的政府主导性,相对人对存续保护的影响力非常薄弱,实践中经常与其发生关系的实为财产保护,这也是争议较多的地方。阅读相关判决书,我们发现,财产性保护不足问题比较严重,与"利益均沾则负担均担"原则相去甚远,难以落实私人利益让位于公共利益后的补偿责任。

其一,程序性判决难以满足相对人的真实诉求。所谓程序性判决又称"原则履行判决",是指法院仅判决被告在一定期限内履行相应职责,至于履职的具体内容、方式等不作结论性判断。②在行政许可案件中,程序性判决主要体现在许可变更、撤回后的补偿问题上,针对原告提出的补偿诉求,一些法院仅作出责令被告补偿,却对具体补偿内容予以回避的判决。例如,在"成都市新津活活饭店、新津县人民政府行政补偿案"③中,针对原告要求"法院判令新津县政府补偿原告经济损失 5 501.08 万元"的诉讼请求,法院只简单要求被告在判决生效之日起 90 日内,依法对成都市新津活活饭店给予补偿,并未明确具体的补偿数额。同样,在"杜辉华与贵阳市乌当区人民政府一审"案④中,针对原告要求"判令被告征收原告矿山应补偿建设矿山实际投入的费用 4 821 077 元"的诉讼请求,法院在肯定原告请求具有事实和法律依据的同时,以具体如何补偿属于行政机关的自由裁量为由,仅要求被告对原告履行补偿法定职责,置于怎么补偿,补偿多少,判决书未明确。如此"不完整判决"看似原告获胜,但因法院将如何补偿的裁量权完全赋予被告,这给被告象征性地、非充分性地履行补偿义务提供了机会,致使行政优益权之行使与公民合法权益之保障间的天平发生倾斜,影响原告受损权益的恢复。

其二,有限补偿原则难以恢复受损利益。针对行政主体变更或者撤回行政许可,《行政许可法》第八条仅笼统规定"依法给予补偿",并未明确补偿的标准、范围、方式等。而根据 2009 年 11 月 9 日《最高人民法院关于审理行政许可案件若干问题的规定》(以下简称《行政许可司法解释》)第十五条⑤之规定,当前司法实践主要确立了被告仅需补偿直接损失的

---

① 该法第八条第一款"公民、法人或者其他组织依法取得的行政许可受法律保护,行政机关不得擅自改变已经生效的行政许可"以及第六十九条第三款"依照前两款的规定撤销行政许可,可能对公共利益造成重大损害的,不予撤销"彰显了存续保护,而该法第八条第二款中对行政机关基于公益考量撤回已经生效的行政许可应当给予补偿的规定,以及《行政许可法》第六十九条第四款中对行政机关因自身过错导致行政许可撤销,被许可人的合法权益受到损害,应当依法给予赔偿的规定则是财产性保护的集中体现。

② 参见章剑生:《行政诉讼履行法定职责判决论——基于〈行政诉讼法〉第54条第3项规定之展开》,载《中国法学》2011年第1期。

③ 四川省成都市中级人民法院(2019)川 01 行初 864 号行政判决书。

④ 贵州省贵阳市中级人民法院(2018)黔 01 行初 786 号行政判决书。

⑤ "法律、法规、规章或者规范性文件对变更或者撤回行政许可的补偿标准未作规定的,一般在实际损失范围内确定补偿数额;行政许可属于行政许可法第十二条第(二)项规定情形的,一般按照实际投入的损失确定补偿数额。"

有限补偿原则。例如，在"湖北鑫海矿业有限公司襄樊分公司与襄阳市襄州区人民政府案"①中，法院驳回了原告鑫海公司要求被告襄州区人民政府因关停鑫海公司采矿行政行为的其他补偿及支付补偿迟延经济损失利息的诉讼请求。在"高名善与昆明经济技术开发区管理委员会、昆明经济技术开发区城市管理综合行政执法局经贸行政管理（内贸、外贸）案"②中，法院认为，原告主张的奶头山消纳场弃土工程倾倒损失违约金额赔付利息3 456 960.00元，是属于可期待利益，不是实际的损失，不能支持。撤回行政许可给相对人造成的是一种"特别牺牲"，其完全基于对公共利益的尊让而放弃了本应属于自己的许可权，此时只对实际损失予以弥补难以真正恢复相对人的受损权益，特别是在其已开展前期大规模投资的情形下，仅补偿直接损失实则杯水车薪。

此外，补偿标准的缺失也在一定程度上导致补偿计算的混乱。在"大连经济技术开发区五洲房地产开发有限公司诉清原满族自治县人民政府案"③中，法院认为，被告将原来的规划进行修改，原告承建的2号楼从多层变更为高层，使原告的建筑面积增加5 787.48平方米，原告因此获取的利润足够弥补原告发生的拆迁成本损失，应视为被告已对原告因土地许可变更与规划许可变更造成的损失给予了补偿，不存在被告再行补偿拆迁成本问题。原告因被告增加建筑面积产生的利润与原告因土地许可与规划许可变更造成的损失本质上是两回事，简单地进行补偿折抵是否合理，同样值得深究。

二、信赖保护原则的困境反思

信赖保护原则之所以会出现规范与事实的背离，缘由是多方面的，我们认为既与制度供给不足有关，亦是司法审查规则粗疏的必然结果，当然，公共利益认定本身的困难也为此种背离提供了影响因子。

（一）公共利益认定的困难

行政许可的撤回、撤销与"公共利益"有着不可分割的关系，只有符合"公共利益"标准，行政机关方具有作出以上行为的资格。然而，对于"公共利益"这一非常重要的概念，不论内涵还是外延都是模糊的，很难对其下一个一劳永逸的定义。对此，规范法学派创始人凯尔森和德国法学者阿列克西分别运用框架理论与法律论证理论证明了公共利益等不确定法律概念"唯一正确答案"预设的错误性。④ 该命题成了一个"不能证成的本体论虚构"，毋宁说是一种"要被力求达成之目标"。⑤

---

① 湖北省高级人民法院(2015)鄂行终字第00108号行政判决书。
② 昆明市呈贡区人民法院(2018)云0114行初29号行政判决书。
③ 辽宁省抚顺市中级人民法院(2012)抚中行初字第00004号行政判决书。
④ 参见王天华：《行政法上的不确定法律概念》，载《中国法学》2016年第3期。
⑤ 参见[德]罗伯特·阿列克西：《法 理性 商谈：法哲学研究》，朱光、雷磊译，中国法制出版社2011年版，第115页。

在我国,宪法文本多次提及"公共利益"①,但根本法的特性决定了更多是对"公共利益"作出一种抽象、价值层面的表达,它的细化、具体落实尚需借助于部门法。那么,部门法又是如何来诠释公共利益的? 通过对现有立法的爬梳,我们发现无论是在公法还是私法领域,公共利益条款不占少数,但绝大多数并未明确特定领域公共利益的具体指向,这致使公共利益一直停留在空洞的价值层面,成了一个"政治正确"却束之高阁的概念。也正是因为概念本身模糊,加之所有行政行为都需基于公益这一前提,"公共利益"很容易被行政机关拿来作为维护其行为合法性的挡箭牌,这在行政许可领域尤其需要引起关注。

伴随着公私合作的推进,行政机关通过特许经营方式将私主体引入公用事业建设中来将成常态,这一模式可以有效减轻财政负担,提高公共服务效率。只是,在实施过程中一定要警惕政府以"公益"之名随意撤回特许经营权。毕竟对于已开展大规模投资的行政相对人而言,撤回许可所招致的损失是相当严重的,非当前薄弱的补偿制度所能弥补。在此情形下,我们如何平衡公共利益与个人利益? 如何对具有开放性、嬗变性与可阐释性的公共利益予以细化? 法院又应当采取何种方式进行有效审查? 这些问题的澄清,是解决信赖保护原则落空的关键。

(二) 制度供给不足

虽然《行政许可法》第八条与第六十九条试图保障合法行政许可撤回与违法行政许可撤销后的信赖保护,但利益平衡条款的偏颇、程序性立法的缺失以及行政补偿规则的粗放制约着这一功能的发挥。

首先,利益衡量条款的偏颇。根据信赖保护原则的要求,行政机关在撤回、撤销行政许可时,应当在信赖利益与公共利益间进行权衡。具体而言,当当事人对行政许可的"信赖利益(私益)显然大于被撤回、撤销所欲维护的公益"时,行政机关不得撤回、撤销该行政许可;当当事人对行政许可的"私益未必大于公益"(包括私益虽然大于公益,但并未达到明显的程序、公益与私益等值以及公益大于私益)时,行政机关可以依职权裁量是否撤回、撤销行政许可,与此同时应给予受益人信赖利益损失补偿或者赔偿。② 在《行政许可法》中,第八条

---

① 《中华人民共和国宪法》第十条"城市的土地属于国家所有。农村和城市郊区的土地,除由法律规定属于国家所有的以外,属于集体所有;宅基地和自留地、自留山,也属于集体所有。国家为了公共利益的需要,可以依照法律规定对土地实行征收或者征用并给予补偿。任何组织或者个人不得侵占、买卖或者以其他形式非法转让土地。土地的使用权可以依照法律的规定转让。一切使用土地的组织和个人必须合理地利用土地。"第十三条"公民的合法的私有财产不受侵犯。国家依照法律规定保护公民的私有财产权和继承权。国家为了公共利益的需要,可以依照法律规定对公民的私有财产实行征收或者征用并给予补偿。"

② 参见林三钦:《"行政争讼制度"与"信赖保护原则"之课题》,新学林出版股份有限公司2008年版,第383-385页。

更多强调的是公共利益的优先性，而第六十九条第一款"可以"这一裁量性条款①看似赋予了行政机关裁量权，但根据同条第三款之规定，也只有可能对公共利益而非信赖利益造成损害时，行政机关才可不予撤销，本质上是公共利益保护下的利益平衡，是公共利益本位论的直观体现，这一倾向性表达无形中会给行政机关随意以"公共利益"为由，进而懈怠利益衡量职责提供制度支撑。

其次，程序性立法的缺失。《行政许可法》第八条以及第六十九条明确了行政机关行使撤回、撤销行政许可的实体要求，却并未规定行政机关作出上述行政行为应遵循的程序规则，忽略了行政相对人的程序性权利。这一立法缺失是程序观念薄弱的产物，也与当初对域外立法的简单化借鉴不无关系。我国信赖保护原则主要借鉴了大陆法系国家的立法，尤其是德国的《联邦德国行政程序法》，该法在信赖保护原则部分的确未涉及程序，但不能忽视的是，在这部统领性的程序法中，正当程序观念始终贯穿其中，它时刻影响、指导、评价行政机关的行为，也必然要求行政机关在运用信赖保护原则时注意程序的合法性。然则，在我国缺乏统一行政程序法，加之正当程序观念薄弱的现实背景下，一旦出现单行法的程序缺位，法院很容易以行政机关没有违反"法定程序"为由支持其撤回、撤销行政许可行为，前述"翟福金案""陈国连案"即为典型。

最后，补偿规则的粗放。虽然我国早在2004年宪法修正案中就规定了征收、征用土地和其他财产的补偿制度②，之后，一些单行法零零散散地确立了诸如相应补偿③、适当补偿④、合理补偿⑤、市价补偿⑥等不同的补偿规则，但由于缺乏统领性的补偿标准，单行法零敲碎打

---

① 《行政许可法》第八条第三款"行政许可所依据的法律、法规、规章修改或者废止，或者准予行政许可所依据的客观情况发生重大变化的，为了公共利益的需要，行政机关可以依法变更或者撤回已经生效的行政许可"以及第六十九条第一款"有下列情形之一的，作出行政许可决定的行政机关或者其上级行政机关，根据利害关系人的请求或者依据职权，可以撤销行政许可"。

② 《中华人民共和国宪法》第十条第三款："国家为了公共利益的需要，可以依照法律规定对土地实行征收或者征用并给予补偿。"第十三条第三款："国家为了公共利益的需要，可以依照法律规定对公民的私有财产实行征收或者征用并给予补偿。"

③ 《中华人民共和国城市房地产管理法》第二十条规定："国家对土地使用者依法取得的土地使用权，在出让合同约定的使用年限届满前不收回；在特殊情况下，根据社会公共利益的需要，可以依照法律程序提前收回，并根据土地使用者使用土地的实际年限和开发土地的实际情况给予相应的补偿。"类似规定还有《中华人民共和国外资企业法》第五条、《中华人民共和国中外合资经营企业法》第二条第三款等。

④ 《中华人民共和国国防法》第五十一条第二款规定："县级以上人民政府对被征收、征用者因征收、征用所造成的直接经济损失，按照国家有关规定给予公平、合理的补偿。"类似规定还有《中华人民共和国防洪法》第四十五条第二款，《中华人民共和国畜牧法》第十三条第三款等。

⑤ 《中华人民共和国防沙治沙法》第三十五条规定："因保护生态的特殊要求，将治理后的土地批准划为自然保护区或者沙化土地封禁保护区的，批准机关应当给予治理者合理的经济补偿。"类似的还有《乡镇煤矿管理条例》第十一条，《中华人民共和国归侨侨眷权益保护法》第十三条第二款。

⑥ 《国有土地上房屋征收与补偿条例》第十九条第一款"对被征收房屋价值的补偿，不得低于房屋征收决定公告之日被征收房屋类似房地产的市场价格。被征收房屋的价值，由具有相应资质的房地产价格评估机构按照房屋征收评估办法评估确定。"类似的还有《宗教事务条例》第五十五条。

式的规定导致行政补偿实践常常因事因人因时因地而异,随意性强,难保补偿的公正、公平。而当行政补偿争议引发的案件进入司法程序时,基于对现实的考量,法院经常以法律、法规均未规定明确的补偿标准为由,适用安抚性色彩较为浓厚的相当补偿,忽略相对人遭受的潜在间接损失,这充分体现在前述拒绝利息补偿的系列案件中。从理性视角观之,一个国家补偿标准的确立固然应考虑其经济、社会发展的程度,但最大限度地保障公众权益应为更重要的考量因素。对于毫无过错,完全让位于公益的行政相对人适用安抚性标准显然是不公平的,也不利于培养公众对政府的信任。

(三)司法审查规则的粗疏

如前所述,在司法实践中,法院对行政机关表现出高度尊重,每当行政机关举起"公共利益"大旗,法院经常缄默不言或全盘接受。这种消极审判态度是司法权应保持谦抑之传统观念的体现,亦是精细化审查规则缺失的必然结果。

行政诉讼制度确立以来,我国奉行的是"以合法性审查为原则,以合理性审查为例外"的审查原则。总体而言,该原则相对简单,法院只需根据现有的规范依据,对行政机关的适法行为进行审查,不必纠结于复杂的合理性问题。在行政任务相对单一的时代,适用此审查方式基本能够实现对行政权的监督。但随着行政任务的日益多元,行政事务的日渐复杂,传统审判模式面临重重挑战。一方面,当立法缺位时,合法性审查将束手无策,社会高速发展与立法滞后间的矛盾必然会导致很多新兴领域因立法不及时,出现无法可依境地,此时,传统"依法而判"的审理路径将面临功能受阻而陷入被动的境地。另一方面,随着给付行政的发展,风险社会的到来,行政事务所涉专业性、复杂性程度不断提升,若法院仍坚守简单的合法性审查,不愿涉足行政行为合理性领地,会放纵行政裁量权,使行政权成为"脱缰的野马"。

面对这一现实,学界意识到形式法治目标的局限,提出要突破传统法治主义预设的合法性窠臼,辅以正当性标准,形塑合法性与正当性并用的二元体系。[①] 理论与实务的互动也促使法院反思原有审判模式的不足,并尝试加强对行政行为的审查,优化对行政权的监督。只是,在短期内,法院一时尚难确立起对合理性、涉专业性问题行之有效的审查方式,亦未形成精细化的审查标准和强度。受制于当前仍较为粗疏的司法审查规则,法院实难从技术层面展开抽丝剥茧式的审查,这是导致法院高度尊重行政机关,怠于履行利益衡量职责的重要原因。

---

① 参见江必新:《行政程序正当性的司法审查》,载《中国社会科学》2012年第7期。

三、信赖保护原则的实现路径

虽然本文是从司法审查的角度出发,审视当前行政许可领域信赖保护原则的困境,但要真正走出困境,实现信赖保护原则规范与事实的融合,路径的选择决不能仅仅依靠司法审查规则的完善,亦需关照宏观层面政府诚信意识的增强,中观层面立法供给的完善,微观层面案例指导制度的推行等,从而实现宏观、中观与微观的有效对接。

（一）增强政府诚信意识

法治的一大特征即为确定性,这要求政府的权力行使必须以一种可知的方式呈现出来,政府的行为必须具有可期待性,不能朝令夕改。正如哈贝马斯所言,"一个统治的合法性,是以被统治者对合法性的信任为尺度的。这涉及着'信任问题,即相信一个国家的结构、活动、活动方式、决策、政策,以及一个国家的官吏和政治领导人都具有正确性、合理性、善良道德的素质;并且相信由于这种素质而应得到承认'"[1]。正是因为守信的重要性,党和国家一直都高度重视诚信社会建设,试图通过一系列诚信建设长效机制来提高全社会的诚信度。在关注、强化社会诚信度的同时,我们不能忽视政府本身的诚信,毕竟政府守信践诺是社会诚信建设的基石——"国家机关有了诚信,才有权威,才能得到民众的信服,民间诚信才能得以培育"[2]。

而为了切实提高政府诚信意识,我们可以考虑从以下两方面着手。首先,建立政府守信激励机制。守信激励不仅有利于培养相对人的诚信意识,而且对政府本身亦具有正向引导作用,可以有力激发政府守信的积极性与主动性。而要将守信激励落到实处,需要构建合理、可操作性强的政府信用评价机制,这也是保障守信激励客观、公正的关键。随着国家对社会诚信体系建设的推进,我国已建立了较为健全的个人与企业信用评级机制,但政府信用评价尚处于摸索之中,很多地方亦未将其纳入法治政府建设评价指标体系之中,随意性较大。在构建制度化的政府信用评价机制时,我们可以适当借鉴社会信用评价机制在主体、内容、程序等方面的有益设计,尤其是要赋予政府诚信报告法律效力,对信用评级好的政府部门,要在改革试点、项目投资等领域提高政策支持力度,并将其作为行政机关负责人考核、晋升、评优评先的依据。其次,确立政府失信惩戒机制。相对于政府守信激励的柔性色彩,失信惩戒所引发的高度威慑力,更能从反面倒逼政府守信。对此,可以考虑建立政务失信信息共享交换机制,将各级政府、部门违法违规、失信违约等信息纳入政务失信记录,据此作为减少政策支持、取消参加各类荣誉评选资格的重要依据。与此同时,加大对政务失信行为主要负责人

---

[1] [德]尤尔根·哈贝马斯:《重建历史唯物主义》,郭官义译,社会科学文献出版社2000年版,第287页。
[2] 郑鄂:《加强社会诚信建设　建立失信惩戒机制》,载《光明日报》2011年8月26日第7版。

的查处力度,并根据查处结果,依法依规给予政纪处分,并取消其在考核、任用、升迁、评优评先等方面的资格,提高失信成本。①

（二）完善规范依据

明确、科学的规范依据是行政机关积极履行裁量义务的前提,亦是促进司法机关行使实质审查权的关键。针对信赖保护原则在行政许可领域遭遇的适用困境,有必要从以下几方面优化制度供给。

其一,重构利益衡量条款。鉴于《行政许可法》在处理信赖利益与公共利益时所持偏颇态度影响了这一原则的实现,在未来该法的修改以及其他领域涉信赖保护的立法时,需要调整公共利益本位论的立法思路,重视私益,将信赖利益置于与公共利益平等的地位。与此同时,在相应规范中明确行政机关的平衡职责。而要让行政机关切实履行利益衡量职责,离不开对公共利益的适度厘定。我们知道,整体意义上的公共利益具有原则性、抽象性特质,但不同领域所涉公共利益是有差异的。为明确、细化特定领域公共利益的范畴,各部门法首先应根据自己的调整对象和调整范围展开对该领域公共利益的界定,框定公共利益的大致方向和主要范围,也为具体领域公共利益的认定争议提供可兹参考的依据。而在框定特定领域公共利益范畴的基础上,可以进一步对该领域较为明确的公共利益的表现形态予以肯定列举,尽量细化所属领域公共利益的具体涵摄对象。目前这一立法方式在部分法律、法规中已有尝试②,为特定领域公共利益范围的划定提供了较为明确的规范指引,接下来我们可以考虑在其他涉公共利益立法中也采纳此种列举形式,以更好地引导行政机关行使裁量权。最后,对明显不属于公共利益的事项进行否定列举,借由对公共利益的反向解释,将那些不是或貌似公共利益事项排除出去,以防公共利益范围的不当扩大。③ 综上,通过概括规定、肯定与否定列举这一逻辑上相对周延的立法模式,在规范层面细化公共利益的内涵与外延,尽量为执法者与司法者提供可操作性的适用规则,倒逼其履行利益衡量职责。

其二,完善行政补偿制度。长期以来,我国补偿规则的粗疏一直制约着行政补偿制度的发展。随着补偿适用领域的增多,制定统一的行政补偿法是实现补偿法治化的前提,而其

---

① 参见《什么！今后政府失信、个人失信将全面惩戒？》,http://www.sohu.com/a/163910833_366250最后访问日期:2021年6月1日。

② 《国有土地上房屋征收与补偿条例》第八条规定:"为了保障国家安全、促进国民经济和社会发展等公共利益的需要,有下列情形之一,确需征收房屋的,由市、县级人民政府作出房屋征收决定:（一）国防和外交的需要;（二）由政府组织实施的能源、交通、水利等基础设施建设的需要;（三）由政府组织实施的科技、教育、文化、卫生、体育、环境和资源保护、防灾减灾、文物保护、社会福利、市政公用等公共事业的需要;（四）由政府组织实施的保障性安居工程建设的需要;（五）由政府依照城乡规划法有关规定组织实施的对危房集中、基础设施落后等地段进行旧城区改建的需要;（六）法律、行政法规规定的其他公共利益的需要。"此外,《中华人民共和国土地管理法》第四十五条,《中华人民共和国信托法》第六十条也是类似立法方式的体现。

③ 参见高志宏:《公共利益立法模式研究》,载《江苏社会科学》2012年第6期。

中关键性的问题则是要确立补偿标准、方式。一般而言，补偿的范围应与损失相当，包括直接损失（既得利益）与间接损失（期待利益）。两者一体化保护的情形在域外立法中不占少数①，在我国，尽管设定补偿标准需考虑经济社会发展水平的现实因素，但基于法益衡量，让位于公益后的私益损失理应获得充分补偿，特别是在其以有偿方式取得的特许许可被变更或者撤回后，行政机关不仅应补偿直接投资损失，关照基于项目未来正常开展而付出的诸如专家论证、评估费等辅助性投入，还应适当弥补利害关系人在正常状态下可预见的利益损失。在提高补偿标准的同时，补偿方式的多元化同样重要，考虑到行政行为所涉领域的广泛，在诸如城市规划、矿产资源、房地产开发等领域，因所涉金额巨大，权益影响复杂，如果只适用金钱补偿，会导致政府财政负担大，有时也难以真正满足公众的需求，对此，可以适当拓宽补偿方式，采取诸如妥善安置、核减税费等，在不给政府财政带来过大压力的同时，最大限度地保障信赖利益的实现。②当然，要使受损权益得到快速、有效恢复，在提高补偿标准、拓宽补偿方式的同时，还需进一步优化补偿程序，完善补偿救济，这也是未来行政补偿法需明确的内容。

其三，健全行政程序制度。"行政程序不仅仅是实现行政实体或结果的技术性工具，它还有着独立于实体而存在的内在价值。"③只有通过程序的公开才能实现实体的公平、公正，也方能更全面地保障公民的合法权益。近些年，我国理论界和实务界要求制定行政程序法的呼声越来越高，也提出了很多版本的行政程序法草案。但到目前为止，统一的行政程序法尚付阙如，行政程序仍零散地呈现在个别单行法以及一些地方规章中，这不仅导致部分程序因单行立法的缺漏不齐而遭遇空转风险，更重要的是会影响程序观念的真正形成。基于此，我们有必要尽快制定行政程序法来解决立法缺失、冲突问题。在未来的行政程序法中，首先要在总则部分确立"信赖保护""正当程序"等基本原则，其次应在分则中细化听证、陈述意见、申辩等核心程序，明确通知方式、参加人、笔录效力等，保障程序的真正落地。除制定统一行政程序法外，在各单行立法以及层次稍低的地方立法中，我们亦应将程序观念注入其中，通过及时立法、修法，进一步完善特定领域的程序规范，为具体领域行政执法提供清晰的程序规则。

---

① 例如韩国《土地征收补偿法》将对土地被征收人因公益事业受到损失的补偿划分为客观价值的补偿和附带损失的补偿，其中附带损失补偿包括残余地补偿、搬迁费补偿、营业损失补偿、农业损失补偿、误工费等，以保障被征收人维持土地被征收以前的生活状态。参见康贞花：《韩国土地征收补偿法律制度及其对中国的启示》，载《延边大学学报（社会科学版）》2011年第3期。《德国联邦建筑法典》规定对因征收而产生的权利损失以及其他因征收而产生的财产损失均应当予以补偿。其中财产损失是指除权利损失之外的因征收而产生的其他财产损失，比如因为部分土地被征收使得剩余土地的价值减损，又如搬迁费用、法律咨询费、专家鉴定费等与土地征收的后果不可避免紧密关联的一些费用。参见袁治杰：《德国土地征收补偿法律机制研究》，载《环球法律评论》2016年第3期。
② 参见毕竞悦：《撤回或变更矿业权许可应合理补偿》，载《中国能源报》2018年6月11日第015版。
③ 周佑勇：《行政法基本原则研究》，武汉大学出版社2005年版，第240页。

(三) 优化司法审查规则

信赖保护原则从文本走向实践离不开法院这一重要载体,它是评判信赖利益是否存在以及是否值得保护的最终决定者,也是各方展开理性对话的重要场所,而要充分发挥法院的功能,需要借助于有效司法审查规则的构建。

其一,探索判断过程审查方式。在行政许可的撤回、撤销案件中,基于司法权与行政权的分工与平衡,法院应当尊重行政机关的裁量行为,但考虑到现代行政被裁量紧紧裹挟的现实,法院不能完全放弃对裁量行为的审查,对公共利益仅作抽象、笼统的评价。正如我国台湾地区董保城教授所认为的,行政机关或行政法院以维护公益为由,废弃行政行为时,应具体说明所为公益的内容,不得纯以空泛之公益上理由而废弃授益处分,否则废弃行为本身即可能构成权力滥用的违法行政行为。[①] 此外,合理性审查与专业性司法监督本身不是一回事,前者的认知主体属于理性人范围,诉诸一般的社会观念就可以判断,后者的认知主体限于专业性群体,需要专业性知识支撑。[②] 在对是否关涉"公共利益"的判定上,往往不涉及专业性判断,依靠朴实的社会观念即可完成,作为理性法律人的法官应当有能力完成这一评判任务。

随着学界对控制行政裁量权研究的日益深入,法院也开始尝试探索审查行政裁量是否合理的具体方式,但更多还是将着力点放置在审查标准、强度上,基于公共利益等概念本身的不确定带来结果层面审查的困难,我们可以考虑超越传统实体审查纠结于不同层级审查标准的争论,开启判断过程审查方式。所谓判断过程审查方式是指法院将审查重点从对行政行为结果的审查转移到对行政行为作出过程的审查,在此过程中,要求法院考量行政机关在作出某种行政行为时,是否遵循了必要程序,充分考虑了各相关因素等。与传统行政诉讼将关注焦点放置在行政机关"作出怎样行为(what)"以及"如何作出行为"所不同的是,这一过程性审查方式强调的是"行政机关为何(why)会作出特定的行政行为"[③],既避免了传统实体性审查可能导致的"审查过度",也缓解了单纯程序性审查不足的困境,指向的正是"适度的司法审查"[④]。具体到与信赖保护原则有关的案件,法院不必纠结行政机关的相应行政行为是否基于公益这一结果,而是要求行政机关就所涉及公共利益的内涵作出明确而详细的阐述。在此过程中,行政机关应承担举证责任,从实体、程序方面充分论证其行为的正当性、与公共利益的密切关联性,并且要清晰无误地将其权衡公共利益与私人利益的过程呈

---

① 参见董保城:《行政处分之撤销与废止》,五南图书出版公司2000年版,第476页。
② 参见姜鹏:《不履行法定职责行政案件司法审查强度之检讨》,载《华东政法大学学报》2017年第4期。
③ 参见江利红:《日本行政诉讼法》,知识产权出版社2008年版,第100页;刘东亮:《涉及科学不确定性之行政行为的司法审查——美国法上的"严格检视"之审查与行政决策过程的合理化的借鉴》,载《政治与法律》2016年第3期。
④ 参见王天华:《行政裁量与判断过程审查方式》,载《清华法学》2009年第3期。

现出来，只有当行政机关的阐述达到合理说明标准时，法院才能作出支持行政机关的判决。借由结果审查与过程审查间的有效转换，法院在恪守司法审查界限，有效评价行政裁量的同时，也促进了行政机关、社会公众及其他利益相关方之间的沟通对话，增强了判决的说服力与可接受性。

其二，重视"正当程序原则"的运用。在现行行政诉讼机制中，虽然程序是否合法是我国司法审查的标准之一，但由于统一行政程序法的缺乏，加之单行立法的缺漏，相当一部分行政行为没有程序规范可依，此时，"违反法定程序"的审查理由对于无程序法控制的行为来说，实际上是"对空放炮"①。为落实程序审查机制，实现裁判的公正、科学，需要扩充程序的内涵，不仅将其指向法定程序，更应涵盖能有效保障行政相对人合法权益的正当程序。事实上，伴随着正当程序观念的日渐深入，法院运用该原则来控制行政机关程序裁量权愈发频繁，审查技术也日臻娴熟。在行政许可的撤回、撤销案件中，法院完全可以通过正当程序来审查撤回、撤销行政许可程序的合法性。值得提及的是，在2021年《中华人民共和国最高人民法院公报》第11期刊载的"中石化盐城公司诉射阳县国土局撤销行政许可案"中，法院明确将正当程序引入行政许可撤销案中②，最高人民法院对于这一案例的刊载将对下级法院之后类似判案产生积极引导作用。

其三，优化裁判方式。作为我国行政诉讼法定判决形式的履行判决主要是针对行政机关的不作为行为，本应在维护相对人权益，倒逼行政机关积极作为方面发挥重要作用。然而，在司法实践中，法院经常出于"多一事不如少一事"考虑，作出只要求被告履行职责，却未明确履行期限、方式与内容的程序性判决。从纯粹的法律适用角度观之，程序性判决并不与《行政诉讼法》相悖③，但从行政诉讼的功能视角观之，内容模糊的程序性判决很难实质性地保护相对人的权益，也很可能为下一个行政争议埋下"种子"，阻滞行政救济功能的发挥，需要调整与重构。从域外经验来看，在程序性履行判决不足以充分保护当事人实体权利时，一些国家引入了"裁判时机成熟理论"。例如，在德国，当法院经过审查，发现案件事实已经查清，行政机关不作为确属违法，且行政相对人所申请作出的行为为羁束性行为，或虽为自由裁量性行为，但裁量权已缩减至零时，法院可以直接判决行政机关作出特定内容的行政行为。④ 与此同时，当缺乏成熟的裁判时机时，法院可以作出答复判决，要求行政机关在采取行

---

① 参见江必新：《行政程序正当性的司法审查》，载《中国社会科学》2012年第7期。
② 在"中石化盐城公司诉射阳县国土局撤销行政许可案"中，法院认为，射阳住建局在对原告作出(2017)第1号《撤销行政许可决定书》时，对原告已积极着手筹备建设的罩棚维修改建工程造成非常不利影响，其作出该行政行为时应当遵循公开、公平、公正的原则，应当听取行政相对人即本案原告就其在申请改建加油站罩棚维修改建时是否隐瞒真实情况进行陈述和申辩，即应受正当程序的控制。参见《中华人民共和国最高人民法院公报》2021年第11期。
③ 毕竟我国《行政诉讼法》在规定履行判决与给付判决时，只是简单地要求被告在一定期限内履行，并未就如何履行作进一步规定。
④ 参见王天华：《裁量收缩理论的构造与边界》，载《中国法学》2014年第1期。

动时,注意法院的法律观。[①]

虽然从《行政诉讼法》及其司法解释中,我国没有看到"实体性裁判"的指示,但《最高人民法院关于审理行政许可案件若干问题的规定》第十一条[②]在一定程度上限缩了行政机关再次作出行政行为的内容,为裁量时机成熟理论在我国司法实践中的运用提供了规范基础。针对当前程序性判决引发的执行率低、重复诉讼等问题,在综合考量现有立法的基础上,我们可以考虑三步走:首先,做好释明工作。在起诉阶段,当法院发现原告的诉讼请求不够具体——仅要求法院责令行政机关作出补偿决定,却未提及补偿数额,法院可以释明,适当引导原告表达出更为精准的诉求,帮助当事人充分行使诉讼权利。其次,在诉讼环节,法官在尊重行政机关裁量权、专业判断的基础上,发现行政机关是否应当作出特定内容的补偿已十分明确,且有具体的法律依据时,基于行政救济的实效性、经济性理念,法院可以在判决主文中,就为何责令补偿、对谁补偿、如何补偿,补偿多少等予以明定。最后,当案件事实、法律关系非常复杂,且欠缺明确的补偿依据时,法院不宜在判决中责令行政机关作出具体内容的补偿,但可以通过说理的方式,指引行政机关作出适当的补偿决定,或者通过司法建议的方式,引导行政机关在作出补偿决定时应考虑一些因素,从而减少行政相对人可能的"诉累",实现真正的案结事了。

(四)重视行政指导性案例

我国不是判例法国家,指导性案例亦不属于正式法源,但2010年《最高人民法院关于案例指导工作的规定》第七条"最高人民法院发布的指导性案例,各级人民法院审判类似案例时应当参照"赋予了指导性案例"事实上的拘束力"。经过十年的探索,经最高人民法院遴选出的指导性案例在统一法律适用、弥补成文法律规范不足以及引导下级更好地审理疑难、复杂案件等方面发挥了重要作用,大大提高了审判质量。而鉴于行政诉讼具有监督行政机关依法行使职权这一功能,行政指导性案例的作用更为多元、综合,除了可以优化司法审查机制外,它还可以将司法过程中确立的一些司法审查标准的效力和功能扩展至行政裁量领域,指引、督促行政机关及时、合理行使裁量权,提高执法水平与接受度[③],值得推广。

此前,最高人民法院通过《中华人民共和国最高人民法院公报》、《中国行政审判案例》、

---

① 参见[德]弗里德赫尔穆·胡芬:《行政诉讼法》(第5版),莫光华译,法律出版社2003年版,第463-464页。
② "人民法院审理不予行政许可决定案件,认为原告请求准予许可的理由成立,且被告没有裁量余地的,可以在判决理由写明,并判决撤销不予许可决定,责令被告重新作出决定。"
③ 参见王东伟:《行政诉讼指导性案例研究》,载《行政法学研究》2018年第1期。

"行政审判十大典型案例"等形式公布了一些与信赖保护原则有关的案例[①],但自 2011 年 12 月 20 日最高人民法院发布第一批指导性案例至 2021 年 12 月 1 日共 31 批指导性案例中,我们尚未看到有关信赖保护原则的实例。为了充分发挥行政指导性案例在统一司法审查标准与行政裁量标准上发挥的重要作用,在未来最高人民法院遴选指导性案例时,可以考虑将体现信赖保护原则的案件吸收进来。尤其是将系争具体行政行为背后所隐藏的公共利益考量过程充分呈现出来,并作详细分析,从而大大增强判决的说服力,为下级法院审理类似案件提供指引。

四、结语

在信赖保护原则已然深深嵌入行政全过程的当下,本文仅以行政许可领域为切入点,选择司法审查这一事后评价机制,的确难以展现出信赖保护原则现实图景的全貌。但考虑到法院作为搭建多方主体沟通、交流的重要平台,可以将行政机关和行政相对人间的对话、冲突充分展开出来,是一不容忽视的观测点。也正如余凌云教授评价英国的合法预期原则那般:"用历史的眼光看,合法预期的总体脉络是由程序性保护发端,向实体性保护走去。它是经由一个个判例逐步发展而来。"[②] 在信赖保护原则本土化的过程中,需要我们高度重视司法审查这面镜子所折射出的问题,并在理性、客观反思不足的基础之上,探索有效的完善路径。当然,要走出信赖保护原则的困境,不能仅仅依靠司法,需要发挥立法、行政、司法等多部门的联合、协调作用,这必然是一个漫长而有意义的过程。

[①] 例如"益民公司诉河南省周口市政府等行政行为违法案""慈溪市华侨搪瓷厂诉浙江省慈溪市国土资源局不履行土地调查法定职责案""郑州市中原区豫星调味品厂诉郑州市人民政府行政处理决定案""洋浦大源实业有限公司与海南省林业局行政侵权并请求行政赔偿上诉案""谷西村委会诉洛阳市人民政府土地行政许可案""郭伟明诉广东省深圳市社会保险基金管理局不予行政奖励案""吴小琴等诉山西省吕梁市工伤保险管理服务中心履行法定职责案""范元运等诉邹平县魏桥镇人民政府等规划许可暨行政赔偿纠纷案""邓州市云龙出租车有限公司诉邓州市人民政府出租车行政管理案""苏耀华诉广东省博罗县人民政府划定禁养区范围通告案"等。

[②] 余凌云:《英国行政法上合法预期的起源与发展》,《环球法律评论》2011 年第 4 期。

· 青年法苑 ·

法官如何思考：波斯纳司法决策理论的经验与批判

张昱琦[*]

摘　要： 司法决策的过程既包含客观规则的运用，又涉及主观认知的塑造，二者共同构筑起通往司法公正的道路。关于司法决策的主观层面，即"法官如何思考"这一命题，波斯纳的司法决策理论为我们探究法官思维提供了可借鉴的经验。作为案件裁判者的法官绝不是仅适用法律而不创造法律的"自动售货机"，尽管司法裁判看起来受法条主义的驱动，但在实践中，法律规范对法官决策的影响相对有限，政治偏好、个人特征等非法律因素都将塑造法官的司法前见，影响司法裁判行为。在法律的开放领域，司法决策充满了政治性要素，法官是偶尔的立法者，即使在独立的司法体系内，法官的司法认知和行为依然受到外在司法环境、内在司法方法以及潜在个性因素的约束。波斯纳将法官定义为"受约束的实用主义者"，他认为法官应当关注裁判的系统性、长远性后果，该理论尽管重塑了司法决策的基本模型，但也存在方法论层面的局限性，应保持批判与理性审慎对待。

关键词： 法官如何思考　司法决策　法条主义　实用主义　贝叶斯定理

导论

在诉讼过程中，保证司法裁判的公平与正义始终是国家与社会公众普遍关心的问题，特别是党的十八届四中全会以来，为了进一步促进司法公平与正义的实现，理论界与实务界提出并推行了一系列相关的改革举措，包括"推进以审判为中心的诉讼制度改革"等。然而，

---

[*] 作者简介：张昱琦，中国政法大学刑事司法学院博士研究生。

实践中却出现规则构建与制度异化并存的局面,影响了改革成效的发挥,究其原因在于对改革主观层面的长期忽视。在诉讼过程中,任何客观规则的成效都需要通过法官的主观性判断来反映于具体的个案之中,因此,探究"法官如何思考"成为保障司法公正的重要内容。对此,美国著名的法律学者和法律思想家理查德·波斯纳在其同名著作中阐释了其实证的司法决策理论,引发了学界对裁判者主观认知及决策思维的深度讨论。作为法律经济学的开创者,波斯纳致力于将实用主义作为一种法学研究的方法,并且重视将这种法学思维与经济学思维深度融合,以经济学的方法解释法学问题,他的法哲学理论与法学方法论在20世纪后半叶颇具影响力,甚至重塑了美国的法学和法律。当然,波斯纳不仅仅是一个理论家,他也是一名从业者,一名联邦上诉法院法官,在第七巡回区上诉法院工作多年,有着丰富的实践经验。或许是身兼学者与法官的双重身份,波斯纳对法律的认知视角不同于一般的学者或法官,他擅长于以实践的、实用主义的视角来理解、分析法律,特别是对司法决策过程的研究投入了较多的心血,也形成了自己独特的洞见。因此,其著作《法官如何思考》结合了其长达27年的法官任职经验,并融入了跨学科研究的思维方式,带人们走入了波斯纳的司法决策世界,对他所看待法律的方式有了全新的了解,也对法官在驾驭理论和实践之间的思维方式与决策模式有了新的认识。

作为一部能够反映波斯纳学术思想的代表性著作,《法官如何思考》一书一经出版便在美国法学界引起了法官、学者,甚至是社会大众的广泛评论与探讨,毕竟,仅书名对读者而言就十分具有吸引力,有谁不想知道法官是如何思考的呢? 然而,通读此书的人便会发现,波斯纳并没有在书中讲述其在法官任职过程中所发生的奇闻轶事,也没有以第一人称的视角剖析自己的内心世界,而是以学术型的写作方式进行实证分析,结合真实案例,考察法官在审理案件时具体的司法决策行为,并提出较多概念性、理论性的论点,综合运用劳动力经济学和认知情感心理学的知识,系统阐释了基于司法激励和市场结构分析模式下的司法决策基本模型,论述了社会和制度对司法认知以及司法决策的作用方式。正如该书译者苏力教授所言,"该书的贡献在于展示了活生生的人如何与司法的和社会的制度互动造就了我们称之为'法官'的这些行动者,他们为什么如此行为和思考,从而为'在非常规的案件中,法官实际上如何得出其司法决定(提出)令人信服的、统一的、现实的且适度折衷的解说'"[①],是以"一种实证的审判决策理论"[②]来解释法官慎思或是司法决策的隐秘性,具有现实意义。

实证的审判决策理论研究在美国广受关注,因为该理论承认法律的不确定性,这种不确定性为法律适用创造了一个开放地带,法官依据法条主义决策模型或者三段论推理无法实

---

① [美]理查德·波斯纳:《法官如何思考》,苏力译,北京大学出版社2009年版,第V页。
② [美]理查德·波斯纳:《法官如何思考》,苏力译,北京大学出版社2009年版,第17页。

现内心确信,则其判决将由激励或约束其职务行为的各种法律外因素所决定,例如司法环境、制度规范、政策考量、战略规划、个案正义以及经验、气质、背景、经历等,这些因素都会影响法官的裁判。就如波斯纳在书中所描述的那样,法官也是常人,他们的行为受欲望的驱动,收入、权力、名誉、尊重、自尊、闲暇等基本的善品都将是促使法官作出不同裁判结论的驱动力。① 此时,法官还需要扮演"偶尔的立法者"的角色,拥有消极的立法权,这是法官行使自由裁量权、保障司法独立性的应有之义。同样,在中国现行的司法制度框架内,该理论仍然具有较大的启发性意义与借鉴价值,值得我们深入研究与探索。当然,在此过程中,保持批判性的思维方式同样重要,这将为我们对法官司法决策行为模式的系统性研究提供更加广阔的视野和相对完整的理论支撑。

一、司法决策的基本理论模型

关于司法决策的基本理论,依据波斯纳的观点可分为九种实证的理论,即态度理论、战略理论、组织理论、经济学理论、心理学理论、社会学理论、现象学理论、法条主义理论以及实用主义理论,这些理论共同构建起司法行为的"基本模型",其中,法条主义理论与实用主义理论的博弈最为激烈。法条主义是所有司法决策理论之中最基础、最传统,也是最"官方"的司法实证理论。在18世纪欧洲理性主义兴起之时,为了防止法官恣意裁判损害公民权利,人们把确定的法律条文作为辨别是非与曲直的唯一标准。法条主义认为所有的司法活动都是由"法律"所设定的,所有司法裁判的依据也必须是法律,这里的法律可以理解为正式的法律渊源,以及对其进行逻辑推导所得到的相关规则。由于规则是确定的,法官只需要保持对法律条文的坚守和对法律教义的忠诚,在明确法律事实的基础上依据三段论进行逻辑推理,以法律规定为大前提,事实问题为小前提,结论即为最终的裁判结果。通过明确、严格的条文规范,行为的法律后果得以确定,法律的安定性和可预测性价值得以充分发挥,法律的权威性得以强化。依此理论推理适用法律的过程属于公式性质的推导模式,推理过程应处于"真空"状态下,裁判心理不应受到"法律"外因素的影响,法条主义者也将法律形容为"有限的领域"。波斯纳认为,法条主义司法决策完全由正宗的法律材料所确定,这些法律材料包括宪法、制定法文本以及同级或上级法院的先例等,又或者说,这种司法决策模式所依据的规则是从法条或先例中经过逻辑推演而得到的。②

与之明显对立的是法律实用主义,其核心是实用主义司法,强调司法决策的依据是其可能产生的后果,后果所包含的是法官的价值评判,裁判所反映的是依此后果而做出的政策判

---

① [美]理查德·波斯纳:《法官如何思考》,苏力译,北京大学出版社2009年版,第10页。
② Frederick Schauer. Formalist. The Yale Law Journal, Vol.97(1988), p.509.

断性倾向。与实用主义法律相关的重要论著是霍姆斯的《普通法》,其开篇名句"法律的生命从来不是逻辑;一直都是经验"①始终被认为是法律实用主义的最具代表性阐释。他始终坚持,推动法律不断发展变化的因素是法官对司法决策所带来的经济后果与社会后果等因素进行评估后而创设或制定的法律。霍姆斯认为,依据对后果的直觉进行裁判会比运用法律推理的方式裁判更加有利于推动法律的进步,体现最明显的是法官对疑难案件的裁判过程。②在霍姆斯之后,约翰·杜威(John Dewey)在霍姆斯主要观点的基础之上进一步从哲学上丰富了实用主义司法决策模式,他呼吁司法从业者们不应教条地将从给定规则推演法律的思维方式视为唯一的司法决策模式,而应该将眼光放置于对法律后果的分析,并以此来塑造法律,这种司法决策进路相较于常规的三段论推理更具有前瞻性。③波斯纳对实用主义观点的论证则更为系统,他精辟指出"美国审判中的实用主义风格是广泛深厚的"④,他认为,如果把美国的法官视为一个整体进行研究,那么他们无疑是实用主义群体,由其所主导的司法决策无疑是实用主义的,而描述美国各层级法官并最大限度洞悉其行为的最佳词汇也无疑是实用主义。从功能和特征上分析,实用主义司法决策模式并不以法律条文或规范为依据,要求司法裁判者不必把裁判结果视为对固有法规进行演绎推理的结果。而应关注并重视司法裁判的可能后果,并以裁判塑造法律。从适用和影响范围上分析,实用主义对司法决策的影响范围存在一定的地域性特征,仅能在一定地域范围内发挥较好的后果指引作用,并不具有普适性,这是不同地区的文化、价值差异等因素综合影响的结果。若社会的规范同质程度高,则对法律后果评判意见的一致程度就越广泛,实用主义也越能够在此范围内提供指引。因此,实用主义司法决策模式具有向前看的、能动主义的、注重经验和后果的、反教条的、重视社会等方面的特征,在理论上与法条主义相对立。⑤

事实上,在司法决策过程中,法条主义与实用主义也并非完全对立,法律实用主义视法条主义为裁判的基础性方法,裁判的依据首先应当是法律、规则、先例等内容,其次还要对拟适用的法律有准确的理解,在保证法律的稳定性、整体性及可预测性的前提下,对司法决策的后果(包括受法律规范的行为的意义)做出系统性预判,最后产生裁判结论。波斯纳认为,不能用单一的法条主义或实用主义语词来定义美国的法官,因为他们并非纯粹的法条主义或实用主义者,实践中,可能他们会在一些案件中展现更多的法条主义倾向。在另一些案

---

① Oliver Wendell Holmes. The Common Law. Dover Publications,1881,p.1. 中译本:[美]小奥利弗·温德尔·霍姆斯:《普通法》,冉昊、姚中秋译,中国政法大学出版社2006年版,第1页。又参见Oliver Wendell Holmes. The Path of the Law. Harvard Law Review Vol.10(1897),p.457. 中译本:[美]小奥利弗·温德尔·霍姆斯:《法律的道路》,李俊晔译,中国法制出版社2018年版,第2页。
② 参见[美]小奥利弗·温德尔·霍姆斯:《普通法》,冉昊、姚中秋译,中国政法大学出版社2006年版,第1-3页。
③ John Dewey. Logical Method and Law. Cornell Law Quarterly,Vol.10(1924),p17.
④ [美]理查德·波斯纳:《法官如何思考》,苏力译,北京大学出版社2009年版,第211页。
⑤ 参见[美]理查德·波斯纳:《超越法律》,苏力译,北京大学出版社2016年版,第3-7页。

件中又会展现更多的实用主义倾向。因此,波斯纳将法条主义视为一种实用主义的战术而存在,在进行司法决策的过程中,法条主义是常规案件中使用最多、最具说服力的司法决策模型,但法官仍然会遇到用尽法条主义技巧都无法得出确定裁判结果的情况,也可能会遇到因一些感觉、直觉或情感而更倾向于得出与法条主义或实用主义相反指向的结论等情形,这足以说明单纯的法条主义或实用主义都过于片面了,二者并非取一舍一的关系。因为即使在最高院这样的政治性法院,或是在最具政治性的宪法性法律领域,法条主义内核仍坚实存在,同时,法条主义者在作决策的过程中同样离不开实用主义分析理论的帮助。当法条主义者对某一规范作目的性解释时,其对法条的认知已无法摆脱政治、政策等因素的影响,这在一定程度上反映出他们对推进该政策的认同与期待,本质是对实用主义理论内涵的赞同。

作为司法劳动力市场的参与者,法官行为还会受到劳动力市场的激励与约束,其司法决策也一定会受到规则以外因素的影响,例如晋升、薪水、权力、闲暇、公众承认等。同时,由于制定法具有抽象性、模糊性的特征,在常规案件之外还存在一个"开放地带",由法官行使"立法权",法官是偶尔的立法者。波斯纳强调,尽管大多数司法决定看上去都是法条主义驱动的,但法官绝不是仅适用已有规则或有什么独特的法律推理模式的法条主义者;法官的政治偏好或法律以外的其他个人性因素,例如法官的种族、性别、年龄、性格、阅历、受教育程度以及道德、宗教、政治思想等意识形态要素均会塑造他的司法前见(preconception),进而直接塑造他对案件的回应。[①] 因此,虽然法条主义曾一度被视为法官裁判过程中最理想的模型,包括我国在内的许多国家都视法条主义为主要的司法决策理论,但其对于法条之外人与制度等因素对司法决策的影响力却缺乏关注,暴露出较大的理论缺陷,更与现实中的法官决策思维形态不相符合,其局限性是明显存在且难以消除的。

那么,实用主义理论真的优于法条主义、法律现实主义等其他所有的司法决策理论吗?答案并非如此。波斯纳把法律实用主义者又分为理智的实用主义者和短视的实用主义者,前者能够以长远性、系统性后果作为考量要素,后者则与之相反。显然,好的实用主义者绝不可能是短视的实用主义者,他们绝不会为了个案正义而牺牲法律的长远性、稳定性后果,他们在适用法律的过程中依然会保证法适用的统一性,而只有"受约束的实用主义"才能有效指导司法实践。[②] 以美国的毒品销售案件为例,如果一位法官从内心不认同销售大麻是非法的,那么他对于被指控销售大麻的违法者就极有可能会从轻处理,然而,如果他看到统一量刑的优势大于特事特办的优势,他就很可能会基于对裁判长远性后果的考虑而弱化对大麻违法者从轻处理的想法,毕竟,任何贩毒都是破坏社会秩序的,都应予以严惩。这种以裁

---

① 参见苏力:《经验地理解法官的思维和行为——波斯纳〈法官如何思考〉译后》,载《北方法学》2009年第1期。
② [美]理查德·波斯纳:《法官如何思考》,苏力译,北京大学出版社2009年版,第230页。

判的系统性后果作为考量因素的司法决策模式才是实用主义的真正意涵。又如我国的"泸州遗赠案",法官出于对公序良俗的尊重和对社会价值的考量而作出维护妻子合法权益的裁判,其所依据的并非法条,而是个人良知、道德、情感等法律外因素,这种长远性的价值考量是理智的实用主义者的司法决策模式选择。同时,法官不仅要在后果考量上注意系统性,其司法决策的过程还会受到多种内在、外在以及潜在因素的约束,它们是影响法官司法决策的重要因素。

二、司法决策约束条件的类型化分析

正如卡多佐所言,司法决策者的全部生活始终是在同一些他们未加辨识也无法命名的力量进行较量,例如遗传、信仰、后天确信等,而结果便是一种对生活的看法和一种对社会需求的理解,在诸多理由得以精细平衡时,所有这些力量就一定会决定他们所作出的裁判是什么样子的。[①] 客观而言,每一次司法审判的过程都是法官有意识或无意识地运用裁判思维进行司法决策的过程,人的思维活动从来不是单一的,也不能被简单定义,甚至不能以逻辑理性来完全解读,审判思维可能掺杂法律条文、司法环境、制度规范、政策考量、战略规划和个案正义等诸多因素,甚至还会受到经验、气质、背景、经历等个性因素的影响。就如波斯纳所坚持的,法官总是会成为偶尔的立法者,因为法律条文永远不可能考虑到所有现实的需要,当一个案件没有可适用的法律或法律不明确时,法官也必须作出判断,而不论是怎样的决定,其都将具有法律的性质,正如立法者所做的那样。如果法官面对的是非常规案件,那么其立法性思维活动会更加明显,这一决策过程看似拥有较大程度的自由,实则又是受到约束的,因为做决策是个慎思问题,要对多种情形予以综合考量,绝不能靠抛硬币来决定。因此,在慎思的过程中,包括司法环境、司法方法、学术评价等在内的各种内、外在因素都将对法官裁判思维形成约束,进而影响司法决策的作出。也正是由于上述原因,波斯纳才始终把实用主义者称为"受约束的实用主义者"。

(一)外部环境约束

关于对法官的外部约束,波斯纳结合自身的司法经验,同时运用经济学的理论,将法院视为"劳动力市场"、法官视为"市场"中的"工人",以两个章节的篇幅论述了这些限制性因素。在司法劳动力市场中,激励与约束"工人"的因素有很多,如果以经济学当中"代理费用"的概念与原理来分析,法官可以被视为由政府雇用的"工人",政府是被代理人,法官是代理人,代理费用问题就在这一关系中得以体现。想要使代理人忠于被代理人的利益,被代理人往往需要设立一定的奖惩机制来精确评估代理人的表现,同样,在政府与法官这组关系

---

① [美]本杰明·卡多佐:《司法过程的性质》,苏力译,商务印书馆1997年版,第3页。

中,对司法表现的评估也能起到相应的约束作用。就如同"胡萝卜加大棒"这种奖励与惩罚并存的激励政策一样,在司法审判领域,司法独立和法官晋升是政府手中的胡萝卜,而大棒则是能够与胡萝卜相制衡的一些利益冲突规则[①]以及司法决定被撤销的威胁。在有效的评估体系下,"胡萝卜加大棒"的激励政策才能合理发挥作用。尽管评估标准的设定可能会与司法独立相违背,导致实践受阻,但是司法的独立性并不意味着法官可以脱离法律的体系性结构而单独运作,在司法环境的整体作用下,法官必然会受到其所处职位的影响,这些来自外在司法体制的约束对法官群体而言是普遍存在的。

当然,对于来自不同国家、不同身份、不同层级的裁判者而言,其可能受到的外部环境约束也不尽相同。私人裁判者(或称仲裁员)由参诉当事人自行选择,其裁判过程会在守法的范围内尽量照顾双方的利益,得出使各方都满意的结果无疑对其未来服务的扩展是有利的。波斯纳将私人裁判者的裁判趋向描述为"分清是非",其最直接的表现是让诉讼各方都能有部分的胜利,这同时也意味着没有任何一方的主张会被全部支持,其后果将使裁判者处于表面上或形式上公正的地位,这增加了诉讼双方对裁判结果的可接受性,从而减少司法决策过程中的各类风险。仲裁员的上述趋向性选择反映出仲裁与审判的重要区别,即资金来源不同,审判有政府资金作为保障,而仲裁者的全部收支都需要争议者来支付。偏市场化的竞争环境使仲裁者的决策思维更靠近商人的思维方式,而这恰与处官僚体制内的职业制法官(a career judge)的思维方式相对立。

作为一国文官体制中的一员,欧洲大陆民法法系的职业制法官依靠晋升来获得更好的职业发展,因此,晋升成为约束法官行为的重要因素。在职业制司法中,法官经考试和选拔进入司法系统,晋升的决定主体为上级机关,晋升的评估依据来自对履职规范的遵守,细致的履职规范不仅实现了代理费用的最小化,还能在较大限度内减少政治或个人偏好等法外因素对司法决策的影响。由于职业制法官的晋升只在系统内部进行,其所从事的也是专门性的工作,法官仅在其所专长的领域内进行裁判,因此职业制司法的专门化特征决定了法官习惯于对法律条文进行严格适用,他们在自己的专事领域了解得越多,法条主义倾向就越明显,立法性角色的扮演就会被严重弱化。当然,这种司法决策方式需以国家司法系统的整体良性运行为前提,在一定意义上也会更加方便上级对下级法官的考核与评价,贯彻客观的晋升标准。

选举产生的法官与职业制法官所受到的外部约束同样反差明显,晋升的意义对于前者而言十分有限。在美国,除 12 个州之外,其他州都采用选举的方式选择法官,绝大多数的法

[①] 利益冲突规则指禁止法官审理与自身财务利益有关的任何案件,保证法官不因个人私利而违背司法的独立性,此规则与允诺法官司法独立相制约。

官基本没有晋升机会,而不同层级的法官在收入和权力方面也无较大差别。同时,晋升的决定主体并非上级法院,而由政客来决定;晋升的考核标准也非个人业绩,而是政治标准。为了赢得选民的支持,法官会特别重视舆论的影响,对某些在辖区内有重大影响的案件也常会将制造舆论作为重要的判断因素,尽管在政治独立性上有较明显的缺乏,但对增强裁判的可预测性却是有利的。

对于联邦法官,依据波斯纳的司法决策实证理论,不论是联邦初审法官还是联邦上诉法官,其所受到的外在司法环境约束都呈明显弱化的趋势,晋升不再是约束他们最有利的手段,名誉制裁、积案的压力、司法决定被撤销的威胁等约束条件对法官决策会产生有限的影响,而对审判影响最大的因素主要还是来自法官对自尊的渴望和对审判的内在满足。联邦最高法院的大法官更是如此,在波斯纳眼中,最高院是一个"真正的政治性法院"[①],在宪法性案件中,案件的焦点主要在基本政治权利和结构,待解决的也主要是存在分歧的政治难题,在此现状下,法条主义失去了用武之地,而宪法的陈旧性和含混性也为大法官的依法决策带来较大的现实困难,导致法官对政治性后果的关注始终难以避免。

在任期与薪水方面,联邦法官可以终身任职,这使其收入相较于州法官而言更加稳定,也更有保障。然而,终身任职在保证司法独立的同时也容易引发司法滥权的风险,因为在此制度规范下,任何对法官奖励或惩罚标准的设定都可能以损害司法的独立性为代价。为了探究限制任期与增加薪水对联邦法官的外部约束意义,波斯纳以一个独立的章节对这一问题进行了论述,他辩证地评价了对法官任期限制所可能带来的益处与风险,指出固定但可续聘的任期在理论上不利于司法独立,但实践表明也不完全会出现这一不当结果,而非续聘必然不损害司法独立,却可能损害法律的稳定性,也易导致法官因考虑未来潜在雇主的利益而做出有损司法公正的决定。由此可见,对法官任期的不同限制确实会导致法官决策方式的不同,而法官薪水问题也与任期限制问题相关联,如果大量法官因薪水太低而辞职,则其所带来的影响就与限制任期所带来的影响相当,可以说,薪水会导致任期的自我限制,二者共同构成约束法官裁判思维的重要外部环境因素。关于薪水问题,波斯纳大胆提出了一些新颖但可能引起部分法官不快的论断,他认为低薪可能导致法官辞职,但从美国的司法实践来看,法官辞职少有发生,且大多数辞职都与薪水问题无关。事实上,法官除薪水之外还能够获得其他金钱或非金钱收益,例如在学校半工授课的收益、著作版税收益、退休金收益、医疗保健收益以及拥有塑造未来法律的权力等精神性收益,这些收益足以降低任职薪水对法官的吸引力及决策影响力。反之,提高薪水会吸引那些喜爱闲暇、贪图高薪却对法官职业并不真正热爱的从业者进入法官序列,这反而会降低法官的平均质量,有损司法权威性、专业性

---

① [美]理查德·波斯纳:《法官如何思考》,苏力译,北京大学出版社2009年版,第140页。

和公信力。

综合前述观点,在不同的法系、不同的法律背景以及不同的司法体制等环境影响下的裁判者在司法决策过程中所受到的外在制约因素都各有不同,但可以确定的是,各种来自外部的激励与约束因素都在不同程度上影响着法官的思维与决策。对司法独立的坚持、对晋升的期待以及对经济性利益的渴望等都是法官决策时进入法官思维领域并影响法官思维运行及裁判结果形成的重要内容。很显然,这些要素都是非法条主义的,却真实存在于司法实践中,这也证实了法条主义司法决策模型过于理想化的弊端,仅依靠规范的法律推理来适用法律,这在现实的审判活动中只是空中楼阁,即使在常规案件的裁判中也很难真正实现。对于疑难案件的决策,法官要考虑的因素往往更加复杂,如何确定应适用的规则、如何遵循先例、如何解释法律等内在方法约束和与人的个体性差异有关的潜在个性约束等都将超越法条主义的要求与限制[①],深刻影响法官司法决策的形成。

（二）内在方法约束

司法方法在审判中的运用对法官司法决策的影响不容忽视。正如前文所述,联邦法官在司法决策过程中基本不受外在司法环境的约束,即使有一些以保证司法独立为名的约束,如司法伦理和职业规范等,法官的裁量权也并没有真正受到制约,反而有扩大的趋势。而司法方法的约束是内在的,其必然会塑造法官的司法决策,指引法官找到解决当下法律问题的最佳答案。特别是在现有庞大而复杂的法制环境下,法官要不断面对新的事实问题,并为这些事实寻找并适用最优的法律,而已有的立法性或司法性规范都有其设立时所固有的表意范围,很难令法官不做任何解释或区分地应用于个案。因此,将法律适用于个案的过程离不开法官对法律规范的解释性思维活动以及对先例的比较适用,不同司法方法的提出与运用也导致了法条主义和实用主义争议的产生。在不同的司法决策模型下,法官对法律概念的理解本就存在较大的差异。法条主义者坚持法律仅存在于规则、权利、原则等领域,其与政治、政策等概念毫无关系;实用主义者则认为法律是法官通过其合乎情理的司法决策行为塑造的。然而,不论是法条主义者还是实用主义者,他们在司法决策的过程中都视法条主义为裁判的基础性方法,因而无法避免法条主义技巧的运用,如对规则或标准的适用、对法律文本的解释、对先例的处理等。

第一,对规则或标准的适用。在就案件事实适用规则时,并非所有的事实都能与规则完全对应,事实上,法官在审判中所面对的大多都是无法由规则指向唯一明确结论的不确定的事实,因为大多数规则都是就专门性问题所设定的,对规则的适用大多是形式主义的,甚至

---

① 参见[德]卡尔·拉伦茨:《法学方法论》,陈爱娥译,商务印书馆2003年版,第13页。

是不能被普通人明确了解、准确认识的①，因此，实践中便出现了比规则更加宽泛、含混，却更加符合人们通常性、普遍性认知的概念——标准。标准常用一般性术语来表述，可以包容更多未预见的事实，例如，"适度的努力""合乎情理的时间"等。何谓"适度"与"合乎情理"？相信每个思维个体对此标准的理解都各有千秋，但可以确定的是，包括法官在内的普通人一般都会就此标准达成一定认知范围内的统一，这意味着在某些适用规则过于滞后或狭隘的领域，适用标准对法官而言将会是更加简单、自由的选择。然而，在肯定适用标准合理性的同时，波斯纳依然客观指出，尽管规则有其固有的局限性，但规则依然优于标准，这也是法条主义者和实用主义者都坚持的立场。不论英美法系还是大陆法系，法律存在的最大意义都在于其具有确定性，而规则恰能最大程度上保障法律的确定性，进而提升法的可预测性，发挥法的指引与评价作用。就理解法官的决策行为而言，选择适用规则还是选择标准可能无法通过逻辑推论来获得答案，在规则与标准之间其实还有很大的决策空间，法官的个性特征、个人偏好、政策判断以及直觉、常识、善断等非法条主义要素都会成为影响其司法决策的重要因素。

第二，对先例的类推或区分。在普通法系，对判例法的类推是法官司法决策过程中最为常用的一种司法方法。在拿到一个案件之时，法官就要在诸多相类似的先例中进行比较，挑选出与手头案件最相近的一个或多个判例，并用逻辑推理、类推等方法对影响案件审判的核心规则（或标准）进行类比与区分，并最终确定应当适用于此案件的判例。在此过程中，法律类推是必须要讨论的司法技巧或方法，其并不是对明确的、已有的规则进行常规的演绎推理或是直接运用，而是依据法官内在的能力来对相似案件进行辨认的思维加工过程。如果说法官的思维不同于普通人的思维，那么其中最显著的区别则在于法官善于运用法律推理，而普通人所用的仅为日常推理。在法律推理中，类推是最常见的推理方式，甚至在大多数判例法国家关于法律推理的讨论中都获得了一种正典地位。②哈佛大学法学院劳尔德·温利伯（Lloyd L. Weinreb）教授将类推视为判例法国家法律推理的精髓，甚至是一种与规则适用无关的方法论③，这也直接影响了他对法条主义的理解，他认为法条主义是"一套不用诉诸政策就可以决定案件的技巧法条主义，这套技巧预设法律是自给自足的知识领域，与社会科学完全隔离，并且不为政策或后果关切所玷污"④。可以说明类推方法在司法决策中如何应用的一个经典判例是亚当斯诉新泽西汽船公司案（Adams v. New Jersey Steamboat Co.）。⑤

---

① 参见[美]理查德·波斯纳：《法律、实用主义与民主》，凌斌、李国庆译，中国政法大学出版社2005年版，第84页。
② 参见[美]理查德·波斯纳：《法官如何思考》，苏力译，北京大学出版社2009年版，第167页。
③ See Lloyd L. Weinreb. Legal Reason: The Use of Analogy in Legal Argument. Cambridge University Press, 2005.
④ [美]理查德·波斯纳：《法官如何思考》，苏力译，北京大学出版社2009年版，第166页。
⑤ Adams v. New Jersey Steamboat Co., 45 N.E.369 (N.Y.1896).

该案的核心问题是汽船公司对单间乘客的财产安全应尽到多少细心义务并应负担多大的责任。有两个先例与该案事实相类似，一个判例涉及旅店老板对客人个人财物的责任问题，另一个判例涉及铁路公司对卧铺车敞铺乘客个人财物的责任问题。普通法规定了旅店老板对客人的财物应负有细心义务，这一直以来都是一个符合公众认知的良好规则，而在火车敞铺车厢，乘客并不期望其个人财产的安全由铁路公司来保障，铁路公司所承担的义务主要限于运输方面，住宿只是对少数乘客附带的功能，同时，敞铺又是对特定范围内的公众开放的空间，并非封闭的包间，乘客对此是明知的，这就隐含了其对个人财物自担风险的默认，故铁路公司对乘客的细心义务明显较低。对汽船上所发生的旅客财产失窃案适用先例的问题，法官可能会用到类推的思维，把汽船公司类比为一个漂浮的旅店，其与旅客之间的关系与旅店老板与客人之间的关系没有本质上的区别，其对旅客的细心义务不应放松。然而，类推并非唯一可用的判例法推理方式，法律类推还可以看作一个发现规则的过程，即通过新案的出现来帮助法官发现相似案件中共同涵盖的规则（或标准）。如果说类推是为了发现新案件与先例的相同点并适用先例，那么当适用先例无法实现法官对裁判结果的内心确信时，法官更倾向的做法则是发现新案件与先例的不同点，并用新的立法性判断来丰富法律，这一思维过程可以用区分先例来表述，是一种法律实用主义工具。实践中，当法官对新案件做决策时，他们对先例的认知和对规则的把握在很多情况下可能并不明晰，对于一些约束力较弱甚至尚未被完全认同的规则，法官同样必须据此来做决策，此时，目的性或政策性进路的思维方式可以有效抵挡法官裁判思维的直觉性与任意性，是司法决策中更为实用的选择。

第三，对制定法和宪法的解释。在司法实践中，还有很多案件并不能通过对规则（或标准）的适用以及对先例的类推或区分来实现合法且合理的决策，当规则或判例对一些法益的权衡与选择导向并不明确时，法官必须要用到的一种司法方法就是解释制定法和宪法。在解释制定法或宪法的过程中，"从严解读"的方法是法条主义的，其要求法官仅以文字的字面含义为考虑因素，有时甚至坚持狭义的字面解释，其含义与"文本主义"和"原旨主义"相类似，但也有一定区别。文本主义要求回归文字本来的含义，而原旨主义则强调回归宪法批准者欲表达之含义，以文本作者的思维为指引。上述三种解释方法的共性特征在于其均将语义的、法条的方法作为法官决策的指引与约束，而实用主义司法方法则与之相反。实用主义者偏向于"从宽解读"的方法，倡导"动态的"或"目的性"解释和"生动宪法"的概念。①他们从法律规则出发，以常规性法律推理为基本方法，只是对司法决策的目的和可能引发的后果给予更多考虑，这种考虑并不是从个人偏爱的角度出发，而是从系统性或全局性方向出发，目的是让审判结果更加符合人的情理，也更能满足社会对司法的需要，这正是波斯纳所

---

① [美]理查德·波斯纳：《法官如何思考》，苏力译，北京大学出版社2009年版，第176页。

提出的"受约束的实用主义"的价值内涵。从积极意义上来分析,实用主义从宽解读的方法有助于帮助立法者分担立法负担,补充了立法者因未来的不可预测性而无法预知的信息,实现了立法目的。但这一司法方法同样存在与司法裁判内在要求相违背的可能性,就如同从严解读者所反驳的那样,立法机关的真正目的或许并不是实用主义者所认为的样子,因为"集体意图"尚不存在,受约束的实用主义就很可能成为"短视的实用主义"。[①] 故此,在一定环境下,实用主义同样需要以法条主义方法为约束,而法条主义者也必须承认法官需承担部分立法者的角色,实用主义决策方法不可避免。同样,不论法官坚持从严解释还是从宽解释的方法,其都会对他们的决策思维产生不同程度的约束作用。

(三) 潜在个性约束

法官并非圣人、超人,他们既是制度中的人,也是社会中以个体而存在的人,作为司法劳动力市场的参与者,法官和其他工人一样,会对劳动力市场的条件作出反应,其思维方式与决策模式始终会受到晋升、任期、薪水、权力、闲暇、声誉、公众承认等外部激励与约束条件的影响,同时,内在的司法方法也在无形之中决定着法官司法裁判的结果。然而,现实的司法决策过程中还存在一些看起来与审判无关的因素,例如种族、性别、年龄、宗教、气质、情感、生活阅历、成长环境、意识形态等,这些与人的个体性差异有关的非法条因素也在潜移默化地影响法官决策。波斯纳在其著作中对约束法官的潜在个性因素的分析十分透彻,他借助贝叶斯决策理论[②]来辅助说明上述潜在个性因素对司法决策的影响。该理论通过公式 $\Omega(H|x) = p(x|H)/p(x|\sim H) \times \Omega(H)$ 表示最简版的贝叶斯定理,其中 Ω 和 p 均表示不同的概率,$\Omega(H)$ 表示先验概率,$\Omega(H|x)$ 表示认定 H 为真的事后概率,$p(x|H)/p(x|\sim H)$ 是一个概率比,表示如果 H 为真可观察到的新信息 x 与如果 H 为假($\sim H$)可观察到的新信息 x 的比值。该公式把主观性认知转换为一种客观性的概率,科学地反映出先验概率对事后概率的影响,把直觉的非理性因素在理性思考中所起作用的基本点予以系统化,为司法决策更加理性与客观提供科学的理论支撑。先验概率本身是较难被意识发现的,更不为意识所掌握,法官在司法决策过程中可能并没有意识到自己有一定的先验概率,但人类在做判断时都无一例外地被先验概率影响着。先验概率普遍存在,但每个人的先验概率都不尽相同,这是因为每个人都有不同的"有组织先验知识的认知结构"[③],这与人的种族、性别、年龄、性格、

---

① 短视的实用主义是指司法决策仅考虑当下某个案件的个案公正,而看不到决定的长远性、系统性后果,是片面的"结果导向型"司法决策模式。
② 贝叶斯决策理论是由英国数学家贝叶斯(Bayes, 1702—1763)创立的关于随机事件的条件概率和边缘概率定理发展起来的一种决策理论,旨在通过贝叶斯公式将已知的条件概率参数和先验概率转换为事后概率,帮助决策者通过事后概率的大小进行决策分类并做出最优决策。贝叶斯决策理论是主观贝叶斯派归纳理论的重要组成部分。
③ C. K. Rowland, Robert A. Carp. Politics and Judgement in Federal District Courts. University Press of Kansas, 1996, p.165.

阅历、受教育程度以及道德、宗教、政治思想等意识形态要素的差异有关。因此，先验概率实际上是一种主观概率，其反映在不同法官身上的个体差异性直接导致了即使对审判过程中所获得的新信息使用相同的评估方法，法官们所得出的事后概率也会存在差异性，这种差异性将直接对法官的裁判思维产生影响。站在法律与维护社会公平正义的角度，法官职业的特殊性要求他们看待问题尽量保持客观，而一个履职尽责的法官也一定渴望从客观的视角出发去看待问题，并为之付出了真诚的努力。然而，从心理学的角度出发，这样的客观或许永远无法实现，因为无意识的先验概率早已形成于思维的最深处，人不可能依靠自身的理性将思维中的成见完全清除，正如卡多佐所认为的那样，"我们也许会尽我们之所愿地努力客观地理解事物，即使如此，我们却也永远不可能用任何他人的眼睛来理解这些事物"[①]。因此，贝叶斯决策理论能够在法官的思维与行为之间架起一座桥梁，使思维当中无意识的影响个案的先验概率要素变成一个能够被意识直观捕捉的概率问题，也为非法条主义的潜在个性要素对司法决策的影响程度提供了更加科学的认知依据。

波斯纳相信"法官都是贝叶斯定理的"[②]，并不是说他们在每一个案件中都要真实地运用贝叶斯定理来进行裁判，而是说他们在司法决策的过程中都会用到贝叶斯定理中所涉及的要素信息。其中，政治性要素被视为影响美国法官司法裁判的重要先验概率，波斯纳认为政治因素会有意或无意地对法官思考产生影响。此处所指的政治并不仅仅包含党派政治，更多的是指进入意识形态领域的广义上的政治，意识形态又将继续影响常识判断、道德洞见、政策理解等直觉的、非理性因素，并最终作用于法官审判。除政治性要素之外，法官的种族、性别、年龄、宗教、气质等个人背景特点要素和情感经历、生活阅历、成长环境等先前经验要素等均被视为影响法官决策的潜在个性要素。例如，女性往往比男性有更多遭遇性别歧视的经历，那么在对此类案件的决策过程中，女性法官更有可能将之前被歧视的经历带入对手头案件的审理与裁判中来，这一原理也同样适用于其他存在种族、宗教、年龄、气质[③]等差异的法官。又如在司法实践中，一些法官先前具有在政府较愉快的工作经历，这会使他们因具有一定程度的亲政府倾向而在做裁判时习惯于偏向政府一边。尽管很少有法官会自觉允许或认识到他们的司法判断受到了这些先验因素的影响，这多少都与他们对身为一个好法官的自我期待（即公正、无偏私）相违背，但事实却是，他们每一次所作的司法决策都受到了这些潜在因素的制约，有时候，这些与个人背景或经历密切相关的先验因素甚至会比政治倾向要素更加能影响法官的决定。

---

① Benjamin N. Cardozo. The Nature of the Judicial Process. Yale University Press, 1921, p.13. 中译本：[美]本杰明·卡多佐：《司法过程的性质》，苏力译，商务印书馆1997年版，第3页。
② [美]理查德·波斯纳：《法官如何思考》，苏力译，北京大学出版社2009年版，第67页。
③ 气质对司法决策的影响体现在其对个人价值观的塑造以及其对回应外部环境变化的本能，例如怯懦或勇敢。

能够影响法官司法决策的潜在要素还有直觉、常识与善断。直觉是每个人都具备的一种与生俱来的能力,在运用直觉时,得出结论的过程大多较为快速,无需经过审慎的思考,甚至不需要意识的支配,有学者称其为"顿悟时的灵光一闪"。① 直觉的产生有时依靠知识的积累,有时依赖于经验的培养,而大多数无意识的先验因素都是直觉的产物。对于一些影响要素众多的复杂案件或者是在法律的开放地带,清醒分析或理性评估案件信息所需要的包括时间成本在内的多项成本或许太高,以至于依直觉裁判成为法官更加高效且精准的选择。② 在对常规案件的决策中,直觉也扮演着重要的角色,其背后更深层次的原因在于审判制度结构的要求、积案的压力和制度内对司法效率的要求使法官在每一个诉讼阶段都更加依赖于直觉推理,因为"直觉大大俭省了清醒的关注"③。常识与直觉相类似,它是指众人皆知的认识或判断,无需经过慎思即可获得。因此,法官依常识来决策案件在速度上可能比依直觉裁判更加迅速,在法律效果上也更易于获得公众的接受,因为常识本身即包含着公众同意的内涵。常识还被视为一种司法技巧存在于司法决策之中,当法官依据字面含义解释制定法或宪法时,如果得出的结论与常识相违背,则该种解释方法就是不恰当的。与直觉相关的另外一个能够潜在影响司法决策的要素是"善断",这是一种比直觉更加难以捉摸的能力,是混合了同情、理解、谦虚、成熟、适度感、平衡、承认人的限度、明智、谨慎、现实感以及常识的一种能力。④ 在面对未知情形而又必须作出司法决定时,善断就成为法官潜意识状态下所具有的一种思维运作方式,这尽管与法律推理的逻辑性要求不相符合,但其依旧是约束法官裁判思维所不容忽视的一部分。因此,当法官承认其司法决策的过程始终无法超越直觉、常识或善断等潜在因素的制约时,其对法条主义便不会再存以过高的期待,因为司法裁断的经验告诉他们,纯粹的法条主义很难在实践中立足,"法条主义者其实是躲在深闺的实用主义者"⑤。

三、波斯纳决策理论的借鉴与反思

(一)方法论意义与经验借鉴

《法官如何思考》提出了一个关于司法决策的实证理论,在与法条主义的层层比较以及对影响法官裁判各要素的论述中,作者肯定了实用主义是法官处理问题的最佳方式。波斯纳认为,法律的不确定性为司法决策创造了一个开放地带,在那里,法条主义作为严格适用

---

① Charles Yablon. Justifying the Judge's Hunch: An Essay on Discretion. The Hastings Law Journal, Vol.41(1990), p.232.
② Pawel Lewicki, Maria Czyzewska, Hunter Hoffman. Unconscious Acquisition of Complex Procedural Knowledge. Journal of Experimental Psychology: Learning, Memory and Cognition Vol.13(1987), p.523.
③ Robin M. Hogarth, Educating Intuition. University of Chicago Press, 2001, p.138.
④ [美]理查德·波斯纳:《法官如何思考》,苏力译,北京大学出版社2009年版,第109-110页。
⑤ [美]理查德·波斯纳:《法官如何思考》,苏力译,北京大学出版社2009年版,第339页。

三段论推理的"有限领域",其无法引导法官作出确定的、令人满意的决定,而实用主义却能较好应对这一困境。在司法决策过程中,非法条主义和非逻辑理性要素在法官的认识与思维过程中往往占据较大的空间,因为一些最复杂的思考大多为隐性的、无意识的,就如人类学骑自行车的过程,调整在自行车上的重心以防止摔倒的数学公式非常复杂,但虽然不知道这个公式,人们依旧能够学会骑自行车,可见经验有时比逻辑更具影响力。法官的裁判过程同样如此,在面对既有的司法规则时,法官不仅需要掌握专业的法学理论知识,还需要拥有强大的语言天赋,以便于准确适用那些用以表述法律规范的、可能远超词汇、语法表意范围的语言规则。波斯纳在否定司法决策的纯法条主义模型的同时,更强调用科学的、实证的方法来检验难以捉摸的直觉类因素对法官裁判的影响。他相信通过机械计算所得出的结论可能并不比依靠坚定直觉所得出结论的正确性更高,因为在法律的开放地带,无意识的司法前见比明确的法律推理存在更广阔的空间,因此,与逻辑理性相比,审判活动更加具有潜在的个人性特征和广义上的政治性特征,需要法官具备一定的立法性思维。当法官成为偶尔的立法者时,实用主义显然更能为法官提供一种能动的、切合实际的解决问题的方法,其要求法官以判决可能产生的系统性后果作为考量依据,在尊重法律整体性的同时,有效地填补了开放地带。但法律实用主义并不意味着对宪法或法律随心所欲地解释,更不是对法官的行为毫无约束,自由裁量权想要在司法劳动力市场有效发挥作用,就要求法官必须平衡好影响司法决策的司法方法、司法环境以及诸多个人性、政治性等要素之间的关系,正是这种"受约束的实用主义"实证理论为身处立法者地带的法官提出了有效的司法决策路径与模式选择。

就美国的司法决策实践而言,实用主义司法风格是广泛而深厚的,这也为波斯纳决策理论提供了实践证明,同时更为人们理解法官思维并掌握其心理学分析原理提供了有力支撑,足以说明该实证理论丰厚的价值内涵。波斯纳反对短视的实用主义,这体现在他对法条主义与实用主义相关性的论证方面,指出法律实用主义"是一种把政策判断基于事实和后果,而不是基于概念和一般原则的倾向"[①],但法条主义也有其存在的价值。波斯纳认为,没有法条主义约束的纯实用主义是短视的,因为其忽略了司法决策的长期性、系统性后果,为保证法律系统的稳定性和可预测性,应在法条主义的基础上以实用主义内涵作为最终指引,即站在实在法本身的基础上,关注法律的未来发展及其背后所涉及的社会利益,以达到司法决策的最佳效果。因此,波斯纳在对关于司法决策的理论阐释过程中构建起一套较完整的法哲学理论体系,其所坚持的法律实用主义司法决策模型从美国的实用主义传统出发,以事实为

---

① Richard A. Posner. The Problematics of Moral and Legal Theory, Belknap Press, 1999, p.227.

导向,以科学的实证分析为研究方法,使抽象的法学理论问题变得生动而鲜活。[①] 显然,波斯纳所述实用主义原理的普遍性及有效性获得了诸多理论界与实务界人士的认同,为实用主义的法理学分析注入了强大的生命力。

在方法论层面,波斯纳善于运用实证的分析方法,强调关注法官决策的具体过程,而非法官应当如何决策,即通过对"实然"的研究,揭示了法条主义过于理想的本质问题[②],避免了规范分析只重"应然"而轻"实然"的不足,为丰富和发展我国的司法决策理论提供了有效的方法论借鉴,对我国相关理论的研究具有一定的启发价值。波斯纳从司法行为的九种理论开始,在对法条主义的分析中否定了法官对法律的消极适用,并将法官视为制度中的人,研究了司法环境、司法方法、司法前见等因素对法官的约束作用,以比较法的视野和交叉学科的理论重塑了法官研究的基本模型。其对法官如何决策的认识是站在客观的立场上,通过科学的实证研究方式层层递进、步步深入的,可被视为一种基于现实的、非形式主义的、非理论性的、以证伪为导向的法学研究方法,具有明显的工具价值,也为探究中国语境下的司法决策理论以及中国的司法改革提供了逻辑借鉴与方法论指引。我们应当思考中国语境下的审判理论与实践问题,例如:中国的司法体制应参考借鉴欧洲大陆的职业制司法还是英美的旁门制(lateral-entrance)司法?法院该如何协调司法职能与政治职能的统一与分立?审级职能分工在中国法治背景下有何制度要求?受约束的实用主义理论是否适合中国?我们应如何加强法学研究与司法实务的联系?这些都是当前我国司法改革推进过程中应当关注的问题。与之相类似的、值得深入研究的中国问题还有很多,而最值得关注的无疑是讨论中国的法官如何思考以及影响中国法官司法决策的因素有哪些,毕竟,发现问题并掌握其成因是解决一切问题的前提,这对于当前处于发展与变革时期的中国司法具有一定的理论价值。波斯纳的司法决策理论或许不能直接告诉我们上述问题的答案,却能够告诉我们应当如何寻找答案,也为我们探究法治建设的本土问题提供有效的方法论指引。

(二)经济学思维的批判性分析

在对司法行为的研究中,波斯纳善于运用经济学理论解释法律问题,他认为经济学之所以能够支撑法学理论构建,其原因在于经济学与实用主义理论在本质上具有一致性。法律实用主义者和经济学家一样,他们并不擅长对法律教义进行逻辑或语义分析,而是对法律的实践后果更加关注。由于确信经济学分析与法律分析的同构性,波斯纳将经济学理论运用于对法官如何思考的解读中,他的主张绝大多数都依赖于对司法激励和市场结构的分析。他将法官视为司法劳动力市场的参与者,借助经济学中最常用的成本收益理论,指出法官进

---

① 参见[美]理查德·波斯纳:《法理学问题》,苏力译,中国政法大学出版社1994年版,第31-44页。
② 参见[美]理查德·波斯纳:《法律、实用主义与民主》,凌斌、李国庆译,中国政法大学出版社2005年版,第97-103页。

行司法决策的过程就是在两种合法利益之间做选择的过程，法官需要权衡不同选择可能带来的后果，并力图使双方利益达到最为平衡的状态。在权衡双方利益的同时，法官还要为其自身的利益考虑，因为他们在司法劳动力市场中实为雇员的角色，政府作为雇主会用晋升和司法独立等"胡萝卜"激励法官，同时也会用撤销判决、利益冲突规则等"大棒"对法官行为进行制约，波斯纳用经济学领域的"胡萝卜加大棒"政策来形象比喻法官在司法决策中所要面对的各种外部激励与约束条件，并站在实用主义的立场上深刻剖析了法条性因素以及各种非法条因素（包括外部环境约束、内在方法约束、潜在个性约束等）对审判的影响。这些要素之间相互影响的关系以及相对平衡状态的实现都由司法劳动力市场所决定，正是法官的司法选择和与司法劳动力市场相关的结构性刺激影响了法官的决策。由于经济学思维方法深刻根植于美国大众文化与意识形态领域，经济效率理论又同时贯穿于美国普通法的历史演进过程中，因此，波斯纳将法的经济学分析与实用主义精神联系起来，为法官的决策思维提供了合理的解释。

然而，波斯纳将经济学思维运用于法学研究的分析方法也存在一定的理论缺陷。有学者对此提出了质疑，认为其无视历史与司法行为之间的联系，忽视了司法历史对司法决策的决定性作用，这也严重削弱了他对"法官如何思考"这一问题的分析力与说服力。[①]批评者们认为，法律历史是现代法律思想不可分割的组成部分，历史的分析方法对理解法官思维和改进法官在司法系统中的角色定位有重要意义。[②]历史形成了司法权威和法官角色的时代背景，只有在适当的司法背景下才能充分理解法官的裁判思维。因此，历史的研究方法是法学研究的一个基本性构成要素，它对法官思维的形成可能比波斯纳的微观经济理论影响更大。此外，法官在审判中所展现的决策能力在本质上是一种判断能力，因此，心理学和思维科学的理论对研究"法官如何思考"这一主观性命题同样具有重要的学理价值。波斯纳在论述法官的立法性思维的过程中对裁判的非理性因素、直觉因素等均有所描述，但对心理学相关概念的引入却并不深入，并未将心理学与法学理论的结合作为研究司法行为内在构成的重要内容，其就司法决策模型的论证方式还是以法律经济学为主线，对法律思维、法律推理、法律心理等内容并未给予系统性关注。事实上，心理学当中的锚定效应、框架效应、权威效应、前摄抑制、后摄抑制等概念都是与司法决策相关的理论，都可能导致法官认知偏差的产生，而愤怒、厌恶、同情等情绪性因素也会于无形之中对法官的判断力造成影响。如果轻视司法决策中的感性因素，以理性选择模型为基础的法律经济学分析则将失去坚实的理论根基，因为经济学家总是喜欢假定人是理性的生物，但现实中包括法官在内的所有人并不能保持永

---

① Craig Green. What Does Richard Posner Know about How Judges Think?. California Law Review, Vol.98 (2010), pp.626-627.

② G. Edward White. The American Judicial Tradition. Oxford University Press, 2007, p.1976.

远的客观理性,而这正是波斯纳以经济学的思维方式分析司法决策过程的局限性之体现。

我国在研究相关司法理论的同时也应辩证看待经济学之于法学研究的意义,既注重发挥经济学的理论优势,也承认法律经济学思维所具有的局限性,历史的、心理的、哲学的分析方法或许能够为法学研究提供更加广阔的理论借鉴。以哲学对我国司法决策的影响为例,由于儒家文化在我国历史悠久,且根植于我国的思想文化传统,其对我国的法治发展影响深远。儒家学派讲究万物的"和谐""中庸",在该理论的长期影响下,我国法官在审判时更倾向于以法院调解、当事人和解的方式结案,即使有一些案件以判决或裁定的方式结案,其裁判结论的形成也大多体现了儒家不偏不倚、折中调和的中庸思想。此外,我国的法官在做司法决策时更易倾向于保护弱者,这种思维方式与决策模式也体现了司法裁判中关于追求"平衡"的哲学境界。

结　语

在世界各国的司法改革浪潮中,刑事诉讼制度的构建始终是学者们关注的焦点。为了实现司法公正,我国推出了"以审判为中心的诉讼制度改革",而改革的核心内容正是构建与"庭审实质化"相配套的制度架构,并希望能以此来消除我国因"庭审虚化"而为审判公正带来的不利影响,然而,在司法实践中却是制度改革与制度异化相伴而生,这一现象的出现引人深思。[①] 通过对我国近年来司法改革现状的考察以及在比较法视野下的研究,我们发现"以审判为中心的诉讼制度改革"是实现审判公正道路上的重要举措与有益探寻,但任何制度效能的发挥都离不开人为的、带有主观认知的具体实践,落脚于审判工作当中即意味着司法决策者的主观认知过程也应当成为诉讼法学研究的重要内容。对于刑事审判而言,对犯罪嫌疑人的定罪与量刑均需要法官通过刑事裁判思维的方式达到内心确信的标准,最终确定应适用的罪名与刑罚。然而,由于裁判过程存在较大的主观性,裁判思维可能受到来自外在司法环境、内在司法方法以及潜在个性因素的约束,而其中任何约束条件的改变都可能影响法官的裁判,进而影响审判的公正性。因此,司法制度的改良对于纠正审判不公的作用是有限的,只能深入法官的决策思维领域寻找答案。

在《法官如何思考》一书中,波斯纳的实用主义司法决策理论为我们探明法官慎思提供了部分可借鉴的经验。其一,法官对法律适用的过程存在坚实的法条主义内核,其裁判以法律、规则、先例等内容为依据,以保证法的稳定性、整体性以及可预测性为前提,在三段论逻辑推理的基础上对裁判的可预期后果进行价值评判与政策判断并作出最终的决策。其二,尽管法条主义是司法决策理论之中最基础、最传统、最"官方"的司法实证理论,但是在审判

---

① 参见元轶:《庭审实质化压力下的制度异化及裁判者认知偏差》,载《政法论坛》2019年第4期。

实践中，法官的决策过程具有广泛而深厚的实用主义风格，此决策模式要求司法裁判者不必把裁判结果视为对固有法规进行演绎推理的结果，而应关注并重视司法裁判的可能后果，并以裁判塑造法律。这种以长远性、系统性、稳定性后果作为考量要素的决策过程能够有效指导司法实践，波斯纳将其表述为"受约束的实用主义"司法决策理论。其三，法官不仅要在后果考量上注意系统性，其司法决策的过程还会受到多种内在、外在以及潜在因素的约束，这与人类思维活动所固有的复杂性本质相关。法官的思维可能受到司法环境、司法方法以及司法前见等诸多个人性、政治性要素的影响，包括对司法独立的坚持、对晋升的期待以及对经济性利益的渴望等外在约束，同时还包含对规则或标准的适用、对先例的类推或区分、对制定法和宪法的解释等内在约束，甚至还会受到经验、气质、背景、经历、直觉、常识与善断等潜在个性因素的影响。因此，波斯纳关于司法决策约束条件的类型化分析为身处裁判者地位甚至扮演偶尔立法者角色的法官指明了科学的司法决策路径与模式选择，在理论与方法论层面都具有一定的引领作用与普适性价值，特别是对我国目前所推进的"以审判为中心的诉讼制度改革"中长期忽视的裁判者主观认知的塑造具有较大的启发与借鉴意义。然而，在肯定波斯纳司法决策理论之实践意义的同时，我们也应当看到该理论的局限性，要在学习借鉴其优秀经验的过程中保持传统的法律文化根基不动摇，更要尊重历史研究方法、古典哲学理论等为我国当今刑事诉讼法制发展所奠定的坚实的思想基础，这将有助于借鉴波斯纳的实用主义思维方式来丰富我国的司法决策理论研究，在填补我国刑事诉讼制度改革主观认知领域研究空缺的同时，也为重塑法官的认知方式与行为模式增添更多理性的光芒。

监察委员会内设鉴定机构之可行性探究

陈宁祥[*]

摘　要：监察委员会作为反腐败工作的承载部门，在行使职务犯罪调查权的过程中，存在鉴定和勘验检查的实际需求。当前监察委员会的所有鉴定和勘验检查工作均通过委托外部鉴定机构来完成，这在风险把控和效率保障上存在一定的缺陷。根据全国人大的有关决定，侦查机关可以设立鉴定机构，而监察机关作为拥有实质性侦查权的机关，可以依法内设鉴定机构。为保障监察调查权的有效实施，监察委员会在保证鉴定人员个人独立、侦鉴相对分离的前提下，可以在一定级别的监察委员会设立属于自己的司法鉴定中心，并进行相应的制度设计，为案件调查提供技术支撑，确保案件调查中鉴定事宜的有效处理。

关键词：监察委员会　调查权　侦鉴分离　鉴定机构

鉴定和勘验检查是监察调查权行使过程中不可或缺的两个措施，尤其是鉴定，很多情况下是认定罪与非罪、罪轻与罪重的重要依据。《中华人民共和国监察法》（简称《监察法》）第二十六条规定："监察机关在调查过程中，可以直接或者指派、聘请具有专门知识、资格的人员在调查人员主持下进行勘验检查。勘验检查情况应当制作笔录，由参加勘验检查的人员和见证人签名或者盖章。"第二十七条规定："监察机关在调查过程中，对于案件中的专门性问题，可以指派、聘请有专门知识的人进行鉴定。鉴定人进行鉴定后，应当出具鉴定意见，并且签名。"在目前监察委员会的实务操作过程中，指派、聘请有专门知识的人（法庭科学专家以及其他领域专家）的工作目前没有专门的部门来承载。那么监察委员会是否可以根据实际需求设立鉴定机构，内设鉴定机构是否存在法律依据，监察委员会设立鉴定机构是否合乎

---

[*] 作者简介：陈宁祥，华东政法大学法律学院博士研究生，就职于上海市嘉定区监察委员会。

法治精神,设立的鉴定机构需要哪些职能,本文将一一探讨。

一、监察委员会有设立鉴定机构之必要性

除开监察委员会成立前后的 2017 年、2018 年,2019 年、2020 年职务犯罪办案数量相对 2016 年下滑明显①,这一方面有廉政教育宣传和监督机制更为完善的因素,另一方面也和监察委员会初创期间调查手段和措施匮乏、缺乏有效的技术支持存在一定的关联。在当前职务犯罪手段隐蔽性不断增强、诉讼规范性不断提高的背景下,监察委员会急需设立自己独立的技术鉴定部门。监察委员会是否需要设立鉴定机构,首先就要确认在监察调查过程中,是否有具体的需求,其次该需求是否可以通过对外寻求帮助来进行解决。

(一)监察委员会在调查过程中有鉴定和勘验检查的实际需求

随着审判中心主义改革的进一步深化,过去职务犯罪审判中的以口供为中心或以侦查笔录为中心的审判模式将被进一步弱化,对口供以外的其他证据,尤其是物证、文书证据以及鉴定结论的重视程度不断提高。②监察委员会作为职务犯罪调查机关,调查办理的职务犯罪案件也要遵循审判中心原则,注重证据的多样性与全面性。鉴于《监察法》第三十三条第一款已经授权了主观性较强的言词证据进入刑事诉讼,那么对于客观性相对较强的勘验检查笔录和鉴定意见这类证据进入刑事诉讼也当然能够被解释。由于职务犯罪的非显性特征,一般没有明显的作案现场,因而勘验检查措施在职务犯罪查处中运用得相对不算多。而鉴定意见则必须依赖于专业人员,针对的也是案件中的专门性问题,因此相较于勘验检查而言,鉴定意见则运用较多。③

监察委员会办理的案件分为两类,职务违法案件和职务犯罪案件。以 2019 年为例,全国纪检监察机关运用第四种形态立案处理 6.8 万人次④,全国各级监察委员会共移送审查起诉职务犯罪 2 万余人⑤,案件数量较为庞大。在监察委员会办理这些案件的过程中,由于职务类案件的特点,涉案文书、计算机数据和会计资料等证据材料需要通过技术人员检验才能确定其证据能力的有无,并初步判定其证明力的大小,作为证据使用的还需要提供专业合法

---

① 2016年全年全国检察机关立案侦查职务犯罪47 650人,2019年全国各级监委向检察机关移送职务犯罪24 234人,2020年检察机关共受理各级监察移送职务犯罪197 60人。中央纪委国家监委网站https://www.ccdi.gov.cn/yaowen/202005/t20200525_218668.html;最高人民检察院网站https://www.spp.gov.cn/spp/gzbg/202103/t20210315_512731.shtml,最后访问日期:2021年3月15日。

② 参见张自超:《以审判为中心改革下职务犯罪侦查之因应》,载《暨南学报(哲学社会科学版)》2017年第1期。

③ 姚莉:《〈监察法〉第33条之法教义学解释——以法法衔接为中心》,载《法学》2021年第1期。

④ 《中央纪委国家监委通报2019年全国纪检监察机关监督检查、审查调查情况》,http://www.ccdi.gov.cn/toutiao/202001/t20200117_207914.html,最后访问日期:2021年4月1日。

⑤ 《2019年中国检方受理监委移送审查起诉职务犯罪逾2万人》,http://legal.gmw.cn/2020-01/19/content_33494419.htm,最后访问日期:2021年4月1日。

的鉴定意见。部分案件的最终定性，甚至直接取决于鉴定结论的支撑。在公安部门，技术导侦已经成为日常化的破案手段，监察委员会作为新成立的部门，具有后发优势，应当借鉴其经验，践行技术导查。因此无论是从保证证据多样性和全面性的角度，还是从调查办案的实务操作角度来讲，监察委员会都存在现实性的技术支持和鉴定需求。

（二）依托公检鉴定机构提供鉴定服务和技术支持难以实现

目前国内的司法鉴定机构中，国家级的司法鉴定机构仅有 10 家，其中公检占 5 家。[①] 除了国家级鉴定机构，通过中国合格评定国家认可委员会（官方简称"CNAS"）认可的机构，截至 2018 年，有效认可机构仅为 372 家，占该年全国登记在册的鉴定机构的 9.7%。获得 CNAS 认可的机构中，公安系统下属鉴定机构 139 家，占比 37%；检察系统下属鉴定机构 37 家，占比 10%。[②] 从这些数据我们可以分析出，无论是国家级鉴定机构还是 CNAS 认可的鉴定机构，公安系统、检察系统的鉴定机构在其中占比都近一半。

如果从技术水平、鉴定人员素质以及保密工作需要的角度来看，监察委员会将自身鉴定和技术支持的需求交给公检内设鉴定机构来完成，是效果最好的，也是最为可靠的。检察机关和公安机关在监察委员会成立初期，也的确向监察委员会提供过不少技术服务和鉴定帮助。但是让公安系统和检察系统的鉴定机构来帮助监察委员会完成日常鉴定工作、提供技术支持，存在现实上和程序上的问题。

首先，就公安系统来讲，众所周知，公安系统案件量繁多，以 2018 年为例，全国各级检察院共批准逮捕各类犯罪嫌疑人 1 056 616 人，提起公诉 1 692 846 人。[③] 公安系统的司法鉴定机构基本上处于满载运行状态。并且公安部门的鉴定机构，主要力量都集中于生物物证领域，监察委员会办理的案件所需要的主要为司法会计及文书鉴定方面，专业上并不是非常契合。公安部门的技术人员现场勘察以及勘验检查的任务繁重，抽调技术人员为监察委员会提供技术支持，可能会影响公安部门的正常运转。因此让公安部门的技术鉴定机构来支援监察委员会的工作不太现实。

其次，就检察系统来讲，检察机关的自侦权虽然大大缩减，但是仍然保留了针对司法办案机关的职务犯罪侦查权。检察机关作为法律监督机关，在提前介入侦查时，也有很多鉴定工作要做，因此检察系统鉴定机构工作量并不少，帮助监察委员会完成鉴定工作也难以实现。即使检察机关依照规定书面申请检察机关提前介入调查，检察机关的主要任务也是"对

---

① 《十家国家级司法鉴定机构通过资质审核》，https://www.chinacourt.org/article/detail/2013/09/id/1062605.shtml，最后访问日期：2021 年 4 月 13 日。

② 参见高俊薇、唐丹舟、鹿阳、牟峻、孙晓辰、花锋、王彦斌：《我国司法鉴定/法庭科学机构认可发展现状及存在问题》，载《刑事技术》2019 年第 6 期。

③ 《最高人民检察院工作报告（2019）》，https://www.spp.gov.cn/spp/gzbg/201903/t20190319_412293.shtml，最后访问日期：2021 年 4 月 13 日。

证据收集、事实认定、法律适用、案件管辖等提出意见和建议,对是否需要采取强制措施进行审查,配合、规范、制约调查取证工作,完善案件证据体系,确保准确适用法律,提高职务犯罪案件办理质量和效率"①,无须负责。提供物证鉴定以及技术支持方面的帮助,并非检察机关必要工作。

综上,随着监察体制改革的不断成熟和完善,监察调查向技术化和法制化方向不断发展,对技术鉴定方面的需求向专业化和常态化演变,让检察机关和公安机关的技术鉴定部门继续为监察调查工作提供支持实非长远之计。

(三)民营鉴定机构在各方面存在较大缺陷

"当下的监察体制改革,将监察委员会调查对象的范围扩大到所有行使公权力的公职人员,也包括党内和党外的公职人员。这决定了监察调查具有鲜明的政治性、严格的政策性和相应的法律性,因此应用于监察调查中的鉴定也应适应这种特点的要求。"②监察调查中的鉴定工作需要做到保密、高效和可靠三个要求。因为客观上公安部门和检察部门的鉴定机构难以为监察委员会提供鉴定服务和勘验检查技术支持,监察委员会的鉴定业务以及勘验检查任务如果对外进行委托,可以委托的机构只能以社会鉴定机构为主。那么社会鉴定机构能否满足监察调查中对于鉴定工作和勘验检查工作的三个要求呢?笔者认为答案倾向于否定。

1. 社会鉴定机构的实验室在硬件设施上存在先天性不足

由于社会鉴定机构大多为民间资本所投资设立,在资金储备、设备采买、实验室建设等方面与国家机关下属鉴定机构相比处于劣势。同时社会鉴定机构存在鉴定人能力欠缺的问题,部分社会鉴定机构鉴定人虚报鉴定资质,执业证书跨学科、跨专业兼有多项的情况,与鉴定人的实际鉴定能力相去甚远③,可靠性难以保障。

2. 社会鉴定机构缺乏有效的制度规范

我国的司法鉴定法尚未出台,"鉴定人的权利与责任体系几乎完全处于无规范状态,鉴定意见的质量基本取决于鉴定人的业务素质与个人良心"④。没有针对鉴定人和鉴定机构有效的制度性约束,难以保证其不会因为利益问题而出现虚假鉴定甚至向利益相关者泄密的情况。

---

① 陈国庆:《刑事诉讼法修改与刑事检察工作的新发展》,载《国家检察官学院学报》2019年第1期。
② 朱兰、付琳:《论监察调查中鉴定措施的运用》,载《河南司法警官职业学院学报》2021年第1期。
③ 参见高俊薇、唐丹舟、鹿阳、牟峻、孙晓辰、花锋、王彦斌:《我国司法鉴定/法庭科学机构认可发展现状及存在问题》,载《刑事技术》2019年第6期。
④ 陈如超、陈鲜瑜:《司法鉴定制度变迁四十年及其改革趋势》,载《证据科学》2019年第3期。

3. 社会鉴定机构难以保障效率

遇到紧急任务急需现场勘察的情况，对外委托的社会鉴定机构专业人员很难做到快速响应；需要短时间出具鉴定结论的时候，社会鉴定机构也不能保证快速完成，无法做到"高效"的要求。

综上，无论从鉴定机构的硬件条件上还是从鉴定人的能力及操守上来讲，社会鉴定机构都难以满足协助监察委员会完成鉴定工作的要求，监察委员会也无法放心地将重要的鉴定工作交由社会鉴定机构去完成。同时，由于管理体制内外有别，监察委员会无法像使用编内人员一样随时支使和指派社会鉴定机构工作人员来配合调查工作。因此，监察委员会需要一个内设鉴定机构，来提供技术支持和满足鉴定需求，保障监察调查权的有效实施。

二、监察委员会设立鉴定机构之法规范依据

监察委员会能否设立鉴定机构，首先要在法律法规上寻找依据，确定在当前的明文立法或者全国人大相关决定中拥有侦查权的国家机关有设立机构的法律落脚点。其次要厘清拥有职务犯罪与职务违法调查权的监察委员会是否属于适格的"拥有侦查权的部门"。

（一）侦查机关设立鉴定机构服务于侦查权有明确的法律依据

在讨论监察委员会是否可以设立物证鉴定中心之前，我们先看看哪些国家机关可以依法设立鉴定机构。2005年2月28日，第十届全国人民代表大会常务委员会第十四次会议通过的《全国人民代表大会常务委员会关于司法鉴定管理问题的决定》（以下简称《二二八决定》）第七条规定："侦查机关根据侦查工作的需要设立的鉴定机构，不得面向社会接受委托从事司法鉴定业务。人民法院和司法行政部门不得设立鉴定机构。"[①] 从该条规定可以判断，侦查机关可以根据侦查工作的需要设立鉴定机构，但是不得面向社会接受委托。而所谓侦查机关，就是拥有侦查权的机关，这些国家机关如人民检察院、公安机关、国家安全机关等部门都有自己内设的司法鉴定中心，设立的宗旨都是服务于本部门的侦查工作。

我们以监察委员会案件管辖权主要来源的检察机关为例，"在检察机关，司法鉴定是指具有鉴定资格的检察机关专业技术人员就案件中的专门性问题，运用自己的专门知识和现代科学技术手段进行分析、判断后对侦查机关委托事项所作的书面结论"[②]。检察机关内设的鉴定机构是服务于侦查机关的，这正是符合《二二八决定》第七条的相关规定的，检察机关作为拥有侦查权的机关，根据侦查工作需要，设立鉴定机构，完成相关委托。但是检察机关因为监察体制改革，侦查权连同侦查人员一起转隶至监察委员会，这样从法理上来说，检

---

① 《全国人民代表大会常务委员会关于司法鉴定管理问题的决定》，http://www.npc.gov.cn/wxzl/gongbao/2005-04/25/content_5337645.htm，最后访问日期：2021年4月17日。

② 林竹静、汪宇堂、张建伟、李佳：《司法鉴定质效升级的检察路径》，载《检察风云》2019年第15期。

察机关的鉴定机构已没有存在的依据了。

2018年10月26日，全国人大常委会通过最新的《中华人民共和国刑事诉讼法》（简称《刑事诉讼法》）修正案，检察机关重新获得了14个职务犯罪罪名的侦查权，这样保留检察机关的鉴定机构的法律依据重新落地。虽然现如今的检察机关侦查权管辖覆盖面较窄，实际办案数量大幅较少，但是各级检察机关的内设鉴定机构却仍然被保留。作为继承了检察机关绝大多数职务犯罪侦查权的监察委员会，从理论上来讲，是可以设立鉴定机构的。

那么监察委员会是否有关于侦查权的相关法律规定呢？《监察法》第三条规定："各级监察委员会是行使国家监察职能的专责机关，依照本法对所有行使公权力的公职人员（以下称公职人员）进行监察，调查职务违法和职务犯罪，开展廉政建设和反腐败工作，维护宪法和法律的尊严。"该条文中使用了"调查"而非"侦查"，且纵观整部《监察法》，仅出现了一次"侦查"字样，即"人民检察院经审查，认为需要补充核实的，应当退回监察机关补充调查，必要时可以自行补充侦查"。此处侦查为检察院所使用。国家监察委员会2021年9月20日决定通过的《中华人民共和国监察法实施条例》中，明确列举了监察委员会管辖的101个罪名。那么针对这些犯罪的调查权与侦查权之间有何区别呢？监察委员会的调查权，是否可以作为设立鉴定事务部门的依据呢？

（二）监察调查权和职务犯罪侦查权之间为包含与被包含的关系

在英文当中，"调查"与"侦查"都是同一个单词，即investigation，犯罪侦查的英文即为criminal investigation，美国的联邦调查局的英文为Federal Bureau of Investigation。但是在中文语境当中，"调查"与"侦查"是存在差异的，在我国现行法律体系中，"调查"与"侦查"也是存在内涵上的区别的。在《监察法》出台之前，《刑事诉讼法》《中华人民共和国律师法》《中华人民共和国行政诉讼法》和《中华人民共和国治安管理处罚法》都有针对"调查"的相关规定。如《刑事诉讼法》第五十二条规定可以吸收公民"协助调查"，《中华人民共和国律师法》第三十五条规定了律师可以"自行调查取证"，《行政诉讼法》第三十二条和第八十六条也分别规定了律师和法院的调查权，《中华人民共和国治安管理处罚法》第七十八条规定"公安机关受理报案、控告、举报、投案后，认为属于违反治安管理行为的，应当立即进行调查"。从上述法条对"调查"的规定来看，在刑诉领域，监察体制改革前，"调查"的涵义和内容是比较广泛的，行使的主体是不特定的，不仅国家机关可以进行"调查"，律师和普通公民都可以成为"调查"的主体。"调查"的对象不一定是刑事案件，也有可能是行政案件或者治安案件。"调查"的措施也是多样的，既包括强制性的措施，也包括非强制性的措施。

相比较而言，"侦查"在法律中的行使主体和对象就比较单一和严格了。《刑事诉讼法》第一百零八条对"侦查"进行了定义："侦查"是指公安机关、人民检察院对于刑事案件，依照法律进行的收集证据、查明案情的工作和有关的强制性措施。相较于前文中的"调查"，

"侦查"存在以下几个特点：第一，"侦查"的主体只能是按照法律规定，具有特定主体资格的机构和人员；第二，"侦查"的对象只能是刑事案件，没有刑事案件就没有侦查活动；第三，"侦查"的措施是带有强制性的；第四，"侦查"的依据只能是刑诉类法律；第五，"侦查"的目的是收集证据、查明案情，即破案，最终为刑事诉讼或刑事审判服务。因此，在《监察法》出台之前，"调查权"和"侦查权"之间存在本质上的区别。

但是《监察法》正式出台之后，"调查权"在法律上的含义和概念产生了重要的变化。《监察法》中对"监察调查权"的定义是，监察委员会为调查职务违法和职务犯罪而行使的一项职权。"监察调查权"与"侦查权"之间又是何种关系呢？

1. 从调查措施角度上来看

根据《监察法》第四章"监察权限"中的条文内容，监察调查权的具体调查措施可以分为四类：第一类是带有一定强制性的调查措施，包括搜查、查询、调取、查封、扣押、冻结等措施；第二类是带有限制或剥夺人身自由性质的调查活动，如留置、限制出境、决定发布通缉令等措施；第三类是技术调查措施，包括道口监控、轨迹监控、通信监控等特殊调查手段；第四类是一些强制性相对较低的调查手段，包括谈话、讯问、询问、勘验检查、鉴定等调查措施。从监察调查权所包含的这些手段措施的形式和特点来看，基本上与侦查权相同，措施手段在表现形式上高度一致并且都具有强制性。

2. 从监察调查权行使的后果上来看

由于监察委员会和纪委是合署办公、人员混同，调查权在行使的过程中并未实行"双轨制"，因此调查权在行使完成后，既有可能导向党务违纪处理，也有可能导向政务违纪处理，还有可能导向刑事立案处理。监察委员会办理的职务犯罪案件，最终会和公安部门办理的刑事案件一样，移送检察机关审查起诉，接受《刑事诉讼法》的约束。在监察委员会将检察机关职务犯罪侦查权予以吸收之后，事实上带来党纪调查权、政纪调查权与刑事调查权的高度集中，监察机关所行使的调查权具有侦查权的属性。[①] 从调查的结果来看，职务犯罪类案件经过监察调查终结之后，也会进入司法程序，此时的监察调查也成了和侦查一样的审前程序。

据此，我们可以推导出一个结论，即在职务违法和职务犯罪的调查方面，监察委员会的调查权与侦查权具有相似的形式和后果，从包含关系上来讲，监察调查权和职务犯罪侦查权之间是一种包含和被包含的关系。

（三）监察委员会行使侦查权时符合设立鉴定机构的条件

根据前文的论证，因为监察调查权实质上包含了侦查权的内容，所以当监察机关在行使

---

① 参见陈瑞华：《论监察委员会的调查权》，载《中国人民大学学报》2018年第4期。

监察调查权时，其可以被视为侦查机关。监察委员会既然为实质上拥有职务犯罪侦查权并且也在行使这项权力的部门，理论上就具备了《二二八决定》所要求的设立鉴定机构的法定前置条件，那么从法律依据层面来讲，只要监察委员会在调查权行使过程中有实际的需要，就可以设立鉴定机构。根据《全国人民代表大会常务委员会关于国家监察委员会制定监察法规的决定》第一条第二款第（一）项"监察法规可以就下列事项作出规定：（一）为执行法律的规定需要制定监察法规的事项……"，那么监察委员会就可以根据执行《监察法》第二十六条、第二十七条规定的需要，为了保障调查权的实施，依照《二二八决定》的要求，通过制定监察法规的方式，在监察委员会内部设立鉴定机构。

从公权力之间关系的角度来说，监察委员会自己设立鉴定机构，不仅保障了自身调查权的有效行使，还能够减少对其他国家机关内设鉴定机构人力、物力资源的占用，从客观上消除了监察权对其他公权力空间的侵占，让公安机关、检察机关的内设鉴定机构可以更加专注地完成自身既定职能，防止因为需要协助监察委员会的调查工作而使本单位职能履行效率降低。总而言之，在监察委员会内设鉴定机构，是符合法规范要求的，也是符合法治精神的。

三、内设鉴定机构的前提是做到相对"侦鉴分离"

在探讨监察委员会应当设立何种鉴定机构之前，我们先从法治精神角度来探讨一下一个重要的争议点，即拥有侦查权的部门是否可以自行进行技术鉴定。"既做运动员，又做裁判员"的这种"自查自鉴"的外部表现形式，一直受到法庭科学界和诉讼法学界的诟病。学者们认为，一个侦查机构内部设立的鉴定机构，很难不受本机构的办案需求影响，大家担心有些时候可能会存在鉴定人员因为迫于压力，而作出带有倾向性或者不够客观的鉴定结论。甚至有学者认为"自查自鉴"直接或者间接地导致了很多冤假错案[1]，邹明理教授当年更是将"自侦自鉴""自检自鉴""自审自鉴"定义成是违法办案的表现。[2]有些学者还给已经设立鉴定机构的侦查部门支招，提出让侦查部门内设的鉴定机构独立出来，成为一个单独的机构，或者与高校的鉴定机构进行合并。[3]总而言之，不少学者对有侦查权的部门内设鉴定机构是持否定态度的。

也有研究者是支持拥有侦查权部门内设鉴定机构的，这些支持者大多出身于实务办案部门或实务教学部门，如当年江苏省无锡市公安局文检专家袁之宜就曾撰文驳斥过理论界

---

[1] 参见杜志淳、孙大明：《我国司法鉴定领域目前存在的主要问题及改革建议》，载《中国司法鉴定》2017年第3期。

[2] 参见邹明理：《论司法机关鉴定的合法性与消除"三自"的举措——兼论依法办案与违法办案的区别》，载《四川警官高等专科学院学报》2002年第1期。

[3] 参见樊金英：《司法鉴定管理体制改革与完善——以侦查机关内设鉴定机构为视角》，载《中国司法鉴定》2020年第3期。

关于"自侦自鉴"的偏见,否认公安部门的鉴定行为属于违法办案。①也有警校学者表示,从刑事司法实践的需求角度来说,坚持公安机关刑事鉴定体制是非常必要的。②

当然,也有学者持有折中的观点,认为应当坚持个人的独立而非鉴定机构的独立。如郝宏奎教授在谈到"侦鉴分离"问题时认为,"侦鉴分离"是现代法治社会的必然要求,但是不应当追求办案部门与鉴定部门之间绝对的"侦鉴分离",而应当实行鉴定人个人避免自侦自鉴这种相对的"侦鉴分离"。③

笔者从事职务犯罪侦查和调查的实务工作多年,学生时代亦曾实习于某国家级司法鉴定中心,对于这一学术界长期以来的争议点,个人比较倾向于支持相对折中的观点,即坚持个人相对意义上的"侦鉴分离",这也是笔者认为监察委员会设立鉴定机构应当坚持的一个前提条件。侦查部门内设鉴定机构相对的"侦鉴分离",这在国际上是有大量现实的支持范例的,一些冤假错案的产生也不能将责任简单归结于内设鉴定机构的不实鉴定,只要做到相对"侦鉴分离",即可最大程度保证鉴定结果的公正性。

(一)相对"侦鉴分离"之国外先例

国际上所谓"自侦自鉴"模式并非罕见,以美国和加拿大为例,美国的联邦调查局(英文简称"FBI")是可以调查200多项罪名的权力巨大的侦查机关,同时也是职务犯罪最主要的调查部门④;加拿大的皇家骑警国家警察服务局(英文简称"NPS")执掌加拿大140项联邦的法律与法规,是加拿大最重要的犯罪调查部门。公安部物证鉴定中心的代表们对这两个部门的法庭科学实验室进行了调研:美国联邦调查局的执法服务部下设了犯罪实验室(FBI Crime Lab),犯罪实验室为联邦调查局的调查工作提供各类技术支持以及鉴定服务,是一个拥有700名工作人员(其中科学家500人)的庞大机构;加拿大的皇家骑警国家警察服务局下设的加拿大皇家骑警司法鉴定实验室(Royal Canadian Mounted Police Forensic Laboratory Services),也是一个拥有6家实验室共390名工作人员(其中科学家330名)的专业的物证鉴定机构。⑤无论是美国联邦调查局犯罪实验室,还是加拿大皇家骑警司法鉴定实验室均直属于拥有侦查权的部门,其表现形式也就是我们这里所讲的"自侦自鉴"。然而公安部物证鉴定中心的调研人员在调研中发现,美国和加拿大这两个实验室认为自身的模式恰恰是属于"侦鉴分离"的,因为鉴定部门和调查部门虽同属一个大的机构,但是内部人员是不混同的,专人专岗即为分离,其观点其实就是人员的分离即为"侦鉴分离",和前文提

---

① 参见袁之宜:《公安刑技 常在常青——驳所谓"自侦自鉴"是"违法办案"论》,载《中国刑事警察》2002年第5期。
② 参见蒋敬:《对坚持公安机关刑事鉴定体制的若干思考》,载《江西公安专科学校学报》2002年第4期。
③ 郝宏奎:《侦查与侦查学若干基本问题探讨》,载《贵州警官职业学院学报》2004年第1期。
④ 参见任会芬:《中美反腐败机制比较研究及启示:兼论中国国家监察体制改革》,载《社会科学》2019年第8期。
⑤ 参见殷治田、花锋、李万水、何毅:《加拿大皇家骑警和美国联邦调查局法庭科学实验室概况》,载《刑事技术》2006年第5期。

到的折中观点较为一致。

从美国和加拿大的例子我们可以看出,在有侦查权的部门设立物证鉴定/法庭科学机构并非我国特有的情况,而且按照美国和加拿大的定义,国内侦查部门内设的鉴定机构也是属于"侦鉴分离"的。我们国内公众较为熟悉的李昌钰博士在出任康涅狄格州警察厅厅长期间,同时还担任康州法庭科学技术实验室主任,并经常在包括侦查阶段在内的各个诉讼阶段上承担鉴定工作。由此可见,美国在鉴定制度上,实施的也是相对的"侦鉴分离",而并非绝对的"侦鉴分离"。

美国与加拿大的模式并非国际罕见,毕竟北美作为资本主义国家的法治标杆,模仿其制度者甚众。比如德国联邦刑警局也内设有刑事技术研究所,"有215名专业技术人员,研究所办理的鉴定案件涉及毒品、枪弹、笔迹、指纹、声像视频等,年检案量近万起"。[1] 新加坡的贪污调查局也有权在侦查阶段动用各种技术手段,并且不受外界的限制。[2] 并且根据透明国际的数据,新加坡的廉政指数常年位居前十,2020年更是高居全球第三。[3] 其他类似制度国家还有很多,在此笔者不再一一举例。

（二）内设鉴定机构对审判公正性影响问题

一些学者反对侦查部门包括监察委员会,设立鉴定机构的一个最主要的原因,是认为拥有侦查权的部门设立的鉴定机构,其鉴定的工具性作用会大于公正性作用。这些内设的鉴定机构所出具的鉴定结论是否会在公正性上存在瑕疵并最终影响审判公正？笔者以为不然。鉴定人出具的鉴定结论,是在采用提取、对比、检测、分析等一系列措施之后得出的同一认定或者状态认定,所作出的结论必须要有科学的依据,要符合实验之后的客观事实。鉴定人如果违背事实出具虚假鉴定,必然有其动机,可能是因为外部压力,又可能是为了利益。如果是因为外部压力,体制内的鉴定人都是在编人员,都拥有所谓"铁饭碗",只要不犯原则性错误,几乎不存在被开除的风险,而做虚假鉴定就是原则性的错误,让在编的鉴定人员冒此风险去做虚假鉴定,可能性较低；至于利益问题,体制内的鉴定机构既无营收压力,亦少绩效奖励,在利益问题上,犯错误的可能性也较低。

学者们在评价体制内的鉴定机构和社会鉴定机构时,几乎一边倒地认为社会鉴定机构无论是硬件设施、鉴定人能力还是鉴定人职业素养方面,均逊色于体制内的鉴定机构,有激进的学者甚至认为私有鉴定机构是导致出现"重复鉴定、多头鉴定、久鉴不决、天价鉴定、金钱鉴定"的混乱局势的主要原因,并认为应当尽快停止鉴定机构市场化而将之转为公有

---

[1] 司法部赴德司法鉴定培训团:《德国司法鉴定制度》,载《中国司法鉴定》2010年第3期。
[2] 王小光、谭艺渊:《新加坡贪污调查局调查程序运行及借鉴价值》,载《犯罪研究》2019年第6期。
[3] 数据参见透明国际网站:http://www.transparency.org,最后访问日期:2021年9月17日。

化。[①] 在此等背景之下,如果说侦查机关的鉴定机构都不适合配合侦查部门完成鉴定工作的话,社会鉴定机构就更加难以胜任,也很难保证会比内设鉴定机构更加公正。一些学者将如佘祥林案、杜培武案和念斌案等冤假错案归咎于侦查机关的鉴定部门的虚假鉴定或者瑕疵鉴定,窃以为这些错案更应当说是由在这些案件发生的时期,我国司法鉴定/法庭科学行业乃至国家法制化的发展程度不高造成的。

此外,按照我国刑事诉讼法的规定,鉴定结论是否被采纳为证据,最终是由法院认定的,如果被告人当庭认为侦查部门提供的鉴定结论缺乏公正性,也可以向法庭提出重新鉴定申请。调查机关出具的鉴定结论并非最终定论,监察委员会仅仅是调查机关,审判公正性的尺度最终还是掌握在审判机关手中。我国针对司法鉴定行业的专门性法规至今未出台,合格的法庭科学实验室数量较少,无论从制度层面还是技术层面,都还有很长的路要走。将刑事审判中的冤假错案问题简单归因至有侦查权的部门内设鉴定机构的不作为或乱作为,是有悖公平精神的。

(三)如何保障"侦鉴分离"

监察委员会若设立内部鉴定机构,必须做到相对的"侦鉴分离"。借鉴国外以及检察机关、公安部门设立内部鉴定机构的实践经验,为保障"侦鉴分离"这一前提的实现,要做到如下几点原则。

1. 要保证内设鉴定机构相对于调查部门的相对独立

部门相对独立是"侦鉴分离"的重要前提,部门的相对独立包括三个小点:第一,要有独立于审查调查部门的办公和实验场所,独立而适格的场所既可以保证技术鉴定人员有一个好的技术实验环境,也可以减少部门之间出现互相泄密的概率;第二,要有不同于其他部门的考核评价体系,不能够给技术鉴定部门提任何类似于"破案率""同一律"之类的要求,技术鉴定部门只负责客观提供结论或者协助勘验现场等技术性工作;第三,可以创制自己独立的技术职称晋升体系,目前《中华人民共和国监察官法》已出台,内设鉴定机构部门的工作人员可以按照监察官晋级体系进行正常晋升,同时也可以学习公安部门的技术鉴定部门对技术人员进行技术职称的评定,并给予一定的待遇。

2. 保证技术鉴定人员的相对独立

鉴定人员不得参与具体案件的办理,在进行现场物证提取和物证鉴定期间,不得同时参与案件的其他非技术性工作。"侦查人员只承担查明案件事实和调查取证的任务,鉴定人只对侦查人员提取、送检的痕迹物证进行检验鉴定并出具鉴定意见,调查取证的侦查人员和进

---

① 参见远丽辉:《我国司法鉴定机构公有化回归之我见》,载《中国司法鉴定》2021年第1期。

行检验鉴定的鉴定人员身份不同,相互独立、法律地位平等。"① 各级监察委员会内设鉴定机构的工作人员,除了人事权归属于同级监察委员会之外,技术和业务上接受上级鉴定机构的指导,鉴定工作者享有和其他监察工作人员同等的权益和地位。在进行鉴定工作时,鉴定人员不应受到任何非技术性影响,根据已有的检材和真实的实验数据,实事求是地做出鉴定结论。当出现超出鉴定人员能力范围的鉴定事项时,可以由内设鉴定机构聘请权威第三方鉴定机构来出具鉴定意见,内设鉴定机构工作人员对第三方出具的鉴定意见进行形式审查。所有鉴定相关工作由鉴定人员独立完成,其他办案人员不得参与干涉。

总体而言,在拥有侦查权的部门内设技术鉴定机构并非我国原创制度,在世界上早有先例,并且实施范围较广,接受度较高,整体效果较好。而且这些国家对侦鉴分离的定义也都倾向于鉴定人员个人不参与一般侦查事务,即相对的"侦鉴分离",这与我国目前现有的制度惯例较为接近。在保证"侦鉴分离"的前提下,在监察委员会内部设立鉴定机构,既方便了监察调查工作的开展,又能保障勘验检查等技术支持类工作的时效性和鉴定意见书的公正性,笔者认为是可行的。

四、监察委员会设立鉴定机构之制度展望

监察委员会有设立鉴定机构之现实需求及法理依据,那么监察委员会需要设立一个什么样的鉴定机构来承载调查权运行中的这些技术需求呢?具体的细节包括下设鉴定机构的职能问题、在哪一级别的监察委员会设立鉴定机构、各级鉴定机构的鉴定专业人员配备以及功能如何设计?下面我们就这些问题一一进行讨论。

(一)监察委员会内设鉴定机构的职能

监察委员会设置鉴定机构的目的,是在调查职务违法和职务犯罪案件中,为调查部门提供技术支持,同时针对特定问题形成鉴定意见,证明有关事实。② 为实现这一目的,内设鉴定机构应当具备以下三项职能。

1. 调查技术服务和鉴定职能

该职能是核心职能,也是监察委员会内设鉴定机构存在的主要价值体现。监察委员会内设鉴定机构应当主要以司法会计、文书检验以及计算机和手机数据恢复类的专业人员为主,由这些专家提供日常调查过程中的技术服务,如现场指导收集财务凭证、财务账册内容的分析、搜查过程中各类文书的专业收集比对、对涉案电脑和手机进行物理或者软件恢复等,用专业知识为调查工作排除疑点、提供方向、节约办案资源。对于需要以鉴定结论方式

---

① 裴煜:《司法改革背景下侦鉴分离制度之构建》,载《湖北警官学院》2019年第6期。
② 张元星:《监察调查中运用鉴定措施应注意的问题》,载《中国纪检监察》2020年第14期。

作为定罪证据的，提供专业合规的鉴定意见，作为移送审查起诉的证据材料。

2. 对外委托及协调沟通职能

该职能是作为监察委员会内设鉴定机构的完善型功能，或者是兜底型功能。因为内设的鉴定机构是根据监察调查的特点进行专业配置的，对于一些职务违法和职务犯罪中不常出现的技术鉴定需求，如生物物证检验、枪弹痕迹检验等，除了国家监察委员会的内设鉴定机构可以设置专门的专家及相关实验室之外，省级及以下的内设鉴定机构一般不需要专门配备专家及硬件设施。对于这类不常遇到的案件需求，可以通过对外委托其他公办鉴定机构的方式来解决，此时监察委员会内设鉴定机构就要承担对外委托和沟通协调的职能，负责筛选和确定具体的鉴定机构和鉴定人，委托其进行勘验检查或进行鉴定。

3. 对对外委托的鉴定结论进行审查的职能

第三项职能是与第二项职能相关联的，监察委员会内设鉴定机构对对外委托的鉴定案件，在收到鉴定意见书之后，要进行审查和审核。首先要审查鉴定意见书的格式是否规范，其次要审查鉴定的过程是否符合规范，最后是审核鉴定结论的得出依据是否科学充分。如果确认这三方面都不存在问题，那么这份鉴定意见书就可以作为证据使用，反之则需要进行修改或者重新鉴定。

监察委员会内设鉴定机构在职能设计上，根据《二二八决定》第七条的要求，不得接受社会委托。同时原则上不接受其他公权力机关的委托，除非遇到重大司法事件而受到司法机关委托，或者其他国家机关遇到重大问题向监察机关申请介入时，可以提供一些技术上的帮助甚至出具相应的鉴定结论。

（二）监察委员会设置鉴定机构的级别限制

监察委员会本身不是一个庞大的机构，在每个级别的监察委员会都设置鉴定机构不符合实际的办案需求，设置鉴定机构要按需配置。在经验借鉴方面，可以检察机关鉴定机构设置模式为参考。因为全国各级监察委员会移送司法的职务犯罪案件办案量略少于全国检察机关原自侦部门的办案量，在案件数量级上较为接近，不参考公安机关模式，盖因全国公安机关每年刑事犯罪案件数量与全国监察委员会相比，要高出数十倍，在办案量上已无可比性。

最高人民检察院 2006 年公布的《人民检察院鉴定机构登记管理办法》详细规定了人民检察院设立鉴定中心的各项条件，县级以上检察院均可以申请设立鉴定机构，但是鉴定机构的登记管理权仅属于高检院与省级检察院。笔者调研了上海市、重庆市、天津市、浙江省、江苏省、四川省、广东省、辽宁省等地的检察机关鉴定机构设立情况，发现省级检察院都设有鉴定中心，但是省级以下检察院即设区的市及以下行政单位的检察院极少有设置鉴定中心的情况，仅有深圳市、武汉市、郑州市和沈阳市等厅局级检察院设置了司法鉴定中心，但是一般也仅为单项或者少数几项鉴定科目的专科型鉴定中心/实验室。

各级监察委员会也应当按照实际的办案需求来决定,是否需要在该级别监察委员会设置鉴定机构。笔者认为,除了国家监察委员会必然需要设立鉴定机构以外,各个省级的监察委员会也需要一个鉴定机构。每个省级行政区划内保有一家监察委员会自设的鉴定机构,对于大多数省份来说已经足够满足全省(区、市)的监察委员会办案需求。而少数地位特殊、人口较大的城市,如上文提到的深圳市、武汉市和郑州市这类城市,可以视实际办案需求来决定是否需要设立鉴定机构。

笔者认为,最终的格局是在中纪委国监委直属单位中增加一个鉴定机构(司法鉴定中心),在省级纪委监委也设置鉴定机构,省级以下监察委员会原则上不设置鉴定机构,但是可以将所有的鉴定委托事务归口至技术保障部门,由其进行统一的委托和收发。

(三)各级鉴定机构的鉴定专业人员配备设计

鉴定机构除了要配齐配好各类实验所需的硬件设施,最核心的是要配齐专业的鉴定人。根据 CNAS 的要求,各种类的鉴定人均有专业和从业年限要求。以文书鉴定领域为例,"鉴定人应具备文书鉴定专业或其他相关专业大学本科及以上学历,或具有 10 年(含)以上本专业鉴定经历,其他相关专业的鉴定人应有文书鉴定专业技术系统培训经历"[①]。我国每年毕业的法庭科学或司法鉴定相关专业的本科及以上学历的专业人才有限,并且这些刚刚走上工作岗位的毕业生需要一定时间的实践历练,才能成为合格的鉴定人,补充和培养充足的鉴定专业人才难以在短时间内一蹴而就。如何确保新成立的监察委员会内设鉴定机构的水准,并且能够满足各类鉴定需求,需要多方面的考虑。

对此,笔者认为可以通过以下几种方式来进行人员补充。首先是聘任资深鉴定人,作为鉴定机构的技术骨干。在聘任的时候,可以不问出身,适当放宽年龄,主要要有过硬的专业知识和执业技能,并且要经过严格的背景审核。对于这些聘任的专家,要给予一定的级别待遇,让这些专家没有后顾之忧。其次是内部人员转岗补充,作为鉴定机构中坚力量。监察委员会有很多干部是自检察院转隶而来,这些干部有一定比例是从物证技术/刑事科学技术等相关专业毕业的,这类工作人员可以挑选出来,编入新成立的鉴定机构。这部分工作人员既有物证技术和鉴定的专业知识,又具备职务违法和职务犯罪的调查经验,可以作为监察委员会新成立鉴定机构的中坚力量。最后以公务员招考方式进行人员招录。除了以聘任方式录用的资深鉴定人和监察委员会内部原有的鉴定人才的内部支援之外,还要进行正常的人员招录。招录的人员除了物证技术/法庭科学等专业外,可以适当招录一些汉语言文学、会

[①] 中国合格评定国家认可委员会:《司法鉴定/法庭科学机构能力认可准则》,http://www.cnas.org.cn/rkgf/sysrk/jbzz/2018/03/889069.shtml,最后访问日期:2021年4月27日。

计学、审计学等专业的人才。当然,在人员管理上,还要注意保持鉴定技术专业人员和调查人员之间的相对独立性,保证技术工作人员的中立性和客观性。

五、结论

综合国内外经验、现实之需求以及法律之依据,监察委员会内部设置鉴定机构是具有一定可行性的。当然,一个制度最终确定,要有相应的法律法规来进行确定和规范。在监察委员会设立鉴定机构,是监察体制改革的进一步深化,属于《中华人民共和国宪法》和《监察法》赋予的监察委员会相关权力的一个践行性的举措,不能算作监察委员会权力的扩张或者变更。因此不需要全国人民代表大会或其常务委员会以立法或者修改《监察法》的方式来进行法律层面的确认,只需要以单行的监察法规的形式对监察委员会内设鉴定机构进行组织机构的确认和运行模式的规范即可。

具体需要制定的监察法规的内容主要是针对监察委员会内设鉴定机构的设立、登记和管理,鉴定人的登记和管理以及鉴定机构运行的规则,需要制定的监察法规名称可以为:"监察委员会鉴定机构登记管理办法""监察委员会鉴定人登记管理办法""监察委员会鉴定规则"。上述监察法规在制定时,必须要符合《中华人民共和国宪法》《中华人民共和国立法法》《监察法》以及日后时机成熟后可能会出台的司法鉴定法的相关规定,不得与上位法相冲突。在法规制定过程中,应当充分听取业界、学界的专家学者的意见,草案出台后应当向社会进行公示,听取民众的意见建议。